河南水利与环境职业学院

校史

（1955—2025）

李广慧　李志萍　主编

黄河水利出版社

·郑州·

图书在版编目（CIP）数据

河南水利与环境职业学院校史：1955—2025/李广慧，李志萍主编 .-- 郑州：黄河水利出版社，2025.8.
ISBN 978-7-5509-4282-0

Ⅰ .G719.286.11

中国国家版本馆 CIP 数据核字第 2025ZP8727 号

河南水利与环境职业学院校史（1955—2025）
HENAN SHUILI YU HUANJING ZHIYE XUEYUAN XIAOSHI(1955—2025)
李广慧　李志萍　主编

责任编辑　路夷坦
责任校对　张　轲
封面设计　张心怡
责任监制　常红昕
出版发行　黄河水利出版社
地址：河南省郑州市顺河路 49 号　邮政编码：450003
网址：www.yrcp.com　E-mail：hhslcbs@126.com
发行部电话：0371-66020550
承印单位　河南匠心印刷有限公司
开　　本　787 mm × 1 092 mm　1/16
印　　张　20
插　　页　18
字　　数　530 千字
版　　次　2025 年 8 月第 1 版
印　　次　2025 年 8 月第 1 次印刷

定　　价　148.00 元

《河南水利与环境职业学院校史(1955–2025）》编纂委员会

主　　任	李广慧　李志萍
副 主 任	蒋彦成　张志淮　魏义军　张竟超　包永刚　王玉振　赵广杰
委　　员	（按姓氏笔画排序）
	马海艳　王少娟　王　丹　王文凡　王利卿　王秋实　王　超
	尹冬丽　孔建萍　史达理　付　强　母西杰　邢伟明　邢　芳
	邢培振　朱海军　刘　彬　孙鲁予　孙缔英　李中飞　李文君
	杨　杨　杨剑波　肖文珍　汪志华　宋金晓　张东岭　张军锋
	张国路　张宝华　张　剑　张艳萍　张　翼　陈　文　芈书贞
	周颖琦　赵　辰　赵　涛　郝思惠　钟　含　贺天庆　郭靖宗
	梁　超　翟光伟
顾　　问	王建军　文　琳　卢德友　刘国发　李文林　何占周　张志远
	张德喜　时兴邦　陈锦杰　范伟丽　岳学超　胡俊堂　徐水平
	郭海山　雍友玉　霍国义

《河南水利与环境职业学院校史(1955–2025）》编纂人员

主　　编	李广慧　李志萍
副 主 编	蒋彦成　王志凯　张艳萍　陆　芳
编撰人员	刘艳芳　程晓莉　牛铭渝　范清清

河南水利與

2025 年，航空港校区新貌

1955年，河南省白马寺水利学校

1957年2月迁至郑州，河南省水利厅干部学校并入，学校更名为河南省水利学校

1983年，郑州水利学校建设工地

1985 年 10 月，河南省郑州水利学校迁至郑花路校址

花园路校区全貌

1994 年 9 月，庆祝第十个教师节暨学校被批准为国家重点中专留影

2002 年，河南省水利厅厅长韩天经及华北水利水电学院党委书记朱清孟为水利职业学院成立揭牌

2012 年 12 月，河南省水利职工培训学校揭牌仪式

2013 年 5 月，河南水利与环境职业学院揭牌仪式

2018 年 3 月，郑州航空港区 2018 年第二批重点项目集中开工仪式

2019 年 7 月，航空港校区一期一批工程开工

2020 年 8 月，航空港校区一期二批工程开工

2020 年 10 月，航空港校区一期一批工程交付使用

航空港校区校园风貌

1958 年 4 月，河南省水利厅干校地质班结业留念

支援水利建设

1984年6月，郑州水利学校八一级四班毕业留念

支援水利建设

河南水利学院中专班第一

郑州水利学校第十一届全

河 南 省 郑 州 水 利 学 校

1959 年 2 月，河南水利学院中专班第一届全体毕业同学留影

1980 年 8 月，郑州水利学校第十一届全体同学毕业合影

1995 年 6 月，河南省郑州水利学校九五届学生毕业合影

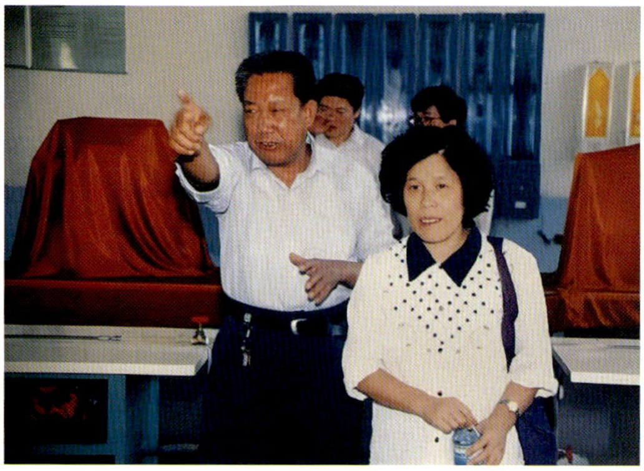

1993年，水利部科技司司长沈国衣到校指导工作

1994年，水利部人教司副司长高而坤到校指导工作

1995年，河南省副省长张世英视察学校

2005 年 6 月，水利部人教司副司长陈自强、人才开发中心主任陈楚及华北水利水电学院领导莅临学校检查指导工作

2010 年 6 月，河南省副省长徐济超莅临学校检查指导工作

2012 年 9 月，河南省水利厅副厅长
王国栋莅临学校检查指导工作

2012 年 10 月，河南省水利厅厅长
王树山一行莅临学校检查指导工作

2013 年 5 月，河南省人大常委会副主任
贾连朝莅临学校检查指导工作

2013 年 5 月，河南省水利厅厅长
王小平一行莅临学校检查指导工作

2013 年 10 月，河南省水利厅副厅长
王继元到校调研

2013 年 12 月，河南省委副书记邓凯
莅临学校检查指导工作

2015 年 4 月，河南省水利厅厅长
李柳身一行莅临学校检查指导工作

2018 年 9 月，河南省水利厅党组书记
刘正才莅临学校检查指导工作

2019 年 2 月，水利部安全监督司司长
武国堂莅临学校调研指导工作

2019 年 8 月，河南省水利厅厅长
孙运锋莅临学校检查指导工作

2023 年 6 月，河南省委教育工委专职
副书记尹洪斌莅临学校检查指导工作

2024 年 6 月，中国水利教育协会会长
张明俊到校调研

勤 奮 求 實 創 新

勤奮求實創新
河南水利与环境职业学院

河南水利與環境職業學院

2012年11月，中国共产党河南省郑州水利学校第六次党员大会召开

2017年6月，中国共产党河南水利与环境职业学院第一次党员代表大会召开

2024年1月，中国共产党河南水利与环境职业学院第二次代表大会召开

2012 年 12 月，河南省郑州水利学校第五次教职工暨工会会员代表大会召开

2025 年 6 月，河南水利与环境职业学院第三届教职工暨工会会员代表大会第一次全体会议召开

2025 年 5 月，河南水利与环境职业学院第九次学生代表大会召开

湖库水生态环境保护与修复科研创新团队

水利水电建筑工程专业国家级职业教育教师创新团队

航空港校区水利枢纽实训基地

水利工程专业认知实习

水文与水资源
工程专业认知实习

学生进行无人机操控训练

测量实训场地教学

化学分析实验教学

地下管廊及隧道综合实训教学

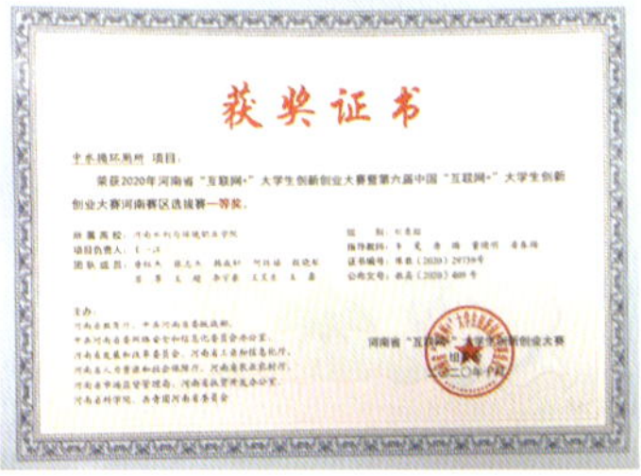

2020年获河南省互联网大学生创新创业大赛河南赛区选拔赛一等奖

2022年全国职业院校技能大赛高职组“工程测量”赛项获一等奖

2023年全国职业院校技能大赛高职组“地理空间信息采集与处理”赛项获团体一等奖

2023年全国职业院校技能大赛高职组建筑工程识图比赛获团体三等奖

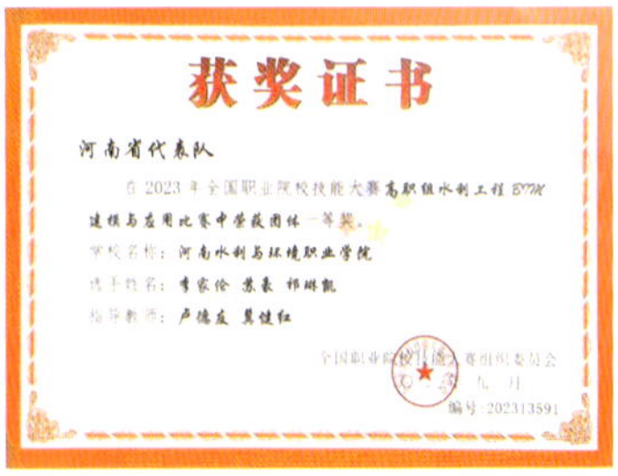

2023年全国职业院校技能大赛高职组水利工程BIM建模与应用比赛获团体一等奖

2024年9月，我校成功举办第四届全国水利职业院校教师教学能力大赛

技能竞赛

JINENG JINGSAI

2024 年在建筑职业技能竞赛“南方测绘杯”工程测量员赛项荣获全国二等奖

2024 年世界职业院校技能大赛总决赛争夺赛（高职组）财经商贸赛道电子商务赛项团队荣获银奖

2024 年世界职业院校技能大赛总决赛争夺赛（高职组）水利工程 BIM 建模与应用赛项团队荣获银奖

2024 年世界职业院校技能大赛总决赛争夺赛（高职组）资源环境与安全赛道三环境检测与监测赛项团队荣获铜奖

2024 年世界职业院校技能大赛总决赛争夺赛高职组资源环境与安全赛道一地理空间信息采集与处理赛项团队荣获铜奖

2025 年世界职业院校技能大赛水利赛道高职组总决赛获银奖

2025 年世界职业院校技能大赛地质勘察与地理测绘赛道（高职组）总决赛获银奖

赴新加坡参加院校管理研修班

赴德国海德堡大学参加骨干教师培训

赴德国参加教师培训

2023 年 6 月，马来西亚世纪大学来访交流

2024 年 6 月，与华北水利水电大学马克思主义学院签订共建协议

2024 年 12 月，赴英国博尔顿大学进行访问交流，签署合作协议书

G 供需对接
ONGXU DUIJIE

学生活动

XUESHENG HUODONG

2020 年，航空港校区首届新生开学典礼

运动会

文艺晚会

军训动员大会

硕果累累

SHUOGUO LEILEI

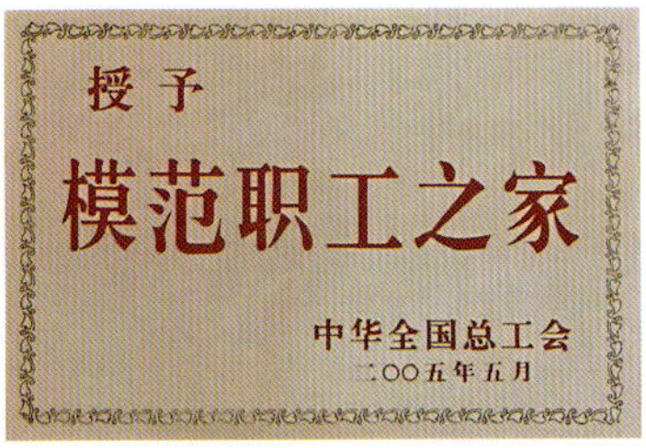

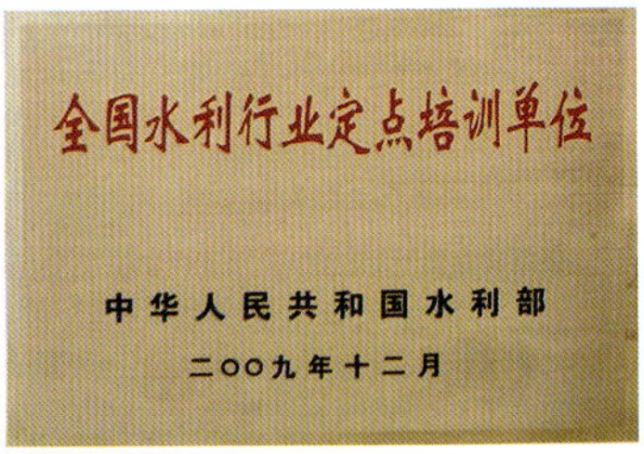

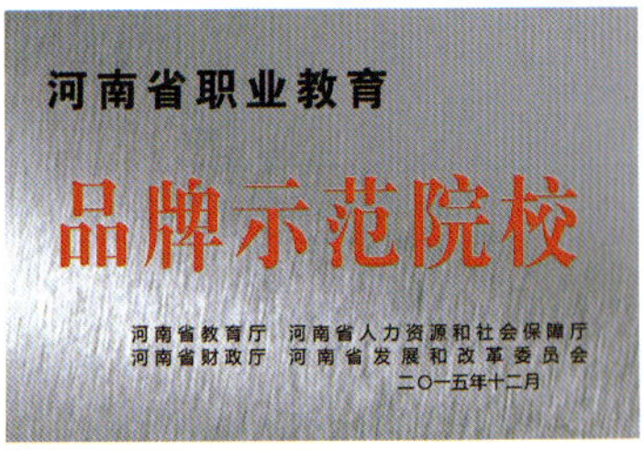

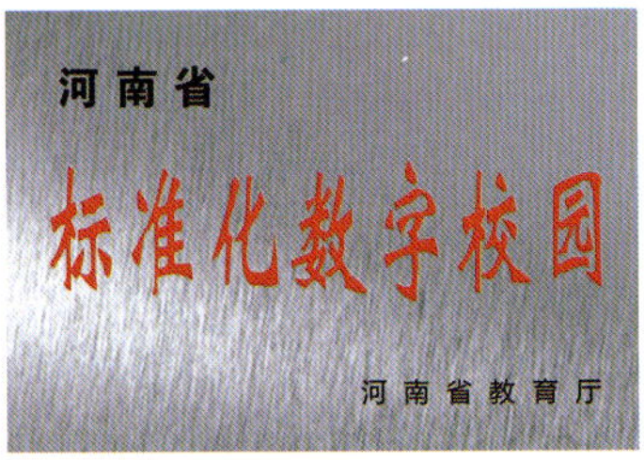

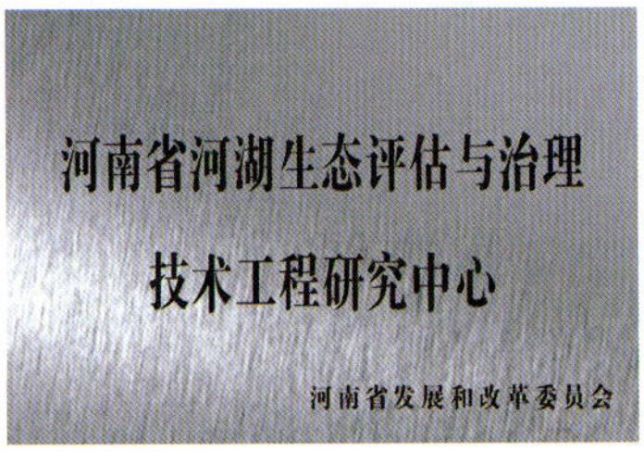

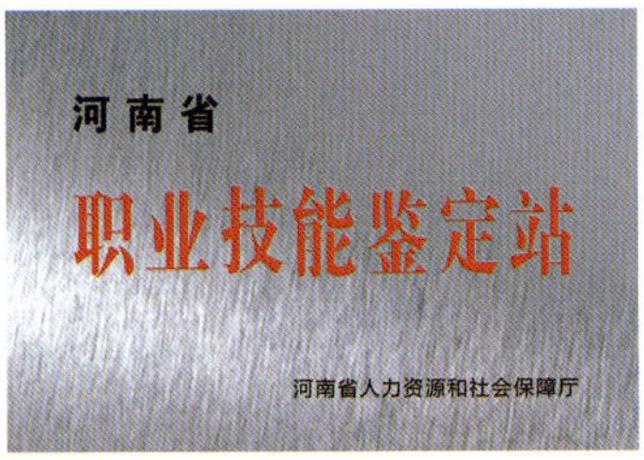

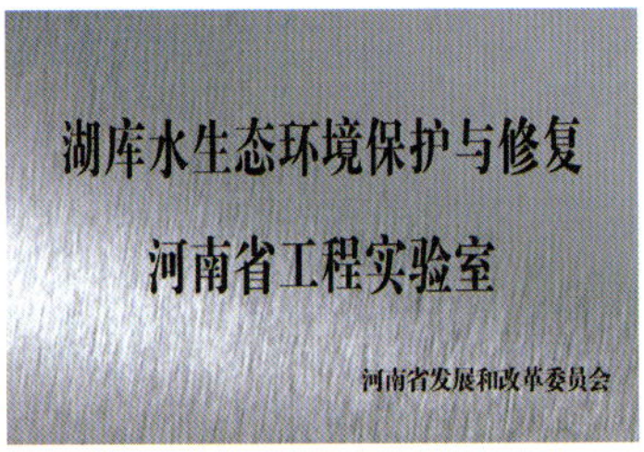

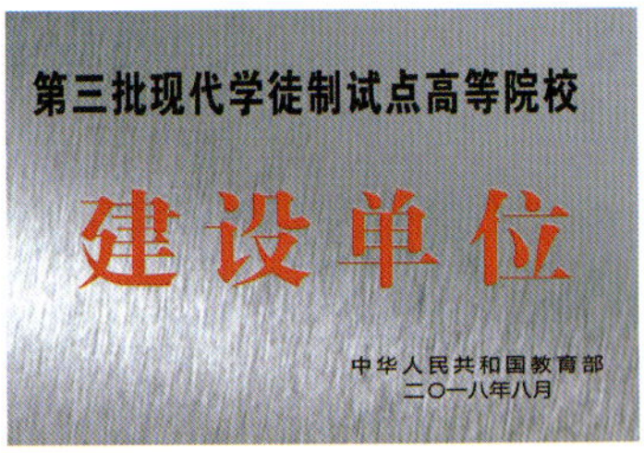

前 言

七秩芳华，弦歌不辍；千秋伟业，薪火相传。

值此河南水利与环境职业学院建校七十周年之际，我们谨以本书，致敬波澜壮阔的办学历程，缅怀筚路蓝缕的创业先贤，汇聚砥砺前行的磅礴力量。

七十年，在历史长河中不过弹指一瞬，但对一所学校而言，却是一段从无到有、由弱至强的奋斗史诗。回望 1955 年，新中国百业待兴，治理水患、兴修水利成为国之命脉。我们的前辈们，应国家之需、顺时代之潮，在中原大地上播下了一颗希望的种子。从最初的艰苦创业、辗转办学，到改革开放后的开拓进取、锐意发展，再到新世纪以来的跨越腾飞、特色彰显，学校每一次名称的更迭、校址的变迁、专业的拓展，无不深深镌刻着国家发展与时代进步的印记。

这部校史，是我们对过往的第一次系统性追溯与梳理。它并非简单的岁月堆砌，而是一代代"水环人"用青春、智慧和汗水书写的一部技能报国、服务发展的奋斗史，一部孜孜以求、潜心育人的耕耘史，一部守正创新、追求卓越的发展史。书中记录了从水利起步，到八大专业群协同发展的蝶变升级，体现了学校紧跟国家生态文明建设、黄河流域生态保护和高质量发展等重大战略，主动对接行业和区域发展需求、践行办学使命的担当；书中既呈现了历代教师深耕教学、钻研专业的严谨风范，也记录了无数学子学成后投身行业、以技能服务社会的真实历程。

修史以存真，鉴往以知来。编写本书，旨在存史，更在资政、育人。我们力图以客观的笔触、翔实的史料，还原学校七十载的发展轨迹，提炼历久弥新的精神内核——面对办学挑战"不等不靠、迎难而上"的奋斗精神，深耕职业教育"打磨技艺、善学善新"的务实精神，立足地方发展"扎根中原、服务区域"的担当精神。我们希望，这本书能成为所有师生、校友的情感寄托，成为连接过去与未来的桥梁，成为激励新时代水环人继往开来、再创辉煌的号角。

由于年代久远，史料搜集难免疏漏，谨向所有为学校发展做出贡献却未能详尽载入史册的师生们致以最崇高的敬意！

历史，是过去的回响，更是未来的序章。站在建校七十周年的新起点，让我们从历史中汲取智慧与力量，共同谱写河南水利与环境职业学院更加璀璨辉煌的明天！

《河南水利与环境职业学院校史》编委会

2025 年秋

目 录

第一章　艰辛创办历磨难

——创办、迁郑、易名及时代变革时期

河南省水利学校从1955年10月至1977年12月，从借用洛阳白马寺荣军学校校舍办学到搬迁至郑州市陇海西路，几易校名，直至停办。经过23年艰难曲折的发展，共招生2805人，其中专科520人，积累了办学经验，为河南省水利建设培养输送了技术人才。

第一节　河南省水利学校的创办

1950年6—7月，淮河流域发生水患，河南、安徽两省1300余万人、4000余万亩土地受灾。1950年10月10日，河南省治淮指挥部在开封成立；10月14日，政务院发布《关于治理淮河的决定》；11月，河南省人民政府发布"河治字第1号"指示，把治淮工作作为河南省中心任务，河南水利建设事业掀开了新篇章。1954年10月，河南省人民委员会通过《河南省人民委员会关于在1955—1957年扩大灌溉面积66.7万公顷的方案》。当时，河南省水利工程建设技术人员严重不足，主要为全国本、专科院校的少数毕业生，还有来自河南省治淮总指挥部技术干部训练班、治淮干校的技术培训人员。面对河南省水利工程新的建设规模，培养大量的水利技术人员成为当务之急。

1955年9月，河南省水利厅根据河南省旱涝灾害频繁和水利建设急需技术人才的情况，提出了建立河南省水利学校的报告，河南省委农村工作部9月26日以"农干2007号文"批复：经省委研究，同意建一所水利学校，限1955年10月5日前上报方案。10月5日，河南省水利厅上报了关于建立河南省水利学校的建校方案，10月12日，河南省委农村工作部以"农干2008号文"批复，同意河南省水利厅建校方案，并要求提出1957年前的干部培训计划，学校（人事关系）隶属于河南省水利厅领导，筹备工作随即开始。

一、初期筹备工作

1955年11月，河南省水利学校建校筹备工作正式展开。河南省水利厅派姚步霄为建校筹备组组长。筹备人员17人，教员于12月中旬陆续到校。商议借用校舍与在郑州选择校址同时进行。12月7日，河南省民政厅就借校址问题发出公函，河南省教育厅发布招生通知，定于12月25日完成招生工作。学校随即抽调干部、教学人员办理各项手续并奔赴各地市招生，经过20多天的努力，完成了招生任务。学校先商借洛阳白马寺荣军学校校舍，当时因有“校名应冠所在地名称”的规定，故校名暂时定为“河南省白马寺水利学校”。

建校初期的基础设施条件有限。借用房屋212间，作为办公、教学和住宿用房；因当时无食堂餐厅，另搭盖18间临时席棚作餐厅、储藏室和招待用房。教学办公用具有桌、椅、板凳、柜箱等2508件，日用家具1427件，操场4个，排球场1个，体育器材243件，文娱器材80件，图书1653册，实验仪器1385件，化学药品83种，共计7379件。当时的条件极其艰苦，教职工住集体宿舍，每间住2~3人，寝办合一。每3间住一个班的学生，每间住十多人，前后墙两排通铺，中间仅留一通道。时值隆冬，宿舍连煤火炉也没有。同时，选定的郑州市陇海西路校舍正在筹建中。

二、领导及组织机构

1956年4月3日，河南省水利厅以(56)水人字第27号文任命吕武扬为第一副校长兼党支部书记，姚步霄为第二副校长。未设立科室机构，只设有办公室秘书、教务负责人、总务负责人及团的工作负责人。1956年12月，建立了工会组织。教学组织设有一个普通课学科委员会，按课程性质分设两个专业基础课学科委员会。建立了党团、工会、校务会、学生会、卫生委员会、伙委会(伙食委员会)、教导会、学委会、班主任联席会等组织。

1956年3月，通过民主选举，学校正式成立“青年团河南省白马寺水利学校支部”，下设15个团小组。10月16日，成立“青年团河南省白马寺水利学校总支委员会”，赵金昌任书记，马绍钦、徐桂馨、胡德忠任副书记。为适应国家建设的需要，满足师生迫切进行“劳卫制”锻炼的要求，11月学校建立“劳卫制推行工作组”，组长吕武扬，副组长姚步霄、马绍钦。

为使管理工作尽快步入正轨，学校召开了各种会议，并相继制定各组织机构相关制度，如：校务、科室、学科委员会、教导、工会、班主任、学生会、伙食委员会、服务员和炊事员、卫生委员会、学习委员会等11项会议制度和办公、学习、生活、财经、公文管理、卫生工作、请示报告、请假、自行车保管和使用等9项工作、学习、生活和管理制度。其中，学科委员会会议每半月1次，工会大会两月1次，学习制度要求职员必须坚持每天晚上的业余学习，教员应保证每周的个人学习，勤杂人员规定每天晚上学习文化。1956年底，学校有教职工64人。与此同时，郑州陇海西路的校舍基建工作基本完成预定任务，初步具备搬迁条件。

三、招生及教学工作

(一)招生工作

学校招收的第一届中专学生有262人，实际报到255人，主要为郑州、新乡、安阳3市的初中毕业生，还有11人是河南省民政厅介绍保送的转业军人。首届是春季招生，学制定为两年半，设农田水利、水利工程建筑两个专业，其中农田水利专业127人，水利工程建筑专业128人，各设3个班。

（二）教学工作

1956年1月28日，新生开学报到，当时有教职工40人，其中教师17人、职员23人。专业技术课教师由河南省水利厅调配，普通课教师由河南省教育厅调配，职员绝大多数由河南省水利厅调配。1956年9月，第二届中专343名学生入学，其中农田水利专业5个班214人、水利工程建筑专业3个班129人，学制4年。教职工增至64人，其中教师37人、其他职员27人，另有工警及勤杂人员33人（不属于正式员工），承担着14个班的教学和管理工作。

教学大纲以及部分教材都是来源于苏联，由于多数教师是抽调工程技术人员充任，学校党支部在教学和师资队伍建设方面采取了一些措施：组织教师学习《凯洛夫教育学》，提高教师教学理论水平；开展观摩教学，交流教学经验；提倡集体备课、试讲、相互听课，领会教学大纲的精神，钻研教材；为解决课程与教材不适应的问题，教师编印补充材料，自制教具及绘制图表，共为数学、测量、制图、理化等课程制作仪器模型24种41件、图表8种87套（件）；在考试中，实行苏联的先进考试制度"口试制度"，推行了五级记分制；选送教师到高等学校进修，保证教学水平的不断提高。为配合教学工作，图书馆也逐步有计划地购置科学和文艺书籍。

四、思想政治工作

1956年2月开学初期，校舍、设备比较简陋，教学任务重且时间紧迫，大多数教职员工没有从事学校工作的经验。为了坚定大家办好学校的信心，尽快稳定教学秩序，学校领导针对存在的问题，及时采取有效措施：一是用两周时间，集中学习和讨论了关于党对知识分子问题的指示精神，对全校教职员工进行思想教育；二是迅速在教职员工中确定职务，安定人心；三是与教职员工谈心交流；四是请河南省水利厅领导来校作水利形势、时事政策和"向科学文化进军"的报告。通过采取以上措施，教职员工对办好学校有了较明确的认识，体会到党对知识分子的关怀及其在社会主义建设中的地位和作用，社会主义觉悟普遍提高。每位教职员工在业务学习、政治理论学习及政治锻炼、身体锻炼几方面作出了个人规划。上半年，在17位教师中有12人提出入党申请，并就如何办好学校提出了70多条合理化建议。

初到学校，部分学生思想上存在着"学农田水利专业没前途、没出息"的消极认识。针对这种情况，学校邀请荣军学校的战斗英雄邱乃玉作报告，对青年学生进行共产主义道德和集体主义、爱国主义教育；班主任和教师对学生个别谈话，并在讲课中进行耐心说服教育；团组织、学生会通过黑板报进行五四运动精神、时事政策和专业思想教育；开展社会实践活动，1956年3月组织学生参加洛阳市郊白马寺村成立高级社大会和参观拖拉机厂、龙门石窟等活动；组织全校师生300多人在夏季帮助群众收麦；组织学生开展学习、生活、文娱、体育和卫生运动以及参加校园内拔草抬土、扩大运动场地的义务劳动。1956年6月，学校推行了劳卫制一级锻炼，参加锻炼的共有284人，占学校师生总人数的95%。通过一系列教育，学生对学好水利专业的认识逐步提高，学习热情不断高涨。

第二节　迁入郑州市陇海西路

1957年1月23日，学校由洛阳白马寺迁到郑州市西郊陇海西路，校名改为河南省水利学校。校园占地260亩（其中，99亩是1960年上半年所征，未建）。起初由于办公楼正在兴建，图书馆、阅览室、医务室、学生宿舍、教职员办公室都十分拥挤。截至1957年8月，建成教学楼1幢，学生宿舍楼2幢，餐厅兼礼堂1座；物理、化学实验室已设置完备，土壤实验室已有部分设备；电工、建筑材料、材料力学、制图、测量和水文仅有一部分仪器；有了大部分数学模型和部分地质模型；学生运动场所基本满足学生活动使用。

迁校初期，学校建设与教学管理工作同步进行，其间经历了整风反右运动，学校各方面工作尚未稳定。学校及时完善领导及组织机构，探索教学方法，加强思想政治教育，开展学团及工会活动，促进了学校稳定发展。其间，学校师生支援全省水利化建设，取得了不俗的成绩。

一、领导及组织机构

1957年4月，吕武扬调走，王松到校任校长兼党支部书记，姚步霄任副校长，王清献任副书记；1958年5月13日，代星到校任副校长；1958年6月9日，经研究并经中共郑州市委文教部同意暂设立党的临时总支委员会，总支委员会下设教职员、农水专业、水建专业3个支部；临时总支委员会由7人组成，王松任书记，代星、王荣身任副书记，姚步霄、张定寰、周鑑清、宋治杰为委员；1958年8月7日，经中共郑州市委文教部批示，学校正式成立由6人组成的总支委员会，王松任党总支书记，王荣身任副书记，姚步霄、代星、周鑑清、宋治杰任委员，总支委员会共有党员44人（正式党员35人、预备党员9人）。学校业务上隶属河南省水利厅领导，党的组织关系归郑州市委领导。学校机构和编制均根据高教部颁发的中等职业学校章程设置，学校科室机构有办公室、教务科、行政科、团委、工会；教学组织有学科委员会、备课小组；各班设有班主任，负责班级政治思想和管理工作。

二、学生与教职工

1957年3月，由于精简机构，分配工作困难，经中共河南省委批示，河南省水利厅决定将河南省水利干部学校的农田水利班学员299人转入河南省水利学校，编为第二届中专6个班，农田水利专业、水利工程建筑专业各3个班，学制3年，学校原第二届改为第三届（因在原水利干部学校已学习2年）。1957年由于“反冒进”，决定将学校规模从原有的1600人缩减为1000人，故1957年暑假未招生，截至1957年，学校共有水工建筑专业9个班，农田水利专业11个班，共864人。

全校共有教职工97人，其中专业技术人员70人（含医师1人，医士、药剂士、护士共3人，教员66人）；正、副校长2人；教务主任1人；科长3人；副科长4人；一般干部17人。1957年底下放教职员13人参加生产劳动。

三、教学工作

大部分教师是刚从学校毕业的青年，教学热情很高，勇于负责，但缺乏经验和办法，理论知识多，实践经验少。部分教师早年有教书经历，而后投身一线工作，从水利工程设计或管理工作岗位上调来，缺乏中专学校教学经验。同时，使用的教材和教学大纲有部分不相契合，有些课程章节内容较深较广，相互配合不够，排列次序不当。水力学和制图用的是苏联教材，翻译文词难懂，影响教学效果。为了提高课堂教学效果，全体教师集思广益，积极想办法：

一、自制模型，如理论力学空间力系模型、水力学静压力模型和土壤课设法借用试验仪器或自制仪器，增加了学生对课本知识的直观认识。

二、开展经验交流会，总结五步备课法，即：①深入领会教学大纲精神；②钻通教材；③因材施教的课堂传授方法；④全面系统地写出课时计划；⑤课前试讲。

三、组织校内课堂教学观摩并与兄弟学校展开交流学习，取长补短。

四、注重实践教学，一年级普通课学完部分内容，就进入工厂实习；二年级安排并完成水利工程认识实习、测量教学实习、水文学和水力学的课程实验内容。

1957年冬，河南省掀起规模巨大的农田水利运动，取得巨大成绩，但也暴露出河南省水利技术干部十分缺乏的问题，特别是县以下几乎没有中级以上技术人员。为了保证河南省全面水利化和水利保险化，并继续提高水利化标准确保农业丰收，根据河南省水利厅指示，1958年4月，学校制定了第二个五年培养规划，为实现河南省要在第二个五年计划期间达到县县有水利工程师、乡乡有水利技术员的目标，要求学校在第二个五年计划期间培养水利技术员4000人以上，满足水利建设的需要。主要采取三项措施：

一是招收高中毕业生或在职干部，其文化程度相当于高中二年级并对水利工程有经验，学习一年半，达到中等技术员水平。

二是为培养又红又专的在职干部，拟轮流抽调相当于初中毕业文化程度的在职干部学习一年，达到初级技术员水平。

三是缩短在校学生的学习年限，将四年制改为三年制，三年制改为两年半制。同时，在招生、专业及课程设置方面都制定了详尽的规划。

四、思想政治工作

（一）思想教育

由于学校从洛阳迁入郑州市，教学设备不完备，没有制定相应的生活制度，学生思想不稳定。针对这些情况，学校强化思想教育采取了一系列措施：①学校党的负责同志作艰苦朴素的报告；②团的专职干部随同校领导深入饭堂，同甘共苦，密切团干与同学关系；③组织学生观看《母亲》《上甘岭》《教育的诗篇》等影片；④利用黑板报、版画进行时事政治宣传教育，总结交流经验以及举办“表扬和批评”“迎新生”“水利知识”等专栏；⑤以班为单位，召开以“谈生活目的”为主题的小型讨论会；⑥聘请省水利厅领导在期中作时事政治报告；⑦邀请长征老干部作“长征路上故事”的报告；⑧学期末，再次聘请省水利厅领导作关于劳动教育和假期工作的报告。经过以上多种形式的教育，学生的思想逐步得以稳定，学习和生活中的一些无序现象得到扭转。

（二）积极开展学、团活动

学校积极开展学生团组织活动，提高

学生学习热情,鼓励学生树立远大理想,为新中国建设贡献力量。

(1)组织阅读文件、听报告、讨论和组织广播材料。

(2)积极发展新团员,加强新生力量培养。

(3)组织召开座谈会,听取学生在学习中遇到的问题和困难,协助教务科开展教学活动。

(4)在全校开展"千诗万歌"活动,并结合学校中心工作,创作出很多内容丰富、形式多样、深受广大学生欢迎的精彩节目。

(5)举办全校运动会,开展篮球赛、乒乓球赛;选拔优秀运动员参加郑州市田径比赛,男子跳远和手榴弹取得了郑州市第一名,并有6名学生达到了国家规定的三级运动员标准。全校6月份进行了劳卫制测验,69人参加,57人达到劳卫制一级及格标准。11人参加二级测验,3人及格。

(6)参加劳动建校,1957年1月迁校,师生协力将全部教学和办公用具从白马寺搬到火车站,节省了一批运费。迁到郑州后花费一个多月的时间整修操场,在陇海马路西段新修了道路、整修了校园、挖通了排水渠,共有428名学生参加。麦假期间,帮助附近农业社进行麦收。

(7)开展勤工俭学活动,全体学生都能以苦干、实干、拼命干的精神,积极投入学校各项劳动中,学校将20余亩闲置土地分配到各班种植蔬菜,既达到了勤工俭学的目的,又解决了部分吃菜问题。

通过在团员、青年中加强思想政治教育和开展丰富多彩的活动,广大青年团员的思想觉悟日渐提高,越来越多的青年学生积极申请要求入团,团员积极写申请入党的人数也日益增多;好人好事不断,全校该学期涌现了优等生10人。

五、工会工作

截至1957年6月,学校有工会会员82人,占全体教职工的78%,根据教学性质和行政单位,划分为9个工会小组。开展的工作主要有:①及时传达郑州市教育工会大会精神,明确工会的性质和任务是以生产为中心,生产、生活、教育三位一体的工作方针,克服了过去工会重福利轻生产的偏向;②开展生活会,组织会员学习会章,明确会员的权利和义务;③参与民主办校。学校开始整风学习后,为了帮助领导改进工作,分析学校中的主要矛盾,工会组织全体会员在学习文件的基础上开展漫谈,并将各组漫谈结果系统整理后向领导汇报;④在教职员中成立互助委员会,对有困难的职工开展互帮互助;⑤开辟阅览室,为教师、职工备课借阅资料提供方便;⑥组织黑板报和"五一""五四"特刊,开展宣传工作;⑦协助行政组织干部管理学校;⑧动员教职工参加整修马路、校园和帮助群众收麦等义务劳动;⑨开展文体活动;⑩搞好教职员福利工作。

六、支援水利化建设

1957年10月21日,河南省人民委员会召开全省水利工作会议,贯彻中共中央、国务院9月24日发出的《关于今冬明春大规模地开展兴修农田水利和积肥运动的决定》。1957年冬和1958年春,全省人民以"苦战一冬、大干一春、移山造海"的气概和冲天的干劲掀起了河南历史上前所未有的兴修水利的高潮。根据河南水利厅党分组的指示,1957年12月23日全校师生905人分赴全省8个地区(郑州、许昌、新乡、信阳、开封、商丘、安阳、南阳)42个县(市)支援水利化建设,其中以中小型水库、中小型建筑物和灌溉渠系的勘测、设计、施工为主,并结合协助各县、乡、社进行丁塘、堰、坝、水土保持、水电站等的规划、设计和施工以及水利规划、水利调查等。共完成或协助地方完成3300座中小型水库、2500条渠道、5200座中小型水工建筑物的勘测设计与施工,同时为县、乡培训2600余名初级技术员。1958年7月,支援水利化建设结束。

这次长达8个月的活动,收获颇丰:①提高了师生的政治思想觉悟,强化了劳动观念;②巩固了专业知识,明确了学习目的,理论联系了实际;③因地制宜进行技术革新,如两用仪、简单水平仪、小平板、自动运土器、测斜器、万测仪、验收绳、三角尺、木制经纬仪等,有的同学想办法解决了长距离隧洞接头的施工难题,水工建筑专业203班研究提出了渠道水力最佳断面新的计算方法等;④师生们和群众打成一片,同吃同住同劳动,密切了和群众的关系;⑤锻炼了吃苦精神,在工作中克服了不少困难,还有很多类似的动人事迹。各专区、县、乡党政机关在支援水利化后给学校送来锦旗35面,110余名师生被评为模范和先进工作者,有的甚至多次被评为模范。

七、整风反右运动

1957年4月27日,中共中央决定在全党进行反对官僚主义、宗派主义和主观主义的整风运动;10月15日,中共中央发出《关于在中等学校和小学的教职员中开展整风和反右派斗争的通知》。

1957年5月,学校建立了整风运动学习中心小组,至1957年6月4日,学校组织学习了整风运动的有关文件,6月5日至9月4日,根据省水利厅党分组关于在中等专业技术学校暂不开展整风运动的指示,整风学习暂停。9月5日开始反右派斗争有关文件的学习,经过10月、11月两个月的时间,反右派斗争基本结束。随后,教职员中的整风学习转入整改阶段,并开始学生中整风运动的学习,1958年7月支援水利化建设结束,回校后继续开展整风运动。

第三节　学校易名办学

1958—1970年,学校在曲折中发展,先后两易校名,从郑州水利专科学校到河南工学院水利中专部,再到郑州水利学校。其间经历停学、复学、缩减规模、整风反右及甄别平反等,学校在党团组织坚强领导及师生共同努力下仍在教学、科研、师资队伍等方面取得一定成绩,为学校长远发展奠定了坚实基础。

一、郑州水利专科学校(1958年7月至1962年2月)

(一)领导及组织机构

为促进河南省教育的快速发展,满足经济建设对人才的需求,1958年6月5日,河南省委文教部讨论发展教育规划,确定1958年建立30多所大专院校,争取建立60多所中专学校。1958年8

月，河南省水利厅“党分组(58)50号”报省人委党组及省委文教部批准，河南省水利学校改名为郑州水利专科学校，中专并存(隶属于河南省水利厅领导，党的关系由郑州市委领导)。河南省水利厅党分组指定副厅长张天一兼任专科学校校长，党支部改建为党总支，王松任党总支书记兼专科学校副校长，姚步霄、代星任中专副校长，王荣身任党总支副书记。学校增设人保科与生产科。

1959年1月，经河南省委批准，将省水利厅干校、水利厅科学研究所、水利专科学校合并改为河南水利学院，但未正式任命院系领导，8月恢复原来的校名。干校全部并入后，学校增设干训科。此时学校办学的任务是：三年制专科、四年制中专、省水利厅在职干部的短期(半年至一年半)轮训及河南省水利部门函授(大学本科)水利专业教育。

1959年4月，原水利干校党委书记、副校长张连三到校任中专学校副校长。

1960年4月1日，经郑州市委批准，学校党总支改建党委会，王松为党委书记，代星、王荣身为副书记，姚步霄、翟让泉、张连三、周鑑清、石庆祥为委员，增设党委办公室。4月27日，王松调至省水利厅、张连三支边。省水利厅党分组任命徐风庭任党委书记兼副校长，任命姚步霄、代星任专科学校副校长。5月19日，经中共郑州市委文化教育部批复增补叶挺栋为党委委员，王荣身兼任党委办公室主任。7月3—5日，中共郑州水利专科学校首届党员代表大会召开，大会听取本学期工作总结报告和今后工作计划。选举徐风庭等7人组成党委。选举出席郑州市委党代会代表等。9月，代星、王荣身先后被调走，12月省水利厅党分组任命省水利厅副厅长宋显民兼任郑州水利专科学校校长，调冯贯一到校任党委副书记兼副校长，姚步霄任副校长，增补吴茂丰为校党委委员，图书馆列为科级建制。为适应学校的发展，又在学校对面的陇海西路南侧征地99亩，扩大了学校运动场地。上半年根据上级指示精神，在学校开展了以学术批判为中心的教育革命运动。

1961年是国家国民经济困难的第三年。1月，党的八届九中全会在北京召开，全会制定了对国民经济实行“调整、巩固、充实、提高”的方针，河南省根据该方针，压缩城市户口，动员在校的农业人口或非农业人口返乡参加农业生产，对各级各类学校及教师进行调整和压缩，学校招生锐减。按上级要求在校学生从1961年7月15日开始放长假一年，所招新生四届大专80名和四届中专80名均未入学，保留入学资格，教职工部分调出、下放或调省水利厅支援工作，部分留校护校并参加劳动。

(二)招生及教学工作

1958—1961年，共招收专科生4届520人，分设水利工程建筑和农田水利2个专业；中专生1096人，分设水利工程建筑、农田水利、中小型水电站和施工机械化4个专业；1960年，先后举办了多期行政干部、技术干部、物理勘探等短训班(3个月至1年)，轮训干部近500人次。在校学生总人数最多时达到1720人，教职员工最多时达到210人，其中教师(含教辅人员)116人。同时，学校基础设施条件得到进一步改善，1961年9月学校放长假时，学校总建筑面积达到23410平方米，其中教学用房面积8500平方米，生活用房面积11744平方米，教学设备总价值35万元，图书38184册。

1.教学计划

1958年9月，中共中央、国务院发布

《关于教育工作的指示》，提出党的教育工作方针是：教育为无产阶级政治服务，教育与生产劳动相结合。为贯彻执行这一方针，学校最初参照水利高等院校（武汉水利水电学院）教学计划进行课程设置，将假期、生产劳动和教学三者的时间比例定为1∶3∶8，其中专科1.5∶2.5∶8，中专1.5∶3∶7.5。教学计划原则上实行教学、生产劳动、科学研究三结合，生产实习中结合教学，科研任务落实到班、组。由于专科三年制，每周上课33~34节，时间紧，任务重。

2.教学设施

根据培养目标、教学计划、实验实习、生产劳动、科学研究的需要，省水利厅给予学校大力支持，每年分配不少经费添置图书和仪器设备，同时从省水利厅有关单位也调拨一些设备。经过几年的努力，建成物理、化学、土工、水工、水力、材料、测绘、电工等多个实验室；地质、土壤、数学等5个模型室以及水文、气象观测站，其仪器设备均已具有相当规模，基本能满足学生实验的需要。同时有部分教师在教学中苦心钻研，创制了一些仪器模型，更丰富与充实了教学内容。

3.编写教材

适应专科用的教材很少，大部分是自编讲义。学校根据教学、生产劳动、科研三结合制定了农田水利、水工建筑及农村水电站3个专业的改革方案及教育计划3种，教学大纲32种，制定了中专班过渡性教育计划6种，专科班过渡性教育计划2种，编写专科班教材11种，中专班教材14种，干部训练班教材13种，共完成38种新教材的编写任务。

4.课堂教学

在专科和中专的课堂教学中，学校统筹安排教师上课，没有按教学层次严格区分。专科班的教学工作，少数由1958年秋季分配到学校的大学毕业生担任，多数由原中专班教师通过遴选后担任。课堂教学方面：①集中排课，合班上课；②试用“一条龙式”教学（学生先预习，提问题，老师讲要点、难点）；③开展教学研究，各教研组制定观摩教学计划或教学专题讨论；④现场教学，课堂搬到实验室、实习场等，理论联系实际；⑤开展教学检查，包括座谈、个人检查、相互听课、抽查作业、抽查讲义、抽测劳卫制成绩等。教师方面有7查：查教学思想、查教学观点、查教学态度、查教学环节（备课、上课、辅导、批改作业）、查讲义编写、查实习试验、查教学效果。学生方面有4查：查学习目的、查学习方法、查学习环节（听课、复习、作业、试验实习）、查学习效果。劳动方面有3查：查劳动观点、查劳动态度、查劳动收获。体育方面有2查：查是否经常锻炼、查已取得的成绩是否巩固。通过以上措施，教学方法不断改进，教学效果不断提高。

5.师资队伍

1958年8月，成立专科学校时，教师数量为64人，其中有14人是1949—1952年参加工作以后调来学校工作的。为加强教师队伍建设，学校采取了积极的举措：①选派优秀教师外出进修，1959—1960年先后共派出23名青年教师到中国人民大学、清华大学、华东水利学院等院校进修提高业务水平（其中6人进修一年以上）；②结合教学，与河南省水利厅联系，接受一定的生产任务（如毕业设计）和科学研究任务，以此提高教师实践技术能力；③选派缺乏生产实践知识的新进教师，利用教学间隙到生产单位实习，参与水利工程的规划、设计、施工和管理等，以增加实践知识；④遴选优秀毕业生到教研组，固定师傅带徒弟，包教包学，经过短期培养，充实教师队伍。1958年8月至1961

年7月，共培养了40名可以担任大专教学或实验课教学的教师。至此，学校教师总数量达到102人，划分数学、物理、水利水文、结构、农化、语文、施工和土力地质等11个教研组进行管理。

（三）勤工俭学

根据共青团中央《关于在学生中提倡勤工俭学的决定》精神，按照河南省教育厅部署，学校开展了以勤工俭学、教育与生产劳动相结合为中心的教育革命，参与从开展勤工俭学发展到大办工厂、农场和农村人民公社办学的热潮。

1958—1960年，除支援全省水利化建设外，学校在勤工俭学方面开展了大量工作：①利用校园约30余亩空地种植四季蔬菜20余种，每年收获40万斤左右；②结合专业建有石灰厂、烧耐火砖厂、水泥预制管厂并开展大量的建筑材料试验和构件加工及规划设计、工程地形测量、土工试验、水力模型试验、制图描图等（其间为冯湾王洞水库测量规划设计描绘数万张水利工程和机械制图）；③参加抗旱工作，支援市郊秋收秋种，完成花园口枢纽工程南岸65.8平方千米地形图的测量任务、郑州市30千米渠道的施工测量、金水风景区1200立方米的土方开挖，以及昭平台水库和安阳彰武水库施工。参与学校新建6号教学楼和7号宿舍楼，建筑面积8100平方米。

学校1958年9月1日成立了人民公社，由于种种原因，过多地安排生产劳动与社会活动，打乱了教学计划，严重影响了正常的教学工作。

（四）科研工作

科学研究工作基本上从1959年初开始，1959年1月27日，河南水利学院以《河南水利学院1959年水利科学研究计划（草案）》［（59）院教字1号］上报河南省水利厅、郑州市委文教部、河南省教育厅。该草案提出了学校科研情况、研究的方针、研究的任务以及注意的问题。学校党总支对科研工作十分重视，指定专人兼管此项工作，成立了郑州水利专科学校科学协会（简称科协），选举委员7人，王松（总支书记）兼任主任委员，另有2名总支委员参加，加强了党对科研工作的领导。科协成立后，共发展会员43人，在原教研组的基础上，成立了10个科研小组，开展科学研究工作。其中与河南省水利厅科学研究所合作项目3项：玻璃丝混凝土预制工作桥大梁研究、预应力钢筋混凝土闸门研究、电张法预应力钢筋混凝土板桩研究。学校独立研究项目7项：白灰矿渣水泥成分及性能的研究，木材代用品研究，结合生产实习进行水中倒土筑坝的研究，结合接受设计任务进行涵洞式输水道的形式研究，进水口布置方案的研究，主、支洞接头应力分析的研究，输水道出口安装弧形闸门的研究。

除上述科研外，学校通过接受测量任务提出了"加密大比例尺测图控制点的简便方法"及"平原地区地形测量的简便方法"2项技术革新；结合校内生产劳动试制出玻璃肥料、加气剂、氯化镁、电焊条、氨水、玻璃丝、电动机改装成发电机等7项新产品。

截至1960年上半年，完成河南省分配给的重大项目6项，技术革新330余项。1960年下半年，学校抽调220余人参加南阳、信阳、洛阳、许昌4个专区的水利及相关的野外调查工作，自8月上旬开始至9月上旬完成外业调查和资料整理，9月下旬专门组织力量参加调查资料的分析研究，为1961年农业生产和丰收做了大量的基础性工作。同时，先后动员20余人完成了全省3000个站年的水文资料整理和统计,以及大面积种植蔬菜的丰产如何灌溉和施用土化肥方面的研究工作。

(五)群团工作

1.共青团工作

1958年8月,成立专科学校后,大专与中专共26个班,全校共有青年学生1256人,青年团员643人,分设27个团支部。1958年7月,支援水利化返校后,进行了整风反右、下放干部和交心、勤工俭学等一系列活动。在共青团的工作中,贯彻教育与生产劳动相结合的方针,组织宣传队开展社会主义、共产主义思想教育宣传;宣传贯彻党的总路线、“大跃进”、“三面红旗”的社会主义再教育;利用黑板报、校报进行时事政治宣传,总结交流经验,表扬先进,鞭笞后进;各班普遍建立墙报,组织读报小组,宣传党的方针政策,协助推动学校中心工作;开展文娱、体育和卫生活动。为扩大团员队伍,在广大青年中选拔积极分子确定发展培养对象,进行团课、党课学习和座谈讨论,努力推进团组织建设工作。

1959年,全校共有学生1136人,26个团支部595名团员。

1960年,全校共有学生(含干训)1717人。其中,专科11个班418人,中专21个班1005人,干训6个班294人。全校共有41个团支部,其中大专班11个团支部、中专班21个团支部、干训班6个团支部、教职工2个团支部,共有团员717名;青年党员19名。1960年,在青年团员中开展五好标兵、五好积极分子、优秀团干、优秀学生、五好班级、五好学习小组评选活动,适龄青年中申请入团的比例达到80%,60%的团员写了入党申请书。

1961年4月5日,学校首届团代会召开,出席大会正式代表80人,其中青年职工代表14人,学生代表66人,分别代表全校647名共青团员。另有14名列席代表。大会深入学习和贯彻党的方针政策;总结学校创办以来团的工作;讨论和确定今后一个时期团的工作任务;选举团的领导机关——共青团郑州水利专科学校委员会。

2.工会工作

1)工作概况

1958年,学校成立专科时,有工会会员119人。工会积极协助党总支做好政治思想教育和宣传工作。一是成立人民公社后,抽调人员协助领导拟订人民公社章程草案,组织家庭进行座谈,解决经济和思想问题;二是积极组织工会会员参加交心、勤工俭学和炼钢等活动;三是成立民兵组织,整理会员档案;四是开展“五红运动”“劳卫制”及文体活动;五是做好职工救济等福利工作。

进一步贯彻党的教育方针,开展以提高教学质量为中心的各种活动。工作有:①开展教学宣传,介绍教学经验和学习方法,提高教师教学水平,培养学生刻苦钻研和独立思考的能力;在全国人民代表大会召开期间,除正常政治学习外,加强对西藏叛乱问题的认识学习;配合教工团支部出“五一”“五四”特刊和图片展览。②根据周恩来总理政府工作报告提出的增产节约精神和郑州市委指示,召开座谈会就如何发挥职工的积极性和教师在教学中的主导作用,制定了增产节约计划,开展节约储蓄。③发展新会员38名,截至1958年底共有会员158名。

1959年下半年,工会协助党总支大力宣传“反右倾”、鼓干劲、增产节约运动;在全校范围内开展社会主义教育运动和五好活动、进行新旧社会对比诉苦大会,提高阶级觉悟。

2)组织工作

协助行政办好职工的业余教育,根据

职工文化程度分为初中、高小、初小、扫盲4个阶段授课。本着增产节约精神,定期公布学校账目,改善职工伙食。开展节约储蓄勤俭持家教育。发挥互助金作用,帮助困难职工急用,一学期共借出374人次。救济困难职工140元。

3)组织开展各种文体活动

学校定期组织放电影,开展校际间篮球、排球、乒乓球比赛等活动。一学期与郑州煤田地质、郑州师院等6个兄弟院校进行友谊赛14场。

1960—1961年放长假。

二、河南工学院水利中专部(1962年2—6月)

(一)领导及组织机构

1962年2月,郑州水利专科学校与郑州大学水利系、机械系及郑州电校等合并成立河南工学院,并附设水利、电力两个中专部。水利中专部在原校址办学,1962年3月13日启用"河南工学院水利中专部"印鉴。党委改为党总支(由冯贯一、姚步霄、吴茂丰、周鑑清、刘庆元、张宝瑜、曹天民、杨春亮、赵金昌9人组成委员会)。徐风庭调院部任(工学院)总务长,冯贯一任水利中专部党总支书记,吴茂丰任副书记,姚步霄任水利中专部主任,周鑑清任副主任。学校设有办公室、教务科、行政科等。在编教职工总数205人,其中教师103人(普通课教师35人、专业课教师68人),职员56人,勤杂人员46人;在校学生1356人,其中专科生337人、中专学生1019人。

(二)教学工作

1962年4月,为贯彻中央"调整、巩固、充实、提高"的八字方针并以"调整"为中心的指示精神,河南省委、水利厅党分组对学校的决定是:停办大专、保留中专、缩小规模、提高质量。5月4日,制定了《关于学校组织调整和精简工作的意见》,对大专生提出的意见是:对返回农村参加农业生产的学生,宣布大专停办,鼓励其继续安心参加劳动,不再返校学习;家居城市离校回家的学生,待省委制定出具体办法,统一处理;留校参加护校和劳动的各回原籍;1961年暑假所招新生通知不再入学。对中专生提出的意见是:1019名中专学生继续放假一年。学校精简机构工作同时进行,截至5月底,精简或调出干部5人,工人22人,原留校学生回家20人。

1962年上半年,在没有教学任务的情况下,为提高教师教学水平,学校成立了教师业务进修领导小组,鼓励教师人人参加。并成立了专业课教师高等数学学习小组、中专毕业教师高等数学学习小组、英语学习小组、俄语学习小组等,定期辅导,定期检查作业,定期测验,取得良好的效果。下半年,由于机构紧缩,大部分教师被调走或外出支援工作,加上校园秋田管理任务大,秋种时间长,该项工作未能进行。

三、郑州水利学校(1962年6月至1970年12月)

(一)学生、教职工情况

1962年6月19日,河南省委以《关于河南工学院撤销后几个具体问题的处理通知》[豫发(62)426号]通知,附属河南省水利中专部改为郑州水利学校,专科停办,属省水利厅主管,党的关系仍归属郑州市委。

8月4—15日,学校组织教职员工分别到南阳、新乡等6个县市33个乡村,对已经放假一年回乡劳动的大专生、中专生进行调查访问座谈,就大专停办、中专继续放假一年等问题进行沟通和化解思想疙瘩。9 月，原二、三届专科班的郑州、开封、洛阳等 14 市学生 53 人转入郑州大学水利系学习，四届专科 80 名学生改入百泉农专，其余学生支农不再复学，二届大专按正常毕业，三届大专按中专毕业。对于郑州市市区以内的 119 名中专学生和 14 名无家可归的留校学生，也分别帮他们安排了工作。

1962 年，根据学校《组织调整和精简工作的意见》，学校主要精简和调整了 1958 年以来到学校工作的新教师、新职工。但根据教学和工作的需要，对于少数确实离不开的继续保留。根据强弱搭配的原则，对于部分非 1958 年以来的新教职工，亦作了适当的调整或调动。学校原有在编教职工 211 人，经过精简调整，共调出 109 人，其中：调出教师 49 人、教学辅助人员 13 人、行政干部 20 人、工人 17 人，退职 8 人，还乡生产 2 人。1962 年底职工人数 102 人，其中教师 56 人。

1963 年 2 月 26 日，河南省教育厅根据中央教育部“（63）教调周字第 109 号文”的批复，以“（63）教高字第 11 号文”下发通知，同意保留郑州水利学校，不再并入郑州大学。当时学校科室机构设有办公室、教务科、行政科、人事保卫科、图书馆、医务所等。教职工人数 104 人，其中教师 50 人，行政干部 34 人，工勤人员 20 人。1963 年上半年，学校举办了机电灌溉设计管理和水库管理 6 个训练班共 251 人，毕业 245 人。

1964 年 1 月，河南省水利厅根据省编制委员会（简称编委）“（64）编办字第 13 号文”通知，批准郑州水利学校在原 83 名编制的基础上增加临时编制 44 名，共计编制 127 名。3 月 11 日，学校教职工 104 人。7 月和 12 月，四届中专、五届中专共毕业学生 326 人。学校根据河南省水利厅指示，缩小学校规模，中专学生定为 500 人，干训 300 人。从 1964 年起，计划每年招生 120 人，4 年共 480 人，设农田水利工程、水利工程建筑 2 个专业。因此，1964 年九届（复学后第一次）中专招收学生 126 人，9 月入学编为建 19、农 24、农 25 3 个班，在校生有所减少，但由于复校后加强实践性教学与恢复机构，教职工已陆续增至 121 人。

1965 年，六届中专 181 名学生毕业，十届中专 166 人（其中郑州市 60 人、信阳市 34 人、开封市 30 人、商丘市 21 人、洛阳市 21 人）入学。寒假结束开学后，为适应当时水利建设对物资、财会人才的急需，从七届中专农田水利、水工建筑专业抽出部分学生组成物资班和财会班，增学有关物资或财会管理业务，并为以后设置新专业探索经验。该学期还未结束，“文化大革命”开始，此时教职工 130 人。

（二）教学工作

1.复学准备及专业调整

1963 年 5 月 25 日，河南省人民委员会以“豫教字第（764）号文”《关于放长假的中等职业学校复课问题的通知》，通知 26 所中等专业学校暑假后（9 月 1 日）复课。学校接到通知后向每位中专学生发出秋季复学的通知并着手复课的准备。重新编制教学计划，重新编班，确定教师教学任务。8 月 10 日，学校将秋季复学教学计划报请上级，9 月 2 日，河南省水利厅就复学后的教学、学制和毕业时间作了批示：在教学计划中，关于四、五届班复习旧课时间可略缩短，能使学生在原应毕业年度毕业，至于学习时间延长系因复习功课，并未增加新课程，因而四年、三年半的学制仍不改变。

1963 年 8 月，学校派出教职员 26 人次，分4个工作组到开封、洛阳、新乡、南阳4个专区进行调查访问202名学生在家两年的情况，并通知团干提前报到进行训练，为开学后的教学和政治思想工作做了准备；9月，对外调支援工作的教师陆续调回并调入新教师及教辅人员15人充实教师队伍，共编8个教研组，组织教师备课、仪器教学设备的整修、订购教材等工作。总务行政部门也调回部分工作人员，做好教学的后勤服务准备工作。

1963年9月1—3日复学报到，八届中专学生报到35人，原在校学生仅报到859人，通过复习考试，七届有40多名学生留级编为八届二班，随之调整了专业设置，撤销水电站专业并入水工专业，撤销施工机械化专业并入农田水利专业，将四届水电站3个班89人编为水工10、11两个班，农田水利工程3个班编为农13、15两个班；五届电6班改为水工12班，农16、17班保留；七届原8个班改编为6个班。

9月5日召开复学开学典礼大会。由河南省水利厅厅长宋显民就国际形势、国内和省内水灾粮食问题、复学的重要性及对学生的要求作了报告，姚步霄副校长就复学后的教学、思想教育、劳动安排、校规校纪等进行通报并提出具体要求，教师和学生代表相继发言。

2.教学管理

开学后，共开设课程36门，有教师37人。通过贯彻教育部制定的《中华人民共和国教育部直属高等学校暂行工作条例(草案)》及有关指示精神，强调教师在教学过程中的主导作用；明确学校工作以教学为主，教学时间不能被占用；主要抓教师学习新教学大纲及新教材。在学习的基础上，分别在1964年5月和7月，向水利电力部教育司提出“对测量学教学大纲的几点建议”和“在执行水力学教学大纲及使用水力学教材方面的意见”。组织在职教师进修，开展教学研究活动，观摩教学互相听课，6月召开教师座谈会，有9名教师对力学、测量、水文、语文、物理、地质、政治、农田水利8门课程进行教学论述及经验交流。加强学生的思想教育与“三基”训练，严格升留级制度；建立和完善《实验室工作规章制度》。1964年全年组织两个班进行测量实习3.5周，六、七、八、十届共15个班660人到白沙水库实习。

3.教学改革

1963年6月，根据教育部《关于制定全日制中等专业学校教学计划的规定》，水电部根据几年来教学改革的成果也相应制定了《中等技术学校农田水利工程专业及水利工程建筑专业的教学计划和教学大纲》，同时也出版了与这两个专业有关的教材。学校放长假结束，学生复学后，基本参照这些教学文件执行。通过一学期的教学过程，普遍反映出：①对党的教育方针领会不够全面；②对执行水电部教学计划和教学大纲结合河南省具体情况不够深入，同时在教学方法上存在某些问题。因此，为了全面贯彻党的教育方针，改进教学方法，提高教学质量，减轻学生负担，学校从1964年4月中旬根据毛主席春节指示精神，在学习了上海育才中学改进教学方法和经验的基础上，进行了教学改革。为搞好教学改革，采取了一系列措施：

(1)组织教师到开封、商丘、洛阳、新乡、安阳等17个单位走访交流，共访问各单位领导29人，对于125名毕业生的情况进行沟通交流，征求他们对学校培养学生方面的意见和建议；同时与49名毕业生(其中专科14人)座谈或个别访问。征求他们对学校专业设置、课程设置、实习和劳动、教学方法以及在校学生的学习态度和学习方法等方面的意见和建议。如:专业设置上不要分得过细、农田水利用得多、山区和平原可分设专业;在课程设置上,对8门课程设置、18门课程的内容增减;课程设计及毕业设计等的意见,为学校进行教学改革提供了很好的第一手资料。

(2)抽出32名教师和部分干部随学生一起到工地、工厂参加劳动和实习,调查、访问和了解一些毕业生的实况并征求技术干部及一线工人对学校教学改革的意见。

(3)由党委副书记冯贯一带领14名教师到开封黄河水利学校或本市兄弟学校学习访问,获取教改经验。

通过一年的教学改革试验,在提高全校师生对全面贯彻执行党的教育方针的认识,完善教学计划和大纲,改进教学方法、考试方法,正确引导学生学习方法,减轻学生负担,提高教学质量等方面取得了一定的成效,积累了办学经验。1965年6月21日,水利电力部教育司《学校工作动态》[(65)水电中专字第6号],给予了"郑州水利学校的领导同志,重视从实际出发,加强调查研究,促进教师提高思想认识、增加实际知识和动手能力,推动教学改革的经验很好"的评价,并就学校《关于加强调查研究,进一步搞好教育革命的报告》转发给部属各中技校、技工学校、职业学校和省属水利电力学校。1966年2月,新学期开学,为适应当时水利建设对物资、财会人才的急需,从七届中专农田水利、水工建筑专业抽出部分学生组成物资班和财会班,增学有关物资或财会管理业务知识,并为以后设置新专业探索经验。

(三)党建与思想政治工作

1.党组织建设

学校名称由河南工学院水利中专部改为郑州水利学校后,党的组织由党总支恢复为原来的党委会。因原党委书记已调离学校,由副书记冯贯一任负责学校工作。1963年5月17日,经中共郑州市委文教部批复:补选姚步霄为党委委员,冯贯一任副书记兼监察委员;吴茂丰任组织委员兼保卫委员;周鑑清任宣传委员;姚步霄、翟让泉为党委委员。下设3个支部:教师支部、行政支部和学生支部。1963年,党员数达到40人,1964年党员数达到44人。

1964年4月,王松再度任党委书记兼校长。11月,吴茂丰被调走。

1963—1965年,学校不断加强党的建设工作,规范党委会议制度。

2.思想政治工作

1963年5月,中共中央制定了《关于目前农村工作中若干问题的决定(草案)》。学校党委根据市委的指示,对文件进行了研究和安排,组成了有一定宣传能力的9人小组,从1963年12月2日开始,先党员后群众,截至12月底完成了第一遍宣传教育。1964年1月又听了市委领导的3次报告,同时组织党员和职工进行认真讨论,效果良好,澄清了许多糊涂思想和错误认识,明确了政治思想教育的方向,为学校教学改革和开展社教"五反"打下了思想基础。

1963—1965年,全校开展活学活用毛主席著作和学雷锋、学王杰、学大庆、"五好"评比活动。成立学习毛主席著作小组,掀起学习新高潮。领导干部和政工干部以身作则,各科室、党员负责同志通读8本书。对党员、团员分别上党课、团课,进行基本知识教育,加强对政治课教学领导，改进政治课教学，为了保证政治课的战斗性，便于进一步摸索和总结经验，推动其他课程的改革，党委领导同志积极参加备课和讲课活动。多次组织教职工在校内或到外单位，请革命老前辈、中印边界自卫反击英模代表团作报告；全校开展狠抓培养"五好"标兵，树立"五好"（政治思想好、完成任务好、钻研业务好、工作作风好、爱护学生好）教职工和"五好"（政治思想工作好，工作作风好，教学任务完成好，工作相互团结、配合好，文体活动、民兵训练好）科、室、组的旗帜；特别是通过学习雷锋，热爱党、热爱社会主义、全心全意为人民服务和刻苦钻研的精神，全体师生受到了深刻教育与激励，形成了良好的学习风气，促进了学生的全面发展。1965年2月26日，中共郑州水利学校委员会出台《关于加强师生在劳动实习中思想教育工作的意见》。

（四）群团工作

1.学团工作

1963年4月1日，学校发出《关于在全校青年和教职工中进一步开展学习雷锋活动的意见》。提出了开展活动的5项具体要求并分3个阶段进行，一是宣传教育阶段，采用雷锋事迹教育大家，主要通过学习文件、听广播、看展览、举行诗歌朗诵等形式展开；二是回忆对比阶段，引导年轻职工学习雷锋同志的革命品质、革命思想、革命精神和革命作风，把雷锋作为自己的一面镜子，认真对照自己，即"学雷锋，比自己，看行动"；三是表彰总结阶段，1963年在纪念"五四运动"44周年之际表彰了一批在学习雷锋活动中涌现出的先进团员和积极分子，并自下而上地进行了总结。

1963年9月复学后，针对学生在家劳动两年的实际情况和复学后可能出现的问题，学校又发布《关于在全校青年学生中开展学习雷锋同志活动的意见》。明确向青年学生进行教育的内容是：①树立坚定的无产阶级立场；②树立无产阶级革命精神；③继承和发扬党的优良作风和光荣传统，艰苦奋斗不怕困难，努力钻研业务，学好建设本领，踏踏实实地为社会主义建设服务；④教育青年树立高尚的共产主义道德品质，同一切贪污盗窃、投机倒把、铺张浪费和损害国家利益的现象作斗争。具体措施是开展三、四、五活动，即做三好学生、四好团支部、五好团员教育活动。

12月13日，中国共产主义青年团郑州水利学校委员会召开了第二届团员代表大会，42名代表出席。大会总结了第一届团代会后两年半的工作，改选了由9人组成的团委会，冯贯一兼任团委书记，郭振永任副书记，马梅先、宋华山、谭将来、任保亮、李桂兰、于新芳、宫浦兰任委员。

1964年，学校团委和学生会在校党委和市团委的正确领导下，以社会主义教育为核心，学习解放军和大庆的政治工作经验，开展了以"学习毛主席著作（青年运动的方向、继续保持艰苦奋斗的作风、为人民服务、纪念白求恩、愚公移山）为动力，提高教学质量为中心"的比、学、赶、帮运动。采取一听（听党委作形势报告、市委政治工作会议精神传达报告、史志尧同志艰苦朴素的报告、硬骨头六连报告）、二学（学"青山血泪""在革命化的道路上""八、九评苏共中央公开信""胡耀邦在共青团中央第九次大会上的报告"）、三看（巩县阶级教育展览、沙岗村、电影等）、四谈（座谈讨论，座谈家史、村史）、五访（访问老工人、老农民，访村史）、六写（个人写政治学习、思想收获总结）等多种多样的形式进行教育。通过学习毛主席著作，在广大团员和青年中出现了"十多十少"，即买毛选、学毛选的多,借小说看小说的少;写心得体会的多,闲扯没意思话的少;为集体办好事的多,不管不问的少;爱护公共财物的多,铺张浪费的少;热爱专业发奋读书的多,没事到寝室闲坐的少;活学活用联系实际的多,空喊口号的少;要求入党入团的多,甘居中游的少;艰苦朴素有针线包的多,乱花钱的少;干部工作的多,责任心不强的少;积极参加文体活动的多,不参加的少。下半年主要进行了共青团第九次全国代表大会精神的学习。

结合学校中心工作健全宣传机构,成立固定广播站、板报绘画小组等,表扬好人好事,报道国内外大事。一学年共出黑板报 900 板,通讯稿件 2380 篇,各班学习毛主席著作心得体会 10344 篇,表扬好人好事 37703 人次,出主席语录版 289 版。文娱活动:一学年全校共编文艺节目 238 个,开文娱晚会 5 次,演出节目 64 个,共学革命歌曲 298 支。在白龟山水库实习,给民工、工人理发,补洗衣服,捡废铁丝 100 多公斤(为国家节约了财产),给水库附近农民担水、扫地、翻地等。为配合民兵训练,七届班学生在木工实习时做枪支 70 支;参加绿化、碧沙岗公园人工湖开挖;全校种麦 130 余亩,产粮食 10400 斤,最高亩产 400 余斤,另有种菜、挖藕、积肥等;校外劳动支援农业第一线,1964 年 5 月,七、八、九届同学到十八里河公社参加夏收夏种,时间分别为 1 个、2 个、3 个星期,同学们学会了扬场放磙、摇耧播种锄地等。

1965 年 10 月 30 日,中国共产主义青年团郑州水利学校委员会召开了第三届团员代表大会,出席大会的正式代表有 63 人,列席代表 5 人。大会主题报告题目是:高举毛泽东思想伟大红旗,全面贯彻党的教育方针,把青年培养成为德、智、体全面发展的革命接班人。

2.工会工作

从 1962 年开始,学校工会在党委和上级工会的领导下,协同共青团,围绕党的各项中心工作,协助党委大力开展了国内外形势的教育,全面深入地贯彻了党的八届十中全会决议,总结检查了 1958 年以来的教学工作,检查总结了贯彻党的教育方针和党的各项方针政策执行情况,调整了学校规模,精简了学校组织机构,同时根据上级工会指示和学校具体情况,做了以下工作:

(1)加强宣传工作。充分利用黑板报、广播、剪报、参观展览、学习文件、座谈回忆对比等形式开展国内外形势教育,国际主义、爱国主义和社会主义教育,“二七”革命传统教育,婚姻法再教育及学习雷锋活动等宣传教育工作。

(2)搞好职工福利工作。根据省、市工会的指示,在国家经济形势虽有好转但仍有部分职工生活比较困难的情况下,工会委员会专门召开会议,学习文件,除加强职工增产节约、勤俭持家教育、妥善安排好个人生活外,积极建议学校在国家允许和市场供应范围内采购一些副食品,改善和提高职工生活水平,协助部分职工解决口粮不足问题。此外,加强伙食管理,节约成本,减少职工开支和对困难职工、有病职工进行救济补助。

(3)搞好工会组织建设。根据省、市工会组织工作会议精神,因人员变化及时调整工会小组,加强工会会员组织观念教育,开展工会活动,健全会议制度,工会委员会每月召开一次会议并强调工会小组定期召开小组会。

学校放长假复学后,学校工会在校党委和上级工会的领导下,在职工中开展大学解放军、大庆、大寨的革命精神,掀起学习毛主席著作的热潮。开展“比学赶帮超”的“五好”运动,全体教职工在毛泽东思想指导下,进一步提高思想改进工作,深入调查研究,学习自觉性大大提高,工作比过去更踏实。1964 年 8 月 17 日,郑州市总工会、共青团郑州市委员会发布“关于当前职工、青年学生学习毛主席著作中几个问题的意见”[(64)会联字第 49 号文、(64)团联字第 15 号文],学校工会组织职工认真学习并开展了如下几项工作:

(1)配合党委各阶段的学习计划,在大学解放军、学大庆、学英雄模范人物和重大节日(元旦、五一、七一、国庆节)活动中,布置学习环境,剪贴报刊,展出照片,协同教师团支部出专刊,增订职工阅读报刊,组织职工参观密县王庄煤矿和襄县范湖小学教师白莲活学活用毛主席著作经验介绍。

(2)根据校党委的指示恢复了学校教职工的业余教育(该项工作曾经在长假前和复学后一段时间开展过),分中学班和小学班,开设政治理论课,经常参加学习的人数有 40 人。

(3)大力开展群众性文体活动,举办学校职工运动会如篮球、乒乓球、象棋等比赛,活跃职工文化生活。

(4)搞好职工福利工作。1962 年底,职工共 102 人,工会会员 86 人。1963 年复学后教职工人数逐年增加,到 1966 年 5 月,职工总数达到 130 人,工会会员 126 人。

第四节 “文化大革命”期间遭受挫折

1966 年,“文化大革命”开始后,郑州水利学校受到冲击,学校停招停课。

1965 年 5 月 16 日,学校根据上级指示,传达和学习贯彻了“五七指示”“五一六通知”,从此学校正式进入“文化大革命”时期。

1966 年 6 月,郑州市委两次派文化革命工作组到校,召开全体师生员工大会,就“文化大革命”的形势、性质、意义、对象及阶级路线、斗争方法、政策、应持的态度和学校开展“文化大革命”运动部署进行了动员。7 月,学校建立了师生员工代表会,成立了“文化大革命”领导小组。8 月工作组撤离,北京学生来校串联、“点火”,建立“联络站”,学生也开始走向社会。9 月以后,学校先后出现了众多群众组织,斗争锋芒直接指向广大教师和领导干部。10 月,欢送先进教师代表谭将来赴京。1966 年,根据上级规定,学校停止招生,此时在校学生 632 人,教职工 128 人,其中教师 62 人。

1967 年 5 月以后,校内主要群众组织进一步介入社会,参与了冲击党、政、军、公安机关和夺权斗争,武斗也日益升级。在极端混乱和困难的情况下,学校党政领导根据上级指示(1967 年 5 月 14 日,中共中央、国务院、中央军委、中央“文化大革命”小组发出《关于半工半读学校复课闹革命和毕业生分配问题的通知》。《通知》规定:中等专业学校、技工学校、半工半读学校及职业学校的 1966 年应届毕业生,包括 1965 年毕业生尚未分配工作的,根据自愿原则，即可按原有分配办法分配工作)，进行了毕业生分配工作。七届中专农田水利、水工建筑专业及物资班、财会班、1963年复校后编入八届中专农田水利班的学生，也随原七届所在班级毕业，共计毕业328人，在校生减至305人。9月，解放军在学校派驻了毛泽东思想宣传队，即支左(支援左派)，进行军管和军训，在全校开展"斗、批、改"，清理阶级队伍。

1968年1月，成立了郑州水利学校革命委员会，刘坤庭同志任主任、刘向东(学生)任副主任，设政工组、教改组、后勤组等，为开展清理阶级队伍工作，又设了专案组，9月工宣队进校，继续进行清理阶级队伍工作。8月，八届中专水工建筑专业学生47人毕业离校，12月，九、十届中专学生257人，因已超过或将满修业年限，根据学生的要求，全部按照工人身份予以分配。至此，学生全部离校，仅剩教职工128人。

自1955年建校至1970年底停办，学校累计培养了专科和中专毕业生2335人，培训干部1775人，不仅为河南省水利建设输送了技术力量，有的学生还被分配到外省市和其他系统，为其他省市、系统也培养了技术人才。学校经过"文化大革命"的劫难，被迫中断了为社会主义建设培养人才的任务。

第二章　复校重建薪火传

——复校及逐步走上正轨时期

1978—1985 年是学校复校、重建及逐步走上规范办学时期。学校在困难重重的情况下，时隔 12 年后，恢复了统一高考招生工作，校名仍为“文化大革命”前的郑州水利学校。学校一边在艰苦条件下增设必要的基础设施和教学设备，竭尽全力克服诸多不利因素维护正常办学秩序，保持学校各项工作大局稳定；一边积极为收回校舍和另选新校址进行重新建设而积极准备。同时在党的十一届三中全会方针政策的指引下，实事求是，拨乱反正，落实知识分子政策，建章立制，加强管理，努力提高教学质量，逐步走上较为规范的办学之路。

第一节　郑州水利学校恢复办学

1978 年 1 月 24 日，河南省革委豫革文〔1978〕13 号文通知：根据我省水利建设发展的需要，决定恢复郑州水利学校，仍在原校址办学，由省革委水利局领导。外单位占用学校的校舍和设备，原则上应予退还。河南省水利局领导决定由冯贯一任学校党支部书记，负责复校的准备工作。1978 年 12 月，实现复校后首次招生。

一、直面困难复校

（一）解决校舍问题

郑州水利学校在“文化大革命”期间是重灾区，教育事业遭受了严重的破坏，广大教职员工的身心经历了磨难和摧残，粉碎“四人帮”后，学校得以解放。当时几个负责筹备复校的同志怀着热爱教育事业的雄心壮志，信心百倍地奔赴学校去完成党交给的任务，但面对的是重重困难。

郑州水利学校在“文化大革命”前，学校占地面积 260 亩（分两期在陇海西路北、南征地 161 亩和 99 亩，其中 99 亩只征地，未建），学生最多时达到 1700 余人（含干校学员），教职工达到 210 人。1970 年停办时，设备固定资产 150 万元，其中实验实习设备 37 万元，教职工 122 人，其中教师 65 人。学校建筑面积 34119 平方米，其中楼房 7 栋（办公楼 1 栋，教学楼 2 栋，宿舍楼 4 栋）实用房间 599 间，实用平房 301 间（实验室、礼堂、校办工厂、宿舍等），共 900 间。1970 年停办以后，郑州市骨科医院、郑州市中药厂、郑州手表厂等单位占用房间797间(建筑面积18386平方米),占房情况为:河南省水利局102工程转运站272间、骨科医院250间、中药厂199间、手表厂76间。面对复校,办学空间十分狭小。同时,学校已12年没有招生,校园内9年没有学生,办学环境和条件很差,复学面临着百业待举、百废待兴的艰巨任务,其中最紧迫的是3家单位退还校舍问题。

1977年12月29日,省革委水利局曾向省革委农林水办公室提出报告并转报省委书记、常委,提出3家单位归还校舍的意见。

1978年6月9日,河南省教育局发布《关于我省传达贯彻全教会精神情况的报告》,首先分析了河南教育落后的情况,接着向省委常委做了汇报。省委第二书记胡立教主持常委会、听取汇报。其中会上确定:多办中专、技工学校,调整中学结构;占用校舍应退还。

1978年8月31日,国务院批转教育部《关于退还被占用校舍的请示报告》(国发〔1978〕166号)中要求:任何单位占用学校的土地、房屋、家具、设备、车辆等,原则上都应无条件退还学校,期限不得超过1979年8月底。对抗拒退还校舍的单位和人员应予以严肃处理。

1978年9月19日,河南省革命委员会印发《关于认真执行国务院批转教育部〈关于退还被占用校舍的请示报告〉的通知》(豫革〔1978〕135号)中进一步强调占用高等学校、中等专业学校和重点中小学的校舍,退还工作必须于1978年12月底前完成。

1978年12月27日,省委副书记胡立教就全省学校被占校舍退还问题作了进一步强调和要求;1978年12月6日《光明日报》、1979年1月19日《河南日报》均对退还校舍问题进行了报道。

但由于"文化大革命"造成的混乱局面以及无政府主义影响未能及时肃清,对中央文件、省革委指示无法落实,占房单位拒不退房,还由市内向学校大量搬迁家属住户,甚至在校园内砍伐树木,继续扩建改建,而且还制造事端。尽管面临如此困难,但同志们从未动摇过复校的决心和信念,终于在1978年8月,在校舍条件十分困难的情况下,郑州水利学校开办了80人的物探干训班,学习4个月。

1979年新生入学后,教职工和学生共同为要回被占用的校舍(房屋)做了不少的工作。学校为了解决因校舍严重不足而带来的办学困难和长远的发展问题,进行了不懈努力。上级为解决"文化大革命"中校舍被占问题作了一系列指示。

1979年2月21日,郑州市革命委员会计划委员会下发《关于转发省1979年基本建设计划(草案)有关问题的通知》[郑革计基字(79)第05号],其中,省水利学校基建投资计划150万元,主要包括:收回骨科医院、制药厂、新建房屋、新建职工宿舍3000平方米。

1979年4月7日,河南省革命委员会批转《河南省农业科学技术工作要点》[豫革(1979)44号],指出:对现有四所高等农业院校和十六所农业、林业、农机、水利、气象中等专业学校,要认真整顿、加强、充实和提高,解决好领导班子、师资、校舍和设备等问题。对正在恢复筹建的郑州牧专、省水利学校等,要积极充实教学人员和设备,抓紧校舍建设,力争今年暑期招生开学。

1979年6月8日,教育部、国家计委、建委、物资总局、财政局联合下发《关于加快学校基本建设的通知》[(79)教计字146号]。1979年6月21日,河南省革命委员会计委、建委、物资局、财政局、教育局转发了这个通知并进一步强调指出：抓紧解决被占学校的问题。对省、地、县原有的农业、林业、畜牧兽医、财会、农机、水利等大专院校和中等专业学校及农林干部学校，被占用的校舍、基地等，有关领导部门应遵照国务院（1978）166 号文件和省革委（1978）135 号文件精神，尽快地加以解决。

1978 年 12 月，“文化大革命”后复校首次招生 250 人，1979 年 1 月 14 日入学。因住房紧张，男同学分别住在郑大旅社和交通旅社。为了保证教学用房，学生宿舍和行政办公及物资大都存放在临时工棚，全校师生的生活条件异常艰苦。同年 9 月招收的 79 级学生 250 人入校，因住房更紧张，在校园内搭建了 8 个帐篷，每个帐篷住 10 人，其余学生住在校外的旅社里。通过上级部门关心和支持，以及教职工和学生的共同努力，截至 1980 年 7 月，在校人数达到 626 人，其中学生 497 人，教职工 129 人，收回校舍 7611 平方米。河南省水利厅为满足教学的急需，1979 年、1980 年共投资 109 万元，建设临时教室、实验室、食堂、职工宿舍 4300 平方米。购买图书 16128 册、各种技术资料 180 种、实验仪器设备及桌、椅、床、家具、炊具等，基本可以满足 500 名学生的学习条件。

（二）领导班子及组织机构

1978 年 1 月，学校成立了党支部，冯贯一任学校党支部书记，张宝瑜、郭振永任支部委员。1978 年 10 月，赵得秀任副校长。

1979 年 5 月 8 日，经上级批准，学校党支部改为党委，赵得秀、冯贯一任党委副书记，张宝瑜、刘庆元、郭振永任委员。党委下设行政、教师两个支部。10 月，赵得秀任校长，张宝瑜、刘庆元任副校长。机构设置为：党委办公室、学校办公室、教务科、行政科、人保科、图书馆（教务科管理）、团委、工会。

1980 年 8 月 20—22 日，学校召开第二届全体党员（40 人）大会，按照差额选举办法，选举出由 7 人组成的第二届委员会。9 月 8 日经上级党委批复，赵得秀任党委书记，张宝瑜任副书记，刘庆元、陈希儒、郭振永、宋根普、王子杰任委员。

1980 年 10 月 29 日，省编委经与省计委研究，同意水校规模：中专 1500 人，干训班 300 人，学校事业编制 240 人。

1981 年 1 月 27 日，经河南省水利厅直属机关委员会批复，成立水校党委纪律检查组，张宝瑜任组长，宋清恩、宋根普为成员。5 月，陈希儒到校任副校长。

1982 年 3 月 13 日，省水利厅党组决定，王树田到校任党委副书记。学校增设学生科、伙食科、保卫科和干部培训科。

1984 年 6 月 22 日，河南省水利厅党组以豫水组字（84）060 号文任命宋绍泰为河南省郑州水利学校校长，蒋行健、邢宝太为副校长。7 月 7 日，河南省水利厅齐新厅长到校宣布校长和副校长的任命，宋绍泰任校党委副书记，蒋行健、王树田任党委委员，组成了新一届领导班子。原校级领导班子成员调往河南省水利厅或到龄离休。

8 月 21 日，河南省水利厅豫水人字（84）60 号文接转河南省编制委员会豫编（1983）204 号文，批准学校事业编制 150 名（含印刷厂 20 名、省水利干部学校 10 名）；同意学校内设党办、校办、教务科、行政科、人事科、保卫科、学生科、团委、伙食科、职工培训科、工会、图书馆等 12 个科级单位。当月，学校进行了机构调整并配备了 16 名中层干部和科室人员。12 月，对图书馆、工会进行了干部配备及其他科室人员的补充。

10月，学校定名为河南省郑州水利学校。

12月12日，河南省水利厅以豫水组字(84)96号批复，同意学校建立党的纪律检查委员会，由王树田任书记，杨岳清、李清治任委员。

1985年1月9日，学校召开工会会员大会，王树田受党委委托作工作报告，马绍钦向全体会员汇报了自1979年以来工会筹备组所做的工作，大会民主选举王树田等7人组成的工会委员会，之后配备了专职工会干部，并相继成立了16个工会小组，工会工作走向正常化。

1月20日，省水利厅党组以豫水组字(85)004号文决定，李日旭任中共郑州水利学校委员会书记。

(三)落实知识分子政策

1984年下半年开始，河南省水利厅派宋庆云、李玉玺等同志和省委派来的同志组成了联合调查组，在校党委的配合下，克服重重困难，进行了大量的调查核实工作，至1985年下半年，基本上查清了学校“文化大革命”中遗留的问题，对有关人和事做出了结论。

1.提高政治、生活待遇

1985年4月，根据河南省政府17号文件《关于进一步落实知识分子政策的若干具体规定》和学校实际情况，经校党委研究采取几项措施：①从政治上关心知识分子，解决他们入党难问题，1984年和1985年共有8名教师(或职工)和4名学生入党；②选派高、中级人员到大、专院校培训进修；③大胆提拔和重用知识分子，有10人担任科室领导职务；④为符合条件的教师家庭户口农转非；⑤按照政策解决高中级知识分子身边无子女问题；⑥全国第一个教师节前夕，为35周岁以上教职工进行了一次全面的身体检查、为教师职工代购煤气等；⑦在新校区建设中，单独建讲师住宅楼。这些措施进一步改善了教师待遇和生活条件，进而调动了他们工作的积极性。

2.庆祝第一个教师节

1985年1月21日，第六届全国人民代表大会常务委员会第九次会议作出决定，把每年9月10日定为“教师节”，从此教师有了自己的节日。学校经过认真筹备，9月9日下午，组织教师召开茶话会进行座谈交流。9月10日下午，召开全校师生员工参加的庆祝、表彰大会，河南省水利厅厅长齐新率领慰问组参加学校召开的庆祝大会并讲话。

3.解决“调整”时期毕业生学历及待遇问题

学校四年制中专四、五届与六、七、八届毕业生717人，分别于1964年、1965年、1967年、1968年毕业并分配工作。该部分学生在校期间于1961年8月至1963年8月曾放长假两年，七、八届又因“文化大革命”推迟分配工作。根据1983年2月8日，教育部(83)教职字002号、河南省教育厅“豫教专字(1983)72号文件”通知精神，1961年、1962年因国民经济调整延长学习年限，后又因“文化大革命”推迟毕业分配的这部分学生，“毕业时间可按入学时规定的学制计算，参加工作时间仍按分配工作领取工资起算起”，学校经请示河南省水利厅批准，于1983年9月对该部分学生换发了毕业证。

1983年5月10日，教育部(83)教职字007号、河南省教育厅豫教专字(1983)154号《关于“文化大革命”前抽调中等专业学校在校学生学历问题的复函》的通知精神，经请示河南省教育厅豫教专字(1983)264号批准，学校四届中专有34人

(1958 年 9 月入学,1961 年 8 月参军)补发了中专毕业证。

1983 年 9 月 30 日,河南省教育厅、河南省劳动人事厅下发《关于我省"文化大革命"前部分大、中专学生工资待遇问题的通知》[豫教专字(1983)283 文],提出:国民经济困难时期,我省调整的大、中专学校的 1958 级、1959 级部分学生,大学专科学制 3 年的,在校学习 2 年以上按专科毕业生待遇。高级中等专业学校学制 4 年并在校学习 3 年以上、学制 3 年并在校学习 2 年以上享受中专毕业生待遇。学校依据文件,分别于 1983 年 10 月 19 日和 1984 年 1 月 19 日向河南省水利厅递交了报告及补充报告,经河南省水利厅批复,对符合上述条件的 64 人补发了大专毕业生待遇证明书,24 人补发了中专毕业生待遇证明书。

1984 年 3 月 4 日,河南省教育厅豫教高一字(1984)82 号《关于河南省教育厅、劳动人事厅豫教专字(1983)283 号文件的补充通知》,提出:学制为 3 年的专科学校的学生,学满 2 年以上者可发大专毕业生待遇证明书;学满 1 年以上者可发中专毕业生待遇证明书。学校于 1984 年 3 月 15 日经请示河南省水利厅批复(1984 年 4 月 10 日),对符合上述条件的 1960 年入学的 102 名大专生补发了中专毕业生待遇证明书。

1984 年 4 月,学校对 1959 年入学的两名学生因受处分不予分配工作的决定予以撤销,并函告有关地市人事部门,进行了妥善安排。

1985 年 2 月,对 1959 年入学的五年制预科班学生(初中毕业入学,按大专水平培养)及其他问题相关的学生,根据教育部《对 1962 年前后调整下与原先学生的学历问题的处理意见》([1984]教计字 255 号)精神及"豫教高字[1985]13 号文"通知,补发大专毕业证书 110 人、中专毕业证书 105 人。

至此,因"调整"时期受到影响的 1150 多名毕业生困扰多年的待遇问题得到了解决。

二、教学教研工作

(一)教学计划、大纲及学制

学校复校初期,1978 级、1979 级、1980 级三届学生,学制均为 2 年,有水利工程建筑和农田水利两个专业,没有现成的教学计划、大纲和教材。为做好教学准备工作,学校于 1978 年 8 月参照 1978 年 1 月水利电力部制定的三年制中专相应专业的教学计划(征求意见稿)和"文化大革命"前的教学大纲制定了两年制实施教学计划和教学大纲。培养目标是按照水电部颁发教学计划规定,培养德智体全面发展的又红又专的水利电力建设中的中等技术人才。两个专业各设 15 门课,每个专业共 1730 学时,其中基础理论 1338 学时、专业课 392 学时,实践教学含课程设计共 10 周时间。

1979 年 12 月,水利部教育工作会议提出了《关于进一步办好中等专业学校的几点意见(草案)》。同时提出了中等专业学校水利类部分专业的专业课和专业基础课教学大纲分工编写计划。1980 年 5 月 13 日,水利部下发《关于制订(修订)中等专业学校部分专业教学计划的通知》[(80)水教字第 27 号],7—9 月,水利工程建筑和农田水利两个专业(四年制、两年半制)教学计划(送审稿)先后出台,根据水利部教育司意见,可作为现行的教学依据。随后,学校根据专业设置、学制改变等,对教学计划进行了调整。

为做好复校准备,1978 年 6 月征订正式教材17种,1979年征订教材70种,同时,为满足教学急需,弥补尚未出版正式教材的缺陷,自编教材或讲义11种达3500余册以及各种实验、实习教学用表。1980年1月,水利部发布《关于调整1978—1981年教材编审出版规划的通知》[(80)水教字第7号文];1983年6月,水利电力部发布《关于印发1983—1987年高等学校、中等专业学校水利电力类专业教材编审出版规划的通知》[(83)水电教字第64号文]。随后,学校水利水电类两专业的专业课和专业基础课教材相继出版,学生用教材和教师参考用书征订工作逐步走上正常渠道。

1980年4月10—25日,教育部在北京召开全国中等专业教育工作会议,提出:"中专学制可以多样化"。10月,国务院国发(1980)258号文件精神:"中专学制可以多样化:招收初中毕业生,一般为四年,个别为五年,招收高中毕业生,医科和工科的专业可为两年半或三年"。学校复学后,一直参照执行的是水利部制定的教学计划和教学大纲,但中专通用教材是三年制教材,两年制教学计划安排学时数少,学生消化不了,造成学生负担过重,影响身体健康。同时,课程比较集中,造成老师的负担畸轻畸重。如果这些问题长期存在,势必会影响培养人才的质量。鉴于这些因素,1981年1月20日召开办公会议,决定将现行的两年制改为三年制并报请省水利厅、教育厅批复,从1981年招收新生开始执行。

(二)教师队伍建设

1.引进教师

1978年复校时,仅有20名教师。为应对教学急需,对原学校的教师,凡是有可能调回学校的,千方百计做好思想工作让其归队;同时积极从四面八方选调适合做教学工作的业务技术人员通过试讲后,选择符合要求的来充实教师队伍,1979年教师人数达到51人,1984年专任教师达到67人。

2.教师进修与学术活动

为提高教师教学水平,学校组织教师进修,开展学术活动。一是1980年在校内组织英语、电算技术学习班;二是搞好新老教师传、帮、带;三是有计划地选派教师到华东水利学院、郑州工学院、扬州水利学校、开封英语学习班、丹江口水电部培训中心进修、参加电大及高校的函授学习等达46人次;四是选派教师参加全国水利水电类学校组织的15个课程组的学术研讨会,参加培训班、讲习班、专题讲座、校级间教学和管理经验交流达132人次,另有3人次应邀到外地讲学。

3.评定职称

1980年6月29日,经河南省水利厅批准并下发通知,完成学校专业技术人员的职称维持及套改工作:套改高级工程师1人,维持工程师5人、讲师4人,套改助理工程师35人、技术员4人。8月30日,经技术职称评审委评定,14人晋升为工程师,10月,经学校评定,又晋升助理工程师5人;1981年3月和7月先后有13名教师晋升为工程师,4名晋升或套改为助理工程师。1981年,河南省教育厅第一次开展教师系列职称评定工作,5月,学校制定了《关于我校确定与提升教师职称工作意见》,7月成立由11人组成的技术职称评审委员会。在学习教育部颁发的《关于中等职业学校确定与提升教师职称的暂行规定》及兄弟学校评定职称试点工作经验的基础上,进行了认真地研究部署。1982年3月25日,河南省教育厅下发"豫教人字(82)69号",同意郑州水利学校34名同志晋升为讲师、5名晋升为工程师。

至此，全校专任教师69人中，具有讲师职称资格34人，其中有28人兼有工程师资格，另有1名高级工程师。

（三）实践教学

1.实验室建设

1979年，复校刚刚起步，因为原有的实验室全部被瓜分或破坏，实验室一无所有，只能安排学生集中时间到郑州工学院、河南省水利厅科研所去做实验。这既打乱了正常的教学秩序，又造成了经济上和时间上的浪费。1980年，在河南省水利厅大力支持下，学校克服了重重困难，修建实验室16间，购置17388元的设备仪器，初步建立起土力学、建筑材料、电工3个实验室，基本可以满足这些课程的教学实验需求。为了提高实验设备的利用率和实验效果，各实验室都编制了实验讲义、实验指导书和实验须知，对实验方法、操作程序都配有图表和必要的文字说明。1982年3月又新买土力学三轴剪力仪、新调配2台水轮发电机，因无房未能安装。受资金和场地限制，1979—1984年水力学实验一直在郑州工学院进行。

2.教学实践

（1）认识实习、施工实习。认识实习是组织学生对已建成的水利枢纽工程或灌区工程进行全面的参观学习。施工实习要求学生基本熟悉一般的施工技术，学习水工建筑物的施工特点、施工程序及施工方法，学习施工组织与施工管理等方面的知识。

复校后第一届1978级学生由于入学较晚，1980年河南省计委没有分配指标，根据河南省教育厅“（80）豫教专字35号”精神，将于1981年3月进行分配。按照教学大纲要求，教学计划、课堂教学、各科实验、实习、毕业设计均已完成，8月下旬至9月中旬放暑假。1980年9月17日，河南省水利厅向各地区水利局，郑州市水利局，第一、二工程总队下发了《关于郑州水利学校七八届学生实习安排的通知》［豫水教字（80）045号］，9月下旬，1978级245人奔赴到10地、1市和2个工程总队，进行5~6个月时间的专业实习。

1979—1985年分别有1978级、1979级、1980级、1981级、1982级、1983级共6届学生按照各自的教学计划安排，进行1~2周的认识实习和施工实习。地点分别选择在南湾水库、邙山提灌站、青天河水库、登封嵩山地质地貌区、鸭河口水库、陆浑灌区等。

（2）勤工俭学、测量生产实习。1981年7月30日，学校根据上级指示精神，结合专业特长和已承担三年测量生产实习任务的经验，向河南省水利厅提出了《关于开展勤工俭学创办校办工厂》的请示并得到批复，成立了以刘庆元为组长的勤工俭学3人领导小组。1982年3月18日，学校党委下发《关于认真抓好实践性教学环节——生产实习的决定》，为抓好该项工作，就明确实习目的、发挥教师主导作用、处理好与各部门及群众的关系和思想政治工作等提出具体要求，对参加生产实习的学生着重抓好5个方面的教育等。

1979—1985年，学校测量生产实习，先后在郑州市郊区刘胡同公社进行地形测量18平方千米、澧河出口处至上游河段长度69千米、漯河澧河出口处至安徽界首河段长度175千米、贾鲁河郑州北郊至周口沙颍河出口处200千米、沙河（周口至漯河段）航运枢纽工程测量4个测区（赵集、葫芦湾、南流船闸区和庙王港口区）约8平方千米、郑州市郊区沟赵进行地形测量8.5平方千米，参加测量生产实习学生共有7届1650人（次）。参加测量实习的学生发扬艰苦奋斗的作风，不怕风吹日晒，自带干粮，啃干馍，喝开水，每天往返几十千米，晚上还要加班搞内业，在艰苦的条件下，仍保质保量完成了任务，测量成果得到生产单位的肯定与赞扬。学生参加测量生产实习，验证了课堂教学质量，锻炼了意志和品格，测量技能得到很大提升，也为学校创收约 18 万元，从中抽取少部分用于补给学生的学杂费和书籍费。

(3)毕业设计。课堂教学除理论教学外，还有课堂大型作业、课程设计和毕业设计。1978 年复校后，在教师辅导力量不足的情况下，就毕业设计还做不做进行了一番讨论后，学校还是坚持保留了这一教学环节。从 1978 级开始，真题真做，即借用某工程的地形、地质、水文气象、实验资料及工程规划、建筑物设计、施工等资料作为基本资料。为满足教学要求及配合毕业设计时间安排，对原有资料和设计数据加以适当修改与补充。水利工程建筑专业毕业设计内容是水库枢纽工程包括大坝、输水洞、溢洪道等设计；农田水利专业毕业设计内容是小型灌区包括渠系布置和渡槽等。一般安排 6 周时间。从 1984 年开始，1981 级学生毕业设计又增加了答辩环节，1982 级农水专业学生毕业设计应用系统工程理论，对灌区的水土资源综合开发利用进行了系统分析，并用电算自编程序进行工作。为加强学生的计算技术，提高日常学习和毕业设计过程中的计算效率，从 1983 年起增设“计算技术”课程，主要内容包括珠算、计算尺和电子计算器的使用，课程设置 60 个学时。

3.电教、图书资料

电化教学从 1982 年开始筹备，投资 5 万元购置电影机 1 部、电视机 10 部、投影电视机 1 部、录像机 1 部、幻灯机 7 部(含自动落片 1 部)、投影仪 16 台以及放大机、照相机等。1983 年开始利用上述设备进行直观教学，弥补常规课堂教学的不足，增强学生的感性认识，提高课堂教学效果。

(四)教学制度

为了进一步完善教学制度，教务科在课堂教学管理上采取了一系列措施。①按照计划制定学期历例表、教学任务分配表、教学进度表、课程分配表，起到了总调度作用；②要求教师抓好 5 个环节即备课、讲课、辅导答疑、批改作业和复习考试；③从 1979 年下半年开始持续组织水力学、数学、结构力学等课程的观摩教学，交流教学经验，取长补短；④从 1982 年开始，加强教学检查，即听课、授课计划完成情况，召开学生座谈会，征求学生书面意见，听取老师意见，检查学生作业完成情况；⑤加强教研组工作，发挥教研组长作用，利用教研活动时间围绕教学 5 个环节等问题开展研讨，制定切实可行措施，提高教学质量；⑥不断完善学生课程成绩考查、考试方法，逐步严格考试纪律。为尽快有效地提高培养人才的质量，1984 年，召开了复校后部分毕业生座谈会和书面问卷调查，就学校的招生、教学计划、专业和课程设置、毕业设计、实践教学等提出了很多宝贵意见和合理化建议，为教学改革提供了第一手资料。

复校后，为了尊重教学规律，尽快恢复教学秩序，围绕德、智、体全面发展的教育方针，先后制定了《教研组工作条例》《教师教学工作岗位责任制》《教师调课规定》《关于教学、生产实习的暂行规定》等规章制度。从 1983 年起，开始建立教师业务档案。为了充分发挥广大教师搞好教学的积极性，保证教学、科研、生产、师资培养等各项工作的顺利完成，体现按劳分配原则,1983 年 3 月 14 日,学校根据教育部《中等专业学校教师工作量试行办法(征求意见稿)》的精神,结合学校实际情况并参考兄弟学校经验,拟定了《教师工作量试行办法》并呈报河南省水利厅批示,经过反复修改,1984 年 8 月正式实施,该办法规定教师每学期定额工作量计算方法是:学期教学计划周数×5 天/周×7.5 小时/天,制定了课堂讲授、指导实习和毕业设计、考试、编写教材、学术与教学研究、辅导体育代表队、教师开会等工作量的具体计算办法,在克服吃“大锅饭”弊端、体现按劳取酬方面迈出了一步。1984 年 12 月开始执行《关于学生成绩考核、升留级及毕业分配的几项规定》。

(五)教学科研成果

为了提高教师的业务水平,学校积极组织和支持教师的教研和科研工作。从复校上课开始,每周为教师安排一定的教研活动时间。在 1979—1981 年全国水利系统学校各专业课、基础课教学大纲分工编写计划中,学校参与了工程地质与土力学、建筑结构、水利工程施工、地下水开发与利用 4 门课程的有关编写工作。

1980 年,校长、高级工程师赵得秀先后撰写了《论水害灾害发生的原因及其规律》《水土保持能否根治黄河下游》2 篇论文约 3 万字。

学校讲师、工程师邓琦(当时为二七区人大代表)对系统工程进行了多年研究,撰写了《引黄人民胜利渠灌区地下水最优控制方案研究报告》,把教学、科研和生产三者紧密结合在一起。他数十次到有关单位用计算机将灌区 20 多年的水文、气象、地下水观测资料的 2 万多个数据及 100 多个中间数据进行分析,从中优选出地下水控制的最优方案。其他教师也撰写了有关砖拱桥、机井布局、水轮泵应用、沙颍河历史水患探讨及快速珠算法等 6 篇论文,并在省水利学会年会上和其他科技会议上进行交流。

1985 年,邓琦撰写的论文《微电脑在大系统优化中的应用》,经国家有关权威机构多次审查后,在《自动化学报》1985 年第 2 期上发表。1983 年 10 月,中国科学院农业研究委员会主办的第五期全国农业系统工程培训班和 1984 年江苏、安徽农委举办的全省农业系统工程培训班,邓琦老师受邀参加并讲课。他撰写的论文《用微电脑处理大系统优化问题》在 1984 年 12 月太原举办的“灰色系统与农业”学术讨论会上宣读。

1984 年,邓琦等的论文《地下水位控制系统及最优灰色决策——人民胜利渠的灌溉决策》在“中美模糊方法和现代分析方法在电力系统中的应用学术讨论会”上宣读。1985 年,邓琦等撰写的有关“灌溉决策”等论文 10 余篇,分别在《自动化学报》《河南大学学报》《物理教学》等刊物上发表,还参加了在葡萄牙召开的国际系统分析建模学术会议并在会上宣读论文。同时,邓琦将研究成果用于“农田水利学”授课过程中,编写了“系统工程,优化技术”补充教材十余万字,为农田水利专业毕业班讲授,从 1984 年开始,在学生毕业设计中加入了这一内容。

学校讲师陈松根据水利电力部 1983—1987 年水利水电中等专业学校第二轮教材编写规划,编写的《工程地质》一书,作为普通中专教材,1984 年 11 月由水利电力出版社发行。

学校讲师张枕善多年潜心研究,发明了一套快速珠算法,获得 1984 年河南科技成果三等奖。经河南科学技术出版社审查,定名为《捷程珠算法》出版发行。

1985 年,讲师张裕齐、郝兴汉参加了

水电类中专学校统编教材《电工学》及《水利工程经济》的编写。

三、水利人才培养

(一)水利干部培训

根据河南省水利厅组织工作会议精神,加强对干部的培训工作,提高干部的管理水平和业务技术能力。1980年1月3日,学校向上级呈报了《关于恢复河南省水利干部学校的请示报告》。5月13日,河南省"豫编字(1980)第112号"批准恢复河南省水利干部学校,规模300人,教职员工按12∶1配备,事业编制25人。为节约和集中使用人力物力,河南省水利厅安排学校负责筹建,实际形成了水校与干校两位一体的办学模式。当时,最突出的问题是没有校舍。1980年上半年,盖一幢家属楼,为保证干校办学顺利进行,学校动员校外住的教师不往校内搬。还购置了家具,突击盖了60平方米餐厅,经过两三个月的筹备,于1980年10月正式开学。第一批学员是来自山区、丘陵地区的县水利局干部43人,开设8门专业课程,学习时间3个月。截至1984年底,共举办水利局长班、水土保持班、水利统计班、水利政教班等培训班12期,培训干部、技术员421人。

(二)成立武汉水院函授站

1980年9月5日,国务院转发教育部《关于大力发展高等学校函授教育和夜大的意见》。1981年,武汉水利电力学院拟在河南省招收函授生并建立函授站。为了加快水利科学技术人才的培养,以适应省水利建设的需要,学校在1981年9月设立了武汉水利电力学院函授辅导站并于当年招生。函授站设专人负责管理,招收在职干部,1981级学制6年,从1982级开始实行5年半学制。起初开设15门课程,之后有所调整。截至1984年,共招生164人。1985年70人,1986年43人。生源70%以上是郑州水利学校毕业生,学完课程,经严格考核合格,获得高等函授本科学历和学士学位。该部分人员后来成为河南水利战线上的业务骨干或走上重要领导岗位。1984年,函授站归口培训科管理。

(三)天津水产学校代培学生

为了加速发展河南淡水渔业事业,"多快好省"地培养淡水渔业技术人才,1982年河南省水利厅与天津市水产局签订联合办学协议,培养淡水养殖专业学生,招生对象为高中毕业生,学制2年。由郑州水利学校负责录取并办理户口关系,交天津水产学校培养。学生在校期间和毕业后的待遇,按全国统招中专生待遇有关规定执行。学校从1982年开始招生30人,1983年20人,1984年30人,1985年20人,共选送学生100人。毕业后回河南统一分配工作。

(四)招收定向生

为解决广大农村,特别是边远山区和文化落后地区长期以来"考不上""派不去""留不住"的状况,逐步解决其急需科技人才的问题,1984年3月26日,河南省计委、教育厅、劳动人事厅联合下发《关于省属高等院校、中等专业学校实行部分"定向招生、定向分配"的通知》[豫计教字(84)175号],拟从1984年起,对省属部分大、中专学校或专业,主要是农、林、医、师,实行定向招生、定向分配。1984年4月11日,河南省水利厅"豫水教字(84)015号"向学校转发了该通知。学校从1984年开始为各地市水利局和基层水利单位等代培学生。最早是1983年为博爱县水利局代培3名学生。

(五)开设职工中专班

为了多出人才,快出人才,根据新校

区建设规模，学校于1985年1月，分别向河南省水利厅和河南省教育厅呈报增设职工中专班的报告和教学计划。1985年3月，河南省教育厅以“教厅(85)72号”批准，1985年开始增设水利水电工程建筑专业职工中专班，学制3年，该专业培养德智体全面发展的水利水电工程建筑方面的中等技术人才。设置23门课程，共计2435学时：其中普通课886学时，技术基础课988学时，专业课561学时。招生计划80人，并由河南省水利厅1985年5月7日以“豫水教字(85)034号”下达各地市、县水利局招生，经省统考后正式录取76人，编为两个班，学生每人每年交学费、基建费共850元，于1985年9月14日入学上课。1987年改招水利工程管理专业，学制2年。职工中专班连续举办4年，共培养学生270余人。

四、党建和思想政治工作

(一)领导班子思想政治建设

党的十一届三中全会明确了党的思想路线是实事求是，理论联系实际，一切从实际出发。复校后，校党委按照上级党委统一部署，在全校师生员工中广泛深入开展了“真理标准的讨论”活动。思想认识、解决问题思路统一到党的“实事求是”路线上来。在讨论活动中，联系单位和个人实际、联系教育战线、联系学校惨遭“文化大革命”破坏的状况以及复校后面对的艰巨工作，通过对党的十一届三中全会精神和有关路线、方针、政策的学习讨论，使党员干部受到一次深刻的路线教育，逐步从“两个凡是”的禁区里解放了出来，突破了精神枷锁，破除了迷信，对“实践是检验真理的唯一标准”有了更深刻的理解和认识，为复校办学逐步走上规范化打下了思想理论基础。

为加强学校领导班子队伍思想建设，1980年7月20日，学校根据党的十一届五中全会通过的《关于党内政治生活的若干准则》《中国共产党章程(修改草案)》及“中共中央(79)83号”文件，制定了《中共河南省郑州水利学校委员会关于领导干部贯彻执行(准则)的几项规定(试行草案)》。要求党委成员要转变作风，深入职工和学生中去，听取群众意见，扎扎实实地解决群众中的实际问题。从1980年开始，党委成员每年召开组织生活会，就思想、工作中存在的问题开展自我批评和相互批评，达到交流、沟通，相互理解、谅解，赤诚相见、统一认识的目的。为进一步加强领导班子思想建设，严格执行《关于党内政治生活的若干准则》，1981年1月成立郑州水利学校党委纪律检查组。1984年11月7日，河南省水利厅纪律检查组李德芳、刘全荣、韩钦信，来校召开班子会及由部分支部书记、纪委委员和老党员参加的座谈会，对党风、党纪情况进行了检查。12月，学校成立党的纪律检查委员会。

(二)组织建设和党员教育

复校后，为了加强党对学校的领导，根据河南省水利厅党组的指示，原党支部改为党委会，下设教师和行政两个支部。在1980年、1981年间，为着重解决党员对党的政治思想路线问题的认识，使党员在政治上和党中央保持绝对的一致性，认真组织党员学习十一届五中、六中全会精神。1980年6月27日至7月14日，对全校35名党员分两期，每期8天进行轮训，学习内容包括《关于党内政治生活的若干准则》、《中国共产党章程(修改草案)》、陈云的《共产党员的标准》、刘少奇的《论共产党员的修养》、樊道远在省直机关党员负责干部学习准则的辅导报告第二讲“维护党的集中统一，严格遵守党的纪律”等。通过学习、座谈开展以“三不主义”（不抓辫子、不戴帽子、不打棍子）为主要内容的批评和自我批评等，解决了党员中的一些糊涂认识和错误观点，进一步肃清了林彪、“四人帮”的余毒和影响，使党员再次受到一次深刻路线教育，增强了党性，克服了派性，提高了执行党的路线、方针、政策的自觉性，党员队伍精神面貌发生了深刻的变化，不少党员同志在教学、行政和后勤工作中发挥了先锋模范作用，保证了学校各项工作的顺利进行，受到群众好评。从1980年开始，开展先进支部和模范党员评比活动。

1982年，为加强党组织建设工作，下发了党员生活制度，建立了党组织生活制度。坚持“三会一课”，做到党员理论学习与活动月月有安排。为了使党员学习好党的十二大文件精神，党委召开4次会议专门研究，学校组织了一次“小集中”“三批党员、干部轮训班”、七场宣讲会。组织党员学习新党章及严格搞好党风党纪的相关通报和文件，开展“四对照、四查找”及党风党纪教育。在党员中开展“创先争优”活动，涌现出的先进支部（教师支部）、优秀党员分别受到学校和省水利厅表彰。1984年5月，1名教师党员出席河南省省直机关党员代表大会。截至1985年，学校有党支部3个，党小组8个，党员66人。

（三）学校整党工作

1983年10月11日，中共十二届二中全会通过《中共中央关于整党的决定》，这次整党的任务是统一思想、整顿作风、加强纪律、纯洁组织。根据河南省水利厅的指示，1983年12月23日经校党委研究成立了由8人组成的整党办公室。1984年1月12日，河南省水利厅选派的整党联络工作组也进驻学校。在河南省水利厅整党办公室和联络工作组的指导下，学校整党办公室做了大量的基础性工作。7月，由于领导班子调整，重新作了部署，学校整党工作由校党委具体组织实施。学校成立两套班子，宋绍泰、王树田抓整党，蒋行健、邢宝太抓教学和日常工作。为加强领导，党委下设整党办公室，主任宋绍泰，副主任王树田、韩钦信和其他3位成员，协助党委做好整党工作。

1984年12月7日，学校制定了《关于整党工作的安排意见》并呈报河南省水利厅党组整党办公室。学校共3个支部42名党员，整党工作分5个阶段进行：学习文件阶段，对照检查开展批评和自我批评阶段，深入整改阶段，组织处理、党员登记阶段，总结和检查验收阶段。该项工作持续到1985年12月结束。这次整党，着重解决了5个方面的问题：解决好统一思想问题；解决好清除“文化大革命”余毒，消除派性、增强党性问题；抓好清理“三种人”的工作问题；加强党委和各支部班子建设问题；纠正官僚主义和以权谋私的不正之风问题。这次整党工作有46名党员参加，有45名顺利进行了党员登记（1名推迟到1987年5月登记），达到了预期的效果，该项工作也顺利通过了验收。同时，学校也制定了切合单位实际情况的近期和远期整改方案，为学校今后党的思想建设、组织建设奠定了基础，党支部的战斗堡垒和党员的先锋模范作用对于今后学校改革工作提供了基本的保证。

（四）师生员工思想政治工作

从1980年开始，学校党委根据各个不同时期师生员工中存在的各种思想问题，采取了有针对性的政治思想教育。定期安排教职工政治理论学习，学习内容主要是中共十一届三中、四中、五中、六中和党的十二大文件精神。1981年8月25日至9月5日,针对党的十一届六中全会通过的《关于建国以来党的若干历史问题的决议》,组织学校具有工程师和讲师资格的教师、党支部委员及从事政治工作的同志,举办了2期学习辅导班。此外,组织员工进行时事政策、坚持四项基本原则、法制等方面内容的学习,并通过对所学内容的测验,了解职工掌握的情况。在师生员工中开展"五讲四美""文明礼貌月""学雷锋、树新风""为人师表"等活动。把学习党的好女儿赵春娥、为共产主义事业战斗不息的蒋筑英、罗健夫等同志的英雄模范事迹作为向师生员工进行共产主义思想教育的重要内容。在"文明礼貌月"活动中共有4个先进集体、4名先进个人及37名活动积极分子受到学校通令嘉奖。

五、团委、学生教育工作

(一)团组织建设

由于"文化大革命",团的工作停滞了十多年。多数团员青年入校后不知道如何过好组织生活,对团的性质、任务认识模糊,针对这些问题,各支部健全组织生活,实行"三会一课"制度,利用团日组织学习《团章讲话》和《团的基础知识》。利用暑假,对团委、学生会干部进行集训,解决思想上存在的糊涂认识,增强做好团员青年思想政治工作的信心和责任心,学习掌握怎样做思想政治工作的基本方法。把政治上要求进步、各项活动表现突出、学习刻苦认真、能团结同学的青年及时吸收到团组织中来,壮大团的队伍。为培养团干部,新生入学后,班主任及早物色人选,指定他们担任团支部工作,坚持把思想觉悟比较高、责任心比较强、热心团的工作又敢于大胆管理的团员选进团支部班子。

(二)学生思想教育

1978年复校后的学生思想教育工作,主要途径是课堂上的政治理论课和1984年增加的德育课及学校职能部门的教育管理。学校团委针对团员青年的特点,开展针对性的思想教育。一是坚持四项基本原则教育。党的工作重点转移后,针对部分学生能否实现"四化"持怀疑态度的思想状况,各团支部反复组织学习党的十一届三中、五中全会公报和共青团十届二中全会的文件及报刊上有关的文章。二是形势和党的方针政策方面的教育。全校统一组织学习有关文件和报刊文章,采用集中传达和分组讨论相结合的办法,让团员青年敞开思想,争论问题,根据提出的问题和模糊认识,把思想疏通和引导到党的政治路线上来。三是共产主义道德教育。在团员青年中大力提倡热爱祖国、勤奋学习、关心集体、诚实谦虚、助人为乐、文明礼貌、遵纪守法、艰苦奋斗、英勇对敌。四是"红与专"的教育。新生入学进行水利专业思想教育,把个人的理想和奋斗目标与国家的需要紧密地结合在一起,学一行、爱一行,干一行、爱一行。五是毕业教育。组织学习对越自卫反击战英雄和张志新烈士的事迹,展开真理标准问题的讨论等。对维护安定团结,激发青年大干"四化"和为"四化"刻苦学习文化科学技术的干劲起了积极作用。从1983年开始,对学生实行3个常规教育,即党的方针政策教育、新生入学教育、毕业分配教育。利用广播、墙报、黑板报、学生生活报(1981年创刊)等及时宣传党的路线、方针、政策和学校出现的好人好事,对广大团员青年进行教育。1982年2月,河南省水利厅团委对学校团委工作进行表彰,特别是对郑州水利学校举办的学生生活小报予以肯定。

复校后,恢复了班主任和学生学年

操行鉴定制度，制定了学生请假制度和三好学生评比制度。为加强对青年学生的管理，1982年增设了学生科，加强了管理力度，狠抓了各项制度的落实。在学生中严格执行《中专学生学籍管理暂行规定》《中专学生守则》，制定了《学籍管理补充办法》《班干部职责》《关于操行等级评定办法的试行方案》《开展“百分”赛活动结合操行评等（试行方案）》《改革助学金发放办法》等制度。

（三）开展各种活动

1.开展“新长征中创三好”活动

1979年，团中央和团省委发出在青年中广泛开展“新长征突击手”活动以后，河南省水利厅团委指示根据学校特点主要开展争当新长征三好学生的活动。学校13个团支部紧紧围绕“四化”建设，积极响应团中央的号召，广泛开展了“新长征中创三好”活动，取得了优异成绩。1980年4月，在1978级、1979级近500名学生中，共评出57名优秀团员、24名三好标兵、124名三好学生，有2名被共青团河南省水利厅命名为“新长征中的三好学生”，10月学校又表彰31名优秀团员。通过开展此项活动，调动了广大青年的积极性，激励广大青年学生刻苦学习，奋发向上，勇往直前，积极努力为“四化”献青春。

2.“学雷锋、树新风、创三好”“五讲四美”“文明礼貌月”等活动

1981年3月10日，河南省总工会、团省委、省妇联等6个单位联合发出通知，要求各级工会、团委、妇联等有关单位积极响应全国总工会等9个单位的联合倡议，在全省青少年中，开展以讲文明、讲礼貌、讲卫生、讲秩序、讲道德和心灵美、语言美、行为美、环境美为主要内容的“五讲四美”文明礼貌月活动。1982年2月22日，中共河南省委宣传部传达贯彻中共中央办公厅批转中央宣传部《关于深入开展“五讲四美”活动的报告》，2月28日，河南省省长戴苏理在省电视台发表电视讲话，号召全省广泛开展“全民文明礼貌月”活动，推动社会主义精神文明建设。第四届团代会以后，在团员、学生青年中广泛开展“学雷锋、树新风、创三好”“五讲四美”“文明礼貌月”等活动，在学雷锋活动中开展“五学五看”，即：一学雷锋公而忘私的共产主义精神，看谁为国家为人民做的好事多；二学雷锋的爱国主义精神，看谁热爱祖国和社会主义制度为“四化”贡献大；三学雷锋干一行爱一行、甘当小小螺丝钉的精神，看谁热爱本职工作，努力钻研水利科学知识的成效高；四学雷锋艰苦奋斗的精神，看谁在学校条件差的环境中不怕困难并自觉对公物财产爱护得好；五学雷锋的“钉子”精神，看谁抓紧点滴时间刻苦学习的自觉性强。倡导学习模范人物，大做好人好事，争做守纪律、讲文明礼貌的新一代学生。通过这一活动的开展，涌现出大量的拾金不昧、乐于助人、捐助困难同学、义务劳动、勤奋学习和文明礼貌等方面的好人好事，广大团员青年头脑中的是非荣辱观念进一步清晰，良好风气逐步形成。

在此后连续3年开展的上述系列活动中，学校表彰了51名三好标兵、222名三好学生、62名优秀学生干部、76名学雷锋积极分子、68名模范团员。在“文明礼貌月”活动中，学校表彰文明集体1个、文明团支部1个、文明团小组10个、文明礼貌月活动积极分子114名。

受到共青团河南省水利厅表彰的有3个先进团支部、1个文明班级、1个文明团支部，学雷锋、树新风、做好事、讲文明

和“五讲四美”活动积极分子11名,三好学生14名。

受到共青团河南省直属机关委员会表彰的有1个文明班级、1个先进团支部、1名优秀团员、2名优秀团干、2名三好学生标兵。

受到共青团河南省委、河南省教育厅表彰的有三好学生1名,并参加1981年12月举行的河南省中等学校三好学生暨先进集体代表大会。

自1981年以来,5名青年职工被共青团河南省直属机关委员会命名为“新长征突击手”。

3.文体活动

围绕学校中心工作开展适合青年特点的多项文体活动。利用“五四”青年节、“十一”国庆节、元旦等节日,举办歌咏比赛、文艺晚会、大型墙报,班级和年级之间开展拔河、篮球、排球等比赛。文体活动的开展对活跃校园文化生活、促进同学们的身心健康、德智体全面发展起到了积极的作用。

4.参加义务劳动

1983年11月,新校区奠基开工后,学校开始了繁重的建校和迁校工作,除在老校舍坚持一系列日常学习生活外,经常组织学生到新校区参加义务劳动。在学校搬迁工作中,学生们的积极性被充分调动了起来,许多学生积极参加,轻伤不退却,搬桌椅、仪器设备和图书等,每天需要负重上下四五层楼达几十次。迁入新校舍后,学生们还积极参与平整道路、清除垃圾和种花植树等整理美化校园的工作。

六、行政管理

学校复校后不断强化各项行政管理工作,加强干部考核与调配,推进工资调整、保障职工福利,规范财务工作,推动校际交流,推动校办工厂与食堂管理,完善学校安保,推动档案管理。还成立了相应的管理部门,并在管理实践中完善了一系列制度。

1984年8月,在原有的规章制度基础上,学校重新印发了《财务管理制度》《教职工探亲、病事假暂行规定》《教职工医疗暂行规定》《办公用品包干使用暂行办法》《汽车管理暂行办法》等制度。

(一)干部考核与调配

学校刚复校时,教职工特别是教师数量严重不足,为满足办学要求,急需调配大量的教师和干部。在调配工作中坚持五项原则:一是坚持党的路线,按照党的干部政策,根据工作需要,优先考虑有专业知识、真才实学的优秀同志;二是要经过了解和试讲(指引进教师);三是征求用人科室的意见;四是人员的调入要考虑当前和长远,统筹兼顾,综合平衡;五是公平公正,杜绝不正之风。1978年复校初期教职工总数49人,到1984年教职工总数达到177人。对教职工的考核,注意平时考核和定期考核相结合,领导考核和群众考核相结合。专业技术教师着重考核专业技术水平和教课效果,行政干部着重考核政策水平、思想作风、工作能力和实效,对工人主要考核技术水平和服务态度。从1980年开始,专业技术人员、行政干部恢复了填写技术考绩表和年终鉴定。

(二)工资调整与职工福利

除对教职工的正常考核、晋升、定级工作外,1980年还进行了全校性的调资工作。

为了搞好教职工的福利工作,学校采取了几项措施:一是成立教育工会,从1980年开始开展评先进活动;二是办好校办工厂及组织学生利用生产实习搞创收，按规定从中提取一定资金对教职工进行奖励；三是按工资总额的2.5%提取福利费，用于职工集体福利（发放降温费、看电影）、困难救济、独生子女奖励、慰问病号等；四是解决干部夫妻两地分居问题；五是成立"知青商店"，安排职工子女和家属就业；六是过年过节，学校派人派车组织采购各种副食品、蔬菜、生活用煤等，为教职工提供方便。

（三）校际交流

1980年，在湖北省武汉市成立中南地区水利电力学校教学协作组并召开第一次协作年会，主要由湖北、湖南、河南、广东、广西5省（区）并邀请其他省市水电类中等学校参加。其宗旨是就各学校在办学过程中的各方面工作经验及改革措施进行交流。从1981年始，学校先后选派20余人参加了第二至五届（武汉、长沙、南宁、广州）中南地区水利电力学校教学协作年会，提交大会交流材料20余篇，并就加强学生德育教育、加强实践性教学环节等议题作大会交流发言。通过参加会议，汲取兄弟院校在教育教学管理、思想政治工作、行政后勤、精神文明建设、职工培训、校园建设以及探索中专教育改革之路及经验，对学校以后的改革起了积极的促进作用。

（四）校办工厂与食堂管理

1.成立校办工厂

1980年3月，学校根据中央和省政府有关文件精神，积极筹备校办工厂。7月30日，学校向河南省水利厅提交了《关于开展勤工俭学创办校办工厂的情况请示》［郑水校字（81）012号］。9月14日，河南省水利厅以豫水计字（81）127号文给予了批复，同意学校结合专业特点的教学、科研任务选定勤工俭学项目，并按河南省人民政府"豫政（1980）94号"的有关规定执行。据此，学校设置勤工俭学领导小组（组长刘庆元），正式成立校办工厂，实行企业管理，银行开专户，单独核算，自负盈亏。1983年3月，制定了《对外承包工程中的材料试验、工程测量等试行办法》。1984年10月20日，中共十二届三中全会通过了《关于经济体制改革的决定》，学校根据其精神，当月成立了多种经营办公室。

2.探索食堂经营管理模式

1978年复校时，仅有一个学生食堂，1980年干训学员入校，建立了教工食堂。由于缺乏管理和经验，如何加强食堂管理，提高饭菜质量，让广大师生员工满意，一直是学校党委持续努力解决的老大难问题。1982年成立伙食科，加强了对学生、教职工两个食堂的管理。1984年8月，学校对食堂进行了改革，制定了《关于食堂实行半企业化经营管理试行办法》，规定：根据营业额大小，按比例提取管理费和炊事员就餐补助费，工作实行定员、定额，与其配套的还有食堂奖惩制度。通过该办法的实施，在短时期内食堂面貌发生了变化，工作人员积极性空前高涨，学生和教职工的满意度不断提高，并受到了河南省工科中专学校生活卫生检查团的通报表扬。

（五）安保工作

刚复校时校园内的环境较差，由过去的一单位一院变成了三单位一院，盗窃事件不断发生，针对这种情况，学校采取了建立安全保卫组织小组，建立规章制度落实安全防范措施，对教职工进行法治教育和道德品质教育等有效措施，校园环境和教学秩序有了良好的改变。1984年学校单独设保卫科，加强了校园安全的组织领导。

（六）档案管理

从1981年学校成立档案管理机构，由党委委员陈希儒直接领导，校办、党办、教务各由1人负责管理。1982年2月，学校各科室充分发动群众，清理所有文件，将所有该立卷的材料按照规定立卷并交上述相关归口单位，5月通过河南省水利厅验收。1985年4月，学校下发了《关于河南省郑州水利学校档案分类、文书档案保管期限规定的通知》，结合学校具体情况拟定了“河南省郑州水利学校档案分类编目表”“河南省郑州水利学校文书档案保管期限表”，对学校的档案管理工作进一步作了规范和要求。

第二节　郑花路校区征地与建设

1980年1月2日，河南省农委与郑州市革委、河南省水利厅和河南省政府机关事务管理局等单位共同研究了《关于解决郑州水利学校校舍问题的意见》。1979年初，郑州市委根据郑州市骨科医院和郑州市中药厂的运行状况，曾向省委提出两单位退还校舍搬迁出去的实际困难。2月，在胡立教书记亲自召集的会议上，决定让郑州水利学校搬迁重建，郑州市赔偿土地，河南省财政给郑州水利学校拨出一部分建校专款。按照胡立教、戴苏理两位领导的指示，1980年1月24日，河南省人民政府批转省农委《关于解决郑州水利学校校舍问题的意见》[豫政办（1980）3号]，指出：郑州水利学校另选新址重建，所需资金约300万元由省财政厅与水利厅研究解决，三大主材、规划设计、施工力量等由省计、建委和有关部门协助安排；所需占地180亩的价款由郑州市骨科医院和郑州市中药厂负担。新校舍建成后，原郑州水利学校房产要逐步移交给郑州市骨科医院和郑州市中药厂使用，产权归这两个单位所有。至此，学校重新征地搬迁重建得以确定。

一、两次选址

（一）第一次选址

1980年3月6日，河南省水利厅向河南省计划委员会报送《郑州水利学校搬迁重建设计任务书》[豫水计字（80）026号]（1980年2月4日拟定）。此后，学校多次派人前去郑州市有关部门催办此事。

7月16日，河南省水利厅向省政府办公厅呈报《关于请求迅速解决郑州水校校舍地皮问题的报告》[豫水教字（80）027号]。7月11日，郑州市革命委员会建委向河南省建委呈交《关于郑州水利学校迁建选点问题的报告》[郑革建征字（80）71号]。报告中同意郑州水利学校在市区大学路西、小李庄南新征菜田建校。具体用地数量待该校投资计划、学员规模、扩初设计确定后，再上报审批。

9月24日，河南省计划委员会印发《关于下达1980年基本建设计划的通知》[豫计综字（80）345号]，郑州水利学校投资额300万元（教学楼、宿舍楼、土建设备及附属工程）。

12月3日，河南省革命委员会计划委员会以豫计农字（80）第453号文，对河南省水利厅《关于“郑州水利学校搬迁重建设计任务书”》(水利厅26号文)的批复指出:①同意郑州水利学校另选新址重建;②规模:同意编委意见,在校学生1800人,其中中专1500人、干训班300人、事业编制240人;③学校总建筑面积44810平方米;④总投资650万元,其中省财政拨款300万元,其余350万元从水利基建经费中解决;⑤所需占地180亩的价款按照“豫政办(1980)3号”规定,由郑州市骨科医院和郑州市中药厂负担。

(二)第二次选址

根据河南省基本建设委员会《关于郑州水利学校迁建选点的批复》[建设字(80)第59号],围绕郑州市区大学路西、小李庄南校区征地做了大量长期工作,多次请郑州市政府催办此事。为此,学校在1982年3月23日,以“校字(82)第004号”向中共河南省委、河南省人民政府呈报《关于郑州水利学校校舍问题亟待解决的请示报告》。但客观情况是,该地区地少人多,又是郑州市南郊蔬菜生产的中心地段,不仅地面建筑物多,搬迁任务大,而且还会影响城市蔬菜供应,省、市蔬菜生产的主管部门多次建议另行选点。

7月9日,郑州市政府根据多方面建议,经和学校协商,同意另行选点,并提出几个地址供选择。一是东关虎屯村南、红专路以北;二是东风渠以北、花园路以西;三是郑州市北郊十二里屯以东。

8月20日,郑州市城市规划设计管理局向省建委呈报《关于郑州水利学校变更建校地址的请示》[郑城规管字(82)第36号],9月10日,河南省基本建设委员会“豫建设字(82)第85号”批复:同意郑州水利学校建校地址变更到东风渠以北、花园路以西地区内。至此,学校新校址最终敲定。

二、建设情况

(一)建设规模

根据河南省基本建设委员会豫建设字(82)第85号文,河南省水利厅向省建委呈报《关于呈报河南省郑州水利学校初步设计的函》[豫水计字(82)192号]。

1982年11月4—5日,河南省水利厅与省建委在郑州嵩山饭店,邀请省、市各有关部门,一机部第六设计院等17个单位参加,共同会审了省水利学校搬迁重建扩大初步设计(机械工业部第六设计院)并形成纪要:①建校占用土地面积应控制在160亩以内;②建筑面积仍维持1980年12月省计委批准的44800平方米左右;③建校地点由小李庄变更到东风渠以北,此地基础较差,加之建材价格上涨等因素,1981年原定715万元的投资明显不足,本着实事求是的精神,合理部分应予解决;④该区域内的“青年液化气站”属于违章建筑,郑州市规划局已下达《违章建筑通知》,令其限期拆除。学校王树田、刘庆元参加了会审工作。

12月22日,河南省基本建设委员会豫建设字(82)145号文《关于郑州水利学校初步设计的批复》[河南省水利厅豫水计字(82)192号],同意河南省郑州水利学校在东风渠北、花园路西征地迁建:总建筑面积42000平方米(教学楼7100平方米、学生宿舍7530平方米、办公楼2428平方米、职工家属及单身宿舍8500平方米、食堂2767平方米),总投资控制在770万元以内(不包括仪器、设备、办公用具和征地费用),总用地控制在160亩以内。

12月24日,河南省计委、河南省财政厅以豫财字(82)第431号文下达了省财政补助学校专项建设投资300万元。因为该项资金下达时已接近年终,无法投入使用，1983 年 5 月 18 日，河南省计委、财政厅、建设银行以豫计综字（83）第 268 号文同意将该项资金转入 1983 年继续使用。

新校区工程建设施工期限目标是：1985 年迁入新校，3 年迁校，5 年建成。

（二）征地过程

根据河南省人民政府豫政办（1980）3 号文精神，“郑州水利学校另选新址重建，所需占地 180 亩的价款由郑州市骨科医院和郑州市中药厂负担，被占土地农民的生产、生活安排由郑州市革命委员会负责”。1982 年 12 月 29 日，郑州市中药厂，郑州市骨科医院，金水区农业公社杜岭大队第三、第四生产队签订了《征地协议书和招工协议书》。1983 年 5 月 23 日和 26 日，郑州市中药厂、郑州市骨科医院（甲方）分别与郑州郊区柳林公社关虎屯大队（乙方）、马李庄大队（乙方）签订了《征地协议书》和《招工协议书》。

由于当时郑州市委、市政府正在机构改革，干部处于新老交替调配时期，被征土地的农民（200 人）安置问题迟迟没有得到解决，施工队伍进不了工地，学校于 1983 年 7 月 4 日，向河南省人民政府呈报了《关于郑州水利学校迁建情况的报告》；8 月 13 日，向郑州市城市规划设计管理局呈交了《关于郑州水校原址所有权暂不变更的报告》；9 月 23 日，向郑州市人民政府呈报了《关于水校进地施工存在问题的紧急报告》。

1983 年 9 月 26 日，郑州市政府指派马中堂在郑州嵩山饭店召集金水区交通建设科、金水区农业公社、郑州市中药厂、郑州水利学校等 8 家单位，研究解决交地工作中的一些问题，刘庆元副校长参加。当月，河南省计委以豫计征字（83）420 号文正式批复征地为 206.55 亩（包括绿化带、道路等用地在内），实际丈量为 204.39 亩，校园内 160 亩。学校新校区征地资金为 489652 元，各种赔偿金 501729 元。

根据郑州市委和河南省水利厅领导的指示，1983 年 10 月有关基建手续基本办妥后，施工单位与学校基建组进驻工地，11 月奠基开工。

（三）基本建成

学校迁建工程从 1983 年 11 月开始破土动工，进展比较顺利。截至 1983 年底，围墙基本完成，教工住宅和学生食堂基础正在浇筑，学生宿舍和总变电站完成基础开挖。在学校规划设计中，教学楼位置原建有 1 个液化气站，迟迟未能搬迁，导致教学楼和部分学生宿舍楼不能及时开工。1983 年 7 月和 1984 年 1 月，郑州市城市规划设计管理局、郑州市规划环保局分别向有关单位下达撤除通知；1984 年 4 月，河南省水利厅和省科委有关负责同志及有关人员一起进行了协商。

1984 年 6 月 6 日，河南省水利厅《关于郑州水利学校补助液化气站搬迁费问题的答复》［豫水计字（84）103 号］指出：经省政府办公厅裁定，由学校补助液化气站 3 万元，并同意此项经费在建校经费的不可预见费项目中支出。至此该问题得以解决。

1984 年 4 月，河南省水利厅批复学校：建设规模 1800 人，建筑面积 4.2 万平方米，总投资 770 万元，建设年限 1983—1986 年。

1984 年，新校区建成职工住宅楼 2 幢，学生宿舍楼 1 幢，变电房、学生及职工食堂等 11667 平方米，占总建筑面积的 28%，完成投资 255 万元。1985 年在建项目 18465 平方米，总计占批准建筑总面积的 72%，拟完成投资 365 万元。1986 年 9 月，河南省计委以豫计经设字（86）1472 号文批准调整总概算 280 万元（其中征地、集资费 60 万元），调整后的总概算为 1050 万元。

第三章 推进改革谋发展

——中专教育发展辉煌时期(1985—2002年)

1985—2002年,是学校推进全面改革、发展壮大的重要时期。在这一时期,《中共中央关于教育体制改革的决定》《中国教育改革和发展纲要》《中共中央关于加强社会主义精神文明建设若干重要问题的决议》《中共中央 国务院关于深化教育改革 全面推进素质教育的决定》以及《面向二十一世纪深化职业教育教学改革的原则意见》《关于全面推进素质教育 深化中等职业教育教学改革的意见》等纲领性文件发布。学校在学习贯彻落实这一系列重大决策的过程中,教育、教学和管理改革由点到面逐步推开并不断深入。通过办学条件、办学水平评估、办学规模核定及示范校评估等工作,学校的办学规模、教学质量、内部管理和精神文明建设等都上了一个新的台阶,至2002年底,学生人数达到3300余人,学校发展进入了关键时期。

第一节 郑花路新校区启用

1983年10月,学校开始郑花路新校区建设工作。1985年10月,学校完成大规模集中搬迁任务,标志着学校事业发展进入一个崭新的阶段。1985年8月25日,学校制定了以"搞好改革工作开创学校新局面"为主题的《水利学校改革工作初步方案》,开始进行管理体制改革,并陆续完成了领导班子和组织机构的调整。至2001年底,学校总建筑面积达到75501平方米,其中教学及辅助用房23094平方米,行政办公用房3983平方米,生活用房48424平方米。

一、学校搬迁郑花路校区

(一)搬迁工作顺利实施

学校自1983年10月开始新校区建设工作,1985年10月是整个工程的建设高潮阶段,4个建筑队400余人进驻工地。省、市领导十分重视郑花路校区建设,河南省水利厅领导经常到工地视察,帮助解决问题。学校领导和参加基建的同志一起住帐篷,冒寒雪,顶烈日,夜以继日地坚持工作并和设计单位共同努力,先后完成了学生和教工宿舍、教学楼、食堂等14幢建筑物的施工，建筑面积达29428平方米。同时，还完成深机井、水塔、电力线路、给水和污水管道等干线建设，从而为学校搬迁创造了条件。1985年10月9日，河南省干部学校迁入新校区办公。河南省郑州水利学校于1985年10月21日开始搬迁工作，学校成立了以邢宝太为组长的7人搬迁领导小组和搬迁前的物资清查小组，经过1个月的时间，调用大约300个车次，完成大规模集中搬迁任务，教职工全部到新校区办公，1983级、1984级、1985级共485名学生（在校生545名，天津水产学校代培1983级、1984级、1985级共60名学生）到新校区上课，实现了新校区建设"三年搬迁"的第一个目标。搬迁进新校区后，学校坚持边施工边教学，组织师生和员工大搞义务劳动，清除建筑垃圾及整修道路、开展绿化，崭新的校舍、优美的环境，为全体师生提供了良好的工作、学习和生活环境，也为学校的发展创造了有利条件。搬迁至郑花路校区，标志着学校的事业发展进入了一个崭新的阶段。

（二）搬迁后的续建工作

学校搬迁时正在建设的有实验楼、汽车库、洗澡间和职工生活商店等，建筑面积约5000多平方米。由于征地集资费用增加、定额变更、材料差价、基础处理、城市建设要求等原因，省水利厅对已建和正在建设工程逐项审批的投资合计已达765万元，基本上已达到河南省基本建设委员会《关于郑州水利学校初步设计的批复》总投资掌握在770万元以内的标准。此外，还有图书馆、水力实验室、干训宿舍、锅炉房、大门传达室、幼儿园、体育场，以及道路、绿化等工程还没有开工建设。省计划经济委员会经多次调查核实后，于1986年9月25日，以"豫计经设字（86）第1472号文"批复，总概算调增为1050万元，即增加280万元（包括征地、集资费60万元）。

总概算调整后，1986年11月省水利厅对未建工程进行了安排部署。采取直接承包的方式，掀起了第二个建设高潮。截至1988年底，全部建筑物和绝大部分的室外工程已完工。1989年，新建成建筑物周围的给水、排水管道，电力通信线路和道路等完成施工。经过几年的建设，共完成建筑物25幢，建筑面积43500平方米，道路8670平方米，校区给水排水、暖气管道7026米，暖气沟、雨水沟1440米，电力、通信线路（单线）11130米，广场、人行道约3000平方米，集中绿化面积3300平方米，路边植树880余米，体育场地17000平方米。全部工程共完成土方开挖67800立方米，砌体工程23100立方米，混凝土工程（含钢筋混凝土）18300立方米，共消耗钢材1372吨、木材941立方米、水泥7697吨，竣工决算金额1049.53万元，基本实现了五年全部建成的目标。1990年9月28日，河南省计划经济委员会、河南省水利厅、郑州市规划局等10个单位30多人参加了我校迁建工程竣工验收会。一致认为：总体布局合理，设计造型大方，土建、安装等建设工程达到设计要求，工程质量合格，同意验收，正式交付接收单位使用。

1990年以后，学校先后完成了淡水养殖专业教学楼和露天养殖场、教学楼、水工棚内部、学生公寓楼加层、学生4号公寓楼、干训教学楼、干训综合楼、教工活动中心、教职工4号和8号住宅楼等的建设，至2001年底，学校总建筑面积达到75501平方米，其中教学及辅助用房

23094 平方米，行政办公用房 3983 平方米，生活用房 48424 平方米。

二、学校管理体制改革

(一)改革思路

1985 年 5 月 27 日，中央政治局讨论通过了《中共中央关于教育体制改革的决定》(简称《决定》)，5 月 29 日在《人民日报》公开发表。《决定》提出，教育改革必须从教育体制入手，加强宏观管理的同时，坚决实行简政放权，扩大学校的办学自主权，调整教育结构，相应地改革劳动人事制度。还要改革同社会主义现代化不相适应的教育思想、教育内容、教育方法。经过改革，要开创教育工作新局面，使基础教育得到切实加强，职业技术教育得到广泛发展，高校潜力和活力得到充分发挥，各级各类教育能够主动适应经济和社会发展的多方面需要。

学校党委认真组织教职工学习了《决定》，提高了对中等职业技术教育的认识，明确了教改方向，1985 年 8 月 25 日制定了以“搞好改革工作开创学校新局面”为主题的《水利学校改革工作初步方案》，对以下几个方面的问题提出了改革思路：一、端正业务指导思想，坚决贯彻《决定》精神，牢固树立教育为经济建设服务的指导思想，改革同社会主义现代化建设不相适应的教育思想；二、加快学校发展速度，为河南省水利事业发展培养更多更好的技术人才，瞄准办成一所专科学校的目标，但要立足于当前，继续把中专办得更好；三、改革学校教育、教学和行政后勤等方面与《决定》精神不相适应的管理制度，建立科学、规范和行之有效、能充分调动广大教职工工作积极性的一整套管理制度，从而形成一种激励机制；四、加快学校“三梯队”和师资队伍建设，要充分认识教师是办好学校的骨干力量，要创造条件，采用多种形式，加快教师队伍的知识更新，适时引进教师，尽快改变教师与职工比例失调现象；五、加强政治思想工作，搞好学校的精神文明建设；六、增强党性，克服派性；七、转变工作作风，努力提高领导水平，认真落实整党工作中提出的整改措施。

(二)改革措施

学校贯彻落实《决定》，根据“加快学校发展速度，为我省水利事业发展培养更多更好的技术人才”的改革思路，出台了几项改革措施：一、实行毕业答辩制度。从 1985 年开始，实践教学增加毕业答辩环节。答辩工作由校长亲自主持，邀请省水利厅设计院、科研处、基建处等单位的专家、领导和学校教师共 20 多人参加。二、实行评选优秀毕业生制度。1985 年，学校在 1982 级学生中评选优秀毕业生。“凡在校期间 6 个学期均为甲等操行、后两年连续 4 个学期被评为‘三好学生’、学习基础理论扎实、有较强的分析问题和解决问题的能力、在校期间各门课程均为优秀、体育达到国家规定的锻炼标准、品学兼优的学生，可以被评为优秀毕业生”。优秀毕业生可在分配计划范围内，根据自己的专业和特长，优先选择单位，学校按其志愿进行派遣。1985 年评选出 4 位优秀毕业生。这一制度的实施，充分调动了学生刻苦学习、力争上进的积极性。三、1985 年，学校组织各科室制定了《职责范围》《岗位责任制》《关于助学金的使用暂行规定》《食堂管理办法》等，教学管理方面也建立了几项规章制度，对规范教学管理程序，开展评教、评学(评估教师和学生)及改进考试办法等工作进行了积极的探索，学校图书馆也积极推进“工作量承包责任制”等办法。通过对以上工作有益的尝试，学校改革工作收到了初步效果。

三、领导及组织机构

（一）领导班子调整

1986年2月28日，河南省水利厅以豫水人字（86）20号文印发通知，中共河南省委、省政府任命李日旭为省水利厅副厅长（此时仍兼任学校党委书记）。

1986年5月2日，河南省水利厅以豫水组字〔1986〕012号文任命杜平原为中共河南省郑州水利学校委员会副书记，以豫水人字〔1986〕032号文任命余延敏为河南省郑州水利学校副校长。

1986年，学校召开第三届党员大会，选举宋绍泰、杜平原、蒋行健、邢宝太、王树田、余延敏、侯廷信7人组成新一届学校党的委员会，王树田、马绍钦、杨岳清、张道武、李清治5人组成新一届学校纪律检查委员会。经省水利厅批复，宋绍泰任学校党委书记，杜平原任学校党委副书记，王树田任学校纪律检查委员会书记。

1988年6月21日，学校召开全体工会会员大会，选举产生了由9名成员组成的新的工会委员会，杜平原兼任工会主席，曹景仑为副主席（委员：王克义、张富香、李志雄、潘永顺、徐家寅、尹超、李清治）。

1989年2月21日，河南省水利厅党组以豫水组字〔1989〕04号文任命蒋行健为学校党委书记，常合生为学校纪委书记。同时河南省水利厅以豫水劳人字〔1989〕010号文任命蒋行健为河南省郑州水利学校校长，杜平原、韩钦信、侯廷信为河南省郑州水利学校副校长，余延敏任河南省郑州水利学校工会主席。

1989年3月17日，中共河南省水利厅直属机关委员会以豫水党字〔1989〕005号文批复：经研究同意增补韩钦信、常合生为河南省郑州水利学校党委委员。

1992年7月3日，河南省水利厅以豫水劳人字〔1992〕045号文任命唐望任河南省郑州水利学校校长，兼河南省水利干部学校校长。同时，河南省水利厅党组以豫水组字〔1992〕25号文任命唐望为中共河南省郑州水利学校委员会副书记。

1993年8月13日，中共河南省水利厅党组以豫水组字〔1993〕019号文任命杜平原任中共河南省郑州水利学校委员会书记。

1993年8月20日，河南省水利厅以豫水劳人字〔1993〕061号文聘任唐望为河南省郑州水利学校校长，聘期4年。8月27日下午，省水利厅党组成员、副厅长李日旭到校宣布了省水利厅《关于郑州水校试行校长负责制的通知》（豫水劳人字〔1993〕054号文），根据中共中央、国务院关于印发《中国教育改革和发展纲要》的精神，经省水利厅党组研究决定，河南省郑州水利学校试行校长负责制，原行政职务自行免除，实行聘任制。校长由省水利厅聘任，副校级的聘任在规定的职数以内，由校长提名，报省水利厅聘任。从此，学校实行了由原党委领导下的校长分工负责制变为校长负责制的领导体制。

1993年8月31日，河南省水利厅以豫水劳人字〔1993〕062号文聘任张道武、王志凯、赵高潮为河南省郑州水利学校副校长，聘期4年。同时，中共河南省水利厅党组以豫水组字〔1993〕024号文任命韩钦信任河南省郑州水利学校工会主席，河南省水利厅以豫水劳人字〔1993〕060号文任命史维任河南省水利干部学校副校长（副处级）。

1994年，学校第四届党员大会分别选举产生了由王志凯、史维、杜平原、张道武、赵高潮、唐望、常合生组成的新一届党委会，由李连水、李清治、张裕齐、张嘉俊、常合生组成的纪律检查委员会。经省水利厅批复，杜平原为学校党委书记、唐望为学校党委副书记、常合生为学校纪委书记、李连水为学校纪委副书记。

1994年1月10—13日，我校召开了第二届教职工代表大会暨工会换届大会，选举韩钦信为工会主席，曹景仑为副主席。

1996年8月27日，省水利厅任命李学友为学校副校长，10月、11月副校长史维、张道武退休。

1997年8月26日，河南省水利厅以豫水人劳字〔1997〕108号文任命杜平原为河南省郑州水利学校校长，原校长唐望、纪委书记常合生分别于9月、3月到龄退休。学校领导为校长、党委书记杜平原，副校长王志凯、赵高潮、李学友，工会主席韩钦信。

1998年9月3日，中共河南省水利厅党组以豫水组字〔1998〕037号文任命赵高潮为中共河南省郑州水利学校委员会副书记，李连水为河南省郑州水利学校纪律检查委员会书记；同时，河南省水利厅以豫水人劳字〔1998〕065号文任命侯廷信为河南省郑州水利学校助理调研员。

1999年，第五次党员代表大分别选举王志凯、杜平原、李连水、吴超英、赵高潮、惠大众组成新一届党委会，刘国发、李连水、胡俊堂、黄功学、蒋彦成组成纪律检查委员会。经省水利厅批复，杜平原为学校党委书记、赵高潮为学校党委副书记、李连水为学校纪委书记、刘国发为学校纪委副书记。

1999年3月，副处级调研员黄庭宪到学校工作，任后勤服务中心主任。

2001年7月，河南省水利厅以豫水人劳〔2001〕7号文任命黄庭宪、惠大众为学校副校长。

（二）组织机构

学校搬迁到郑花路校区时的人员编制和内设机构执行的是河南省编制委员会豫编〔1983〕204号和河南省水利厅豫水人字〔84〕60号文，事业编制150名（含印刷厂20名，河南省水利干部学校10名，实际执行的是130人编制），学校内设机构为12个科级单位（校办公室、人事科、保卫科、教务科、行政科、学生科、伙食科、职工培训科、党委办公室、团委、工会、图书馆）。

随着学校办学规模的逐渐扩大，1986年9月17日，学校呈报省水利厅《关于增加学校编制的请示》（豫郑水校字〔86〕028号）。1987年10月16日，河南省编制委员会下发《关于郑州水利学校编制的批复》（豫编〔1987〕190号文），核定学校编制214名。其中，中专教职员工的编制，以1987年实际在校学生人数779人（含职工中专班）为基数，按1∶4的比例，核定编制195名（其中教师编制按师生比1∶8配备，共97名）；干部学校编制，以150人为基数，按1∶8比例核定编制19名，其中教师不低于9名。

1989年2月，新的领导班子调整后，学校根据情况，调整充实了学校职能机构与教学组织，增设了综合经营办公室，成立了水利水保、基础课和马列主义3个教研室。

1990年9月20日，根据工作需要，经校长会议研究决定成立暂设机构“教育研究室”（高级讲师王成章同志任主任）。

1990年12月27日，经校领导研究，确定丁德琪为基建办公室负责人。

1991年3月，经学校申请，省水利厅于1991年3月14日以豫水劳人字〔1991〕021号文批复，同意我校设置老干部科。年底学校离退休人员已达56人。

1992年，经报省水利厅、省教育委员会有关部门批准，我校于11月30日决定成立“综合开发公司”。

1993年秋季开学，为配合校长负责制的实施，学校本着精简高效、强化职能，提高办事效率的原则，调整了学校的内设机构：学生科、团委合署办公，教务科下设专业、基础、马列教研室和图书馆4个副科级机构。撤销电教室、教育研究室、基建办公室。人事科、老干部科、工会、伙食科、保卫科、行政科、干训科保留不变，但有些科室的职责范围作了局部调整。

1996年3月，为加强教学管理、提高教学质量，学校将原来的3个教研室和1个教研组（干训教研组）调整为9个教研室，分别为基础教研室、马列主义教研室、水工教研室、水保教研室、土建教研室、电算财会教研室、水产教研室、体育教研室、干训教研室，另外恢复教育研究室，成立电教组，直属教务科。实验室定为副科级机构。

1996年3月18日，根据省水利厅批复的教学机构设置方案，依据学校干部聘任办法，对调整以后的教研室主任进行聘任。

1996年12月9日，省水利厅以豫人劳字〔1996〕139号文批复了学校的机构编制方案，确定机构规格相当于处级，同时挂河南省水利干部学校牌子。处级领导职数6名（含纪委书记1名），科级领导职数28名（含监察员1名），其中正科级不超过13名。1996年事业编制280名（含河南省水利干部学校19名）。内设机构15个，其中办公室、人事科、保卫科、财务科、教务科、成人教育部、总务科、学生科（挂团委牌子）、党委办公室、老干部科、工会等机构规格相当于科级，图书馆、实验室、教育研究室机构规格相当于副科级，据此学校对科以下干部及教职工进行了重新聘任。

1998年，为进一步深化改革，强化教学管理，加快后勤改革步伐，在原机构的基础上新增设了教育研究督导室、招生就业指导办公室以及后勤服务中心（下设其物资供应站、水电服务部、膳食服务部和维修队4个校内承认的副科级机构）。

2002年1月，学校将增设机构招生就业指导办公室调整为正科级机构，成人教育部改为高职高专部。撤销正式机构中的教育研究室，增设德育研究室（挂靠学生科），其他11个正科级、2个副科级机构不变；撤销原有水工、水保、土建、水产、电财、体育、基础、马列、干训9个教研室，成立专业科、基础科，下设若干教研组，成立干训教研组，归高职高专部（干训科）管理；撤销后勤服务中心下属的4个副科级机构，下设3个组（水电服务部、物业管理部和医务室）。原物资站职能划归总务科管理，原膳食部仍以伙食科正式机构的形式进行管理。属校内承认的正科级管理机构增至5个，即后勤服务中心、信息中心（下设网络管理组、电教组、计算机教研组）、教育研究督导室、专业科和基础科。

第二节 教学教研工作

为便于开展教学教研工作,1989年4月,学校成立了基础课教研室,分别管理8个教研组。1990年9月,学校成立了暂设机构“教育研究室”,10月,学校下发《水利、水保教研室岗位职责(试行)》。1993年,实行校长负责制后,进行内设机构调整,教务科下设专业、基础、马列教研室和图书馆4个副科级机构,体育教研组列入基础教研室,水产教研组列入专业教研室。1996年3月,将原来的3个教研室调整为基础、马列、水工、水保、土建、电算、水产、体育、干校9个教研室,同时重新恢复教育研究室,成立电教组并直属教务科。1998年1月,在教育研究室的基础上成立了由高级职称教师组成的教育研究督导室。

这一时期,学校开展的教研活动主要有:一是组织教师学习《教育心理学》《教学过程优化的研讨》等,提高教师的教育教学综合素质和进行课题研究的基本能力;二是认真实施教研活动计划,以教研室或教研组活动为主,对教学计划、课程大纲、教材、课堂教学、实验课、实习、考试、毕业设计、第二课堂教学活动等内容进行酝酿讨论研究;三是教研室主任或教师与教育研究督导室联系反馈教学检查评估情况,使教研室主任及时了解教师教学的优势和不足,并交换改进教学意见;四是学校制定颁发《教师及管理人员撰写论文的有关规定》,鼓励教师和管理人员利用教研活动或业余时间撰写教学论文及教学心得体会,积累教学经验;五是召开教学研讨会,在专业设置、课程开设、教学方法、教书育人等方面以论文的形式进行交流、研讨并进行论文评选。通过交流,教师们提出了很多关于教学改革、课程改革及教学方法改革方面的好建议。

1986年开始,将开展教育教学研究活动情况及成果编印成《教研通讯》与兄弟院校及有关单位进行交流。随着办学规模的扩大和教育教学研究的深入,1990年创办校刊《教研与实践》,多年来该刊在交流教学、科技和管理经验,活跃教研气氛,提高教学质量等方面发挥了积极作用。学校与兄弟院校及有关单位进行交流,学习借鉴其先进办学经验,在推动学校改革发展和巩固国家级重点中专办学成果工作中,显示出了窗口地位和作用。1998年2月,学校制定颁发《关于办好校刊出版工作的通知》,成立由校长为主任委员的编委会。将专业技术人员撰写发表论文、论著、教材等及奖励与处罚作出明确规定,直接与年度考核、“三育人”评先和晋升职称挂钩。

一、专业建设

(一)开展中专教学调查工作

为了使教学改革具有较强的针对性,培养的毕业生更受用人单位的欢迎,1986年6月,学校组织3个调查组,分别到省水利厅有关处室,信阳地区(含罗山县、信阳县)、洛阳市(含栾川县)、郑州市(含郊区、金水区),以及禹县等地进行了一次调查。通过此次调查,进一步了解了地(市)、县水利技术力量现状、对中专生的需求方向,以确定学校的培养目标及专业设置:各地(市)、县,尤其是县一级水利工作,其特点是以小型工程为主,不可分得过细,要求中专生专业知识面要宽但不求深,最重要的是基础知识扎实,适应能力强,上手要快,自学来得快,对勘测、规划、设计、施工、管理以及河道治理、工业与民用建筑都懂一些。同时,调查发现基层在专业方面缺乏经营管理、计划统计、机电、水利财会、水土保持、淡水渔业、计算机应用等人才。

1987年3月,学校借召开全省水产会议之机,向与会代表发放50份调查表,涉及13个地市、12个县(市)和8个水库管理局(所)。通过调查,进一步了解了河南省水产技术人员现状、人才需求情况和用人单位对中专生培养规格的要求,为今后修订教学计划、确定招生规模及如何加强实验室建设和实践教学提供了一定的客观依据。

为推进教育改革,使教育更好地为社会主义水利建设服务,制定"八五"期间的人才培养规划,有目的有计划地为社会培养水利专业技术人才,1989年11月,省水利厅科教处和学校受水利部科教司委托,对河南省许昌市、禹州市、洛阳市、汝阳县及部分厅直机关共15个单位,就现有职工队伍专业技术结构、使用情况、人才需求等进行了调查。通过此次调查,学校对办学方向、专业设置、培养目标及如何加强学生的政治思想教育等有了进一步新的认识,对教学改革工作起到了指导性作用。

1991年10月,学校按照农业部中等水产教育研究会《如何办好淡水养殖专业及其招生分配制度调查提纲》(中水教研字〔1991〕06号)的要求,在近五年淡水养殖专业发展及人才需求、学校对该专业现状、招生与分配、多渠道办学、毕业生信息反馈、实践教学等6个方面进行了摸底调查,使学校对该专业的发展前景及如何调整招生对策有了更加清晰的认识。

1993年4月中旬,学校领导和有关科室负责人,先后到郑州市、新乡市水利局,以及新乡人民胜利渠管理局、新郑县水利局和梨河乡作了调查,还邀请了在校进修学习的来自不同市、县9个水利站的同志进行座谈,了解市、县、乡水利建设与管理的现状及改革的举措和思路,了解我校毕业生表现与使用情况,征求了对学校现有专业的调整意见和增设新专业的建议,初步掌握了水利这一基础产业中水资源的利用及趋势、生产技术现状与发展动态以及对中专人才的需求情况和规格要求,为进一步深化教学改革提供了依据。

1999年,在生源组织、往届毕业生就业及河南水利工程建设现状等方面,学校开展了市场专业人才需求调查,提出了调整学校专业设置、优化专业教学计划的总体思路。

(二)调整学制,增设新专业

学校根据《中共中央关于教育体制改革的决定》精神,并参照中南地区各省水利(水电)学校改革后的现行学制,在充分听取学生的意见后,1985年12月13日拟定了《在校年级学制调整意见》。1986年1月28日,河南省教育厅《关于郑州水利学校1984级和1985级改变学制问题的批复》(豫教文字〔1986〕36号)同意学校招收高中毕业生,学制两年。因1984级在校已学习一年半,改为两年半制,于1986年12月毕业。1985级于1987年7月毕业。在校的1983级普通中专和1985级职工中专学制三年不变。

1986年5月28日，河南省教委《关于郑州水利学校新增专业问题的复函》（豫教职字〔1986〕59号），同意在河南省郑州水利学校增设淡水渔业和水土保持两个专业。根据国家教育委员会关于调整中等专业学校学制的精神，这两个新增专业均应实行招收初中毕业生、学制四年的方案，水土保持专业执行定向招生、定向分配的原则。经省教委批准，学校1986年招收水土保持专业学生80人，淡水渔业专业学生84人，均为初中毕业，在校学习4年。

根据河南水利工程建设中专业技术人员的状况及省水利厅财务处的要求，1987年11月4日，学校党委研究决定1988年增设水利财会专业。1988年4月，河南省教委以教职字〔88〕134号文批复省水利厅《关于在郑州水利学校增设"水利财会"专业函》（豫水教字〔88〕004号），同意在河南省郑州水利学校增设水利财会专业，招收初中毕业生，学制四年，鉴于当前急需用人，学制可暂设三年。当年招收学生43名、代培生5名。根据国家教委颁发的《普通中等专业学校专业目录》的要求，该专业1994年改为财务与会计专业。

为满足河南省各地市对中专毕业生知识面要宽、动手能力要强的要求，根据全国水利水电类专业目录，学校从1987年9月开始，已将水利工程建筑专业与农田水利工程专业合并为水利工程专业（该意见已被采纳并列入水电部专业目录）。然而，1989年到水利基层单位调查发现，合并后的专业设置仍不能满足县级及以下水利单位实际工作的需要。为了更好地为社会主义建设服务，提高办学效益，结合学校的师资力量和教学设备，拟在1990年增设土木工程建筑专业。学校于1989年9月以豫郑水校字〔89〕057号文上报河南省水利厅《关于设置土木工程建筑专业的报告》，经河南省水利厅研究并报省教委。1990年2月23日，省教委以教职字〔1990〕34号文批复，同意学校增设土木工程建筑专业，招收初中毕业生，学制四年。该专业1994年改为工业与民用建筑专业。

1992年8月，增设招收高中毕业生的水工专业（1987年、1991年普通中专招收初中毕业生，1987级、1988级职工中专例外），学制两年。

1994年，经省水利厅及有关部门批准，普通中专增设建筑装饰专业，职工中专增设水利工程管理和建筑施工概预算专业；1995年增设财务会计与计算机管理和工业与民用建筑两个专业。

1995年8月，普通中专增设了给水排水专业。

1997年，河南省水利厅下发《河南省"97人才开发年""636"工程计划的通知》（豫水人劳字〔1997〕034号），学校增设建筑企业经济管理专业，招收初中毕业生，学制三年。

1998年新增水电站机电设备专业、计算机及应用专业，停招财务会计专业。

1999年6月13日，围绕专业建设和办学能力的提高，学校召开了第一次学校专业建设指导委员会评议会，省水利厅副厅长王璋及各处室领导到会，对学校专业建设进行评议。经过认真论证、研究，学校1999年增设了农田水利工程专业（四年制）、水利工程运行与维护专业（三年制）、水资源规划与利用专业（三年制），并于1999年秋季招生。

2001年，学校新增电子商务、计算机网络技术、计算机及外设维修、水环境保护与检测、水电工程建筑施工与监理5个专业。

2001年4月，学校与黄河水利职业技

术学院协商签订了联合举办“3+2”分段制高职教育协议(3 个专业,233 人);接收华北水院高职班 220 人(3 个专业:水利水电工程、农业水利工程、计算机科学与技术,学制均为三年)。2001 年下半年,普通中专共有 17 个专业,“3+2”分段制高职 3 个专业,高职 3 个专业。截至 2001 年底,在校普通中专生 2455 人。2001 年实现电大招生 460 人,截至 2001 年底,电大、成人中专在校生共计 810 人。

2002 年,通过对市场用人情况进行调研,决定增设工程测量、水产养殖两个新专业并于 9 月实现招生,至此,学校共有 4 大类 15 个专业。

二、师资队伍建设

(一)中青年教师培养

1.积极引进新教师

随着学校规模的扩大和教师队伍年龄结构的老化(1989 年一线教师离退休 23 人),为尽快解决教师数量不足问题,学校采取以下措施:首先,引进大中专毕业生充实教师队伍。先是由大分办按学校所报要人计划派遣分配,后变为学校按所需主动到高校挑选毕业生。1986—2000 年共引进大中专毕业生 133 人。其次,从教育、科研、工程设计等单位选调政治素质优良和业务能力较强的 25 名专业技术人员充实学校一线教学队伍,努力满足办学规模对教师数量的要求。同时,注重新进教师的政治思想和职业道德教育,使他们尽快实现角色转换,安心教学工作。

2.以老带新,进行上岗前培训

对新教师实行岗前培训试讲,由中老年教师指导研究教材重点、难点、编写教学计划、组织试讲等工作,再由教务科组织听课,经评议准许后才可上讲台,迈好课堂教学第一步。

3.多途径培养提高

为尽快提高青年教师的业务水平,学校采取了以下措施:一、对新进青年教师,实行目标培养并签订协议书,使他们尽快适应工作;二、加任务,压担子,促使其尽快提高教学水平;三、选派年轻教师到大专院校进修提高;四、选派年轻教师到水利工程设计、施工单位实践锻炼,提高实践工作能力;五、参加短期培训班,进修专业技术训练(1997 年组织举办了计算机知识培训班,通过培训,40 多名教师初步掌握了计算机应用技能,还举办了普通话培训班,开展了教师资格认证工作);六、支持青年教师参加中国水利教育协会及校际间的学术业务等活动;七、鼓励青年教师利用自学、函授等方式,获取更高层次的学历;八、支持青年教师参与教育教学研究、编写教材、撰写教学论文,对 23 位非师范院校毕业的教师,进行教育学、心理学培训及教学能力测试,经上级认定,均取得教师任职资格。

(二)教学质量评估

为探索教学改革,提高教学质量,从 1986 年开始,不间断地对教师课堂教学(包括教学内容、态度、方法、查教案、讲稿、课外辅导、作业批改等环节)进行评估、考核,激励教师进行评估考核,提高教学质量。主要采用领导、教师、学生相结合,定性与定量相结合,点与面相结合的评估方法:一、组织听课,由学生、同行、听课组进行打分,微机统计排列名次;二、召开教师座谈会和学生座谈会,听取教师和学生对教师教学工作的意见和建议;三、组织老教师与青年教师座谈,交流教学经验,互相学习,共同提高;四、学生分年级召开学习经验交流会,促使在“学”的方面改进;五、学期结束前组织学生填写“教学情况调查表”,并通过微机统计,用以了解每一位任课教师每一教学环节的情况。1987年对135人次进行了评估，这一措施对教和学都有很大的促进，对提高教学质量具有积极的意义。

(三)优质课比赛

从1988年下半年开始在教师中开展优质课评选活动，通过教师自报、教研组推荐、分组评议、优质课评议等阶段，在中老年、青年教师中评出成绩优异的教师并推选1~2名在全校进行公开教学。截至1991年，共开展了3次优质课评选活动，其中大多数为青年教师，评选出一、二、三等奖各5人，名次计入教师考绩档案。通过多年的实践，优质课评选活动取得了良好的效果，青年教师的教学水平不断取得进步。

三、教学质量与管理

(一)调整完善教学机构

搬入新校区时，教务系统原有8个教研组，分别是数学、体育；测绘、英语；力学、结构；政治、德育；水文、土力、地质；电工、电算、农水；电站、抽水、施工；水工、水力，1986年增加水保、水产教研组，由教务科统一管理。随着专业和教师的增加，为便于开展教学教研工作，1989年4月，成立了基础课教研室，水利、水保教研室和马列主义教研室，分别管理8个教研组，体育教研组、水产教研组仍归教务科管理。同时，干训科下属的教研组划归教务科管理。1990年9月，学校成立了暂设机构“教育研究室”。10月，学校下发《水利、水保教研室岗位职责(试行)》。1992年3月，学校成立临时机构“电教室”，加强了电化教学。1993年，实行校长负责制后，进行内设机构调整，教务科下设专业、基础、马列教研室和图书馆4个副科级机构，体育教研组列入基础教研室，水产教研组列入专业教研室。同时，撤销教育研究室和电教室两个暂设机构，其人员和工作由教务科领导。1996年3月，将原来的3个教研室调整为基础、马列、水工、水保、土建、电算、水产、体育、干校9个教研室，其主任按副科级管理，实验室列为副科级机构，同时重新恢复教育研究室，成立电教组并直属教务科。1998年1月，在教育研究室的基础上成立了由高级职称教师组成的教育研究督导室，主要职责是组织教育研究和教学督导，同时负责校刊的编辑出版工作。1999年11月，学校成立信息管理中心，为学校内设正科级机构，同时原电教组撤销。教学机构的建立和完善，为教学工作提供了组织保障。

(二)制订和完善教学计划

1.积极论证，制订新专业教学计划

1986—2001年，学校普通中专增设至15个专业，围绕培养有理想、有道德、有文化、有纪律，德、智、体、美全面发展的中级专业技术人才的目标，在思想品质、基础理论知识、专业技能训练等方面进行具体要求，在招生类别、学制、课程设置、课程大纲等方面制定出实施性教学计划。四年制设置22~25门课程，理论教学总计3000~3200学时，普通课占50%左右，技术基础课占28%~32%，专业课占18%~22%，课程设计、毕业实习和各种实习等30~40周。三年制工科类：课程设置为22~25门，理论教学总计3000~3200学时，普通课占50%左右，技术基础课占28%~32%，专业课占18%~22%，课程设计、毕业实习和各种实习等30~40周。三年制文科类：课程设置为22~25门，理论教学总计3000~3200学时，普通课占50%左右，技术基础课占28%~32%，专业课占

18%~22%，课程设计、毕业实习和各种实习等30~40周（1985级职工中专，水利水电工程建筑专业：学制三年，课程23门，总计2435学时，普通课占36%，技术基础课占40%，专业课占23%）。

2.修订完善专业教学计划

为迎接水电部水电类专业教研会水工、农水专业教研组第二次会议在我校召开，1986年，学校组织人员修改完善水利工程专业教学计划，编写了十几门课程的教学大纲，在水利工程专业中增设了选修课程（山区水资源丰富地区学生选学《水电站》，平原地区选学《抽水机站》）。1992年围绕办学水平评估，对5个专业所有课程教学大纲和实习指导书进行修订、补充和完善。1995、1996学年调整教学计划，水产四年制改为三年制教学计划；修订了财会、水保、工民建、建筑装饰、水工等专业课程内容，进一步优化了学生的知识结构。

1999年6月，由教务科、教育研究督导室共同组织各专业教研室负责对学校骨干特色专业的教学计划提出了实施性改革方案，使“以能力为本位”的教育教学改革指导思想逐步开始落实，增强学校在招生、就业方面的竞争力。

2000年3月，教育部先后下达了《关于全面推进素质教育深化中等职业教育教学改革的意见》（教职成〔2000〕1号，简称《意见》）和《关于制定中等职业学校教学计划的原则意见》（教职成〔2000〕2号），学校根据《意见》的有关规定，将农田水利工程、水土保持工程、工业与民用建筑、给水与排水4个专业四年制改为三年制，并将农田水利工程、水土保持工程专业名称分别改为农业水利技术和水土保持生态环境。对相应的四年制教学计划调整为三年制计划，同时调整了各专业的课程设置，普通中专入校后，除计算机专业、水工专业外，其他所有专业分成水利类，给水、水资源及工民建类，财会、电子商务类，建筑装饰类共计4个类别，大班学习基础课，一年后分专业分班，积极探索“宽基础、活模块”教学模式。

2001年，在教学改革方面，继续落实教学改革方案。同时，根据办学需要，学校重新对原有的专业进行了规范。

（三）建立教学管理规章制度

从1986年开始，为加强教学管理，学校先后制定了《教务科岗位责任制》《教师岗位责任制》《关于教师任课和代课的暂行规定》《学生毕业设计暂行规定》《关于教师外出代课暂行规定》等10余项制度。1989年10月30日印发了《关于执行教师工作量计算及酬金发放暂行办法的通知》。围绕1990年办学条件评估、1992年办学水平评估，制定和完善了《教师工作规范》《教学水平评估制度》《教师工作考核办法》等教学文件和制度。1997年4月，制定了《担任兼课教师或转为专职教师的有关规定》。1998年2月，为适应分配制度改革的需要，学校制定了新的《超工作量奖及课时津贴发放办法》。9月，制定颁发了《教师评教及优教优酬实施办法》，实施一段时间后，2002年3月，对该办法及《超工作量津贴及课时津贴发放办法》又重新进行了修订完善。

（四）日常教学管理

1.制定教学管理水平评估（自评）方案

1991年4月，在办学条件评估的基础上，为有计划、有准备地迎接办学水平评估工作，学校拟先进行以争取达标为主的教学管理水平试评工作。制定了《教学管理水平评估（自评）方案（试行）》，内容包括教学管理水平达标的基本标准，即评估标准、评估指标体系即校级、科(室)级、教研组的教学管理、实践教学管理(含电化教学)、图书馆管理共5项,各项目满分100分,每个项目各设若干条目并赋予分值,评估时按内涵评定A、B、C、D四等。该项工作于1991年6月与学年工作总结结合进行并与评先挂钩,为办学水平评估做了基础性工作。

2.教学环节管理

对教师提出"五认真"工作规范,即认真备课、认真讲课、认真辅导、认真批改作业、认真组织考试。

为规范执行教学计划与教学大纲,认真组织实施各专业教学计划,多年来一贯坚持常规检查制度:一是检查学期初的备课余量和教师授课计划的审核;二是期中对教学进度超前、延后情况及上课日志填写进行对照检查等;三是随机抽样听课,采用调查问卷、教务科长和教研室主任抽查听课等方式,深入了解教师平时授课情况,最后由教研室汇总,及时提出改进意见;四是对所有任课教师(含兼职)的各个教学环节如教案、辅导、作业批改、上课填卡、听课等方面进行量化测评,选出优秀教案和教学效果突出的教师,将量化结果与课时津贴挂钩,实施优教优酬制度。1998年,教师涉及课堂教学的各个环节的检查工作,由学校教育研究督导室负责,工作进一步细化,管理进一步科学规范。

3.严格学籍管理制度

1988年以前,学校执行教育部颁布的学籍管理制度,制定了《关于学生成绩考核升留级及毕业分配的补充规定》。1988年下半年开始执行《水利电力部普通中等专业学校学生学籍管理条例》。1994年下半年根据国家教委《普通中等专业学校学生学籍管理规定》(教职字〔1994〕4号),制定了《学生成绩考核、升留级实施办法》。从1987年开始,学校不断探索改进考试的方式和方法,对个别课程的期末考试改笔试为口试,政治课改用写论文的方式代替出题笔试。1990年对考试命题、评卷、登分等进行了规定,要求试题必须有60%的基本题,20%的不等难度题和20%的较高难度题。1991年开始,考试课全部实行A、B卷,单人单桌,试卷密封,教务科组织统一改卷,流水作业,统一登分。1994年逐步在部分课程中采取教考分离办法,增加考试成绩的可信度。1995年开始,期末考试实行学生持准考证考试制度,进一步严格了考试纪律,减少了作弊现象。对于成绩不合格的学生,按学籍管理规定,视课程不及格门数,分别实行补考、留级或退学处理。

四、实践教学

(一)拟定水利工程专业实践性教学试点方案

为加强实践教学,达到培养目标,1991年学校拟定了《水利工程专业实践性教学试点方案》,提出了该专业毕业生在测量、绘图识图、实验操作、设计计算、施工组织、管理及综合解决问题等方面应具备的能力。制定了制图、测量、工程与水文地质、工程水文、建筑材料、施工、水工建筑物、抽水机站、水电站等课程的直观教学措施与要求;制定了物理、电工、水力学、建材等课程的实验成绩考核办法和要求;制定了制图、水力、水工、水文、施工等课程的综合练习和课程设计成绩考核标准及评分办法。拟定了毕业设计成绩及评分标准;拟定了测量实习、施工实习的操作技能考核内容及评分标准。1992年开始,逐步将物理、化学、电工、英语、电算、建材、土力、测量、制图、施工等十多门课程中的实验课、课程设计或实习课单独记分按一门课考核。

(二)组织各实践教学环节

严格按照教学计划,认真组织实施各实践教学环节:一、课程设计。选择某项工程的一个部分作为课程设计内容,多数为1周时间,教师跟进辅导,按一门课程单独记分。二、实验课。根据人数和设备数量,改进学生的分组和时间安排,尽量提高仪器设备的利用率,课外活动时间、晚自习或节假日微机室对学生开放等。三、校外实习。每次实习都有计划、有检查、有落实,保证实习质量;在校外实习过程中,优选实习地点,精心组织,配备专业教师队伍带队实习,严格要求、严格考核,提高实习效果。四、改革职工中专实习办法。由于条件所限,在建工程较少,且多是施工单位经济承包,因为时间和任务要求,大多不愿意接纳学生团体实习。1988年学校决定安排学生回原单位实习,提出实习内容、目标要求和单位指导教师的资历标准等,学校派人定期巡查并召开座谈会。五、财会专业实习。根据财会专业难以找到合适的实习单位的情况,学校建立了财会专业模拟室。学生们在模拟室从记账到会计报表全过程在教师指导下自己完成,实习效果较好,提高了学生的实践技能。财会专业在1994年首次进行毕业论文撰写和答辩。六、毕业设计。随着科学技术的发展,各种技术规范条例、工程定额等更新,学校不断更新毕业设计题目和增加新知识、新内容,设计过程中的部分内容逐渐趋于微机化。七、专家讲课。聘请省水利厅及施工单位工程师或一线技术人员结合在建工程来校讲课,使学生了解工程规划、设计、施工和管理方面的知识。

(三)建立教学、技术服务和生产实践三结合的办学机制

建立教学、技术服务和生产实践三结合的办学机制,是中专教育面向社会、为社会主义现代化服务的有效措施,是理论联系实际、培养应用型人才的实际需要。从1986年开始,学校先后接受测量任务、参加区域工程规划、开展技术咨询、代做工程材料试验(郑州市后湖大坝加固、焦作市亚胺黑液池攻关、省水利厅一总队土工试验等)、派出教师讲学、参与技术鉴定、承接科研项目和安排生产实习等,给青年教师和学生提供了理论联系实际的机会并获得了相关的知识和技能,提高了生产实践、组织管理的能力。

(四)校外实习基地建设

国家教委在《关于制定和修订全日制普通中等专业学校(四年制)教学计划的意见(试行)》中明确规定实践性教学环节应安排30~50周,水电部颁发的教学计划规定实践教学环节不得少于40周。为解决学生实习问题,学校积极拓展实习基地:水利工程专业在南湾、鸭河口、白龟山、板桥、安阳小南海、登封少林水库、新乡人民胜利渠等地建立长期实习点;水保专业在嵩县、巩县新中乡、荥阳崔庙镇(1993年签订合同,可供地质、测量、水保认识、土壤专业毕业实习等)及鸡公山等地建立水保科学试验站实习基地;水产专业在詹店渔场、陆浑水库、宋家场水库、李湾水库等地建立鱼苗孵化及淡水捕捞实习基地:1991年省水利厅水产局投资18万元,在荥阳楚楼水库建实习基地,配备化验室、教室、宿舍和教研室800平方米(32间×25平方米),孵化设备1套,实习船2只,网具2套;各种实验室设备共投资32万元,总投资合计50万元,1993年3月竣工验收交付使用,解决了水产专业的综合实习问题。其他专业如工民建、给排水专业等也分别与建筑公司、污水处理厂建立了实习点。

五、教学科研成果

1987年,根据省水利厅直重点科技项目计划安排,学校承担了“水库灌区灰色系统优化调度”和“珠算、心算、笔算互促教学法研究”两个课题。邓琦老师和张枕善老师分别担任课题组组长。1989年3月18日,提交关于编写《建设项目经济评价》一书的报告(水利厅)(1989)。

1991年,学校和白沙水库管理局联合承担省水利厅下达的科研项目《白沙水库灰色优化调度及软件开发》。4月28日至5月2日,项目负责人邓琦、王广安应邀参加在杭州召开的全国第六届灰色系统学术会议,将该项目的主要内容在大会上作学术报告,经会议评定为优秀论文一等奖。7月,将该项目成果《白沙水库灰色优化调度及软件开发科研报告》呈报省水利厅。

1995年,完成了微机试题库管理系统的研究,已将水力学、理论力学、材料力学、结构力学重点学科试题输入计算机,为今后实行教考分离奠定了基础。

2000年,利用现代化教学设施自制了“罗氏沼虾”和“校庆光盘”两个课件。

2002年12月,全国教育科学“十五”规划课题“信息化进程中的教育技术发展研究”的子课题“信息技术环境下水力学课程教学设计创新的研究”在学校正式开题,这是学校首次承担国家级的科研课题。

六、办学评估工作

(一)办学条件评估

1990年2月15日,河南省教委下发《关于开展全省中专学校办学条件评估工作的通知》,决定用两年的时间对河南省中专学校的办学条件进行评估。9月21日,省教委发出《关于印发河南省中专学校办学条件评估标准和实施办法的通知(试行)》,决定第一批57所学校从9月开始进行评估,第二批46所学校于1991年上半年进行评估。

根据上级要求,1990年9月30日,学校下发《进行自评工作意见》,学校成立“办学条件自评工作领导小组”,校党委书记、校长蒋行健任组长。领导小组下设办公室、材料组和评估组,并就评估拟定了《自评工作细则》,利用两个月时间,完成评估测算,最终形成书面报告(自评分数83.07分)。学校按照国家制定的标准逐步对照自查,并及时取得省水利厅的大力支持,拨付了专款购置仪器设备和图书,进一步改善了办学条件。并抓住此机遇狠抓教学和行政管理,使其逐步走向正规化、制度化、科学化。1991年6月17—19日,省教委组织的工业类中专复评小组共11人,对学校办学条件进行复评,参观了学校各项教学设施,抽听了部分教师的讲课,审查了有关材料和数据,分项检查了分值,复评总分为83.81分,复评结果为较佳级。1992年2月,省教委以教职字〔92〕65号文下达并颁发了办学条件较佳级证书。

(二)办学水平评估

根据国家教委和省教委的安排,在结束办学条件评估之后还要进行办学水平评估工作。1992年1月,学校印发了文件,将评估的三级指标条目分解落实到各科室,成立了以党委书记、校长蒋行健为组长的办学水平评估10人领导小组,下设评估办公室,把该项工作作为全年的中心工作来抓。1992年5月,根据省教委教职字〔1992〕175号文精神,制定了《关于我校办学水平评估工作的安排意见》,进一步细化了日程安排。8月25日,校长会议首次提出了学校奋斗目标:创省级重点中专,争取国家重点中专,巩固市级文明单位,为争创省级文明单位打下基础。该项工作得到省水利厅的高度重视,1992年9月,成立了以副厅长李日旭为组长的省水利厅中专学校教育评估领导小组,对学校的评估工作给予了有力的支持。

经过一年的努力,学校的教育管理工作走上了较为规范化的道路,学校面貌焕然一新,各项工作都取得可喜的成绩。学校的办学水平自评总分94.5分,属A级。1992年11月,省水利厅中专教育评估领导小组到校进行复查,对学校的自评给予认可,复查总分为93.48分。12月21—23日,省教委组织办学水平复评专家组到校进行复评,经过严肃认真的讨论后提出了复评报告:"河南省郑州水利学校,坚持社会主义办学方向,不断优化育人环境,提高教学质量,社会效益和经济效益显著,办学水平高。"校党委随即提出了学校对今后深化教育改革的意见和"发展评估成果,争创国家一流中专"的工作目标。

(三)办学规模核定

1998年,河南省教委下发《关于对普通中等专业学校重新核定办学规模的通知》(教职字〔1998〕261号)、《关于重新核定中等专业学校办学规模的补充通知》(教职字〔1998〕323号)、《关于普通中等专业学校办学规模核定工作的实施方案》(教职字〔1998〕435号)。为做好此项工作,1998年7月至1999年4月,学校在实验设备、图书、计算机等方面加大投入力度,成立领导小组和工作小组。1999年5月19日,省教委办学规模组到学校进行办学规模核定,并以豫教职字〔99〕88号文批准了学校3000人的办学规模。

1999年6月8日,国家教委下发了《关于调整国家级重点中等职业学校的通知》(职成司〔1999〕12号)。随后河南省教委颁发《关于调整国家级、省部级重点中等职业学校的通知》(教职字〔1999〕360号),决定于1999年下半年至2000年上半年对原来的国家级、省部级重点中等职业学校和新申请的学校,进行重新评估认定。国家级重点中专的主要条件是:办学水平评估成绩90分以上(A级)、办学条件基本良好、改革成效显著、质量效应较高。10月9日,省教委召开会议安排部署并颁发办学水平评估指标体系,10月13日,学校下文安排评估工作,成立以杜平原为组长的评估领导小组。11月29日,省教委中专办学水平评估组到学校进行复评,确认学校办学水平达到A级。

2000年6月,省教育厅转发《教育部关于公布首批国家级重点中等职业学校名单的通知》(教职成〔2000〕398号),确定河南省郑州水利学校继1994年8月之后,再次被国家教育部评定为国家级重点中专,在河南省25所国家级重点中专中位列第三。

(四)河南示范校评估

2001年10月26日,学校接受了省教育厅组织的中等职业学校示范学校评估,并顺利通过了评估。12月6日,省教育厅以教职成〔2001〕576号文认定学校为河南省十所中等职业示范学校之一。

七、学术交流

1986年10月20—28日,中南地区水利水电学校第七届协作年会在我校召开。来自中南地区8所水电中专学校的37名代表及成都、云南、黔西南、湖北黄冈4所水电中专学校的7名特邀代表参加会议,省水利厅厅长马德全、省教委职教处处长翟汝直到会并讲话。本次年会是在党的十二届六中全会通过《关于社会主义精神文明建设指导方针的决议》的新形势下召开的,与会代表就改善学校管理体制、人事制度改革、加强实践教学、整顿考试纪律、搞好食堂后勤、提高职工福利待遇以及新形势下如何加强学生思想政治工作等进行了经验交流，并对中专学校普遍存在的问题达成共识。本次会议还商定从1987年开始编印《中南地区水利水电学校简讯》。与会代表还参观了新建黄河公路大桥、邙山提灌站和陆浑水库灌区。

1987年4月9—16日，水利水电部水电类专业教研会水工、农水专业教研组第二次会议在我校召开，47名与会代表完成了水利水电工程建筑、农田水利工程和水利工程3个专业指导性教学计划修订稿的定稿任务，对15门课程的教学大纲及有关实习大纲进行了认真的讨论修订。其中我校承担了农水专业水力学大纲（侯廷信）、水利工程专业水工建筑物教学大纲（张振忠）及水利工程专业的测量学、测量实习大纲的整理付印工作。

1988年9月，学校加入全国中等水产教育研究会，成为理事单位之一。

1989年4月，河南省教委成立了中专教研会，我校成为17个常务理事学校之一。

1990年5月23—26日，学校参加了水利部在长江水利水电学校召开的“全国水利职业技术教育学会立会暨教育改革经验交流会”，学会下设教学、学校管理、德育3个研究会，其中学校管理研究会下设4个研究组，学校成为理事单位并担任学校管理研究会中的行政管理研究组组长单位。

1994年11月8—10日，全国水利水电中专学校水保专业会议在我校召开，黄河水利学校、甘肃水利学校、陕西水利学校、山西水利学校、辽宁水利学校、郑州水利学校共6所学校、8名代表参加会议，省水利厅水保处处长张志富出席会议并讲话。

1998年10月21—24日，黄河水利学校、甘肃水利学校、陕西水利学校、山西水利学校、辽宁水利学校、内蒙古水利学校、郑州水利学校共7所学校、15名代表参加会议，省水利厅水保处处长许春霞、副处长李日升出席会议并讲话。

2000年11月21—24日，全国水利职教学会德育研究会成立暨2000德育年会在我校召开，来自全国各地20所学校的38位代表出席了本次会议。省教育厅、省水利厅、全国水利职教学会、《水利职业技术教育》编辑部等有关领导和代表出席会议。

2001年7月，学校成为中国水利教育协会常务理事单位。

2002年7月，中国电教学会农林水职业技术教育分会成立，并在我校举办了分会成立大会，来自全国二十多所学校的领导教师参加了会议，进行了课件交流、论文评选。

第三节　成人教育

1978年水利干部学校恢复办学后，为了尽快适应社会主义现代化建设的需要，根据省水利厅组织工作会议精神，学校组织职工培训及多渠道办学工作。根据国家教委《关于制订成人中等专业教学计划的原则意见（试行）》（教成字〔1990〕010号）和1994年河南省教委《关于加快改革和发展我省成人中等专业教育的意见》（豫教工农字〔1994〕117号）精神，学校制订成人中专实施性教学计划，并组织教师编写各专业各课程教学大纲，开展继续教育。成人中专教学全部安排校内教师（或兼职教师）担任，广播电视大学教学采用校内教师与外聘相结合。

一、职工培训工作

1978年恢复水利干部学校后，为了尽快适应社会主义现代化建设的需要，根据省水利厅组织工作会议精神，要加强对干部的培训工作，提高干部的管理水平和业务技术能力，造就一支又红又专的干部队伍为“四化”服务。当时，最突出的问题是没有办公、教学用房。1980年上半年学校建了一幢家属楼，为了解决房子问题，学校动员校外住的教师不往校内搬，为干校腾出房屋。又突击建造了60平方米的餐厅，经过两三个月的筹备，于1980年10月正式开学。第一批43名学员来自山区丘陵地区地县水利局，开设8门专业课程，学习时间3个月。截至1984年底，共举办水利局长班、水土保持班、水利统计班、水利政教班等培训班共12期，培训干部、技术员421人。

二、函授工作

1980年9月5日，国务院转发教育部《关于大力发展高等学校函授教育和夜大的意见》。1981年，武汉水利电力学院拟在河南省招收函授生并建立函授站。为了加快水利科学技术人才的培养，以适应我省水利建设的需要，学校在1981年9月设立了武汉水利电力学院函授辅导站并于当年招生。函授站设专人负责管理，招收在职干部，1981级学制六年，从1982级开始实行五年半学制。起初开设15门课程，后有所调整。生源大多数是郑州水利学校毕业生，学生学完课程，经严格考核合格，获得高等函授本科学历和学士学位。1984年函授站归口培训科管理，1988年函授停止招生，学员面授、教学管理、学籍管理逐步交归武汉水利电力学院函授部管理。1981—1992年，函授毕业生7届共297人，该部分人员后来成为河南水利战线上的业务骨干或走上重要领导岗位。

三、成人中专教育

1988年武汉水利电力学院函授停招，职工教育也有一定程度的“降温”，其后几年干校只进行岗位培训，规模缩小，培训任务不饱满。1992年上半年，根据省教委的部署，对水利干部学校的办学条件进行了评估，在收集资料，分析、自评的基础上，通过市教委的复评，肯定了干校的办学条件、实施及教学组织环节等工作，并对学校的领导体制、长线专业建设等工作提出了建设性意见。

在办学条件评估的推动下，干校逐步走上了岗位培训与学历教育相结合的路子。1992年下半年举办郑州市水利局委托职工中专代培班（农水专业两年制）。1994年开办职工中专班，招收水利工程管理（两年制）和建筑施工与概预算（两年半制）两个专业。1995年又增设财务会计与计算机管理和工业与民用建筑两个专业。招生对象为全省水利系统初中毕业以上文化程度、35周岁以下人员，须参加成人中招考试。毕业后为中专学历，不包分配或回原单位工作。

1996年，积极组织校外办班，拓宽成人教育渠道。举办卫辉市一个乡水利站培训班；在陆浑水库、偃师水利局举办两个中专自学考试辅导站，解决了基层单位学员的工学矛盾，沟通了学校与基层单位的联系。

四、电大教育

1993年，学校与河南省直广播电视大

学省直分校合作办学,学校参与招生计划制订和招生工作,负责学生日常的组织教学、生活管理等,最后由省直分校颁发中央广播电视大学专科毕业证。至1999年共培养电大专科毕业生280人。有电大普招、成招(成人专科)、业余专科班(注册视听、开放教育,各专业均为三年制)等招生类型,有财会电算化、工业与民用建筑、计算机应用、法律、美术、水利水电工程等招生专业。1999年招生人数达到470人,其中脱产310人,业余160人。电大招生类别及对象:①电大普通专科班:招生对象为参加全国普通高招考试的水利系统职工子女,如生源不足,由河南省直广播电视大学省直分校从社会考生(外系统考生须有单位委培合同)中调剂录取。②运动电大成人专科班:招生对象为参加全国成人高招考试的水利系统职工及其子女,如生源不足,由河南省直广播电视大学省直分校从社会考生(外系统考生须有单位委培合同)中调剂录取。③电大业余专科班:招生对象为具有高中文化水平的在职职工、社会青年和在校中专学生。

学校在办学过程中,把电大纳入统一管理,不断优化管理机制,完善管理制度,充实管理队伍,加大管理力度,促进了教学质量的提高,多次被河南省直广播电视大学评为"先进教学点"。1999年9月学校教学点被授予"河南省直广播电视大学直属教学部"。

2000年4月13日,"河南省广播电视大学直属分校"在我校挂牌,这是我校联合办学、拓宽办学层次和形式的又一新阶段。

五、技能培训和考核工作

申报工种登记表见表3-1。

表3-1 申报工种登记表

序号	工种分类编号	工种名称	申报工种等级	说明
1	07—076	淡水鱼苗种繁育工	高级	
2	07—077	淡水成鱼饲养工	高级	
3	07—079	淡水捕捞工	高级	
4	07—059	饲料检验化验员	高级	鱼饲料
5	12—005	坝工钢筋工	高级	
6	12—006	坝工混凝土工	高级	
7	12—011	坝工土料试验工	中级	
8	12—012	坝工混凝土试验工	中级	
9	12—020	河道防治工	高级	
10	12—031	水土保持防治工	高级	
11	12—032	水土保持测试工	高级	
12	12—033	水土保持勘测工	高级	
13	28—018	工程测量工	高级	水利水工测量

1996年,学校开始进行工人技术等级考核培训工作,并完成了所设12个工种考核标准、大纲、复习题的编写、修改、印刷等工作。完成《电工》《保管工》技术等级培训教材的编写,并对省直机关事业单位的电工、保管工1120多人进行了技术等级考核培训。通过全国水利行业职工学校评估,为开展成人教育积累了经验。

1997年,学校完成省水利厅下达的技术等级岗位培训任务,累计培训水文勘测工、电工、客房服务员、烹调工、驾驶员、汽车修理工550多人次;组织教学灌排工、水土保持防治工全国水利职工技术大比武赛前选拔及强化训练,两个工种6名参赛选手均获得了全国第2~8名的好成绩。

1998—1999学年,学校进行了630多人的工人技术等级培训,举办了两期灌溉培训班。

2002年11月,学校组织了职业技能鉴定考评员培训班,60名教师参加了培训,为今后开展职业技能鉴定工作奠定了基础。

六、成人教学及学生管理

(一)成人教学管理

根据国家教委《关于制订成人中等专业教学计划的原则意见(试行)》(教成字〔1990〕010号)和1994年河南省教委《关于加快改革和发展我省成人中等专业教育的意见》(豫教工农字〔1994〕117号文)精神,制定成人中专实施性教学计划和组织教师编写各专业各课程教学大纲,并不断补充和完善。电大教学原则上执行河南省直广播电视大学省直分校下达的教学计划,根据招生对象和学生来源会略有变化。

成人中专教学全部安排校内教师担任,电大教学采用校内教师与外聘相结合。教师管理采取的措施:一是通过老教师的传、帮、带,积极开展教研活动,加强教学经验交流,提高整体教学水平;二是加强对专业课教师实践教学能力的培养,适时选派教师到生产第一线进修锻炼;三是选派教师到高校不脱产进修学习新专业知识;四是加强对兼职教师的选用和管理,同专职教师共同参加教学业务活动;五是加强对教师队伍的思想政治工作,牢固树立教书育人、为人师表的思想。通过这些措施,逐步形成了一支专兼结合、素质较高、相对稳定的教师队伍。

为稳定教学秩序,提高管理水平,学校重点推进以下工作:一是完善教师工作量和奖金发放制度,体现多劳多得原则,调动教师积极性;二是加强课堂教学环节管理,如建立授课计划审批、教案检查、教学日志填写、教学检查和教学评估等一系列制度;三是加强实践教学环节,将实习和各重点实验课、课程设计、毕业设计或论文写作,按一门课程单独考核;四是严格考试环节,课程不分考试考查,全部实行期末统一考试,期末考试成绩占总评成绩的80%,平时成绩(含课堂提问、作业和阶段测验)占20%。

(二)成人学生管理

为坚持"从严治校、严格管理"的办学指导思想,从制度建设入手,根据教育主管部门和水利学校相应的管理要求制定了一系列管理制度。如《学生行为准则》《职工中专班学籍管理暂行规定》《学生操行评定暂行规定》《学生奖励与处罚条例》《考试规则》《补考暂行规定》以及教室、宿舍、先进班集体、三好学生、优秀班主任等规定,使学生管理有法可依、有章可循,大大稳定了教学秩序和生活秩序。建立了学生会、团总支,组织开展各种文体活动;重点加强了日常的考勤纪律和考试纪律监督。

第四节 教学保障工作

为了确保学校正常教学活动开展,截至2001年,学校已建成大型水力、水工模型实验馆和专用实验楼6480平方米,各类实验室、标本室、模拟室40个,各类大中型教学实验设备5000多台。图书馆建设在这一阶段也在不断完善修建。1999年11月,学校成立信息管理中心,负责校园网络建设与管理、电化教学、计算机教学及管理。

一、实验室

(一)实验室基础设施建设

1983年12月学校实验楼最初设计面积为5252平方米。1986年开始招收淡水养殖专业,新专业的设置给学校的教学特别是实验、实习带来不小的压力,为解决该专业实践教学的需要,1990年省水利厅投资95万元,增建了淡水养殖教学实验楼(1840平方米,含教室)、露天养殖场(游泳池);进行旧鱼塘改造等,共投资110万元。截至1991年底,实验室土建工程基本结束。实验室总建筑面积8475平方米,其中实验楼(含扩建面积)6102平方米、制图室475平方米、语音室244平方米、水力馆990平方米、水工棚664平方米。

(二)实验室设备

1985年迁入新校址时,仅土工、建材、电工、测量课程按照教学计划要求能开展大部分实验课和实习课,其他如物理、化学课程仅能开展少量的实验课。1986年为招收初中毕业生的水保、水产两个专业基础课实验做准备,省水利厅拨专款30万元、1986年底农牧渔业部拨专款5万元,用于水产专业实验室建设,教务科组织人力积极采购,重点建设物理、化学、生物、电算和电工5个实验室。在省水利厅的大力支持下,特别是在学校办学条件、办学水平评估过程中,逐渐加大拨付专款力度,不断进行水工、水产专业相关课程的实验室建设。1990年,学校老师自己动手设计施工的水力学"水面曲线实验"大型水槽安装调试成功,实验室建设有了突破性进展。1986—1993年7年共投资200多万元,增加和更新实验设备。实验开出率由1986年的50%提高到1991年的68.3%(普通课实验开出率79.3%,专业基础课实验开出率87.1%,专业课实验开出率66.7%,平均实验开出率68.3%),再到1993年的98%。

1994年以后,学校又相继建立了抽水机、泵站、财会模拟室、建筑装饰绘画室等实验、实训室。随着专业的增加和课程内容的要求,学校不断更新实验室设备和调整实验室功能,使实验开出率保持在一个稳定的状态。1998年以后,以申办"河南省水利职业技术学院"和省教委对中专学校教学规模核定、国家教委对重点中专的复评为契机,加大实验设备的投入力度。截至2001年,校内实验场地情况如下:大型水力、水工模型实验馆和专用实验楼6480平方米,各类实验室、标本室、模拟室40个,各类大中型教学实验设备5000多台,学校所设专业实验、实习开出率均达到98%以上,教学仪器设备总价值1064万元,见表3-2。

表 3-2　学校教学实验实习设备价值(2001 年)

序号	实验室名称	资产值/万元	序号	实验室名称	资产值/万元
1	电教中心	100	12	灌溉模拟场地	25
2	校园网络	150	13	楚楼、崔庙实习基地基本建设	135
3	计算机室	230	14	建筑专业实习机械设备	140
4	建材实验室	25	15	语音室	20
5	土力学、地质实验室	10.7	16	化学实验室	15
6	水利馆	50.5	17	水保实验室	10
7	测量仪器设备	50.1	18	水产实验室	23.8
8	装饰实验室	3.1	19	物理实验室	15.1
9	财会模拟室	10	20	校内养殖场	5.0
10	电工实验室	10.7	21	游泳池	25
11	电站、抽水实验室	10	22		
总计	1064				

二、图书馆

(一)图书馆管理

1996—1997 学年:管理方面加强了制度建设,实现了微机编目。

1997—1998 学年:阅览室实行了双休日全天对学生开放,提高了图书周转率。

(二)馆藏图书

1986 年 4 月,图书馆仅有 3 万多册图书,每年经费只有 1 万元。到 1990 年办学条件评估时达到 6.7 万册。1992 年办学水平评估前后,又继续增加图书资金投入,1993 年底藏书量达到 10 万册。

1994—1995 学年:购图书资料 3000 多册。

1995—1996 学年:图书馆采取有效措施,基本上清理了多年积压在教职工手中不能正常流通的图书,提高了图书的周转率。全学年订购图书 3832 册。

1996—1997 学年:投资 10 万元,购置图书 5092 册。

1997—1998 学年:投资 16 万元,购置图书 8221 册,预订图书 13397 册,使图书馆藏书达到了 14.2 万册。

1994 年:加强实验室和图书资料建设,努力服务教学;有计划地安排实验设备和图书资料的投入,购置了 13 台 386 及 486 计算机,装备了新的计算机室和财会模拟室;在文艺小说类图书方面开展了有偿借阅服务,提高了此类图书的利用率。

1998—1999 学年:以申办“河南省水利职业技术学院”和省教委对中专学校教学规模核定、国家教委对重点中专的复评为契机,加大实验设备、图书资料的建设。一年来,这两项的总投资为 80 万元,并对实验室、图书馆用房进行了局部调整。

学校阅览室面积及座位数(2001 年统计)见表 3-3,学校藏书见表 3-4。

表 3-3 学校阅览室面积及座位数(2001 年统计)

序号	名称	面积/平方米	座位数/个	每个座位数使用面积/平方米
1	学生开架阅览室	375	196	1.91
2	教师开架阅览室	198	20	9.9
3	资料阅览室	198	20	9.9
4	期刊阅览室	198	200	0.99
5	电子阅览室	45	23	1.96
	总计	1014	459	26.87

表 3-4 学校藏书一览表

序号	藏书种类	册数		所占比例	备注
1	专业、文化书	152289		72.1%	
2	文艺书	20400		9.6%	
3	工具书	2658		1.3%	
4	期刊合订本	12517		5.9%	
	合计	187864		88.9%	遗失剔旧 1800 册
1	电子读物	数量	折合册数	所占比例	备注
2	录像带	13950 分钟	155	0.07%	
3	电子读物光盘	200 张	200	0.09%	
4	联网阅读电脑	23 台	23000	10.89%	
	合计		23355	11.06%	
藏书总数(册)		211219			遗失剔旧 1800 册

三、电教及校园网建设

(一)组织沿革

1986—1991 年,学校电化教学由专职人员管理。1992 年,学校成立了电教室(暂设机构),由正、副主任及 5 名成员组成,负责电化教学设备建设和课堂电化教学服务。电教室归教务副校长领导。1993 年 9 月,学校实行校长聘任制,学校内设机构大调整,撤销电教室,人员和业务由教务科管理。1996 年 3 月,成立电教组,直属教务科。

1999 年 11 月,学校成立信息管理中心,职责范围是校园网络建设与管理、电化教学、计算机教学及管理。

(二)发展过程

"七五"(1986—1990 年)期间,上级拨款 100 万元专项经费购置实验和电化教学方面的设备及仪器。根据办学条件评估和办学水平评估的标准要求,学校投入不足，特别是电化教学方面差距较大，现有电教设备生均金额只有81.6元，距离300元的标准相差太多。为改善电教室、语音室的薄弱局面，学校加大经费投入，1993年底电教设备生均金额从81.6元提高到近300元。

1995年，学校基本完成了微机试题库管理系统的研究，已将水力学、理论力学、材料力学、结构力学重点学科试题编写结果输入计算机，为今后实行教考分开提供了基础。

1998年，学校微机室的高档计算机数量达到了100台，总投资近120万元，已基本建成校园内微机网络管理系统。在一个机房实行了联网管理，保证了同时两个班上机实习的需要，为提高教学和办公的现代化水平创造了条件。

1999年，学校装备了多媒体教室、增加了电子阅览室，8月首期投资400多万元的校园网建成并投入使用，为提高教学和办公的现代化水平创造了条件，使学校的行政管理、教学管理都发生了巨大的变化，迈上了一个新台阶。

2001年，在校园网络建设和计算机设备方面共投资220万元，学校新购置"586"以上计算机220台，截至2001年底学校拥有计算机622台。

第五节　学生管理与招生就业工作

1986年，学校团委和学生科是两块牌子，两种职能，人员分设，工作相互配合并各有侧重。1993年9月，学校实行了校长负责制和教职工全员聘任制，为进一步理顺学校各项工作关系，本着精简、高效、强化职能、提高办事效率的原则，确定学生科、团委合署办公，负责共青团、学生管理工作和招生就业分配的有关工作。此后的团代会和学代会（简称两代会）同时召开。1996年12月，省水利厅以豫水人劳字〔1996〕139号文批复了学校的机构编制方案，其内设机构中的学生科（挂团委牌子），为两个科级机构。1998年9月学校成立非正式内设机构"招生就业指导办公室"（按正科级机构管理），到2002年1月，调整为校内正式机构，学生科（挂团委牌子），调整为一个正科级机构。

一、学生管理工作

（一）学生会工作

学生会是在党组织领导和团组织指导下开展工作的学生群众组织，它在学生"三自"教育中起着重要作用。学生会由学生代表大会选举产生，一般设学生会主席、副主席和学习部、生活部、宣传部、体育部、治保部、女生部6个部，每个部设正、副部长各1人。

1986年3月29—30日，学校召开了第一届学代会，会议讨论了蒋彦成所作的报告，选举出由13人组成的新一届学生委员会，周鹤任学生会主席，刘志军、梁志铎任副主席。

1987年3月27—28日，学校召开学代会，会议代表75人，副校长余延敏代表党委向大会作《坚持四项基本原则，争做四有新人》的报告,会议通过了梁志铎代表上届学生会所作的工作报告,选举出由石炎顺等17人组成的新的学生会组织,石炎顺任学生会主席,刘志军、陈涛任副主席。

1988年3月25—26日,召开学代会,会议正式代表120人(实到110人),校长宋绍泰作《在实践中追求真理》的报告,选举出由15人组成的新的学生会,张利军任主席,陈涛、关俊华任副主席。

1990年3月16—17日,召开学代会,参加会议的代表129人,代表1114名学生,副书记、副校长杜平原讲话。会议选举出由15人组成的新一届学生会,姚建文任主席,关俊华、李胜利任副主席。

1991年3月29日,召开学代会。

1994年3月25月,召开第十一次学代会,参加会议的代表144人,代表1430名学生,报告题目《锐意进取,开拓创新,努力开创学生会工作新局面》。

1999年召开第十三次学代会、第十次团代会。

1990年8月18—23日,学校学生会副主席关俊华同学,作为我省中专学校的唯一代表,出席了全国学联第二十一次代表大会,我校学生会被会议选举为全国155个团体委员之一。

1991年5月6—8日,河南省学生联合会第六次代表大会在郑州(中州宾馆)召开,学校学生会代表朱培轩同学出席,并以书面材料向大会作了交流。本次大会学校学生会被选为45名团体委员单位之一。

1993年8月学校出席中华全国学联第二十一大二次全委会。

1993年,河南省郑州水利学校学生会为河南省学生联合会团体会员之一。

(二)管理制度

1.学生管理制度

为使学生管理尽快走上科学化、规范化的道路,从1987年开始,学校先后制定了《普通中专班学生助学金、奖学金使用办法暂行规定》《关于学生操行评定的暂行规定》《关于学生评选先进集体、先进个人工作条例》《关于代培生的管理办法》《学生干部管理条例》《学生精神文明道德规范四十条》《优秀毕业生选拔和分配试行办法》《关于开展班级竞赛活动的检查评比奖惩办法》《河南省郑州水利学校中专生守则》《学生德、智、体综合考核办法》《特困优秀生奖励办法》《学生违纪处分条例》《学生思想品德测评办法》等,随着时间的推移和形势的变化,学校对这些制度不断进行修订、补充和完善。通过以上各个制度的实施,学生管理工作逐步走上系统化、制度化。其中1989年1月16日制定的《关于学生操行评定的暂行规定》在1990年被省教委刊登在《教育工作通讯》第21期上向全省推广。

2.班主任管理制度

1988年12月,学校印发《班主任工作考核与津贴发放暂行规定》,该规定1990年8月进行了修订。考核内容主要是班主任对学生教育、管理的工作情况和所在班级各项活动取得的成绩和表现两项,考核分数各占一半,采取计分、排名次办法,分为4个等次。考核结果作为评先、评职称、提升工资的重要依据,津贴每月发放一次。

1994年,对原有《班主任工作考核与津贴发放暂行规定》进行了修订,印发《班主任工作考核和津贴发放办法(试行)》。

1998年2月,制定了《班主任工作及学生管理工作的补充规定》。

1999年3月,制定印发了《班主任工

作条例》，该条例对班主任在教育中的地位和作用、条件与聘任、工作的原则和方法、职责、工作制度、待遇、考核及津贴发放等，提出了明确的要求和实施细则，对班主任工作管理进一步制度化和规范化。

3.学籍管理

建立学生学籍档案，从新生入学第一学期建立“学籍登记表”，按专业、班级装订，按学期逐人逐项填写(学业、操行、奖惩、升留级及休复、退学等)，完整记录学生在校实际状况。此外还分别建立“休、退学登记册”“学年初学生变动情况统计表”及“历年招生、毕业、在校生统计表”等。

严格成绩考核与升留级制度。1988年11月之前执行教育部制定的《中等专业学校学生学籍管理的暂行规定》(1979年印发)及学校制定的《关于学生成绩考核、升留级及毕业分配的补充规定》。1988年12月开始执行水利电力部颁发的《水利电力普通中等专业学校学生学籍管理条例》。1989年3月，学校制定了《代培生补考、升留级暂行规定》。1995年1月，根据国家教委发布的《普通中等专业学校学生学籍管理规定》(教职字〔1994〕4号文)，学校制定颁发了《学生成绩考核、升留级实施办法》。

4.助学金、奖学金分配改革

1987年，学校改革学生助学金和奖学金发放办法，将学生助学金标准设置为每人每月19元，由班主任根据学生的全面表现分等级发放，基本起到了奖勤罚懒、奖优罚劣的作用。

1994年，改革奖学金发放办法。根据国家规定的标准，统招生、走读生的发放标准为在校生的75%，在此范围内每人每月20.5元，从学校经费中提取。委培生的奖学金由学校按此标准从委培费中提取，代培生(单位在职职工，不参与工作分配)按此标准向学校缴纳奖励基金，学校各类学生具有同等资格，享受同一待遇。

1996年9月，根据国家政策的变化，在1994年的基础上提高了标准，增加了列项分配，调整了比例，每人每月36元，按10个月计算，每人每年360元。为加强上述各项资金的管理，做到既充分使用又合理合规，1999年9月学校制定颁发了《学生班内财务管理规定》，严格了各项资金支出的管理程序。

(三)改革管理措施

在学生日常管理工作中，除了制度层面的执行和严格落实，也不断改进措施，创新方法：一、1989年开始实行新生入学教育和军训相结合的方法，在军训中进行学校各项规章制度学习、纪律教育和宿舍内务整理，取得较好效果；二、1990年8月，把学生参加劳动纳入教学计划，学校下发《关于设置劳动课和认真组织学生上好劳动课的决定》，设立学生劳动岗位和考核办法，成立领导小组，并指定负责学期学生劳动的专职教师；三、从1990年10月开始，经省教委同意，学生登记表增加了操行等级、奖惩栏目；四、1991年实行了公寓化管理，建立了管理机构，制定了《公寓化管理制度》和学生身份卡，改善了宿舍设施；五、1994年下半年制定学校值周制度，提高了学生“三自”水平，1999年、2001年对学生劳动课及《学生值周制度(试行)》又进行了修订和补充；六、1994年10月，学校印发《关于实行学校与家长联系制度的决定》，实行学校、家长共同教育方式；七、1995年11月，结合新工时制度的实施，学校印发《关于加强双休日学生管理工作规定》；八、1996年，实行升国旗制度，每周一早上举行升国旗仪式，利用五四青年节举行年满18周岁学生在国旗下宣誓仪式及向不文明行为告别签名仪式等；九、1998 年 3 月，成立了学生督导大队，制定了《学生督导大队工作办法》《学生文明公约》，强化文明意识、规范日常行为，促使学生把道德认识内化为信念，外化为行为，班上开展“1+1”学习互助活动；5 月，在学生中实行半封闭管理制度；2000 年在学生中推行职业资格证书制度，规定学生毕业时必须取得德育合格证书和计算机证。

（四）管理队伍建设

1.班主任队伍

为加强班主任队伍建设，采取如下措施：一、从 1987 年开始，定期举办班主任、年级辅导员培训班，使其在明确班主任的工作职责、探索和创新工作方法、善于总结经验等方面有不断提高；二、坚持每年召开班主任工作经验交流会及研讨会，学习全国模范班主任的先进事迹，并提前拟定题目撰写文章及评选优秀论文，进而统一思想，明确责任；三、坚持每月召开班主任工作会议，传达学习指示，安排工作任务，通报工作情况，使班主任工作更具有针对性；四、不断修订完善班主任管理制度，拉开班主任津贴发放档次，提高班主任深入班级对学生教育及管理的责任感和使命感；五、不断提高班主任津贴标准和解决他们工作、学习和生活中的急需解决的困难；六、坚持每学期举行一次班主任集体活动，加强班主任横向联系；七、定期组织班主任外出考察和参观，开阔视野，增长见识；八、学校重视新生班主任选拔工作，遴选素质高、能力强的同志担任班主任工作；九、在职称评审中规定，未担任过一届班主任工作的教师不能评审高一级教师职务，促使教职工重视班主任工作，关注学生管理工作。

2.学生干部队伍

学生干部是学校联系学生的纽带，是学生“自我教育、自我管理、自我服务”的组织核心，是学生管理和教育的基础。学校党委重视学代会、团代会的召开和换届选举工作，促使学生科、团委做好学生干部推荐、遴选确定候选人的有关程序工作，把好入口关。严格按照选举办法，在学代会、团代会进行选举，充分发扬学生民主意识，选出在学生中基础好、威信高、信得过的学生担任学生会干部。加强对学生干部的培养和教育，坚持每学年年初举办学生干部培训班，提高其理论知识、自身能力和工作水平，相互交流经验。为充分发挥学生干部各自的优势，从 1994 年开始坚持团委、学生会各部部长竞争上岗，采取自我推荐、竞选演讲的方法，学生会产生后，主席人选同样采取竞选办法。不断改进管理办法，取消学生会各部设置的“干事”职务，改用各部对应委员直接参与班级工作的检查管理。1998 年 3 月，成立学生督导大队，制定了《学生督导大队工作办法》，加强对学生干部工作的监督。坚持“能者上、平者让、庸者下”的原则，及时处理表现不突出的干部，免除干部职务。严格要求学生干部遵守校纪校规，时时处处给同学起带头示范作用，对违纪学生干部与学生一视同仁，进行认真帮助、教育和严肃处理，不姑息、不迁就。通过一系列措施，一支素质较高的学生干部队伍成长起来，并发挥先锋模范及桥梁纽带作用，为做好学生的教育管理工作奠定了坚实的基础。

二、招生和就业

（一）招生工作

1.招生组织领导

1986 年开始，学校招生工作由学生科、团委、教务科、人事科等部门抽调人员，一名校级领导负责，组成学校招生工作组。招生计划是根据学校教学条件由校领导提出,班子集体讨论研究确定后上报省水利厅和教委。1998 年,成立招生就业指导办公室,全面负责学校的招生、毕业生就业指导和毕业生有关毕业手续的办理等工作。

2.招生对象、类别

招生对象为应届初中毕业生(四年制或三年制专业),应届高中毕业生(两年制专业),具有高中文化程度的在职职工(职工中专班,两年制专业)。

招生类别为统招生、委培生、走读生、自费生。学校自 1983 年开始收取代培生,培养水利基层单位选送的在职职工,毕业后回原单位工作。1990 年,学校开始招收委培生、走读生,均列入国家计划内,占整个招生计划的 30%。1992 年 6 月,学校向省水利厅呈报《学校招生和毕业生分配工作改革意见》,此后逐步扩大了委培生、走读生、自费生的比例,分别是 40%、20%、10%。1998 年,开始招收实践生,由水利基层单位提供,该部分学生毕业后,分配单位已有意向。

3.招生宣传工作

1986—1998 年,学校招生均限于河南省范围内。1998 年,中专招生实行并轨(招生计划形式、录取分数线及收费实行统一标准),一度出现高中热、中师热,五年制实验班、外省抢生源等现象,在中专报考降温(特别是农、林、水、地、矿、油等行业学校)、新生报到率连续降低的情况下,学校通过《中国水利报》、《河南日报》、河南电视台等新闻媒体多渠道、多途径加大招生宣传力度,采取全校动员,人人压担子等有效措施,调动广大师生的积极性,力争多招生。为扩大生源范围,学校也到河北、山东、安徽、湖北等周边省份进行招生宣传。1999 年开始在山东省招收参加全国高考的高中毕业生 223 人,首次实现了跨省招生。

(二)就业工作

1.分配原则

1986—1990 年,国家大中专毕业生分配政策是统招统分,1990 年以后,实行统招统分与委托培养相结合的分配原则。委托培养是根据用人单位的要求与学校通过当地计划委员会签订委托培养协议,实行委托培养、定向分配,原则为优生优用、择优分配。1998 年,实行招生并轨后,成立就业指导办公室,指导、帮助和推荐学生就业。积极与省内企事业单位、水利基层单位或大中专学生就业中介机构联系,安排毕业生面试,实行双向选择的就业原则。

2.分配办法

1986—1998 年,学生毕业分配主要由学生科、团委、人事科负责,教务科、保卫科及相关科室配合。分配方案、分配计划的制定和下达,由毕业分配领导小组制定。鉴于中专毕业生大多数愿回本地区工作,而省水利厅所属的工程队、水库管理局、水文站等单位也需要水利专业毕业生,学校为此做了大量的思想工作,除了向毕业生介绍河南省水利现状和发展前景,还让每个学生填报志愿表,公布分配计划方案,各班主任在充分考虑分配计划和学生的具体情况后提出方案,交学校分配领导小组审定后公布,由学校统一分配,人事科下发派遣证。

3.选拔优秀毕业生

1986 年,根据教育部和省教育厅印发的《中等学校特别优秀毕业生选拔分配试行办法》的有关规定,学校制定了《优秀毕业生选拔和分配试行办法》,该办法规定,优秀毕业生从三好学生中选拔。凡被评为优秀毕业生的,发给荣誉证书,在下达的分配计划范围内，由本人选择去向，学校按其志愿派遣。1988年，学校推荐4名优秀毕业生到武汉水利电力学院学习，毕业后回校任教。《优秀毕业生选拔和分配试行办法》分别在1992年和1995年进行了修订和完善。

4.分配、就业去向

1986—1990年，毕业生专业多数是与水利有关的专业，因此大多被分配到市、县水利部门，水利工程设计、施工、管理部门，水文、水保、水产等管理部门，也有少量的到其他工程建设施工、管理等部门。1990年以后直至1998年，随着专业的增多，毕业生的去向范围逐步扩大。1998年，中专招生实行并轨以后，学生分配、就业去向多渠道，涉及社会多个领域。在学生就业方面积极探索，一是扩大对口升学人数；二是在“河南省中等职业学校联合人才网”发布信息；三是参加全国组织的人才就业洽谈会；四是积极向省内企事业单位、水利基层单位等推荐毕业生；五是与北京和上海、广州、深圳、中山等沿海发达城市的人才中介机构及企业取得联系，进行应届毕业生就业推荐，2000年首次组织推荐180多名毕业生到南方（东莞、惠州、中山等）就业，占毕业生的1/4。同时，推荐2名（推荐3名，经考试录取2名）学生到上海同济大学学习，有10名学生对口升学到有关高校学习，初步构建了人才成长立交桥。随后几年，毕业生的就业范围逐步向北京、上海、广州、深圳、苏州等地的知名企业扩大并与其建立了稳定的合作关系。

为解决中专学生今后毕业出路问题，2001年4月，学校与黄河水利职业学院协商签订了联合举办“3+2”分段制高职教育协议（签订计划300人），当年招收该类学生233人。

第六节 党建工作和精神文明建设

为提高党员政治思想素质，充分发挥党支部的战斗堡垒作用和党员的先锋模范作用，校党委每周安排一个党日活动，除学习政治理论外，还围绕党建工作组织开展了一系列活动。1986年开始，学校通过整党和清查工作后，为加强党的思想建设，提高党员思想政治素质，根据中央、省委和省水利厅党委的决策部署，结合时事政治工作，多年来在党内开展了坚持四项基本原则、反对资产阶级自由化教育，党的基本路线、基本知识、基本国情教育，党性原则教育以及党的重要历史阶段的路线、方针政策教育，坚持“一个中心、两个基本点”。

一、党的建设工作

（一）党员大会

1.第三次党员大会

1986年12月26—27日，召开了中共河南省郑州水利学校委员会第三次党员大会，参加大会的党员有85人，省水利厅党组成员、副厅长、学校党委书记李日旭到会讲话，省水利厅党委副书记衣家富代表上级党委到会致辞。选举了新的党委会和纪律检查委员会。

大会提出，力争在1987年完成新校区

建设任务,今后三年普通中专在校学生达到1200人。

2.第四次党员大会

1994年1月6—8日,学校第四次党员大会隆重召开,参加大会的党员有92人,其中离退休党员22人。会上,杜平原代表上届党委作题为《深化改革,加快发展,为振兴水校而奋斗》的报告,常合生代表上届纪委作纪委工作报告。

与会党员讨论审议通过了党委工作报告、纪委工作报告,选举产生了第四届党委会和纪律检查委员会。

3.第五次党员大会

1999年1月11—13日,学校第五次党员大会隆重召开。出席大会的党员有102人。杜平原代表上届党委作题为《高举旗帜,解放思想,抓住机遇,加快发展》的报告,李连水代表上届纪委作纪委工作报告,与会党员讨论审议通过了党委、纪委工作报告,选举了新的党委会和纪律检查委员会。

(二)党的思想建设

1.领导班子建设

为加强领导班子建设,学校党委坚持学习制度。党委中心组对党的路线、方针、政策率先学习,认真领会其精神,努力提高理论水平。认真贯彻党的民主集中制原则,坚持重大问题集体讨论决定。坚持开好每半年一次的党委民主生活会,保证党委班子的团结和统一,同时党委成员过好双重组织生活。坚持省委倡导的"三防四实"工作作风,坚持办事"两公开,一监督"制度,自觉接受党员群众的监督。1993年实行校长负责制后,按照"三条例一办法"(《党委工作条例》《校长工作条例》《教代会工作条例》《教职工聘任办法》)决策办事。严格遵守县处级以上干部个人收入申报制度。对学校重大决策、干部任免、重要项目安排和重大额度资金使用这"三重一大"进行事前、事中、事后的监督。2000年9月,制定出台了《关于加强领导班子自身建设的意见》《郑州水校校务公开和民主监督实施办法》等。

2.中层干部队伍建设

根据党管干部原则,学校党委始终把搞好中层干部队伍建设和对中青年干部的选拔、培养放在重要位置。结合学校的改革发展要求及1993年开始实行的全员聘任制,会同学校行政部门,分别于1989年、1990年、1991年、1993年、1996年、1998年大幅度调整了学校中层干部队伍,把竞争机制引入干部队伍建设,使一批优秀的年轻干部脱颖而出,较好地改善了学校干部队伍结构。每年举办党支部书记和副科级以上干部培训班,坚持对中层干部每年一考核,让群众对其进行民主评议,增强了干部的自律与进取精神。学校建立了校级后备干部选拔、培养制度,在每年考核的基础上,由党委研究,把成绩突出和表现优秀的中青年干部充实到学校后备干部中来,采用下派锻炼,工作中压担子重点培养,增长才干,条件成熟后,及时充实到校级领导岗位。2001年6月,印发《关于加强中层干部教育管理培养的意见》。该《意见》在中层干部的选拔与任用、学习与交流、管理与培养三个方面提出了具体要求,其中规定:年满45岁的中层干部不再推荐为处级干部;55岁的男性干部和52岁的女性干部不再任用为中层干部;正科级干部原则上每4年交流一次工作岗位;在对中层干部考核中,满意率达到70%以上,方可续聘等,《意见》的出台极大推动了学校中层干部队伍建设工作。

3.党员政治学习教育活动

1986年开始,学校在整党和清查工

作后，为加强党的思想建设，提高党员思想政治素质，根据中央、省委和省水利厅党委的决策部署，结合时事政治工作，多年来在党内开展了坚持四项基本原则、反对资产阶级自由化教育，党的基本路线、基本知识、基本国情教育，党性原则教育以及党的重要历史阶段的路线、方针政策教育，坚持"一个中心，两个基本点"。组织党员学习《中共党史》《关于建国以来党的若干历史问题的决议》《新时期党的建设》《关于党内政治生活的若干准则》《共产党员党性修养概论》《党的历史地位形成与党的建设》，学习党的十三大、十四大、十五大精神、《中国共产党章程》等。

1987 年，中共中央组织部、中共中央宣传部、中共中央纪委联合发出《关于在全党开展新时期共产党员形象和如何发挥党员先锋模范作用的讨论的通知》。省委和省水利厅党委也先后就开展讨论问题发布通知。学校从 6 月中旬至 10 月中旬开展了大讨论活动。

1988 年 11 月下旬至 1989 年 1 月下旬，按照省水利厅党委《关于结合"创先争优"年终总结，进行党员评格及妥善处置不合格党员工作的实施方案》的要求，在党内开展了"创先争优和党员评格"活动。按照制定的《党员评格实施意见》，活动分为个人总结认格、小组内相互帮助、开展批评和自我批评、广泛征求群众意见、进行民主测评、召开支部大会进行定格、全体党员大会总结等几个阶段。1988 年底，学校共有党员 88 人，87 人参加了这次评格活动。

1990 年，按照从严治党的方针，严格坚持党员标准，认真进行合格党员的教育并从 5 个方面进行民主评议和"创先争优"活动。1991 年 5 月 9 日，学校印发《关于加强我校思想作风建设的安排意见》，用了 6 个月时间在全体党员中以整风的精神开展加强思想作风建设，目的是通过党性原则教育，着重解决党员的立场和世界观方面的问题，提高全体党员坚持"一个中心，两个基本点"，全心全意为人民服务的自觉性。在此基础上，10 月对党员和中层以上干部进行了民主评议。

1992 年 5 月，学校党委制定印发了《郑州水校党建工作目标管理实施意见》。从党课、民主生活会、支部监督、党员思想汇报、支部大会、党员谈话、全校党员大会、支部宣传等 8 个方面进行考核。后期结合学校实际，对党建基本目标、组织实施、考核办法等进行了修订和完善。

1996 年 5 月，制定《党建目标管理及党支部开展达标升级活动的实施意见》，对党支部工作目标管理、党员目标管理等 10 个方面，提出了明确要求并制定了考评细则，体现了从严治党的要求。

1986—2001 年，通过以上创先争优、党员评格及进行党员、党支部目标管理考核，评选出先进党支部 16 个(次)，优秀党员 99 名(次)，其中受到省水利厅党委及省直机关党委表彰 55 人(次)，1999 年被省水利厅评为先进党委。

从 1987 年开始，"七一"前夕坚持举办"七一"系列活动，如新党员宣誓，评先表彰，各支部召开民主生活会，出版庆"七一"专刊，组织党员外出参观学习等活动。

4."三讲"教育

1998 年 11 月，中发〔1998〕17 号、豫发〔1998〕21 号文下发《关于在县处级以上党政领导班子、领导干部中深入开展以"讲学习、讲政治、讲正气"为主要内容的党性党风教育的意见》。按照中央和省委的要求和省水利厅党组的统一部署,明确党委书记杜平原为第一责任人,成立以党委副书记赵高潮为负责人并抽调精干人员组成的"三讲"教育办公室,赵高潮兼办公室主任。1999年11月10日,学校制定《河南省郑州水利学校领导班子、领导干部"三讲"教育实施方案》,在指导思想、目标要求、基本原则、方法步骤和组织领导5个方面做出具体部署。整个"三讲"教育分为四个阶段进行,学校处级领导干部于1999年11月17日开始,历经三个多月,"三讲教育"收到了较好的效果。在"三讲"集中教育结束一段时间后,为进一步推动整改,巩固和扩大教育成果,确保"三讲"教育不走过场,按照中央、省委的统一部署和省水利厅党组的要求,学校从2000年3月27日开始,又进行了"三讲"教育"回头看"活动。

(三)党的组织建设

1.党支部建设

1985年参加整党时,学校党员67人,3个党支部,8个党小组。1986年党员数达到85人,为便于开展支部工作,1986年11月10日,由原来的3个党支部,调整为党群、行政、后勤、学生、教师5个支部,共13个党小组。

1989年4月29日,对原5个党支部进行了调整。教务建立2个支部。调整为教务第一支部、教务第二支部、党群支部、行政后勤支部、学生支部,1989年11月23日,又建立了老干部支部委员会。

随着学校的不断改革、机构的变化和党员的增加,1991年4月、1993年11月、1997年3月、1999年4月、2002年4月,分别对各支部进行换届选举及调整党员分布。党支部数量达到8个:教师一支部、教师二支部、党群支部、行政支部、后勤支部、学生支部、豫利公司支部、老干部支部。

学校各党支部在工作计划、工作汇报"三会一课"、党日活动、创先争优等方面履行职责、执行制度,坚持民主集中制原则。多年来,党组织始终处于健全状态,充分发挥党组织战斗堡垒作用。

2.健全规章制度,严肃党内组织生活

1989年4月,学校党委召开了由党委委员、纪委委员、各党支部委员、副科级以上党员干部、政治课党员教师参加的党的建设工作会议。会议后,出台了《关于进一步改进和加强我校思想政治工作的意见》。

1989年5月,结合学校实际,在理论学习、民主生活会、联系点和会议的召开等方面建立了党委工作制度,在工作计划、"三会一课"、党日活动、创先争优等方面建立了党支部工作制度。此后相继制定印发了《关于加强党的建设的意见》、学校关于贯彻《中共中央关于加强党同人民群众联系的决定》、关于贯彻《中国共产党发展党员工作细则的意见》《关于加强我校思想作风建设的安排意见》。

为进一步规范党内组织生活,"三讲"教育后,学校党委又相继制定出台了《关于加强领导班子自身建设的意见》《关于加强校科两级干部理论学习的意见》《关于加强中层干部教育、管理、培养的意见》等。

3.创办业余党校,积极发展新党员

为加强党组织建设,扩大党员队伍,提高党的战斗力,校党委认真贯彻"坚持标准,保证质量,改善结构,慎重发展"的方针,积极慎重做好党员发展工作,严把入口关。根据《中国共产党发展工作细则》(中组部〔1990〕3号)要求,1990年11

月17日,创办了河南省郑州水利学校业余党校(简称业余党校)。蒋行健任校长,杜平原任副校长,校党委委员、各党支部书记和党办主任任兼职教员。业余党校每学年举办一期,时间集中在一个月内。采用专题讲座和辅导、自学和讨论相结合的方法。从1990年12月至2002年底共举办13期,培训教职工和学生入党积极分子764人次,发展职工和学生党员162人。1998年10月19日,学校党委根据《中国共产党章程》和《中国共产党发展工作细则》的规定,制定印发了《组织发展工作制度》,从培养、教育、考察等10个方面提出具体要求,其中党委在审批时做到三个不研究、三个不发展,即材料不全、无发展计划、团员不经过"推优"的不研究,没有参加业余党校培训、没经过政治审查、学生不是品学兼优的不发展,严把"入口"关,确保新党员质量。

(四)党风廉政建设

1.纪检队伍建设

自第三次党员大会选举了新的纪律检查委员会后,学校注重加强纪检队伍自身建设,提高纪检干部素质。具体措施有:一、坚持学习马列主义理论、党的路线方针政策、邓小平理论,党的十三大、十四大、十五大精神,江泽民总书记关于领导干部一定要讲政治和加强党风廉政建设有关论述以及省委党代会精神,坚定共产主义信念,提高纪检干部政治素质,增强做好廉政建设和反腐败工作的决心和信心。二、学习国家各项法律法规和党纪政纪条规,《中国共产党章程》《中国共产党廉洁自律准则》等,提高纪检干部执纪水平,增强遵守准则的敏锐性和正确分析处理问题的能力。三、学习纪检业务知识和市场经济知识,积极组织纪检干部参加厅纪检组组织的业务培训,提高业务水平和查办案件质量。四、履职尽责,遵循乔石同志概括的优秀纪检干部的可贵精神和优良作风:"坚持原则、认真负责、无私无畏、清正廉洁、乐于奉献、联系群众、刻苦学习、勇于实践",牢固树立全心全意为人民服务的思想,增强群众观念,做到恪尽职守,无私奉献,率先垂范。五、坚持每月召开一次会议,研究工作,学习业务;每季度召开一次会议,传达上级指示精神,研究安排工作,定期对学校党风、党纪状况进行分析,向党委汇报。

2.廉政制度建设

1989年4月,学校党委从党组织对党员干部廉洁教育、监督、设立举报箱、从严治党等6个方面,制定了廉政建设制度,为落实党的十三届四中、五中全会精神,根据省委和省水利厅党组指示精神,1990年2月19日,制定了《关于加强廉政建设的规定》。

1991年11月,在向全校党员大会传达学习《中共河南省委关于进一步加强党风和廉政建设的意见》及《省委办公厅、省政府办公厅关于重申严禁乱收费、乱罚款、乱摊派和用公款请客送礼的通知》后,党委提出了《党风和廉政建设的意见》。

为不断建立健全和完善廉政建设制度。1993—1999年先后制定印发《关于进一步加强党风和廉政建设的几项规定》《关于在全校深入开展学习〈纲要〉提高思想素质、加强思想作风建设活动的通知》《河南省郑州水利学校党风廉政建设责任制实施办法》《河南省郑州水利学校关于在经济活动中若干问题的处理意见》《河南省郑州水利学校关于实行"收支两条线"的管理办法》等,涉及的目标和范围逐步提高和扩大,体现了廉政建设和反腐败工作的重要性及从严治党的要求。

3.党性、党风、党纪教育

为加强学校廉政建设,抓好反腐败斗争,认真组织党员学习江泽民总书记在中纪委全会上的讲话,中央、省委(省纪委)、省水利厅关于廉政建设、反腐败斗争方面的有关决定和内容精神,学习贯彻落实《中国共产党章程》《党性原则修养概论》《党内法规汇编》《中国共产党党员领导干部廉洁从政若干准则》《中国共产党纪律处分条例》《郑州水校党风廉政建设责任制》等;组织党员收听收看《廉政风暴》等廉政建设方面的录音、录像、电影,用正、反面教材的影像资料深入开展警示教育,每年至少开展两次以党性、党风、党纪有关内容为主题的党课教育。利用专栏进行党的法规法令宣传,将廉政建设方面的知识问答及补充规定编印成册,发至党委成员和各支部。组织党员参加"党纪、政纪条规"知识竞赛。学习党的十五届六中全会《中共中央关于加强和改进党的作风建设的决定》,"八个坚持、八个反对",认真查找、分析学校在作风方面存在的问题,认真落实省委、省水利厅党组《关于加强和改进党的作风建设的决定》,学校制定了加强和改进党的作风建设的意见。

4.处理违法违纪案件

抓好群众信访举报和查办违纪案件,严厉打击腐败分子,是从严治党、严肃党纪的中心环节,也是衡量反腐败斗争是否深入的重要标志。

1987—1999年,学校结合从严治党共做了如下工作:一、协助党委处理食堂机械伤人有关责任人。二、成立招生纪检工作小组。制定招生工作纪律,组织招生人员学习有关政策、规定,对招生过程进行全程监督。三、积极开展执法监督检查,认真清理拖欠公款及超标使用小汽车现象。四、严肃党的纪律,坚决查处违法违纪案件。五、认真落实省纪工委《关于进一步加强纪检信访工作的意见》,协助上级纪检部门对学校有关问题的调查和对学校财务账目及财经纪律的监督、检查工作。

二、学校思想政治工作

(一)坚持党的四项基本原则教育

学校党委要求教职工认真学好《建设有中国特色的社会主义》《坚持四项基本原则,反对资产阶级自由化》两本书。在教职工中把思想政治工作同教学、行政管理、后勤保障等结合起来,开展了教书育人、服务育人、管理育人、为人师表活动。广大教职工的精神面貌、工作态度、服务质量都有了较大转变,涌现了一批"为人师表"的模范。

思想政治工作的重点是青年学生,根据新时期对学校思想政治工作的新要求,学校把思想政治工作落实到培养合格人才上来。1987年3月,学校马列主义教研室、团委、学生科联合组织全校学生开展了以"坚持四项基本原则,反对资产阶级自由化""继承革命传统,发扬长征精神"为主题的历时3个月的演讲比赛活动。同时,学校还采取了如下措施:①建立了校领导接待学生日制度,在学生中进行民主协商对话的尝试;②聘请老红军战士和白土岗水文站同志作报告;③播放反映南疆战士生活情操的系列片"理想万岁";④引导学生走出课堂,到郑州郊区两个先进单位参观学习,了解党的富民政策,结合实际上好政治课;⑤组织"知识竞赛""学习党史百题竞赛"。

(二)落实《思想政治工作条例》

1.教职工政治理论学习

为把教职工的思想统一到党的基本路线上来,把言行规范到党的各项路线方针政策上来,用马克思主义的基本理论去正确认识改革开放所面临的新任务、新问题,1992年2月24日,学校就政治理论学习的重要性、学习纪律、考核办法等,制定了《关于改进和加强我校政治学习的意见》。结合时事政治、上级要求和学校实际,每学期都制定政治理论学习计划。学校坚持以每周二下午作为教职工政治理论学习时间,为提高学习效率,积极探索和改进学习方法。1998年3—9月,定为"水利理论学习年"。9月17日制定印发了《郑州水校政治理论学习制度》,在领导班子中心学习组、科级干部理论学习、教职工理论学习、离退休老干部理论学习、学生政治理论学习和校科两级干部理论考核等6个方面提出了明确规定,将政治理论学习考核结果作为精神文明建设考核、评优和干部提拔任用的重要依据。2000年,主要学习了《"三讲"教育学习读本》《毛泽东邓小平江泽民论思想政治工作》、"三个代表"重要思想、《公民道德实施纲要》等。

2.落实《思想政治工作条例》及考核办法

为进一步改进和加强学校的思想政治工作,使之系统化、规范化,1991年5月,学校成立了以蒋行健为主任、杜平原为副主任和11名委员组成的学校思想政治工作委员会,分工负责学校学生、教务、政工和行政后勤4个系统的思想政治工作。9月11日,学校印发了《河南省郑州水利学校思想政治工作条例(试行)》(简称《思想政治工作条例》);1992年4月25日,学校下发了《思想政治工作条例》落实考核办法。考核结果与同年印发的《郑州水校"三育人"工作条例(试行)》的落实相结合,评出先进集体和先进个人。

3.成立思想政治工作研究会

坚持开好一年一度的思想政治工作会议,由学校各支部委员、中层以上干部及思想政治课教师参加,紧密结合学校实际,研究探索在社会主义市场经济新形势下,加强和改进学校思想政治工作的新方法、新途径。学校于1997年5月20日成立了以党委书记为主任,工会主席、行政副校长为副主任,各科主要负责人为成员的河南省郑州水利学校思想政治工作研究会。研究会下设党群、行政后勤、教务3个系统学组,结合学校精神文明建设、思想政治工作、德育教育工作及青年干部选拔培养等方面的问题开展调研,初步提出解决问题的办法和措施,为学校党委加强党的建设和思想政治工作提供思路和决策。为便于研究会开展工作,取得良好的效果,还制定了研究会章程。学校思想政治工作研究会在2000年5月被河南省水利职工政研会表彰为"优秀职工政研会"。

学校对思想政治工作不断探索方法和总结经验,适时编印《学校思想政治工作简讯》,向全校教职工和学生通报情况,从1987年1月第1期开始,截至2002年6月,共印发133期。

三、精神文明建设

(一)深入开展精神文明创建活动

1.建立制度,提高创建意识

学校的精神文明建设最早可追溯到1983年,源于当时已开展的"五讲、四美、三热爱"及"文明礼貌月"活动,成立了精神文明建设领导小组。1989年4月,调整后的学校领导班子根据学校的实际情况和加强社会主义精神文明建设任务的要求,制定出台了《关于创建精神文明先进单位的意见》;建立了由校长或党委书记任主任的精神文明建设指导委员会,设立专门办事机构,对学校精神文明建设工作进行全面领导、落实措施和检查督促。1990年以后,学校相继制定出台《关于进一步加强我校精神文明建设工作的意见》《河南省郑州水利学校精神文明道德规范条例40条》《学校精神文明考核及奖惩办法》等一系列制度。1992年8月25日，学校首次提出奋斗目标：一是创省级重点中专，争取国家级重点中专；二是巩固市级文明单位，为争创省级文明单位打下基础。

2.文明创建成果

1989—2002年，学校精神文明建设工作主要围绕以下八个方面进行：①党建和思想政治工作；②校风建设、文明科室、文明家庭、文明班级、文明团支部、文明宿舍及文明个人竞赛活动；③校园文化建设；④校园绿化、美化、硬化；⑤爱国卫生运动；⑥治安保卫、综合治理；⑦拥军优属、军民共建；⑧计划生育、殡葬改革等。1999年，按照区、办事处要求，成立河南省郑州水利学校市民文明学校分校，健全机构并选派优秀教师开展对流动人口和家属的理想信念、科学生活、文明行为教育。

1990年2月28日，金水区文明单位建设指导委员会以金文明委〔1990〕1号文，命名我校为区级文明单位。

1992年2月28日，金水区人民政府以金政〔1992〕27号文表彰我校为1991年度城市节约用水先进单位。

1992年5月26日，郑州市委、市政府召开1991年命名文明单位暨“三优杯”竞赛活动动员大会，会上以郑文〔1992〕63号文命名我校为市级文明单位。

1995年3月27日，郑州市文明单位建设指导委员会、金水区文明建设指导委员会办公室对我校创建市级文明单位标兵工作进行了验收。5月16日，郑州市正式确定我校为市级文明单位标兵。

1996年9月4日，省水利厅以豫水教字〔1996〕18号文表彰河南省郑州水利学校为普通教育先进单位，河南省水利干部学校为职工教育先进单位。

1997年3月27日，学校被河南省委、省人民政府批准为省级文明单位。

1997年12月，学校被省水利厅命名为全省水利系统文明单位。

1998年12月，学校被批准为省级文明学校，家属区也被命名为文明楼院。

1999年1月，学校被省高校工委命名为省级文明学校，5月被河南省委宣传部、省总工会、省贸易委员会命名为河南省职业道德建设先进单位，6月被全国绿化工作委员会命名为全国绿化四百佳单位。

2000年再次被国家教育部命名为“国家级重点中专”并通过2000年度省级文明单位的检查验收。

2001年，学校被省教育厅命名为全省十所中等职业示范学校。

（二）校风建设

为了贯彻落实中央和省委提出的关于“要切实抓好学校的校风校纪建设”的指示精神，推动教育改革和两个文明建设工作，学校党委于1990年10月9日出台了《关于开展校风建设活动的实施意见》。该《意见》提出“严谨、勤奋、求实、创新”作为学校校风建设的中心内容。八字校风反映了学校广大教职工和学生的根本愿望和利益，也是全体师生的集体主义精神和精神文明建设水平及风貌的体现。于1990年11月17日、20日分别召开了全体学生大会和全体教职工大会进行动员。

为更加有效地开展此项活动，校党委提出了具体实施校风建设的四个步骤：一是提高认识，全员动员，增强紧迫感；二是明确任务，建立制度，分段实施；三是加强领导，综合治理，齐抓共管；四是制作“八字校风”标志，矗立在校园，引人思索，给人鼓舞，催人奋发。通过开展此项活动，进一步推动了学校的“三育人”工作，对推动学校今后的教育、教学改革和两个文明建设工作起到了十分重要的作用。

(三)校园文化建设

1.学生文体活动

1987年4月6—8日,学校举行第一届春季田径运动会,设立15个田径比赛项目和精神文明奖。学校党委书记、校长宋绍泰作了题为《加强体育教育,为促进我校精神文明建设和教学工作服务》的讲话。学校首次运动会对学校今后体育运动的发展,具有里程碑意义。从此,学校坚持每年一次春季田径运动会,项目不断增多,学生参与热情逐渐高涨。1989年8月,学校正式成立体育运动委员会,加强对学生春季田径运动会等工作的领导。

1987年5月1—3日,学校选派14名学生参加郑州市中专田径运动会,有11名学生进入15个项目的前6名,男子甲组、男子乙组均获团体总分第六名,获锦旗两面。1988年5月,在郑州市中专运动会上,学校获得工科中专系列团体总分第五名。除每年组织的田径运动会外,还有学生社团组织的秋季篮球赛、“腾飞杯”足球赛、“拼搏杯”“优胜杯”排球赛,以及毕业生告别学校排球赛、足球赛等。

在学生中大力开展丰富多彩、寓教于乐的文艺活动。在“五四”“国庆”“元旦”及学生毕业离校期间,举办大型游艺宫、师生联欢会、歌咏比赛、书画比赛、唱国歌、升降国旗、成人仪式、演讲赛、知识竞赛,定期出宣传栏和《校园生活报》《水校周报》,每天更换阅报栏,办好广播站、黑板报,定期开放图书馆、阅览室等;在重大节假日,建党纪念日,迎香港、澳门回归,建校40周年、45周年期间举办文艺系列活动。坚持每年在学生中开展以“文化科技卫生下乡”为主题的暑假社会实践活动,参加率达90%以上;2000年举办学校首届文化艺术节。

2.职工文体活动

加强校园文化建设,营造健康有序的氛围。在“三八”“五一”“元旦”“七一”“国庆”期间开展系列庆祝活动,以及迎新春文艺汇演、舞会、卡拉OK比赛等;在毛泽东诞辰100周年、香港回归等重大活动期间,举办了“颂祖国”百人大合唱活动;举办纪念党的十一届三中全会20周年教职工联欢会。

为隆重庆祝中华人民共和国成立50周年,1999年9月27日,学校举办大型文艺晚会“祖国之恋”。2001年在河南省水利厅举办的庆祝建党80周年“颂歌献给党”歌咏比赛中,学校获得银奖。

在职工中开展丰富多彩的文体活动,坚持每年举办春季排球赛、冬季趣味运动会、冬季长跑、健身操、老干部运动会、门球赛等活动,创建职工之家、新建教职工活动中心,成立青年篮球队、排球队、足球队、乒乓球队、保龄球队,组织棋牌类比赛,开展全民健身系列活动等。

(四)推进民主治校

1.第一届教代会

1985年1月,教育部和中国教育工会颁发了《高等学校教职工代表大会暂行条例》,为学校积极推进民主管理起到了指导和借鉴作用。1986年12月16—23日召开了学校第一届教职工代表大会(简称教代会)。出席会议的正式代表有55人,特邀代表有5人。会议讨论了学校教代会条例实施细则,听取并讨论审议了校长宋绍泰的工作报告。对教职工实行聘任制、干部考核、教学、后勤、政工及职工福利等48项提案进行了认真讨论、审议并形成了相应的决议。经全体代表民主选举产生了由13名各方面代表组成的首届教代会主席团,同时成立了“审议重大决策”“提案工作审查”“民主评议干部”和

"生活福利"4个专门工作小组,推动了学校民主管理工作。

1988年6月28日,学校召开第一届教代会第二次会议,大会听取和讨论审议校长宋绍泰所作的《团结起来,为改革开放搞活我校各项工作而奋斗》工作报告,听取第一次教代会48条提案落实情况汇报,还通过了《关于实行教师、干部聘任制,工人聘用制的原则意见》,进一步发挥了教代会的民主与监督作用,增强了民主意识。

2.第二届教代会

1991年10月18日、19日,学校召开了第二届教代会,参会代表66人,特邀代表7人,代表全校职工245人。大会讨论和审议了校长蒋行健所作的《团结奋进,振兴水校》工作报告、杜平原代表首届教代会主席团所作的工作报告。选举产生了第二届教代会主席团。大会对原有的《郑州水利学校教代会条例实施细则》进行了深入的讨论并提出了修改建议。经全体代表民主选举产生了由15名代表组成的第二届教代会主席团。本次大会共立案45条,会后又成立了"教代会条例实施细则修改""提案落实"和"职工福利"3个专门工作小组。修改后的《郑州水利学校教代会条例实施细则》于1992年1月,经主席团研究后正式通过,为教代会的制度建设和工作开展奠定了基础。

3.第三届教代会暨工会换届大会

为适应学校领导体制的变化,1994年1月10—13日,学校召开第三届教代会暨工会换届大会,参会代表64人,特邀代表10人,代表全校职工244人。大会听取和讨论审议了校长唐望所作的《贯彻《纲要》,深化改革,面向社会,办好学校》工作报告及杜平原代表第二届教代会所作的工作报告、提案处理情况报告,本次大会形成提案32条,选举产生了由9人组成的新一届工会委员会。1995年1月、1997年1月,学校分别召开了三届二次、三次教代会暨工会代表大会。

4.第四届教代会

1999年1月14—26日,学校召开了第四届教代会。大会听取和讨论审议了校长杜平原所作的《面向市场,深化改革,努力开创职业教育的新局面》工作报告及韩钦信代表第三届工会所作的委员会工作报告,本次大会形成提案31条,大会选举产生了由17人组成的新一届教代会主席团和9人组成的第四届工会委员会。本次教代会成立了"提案""职工福利"和"评议干部"3个小组。2000年6月、2001年7月,学校分别召开了四届二次、三次教代会。

1986—2002年,学校教代会四次换届,九次全会,讨论审议学校的发展规划、改革方案、教职工队伍建设、教职工住房分配、医疗保健等重大问题。不断建立健全和完善教代会制度及条例,充分发挥教职工积极性,使学校的民主管理、民主监督进一步规范化、制度化。

5.工会会员大会

1988年6月21日,学校召开全体工会会员大会,选举产生新的工会委员会,杜平原兼任工会主席,曹景仑为副主席。

第七节　群团组织与民主党派

群团组织和民主党派在学校工作中扮演着重要的角色,学校团组织在党委领导下，根据国家在各个时期的社会经济发展和政治形势，以培养德、智、体、美、劳全面发展的合格人才为目标，配合党组织积极开展共青团工作。学校工会，多年来坚持贯彻落实全国总工会提出的工作方针，在履行“两个维护”职能方面，取得可喜成绩，1993—2002年曾7次被河南水利工会评为工会先进单位。工会的财务工作，在省直工会工作评选活动中被评为财务先进单位，1993年度获得特别奖。学校工会1994年12月被河南省省直工会破格评为“先进职工之家”，1998年10月又晋升为“优秀职工之家”。学校坚持贯彻党的统战方针，加强多党合作，充分发挥民主党派和党外人士的作用，共同推动学校全面改革，推动两个文明建设。

一、共青团工作

（一）召开团代会

1.第五次团代会

1986年12月15日，学校召开第五次团代会，与会团员代表117人。张嘉俊致开幕词，省水利厅团委李峰致辞，杜平原代表校党委致辞，学生科何爱勤致辞。赵高潮作题为《认清形势，总结经验，开拓前进》的工作报告，姚士东致闭幕词。

大会选举出由9人组成的新的团委会并报厅团委批复同意：团委副书记赵高潮；宣传委员姚士东、陈斌、王海燕；组织委员张嘉俊、周汉、杨慧丽；保卫委员李连水、焦青云。

2.第六次团代会

1989年1月13—14日，学校召开第六次团代会，与会团员代表131人，代表学校924名团员。赵高潮致开幕词，省水利厅团委丁晓云致辞，杜平原代表校党委致辞，学生科何爱勤致辞。张嘉俊作题为《努力学习，勤奋工作，锐意改革，开拓前进》的工作报告，武凤翔致闭幕辞。

大会选举出由11人组成的第六届团委会并报厅团委批复同意：团委副书记张嘉俊；组织委员李连水、赵国玺、王遂阳、郭洪珍；宣传委员武凤翔、曹鹤华、杨光俊、王文玲、孙逊、张清莲。

3.第七次团代会

1991年3月22—23日，学校召开第七次团代会，与会团员代表143人，代表学校36个团支部的1365名团员。杜平原代表校党委讲话，张嘉俊作题为《努力学习，勤奋工作，求实创新，开拓前进——在‘团结奋进，振兴河南’的旗帜下为振兴河南水利、水产事业而奋斗》的工作报告。

大会选举出由14人组成的第七届团委会并报厅团委批复同意：团委书记张嘉俊；组织委员王文玲、杨红强、肖朱斌、李刚、李晓华；宣传委员缪玉兰、王建伟、李振宇、张萌、刘伟峰、时兴进、付延敏、陈锦杰。团委会下设团委政治部、文体部和教工工作部。

（二）团组织建设

为加强团组织自身建设，使团员管理有章可循，根据《中国共产主义青年团章程》和学校团的工作实际情况，制定了《团员管理奖罚条例》《团员评议与量化考核相结合的意见》，认真贯彻落实团中央《关于加强团员队伍建设，提高团员素质的决定》：一是组织团员认真学习、讨论《中国共产主义青年团章程》，狠抓团员整体队伍的思想建设。二是提高团干部素质，定期对团的干部进行培训，建立创新型的团干队伍。三是建立健全团组织。随着年轻教师的增多，适时调整教工团支部，在学生中增设团总支并制定相应的《团总支工作条例》。四是坚持团的组织生活制度，人员有保证，内容有针对性，形式多样化，做到人员、时间、内容三落实。五是严格把关,做好团的发展工作。六是团支部实行目标管理,开展"竞赛达标,创红旗团支部活动"。七是开展民主评议团员,在自评的基础上,有团支部或团小组测评,表彰先进和处理不合格团员。八是积极向党组织推荐优秀团员入党,向校党委递交《关于认真做好学校组织优秀团员青年作为党的发展对象的报告》,不断向党组织输送新鲜血液。1986—2001 年团员入党的有 142 人。学校团委是省直院校第一届理事会副理事长单位,1997 年在省直团委首届"十佳团委"评选中,当选为"十佳团委"。

(三)青年思想政治教育

学校团组织在党委领导下,根据国家在各个时期的社会经济发展和政治形势,以培养德、智、体、美、劳全面发展的合格人才为目标,配合党组织对广大团员、青年进行坚持不懈的思想政治工作:开展新生入学教育、时事政策教育、法律法规纪律教育、团员意识教育、党的基本知识教育、革命传统教育、爱国主义教育、集体主义教育、革命英雄主义教育、社会主义思想教育、共产主义风尚教育、道德品质教育、热爱专业教育、诚信教育、审美教育、女生"四自"教育、毕业生分配及就业教育等。教育形式除教学计划中列入的政治理论课、德育课和劳动课外,主要是第二课堂活动,如组织学"马列""毛选"小组和其他理论学习小组,请模范英雄人物作报告;组织看电影、电视、录像,开办业余党校;组织讨论会、座谈会、交流会,进行演讲比赛、知识竞赛;办墙报、板报、专栏,设立广播站、记者社;出版《学生生活报》《水校周报》《学生工作简讯》《团内通讯》;参观访问,进行社会调查、社会服务,组织志愿者活动、献爱心捐助活动;开展丰富多彩、形式多样的文体活动。

作为全国水利职教分会德育研究会主任单位,2001 年 11 月学校主持召开由 20 所学校 38 名代表参加的全国水利水电中专学校德育研讨会,2002 年 1 月学校成立德育研究室(挂靠学生科),学校德育工作和团员青年思想政治工作水平得到了进一步的提升。

(四)开展活动及表彰情况

从 1986 年开始,每年 3 月在团员青年中开展学雷锋主题活动。

1990 年增加了"四有"教育、争当"三好"新生、创"文明班级"活动。

1996 年 4 月,在学生中开展了"基础文明建设活动月"活动。

1996 年在团员青年中开展了以"科技扫盲,科技扶贫,热爱家乡,建设河南,为中原振兴奋发成才,建功立业"为主题的暑假社会实践活动,参加率达 98%。1996 年 12 月中共中央宣传部、国家科学技术委员会、农业部、文化部等 10 部委联合发出《关于开展文化科技卫生"三下乡"活动的通知》后,坚持每年在团员青年中开展以"文化科技卫生"为主题的"三下乡"暑假社会实践活动,完成社会调查报告,参加率逐年提高,达到 95%以上。1997 年围绕香港回归,开展了系列爱国主义教育活动。青年志愿者活动起始于 1994 年,人员逐渐增加,服务范围越来越大,经过多年的发展,到 2001 年活动分队达到 50 多个。2001 年结合建党 80 周年、中华人民共和国成立 52 周年,在师生中开展演讲、合唱比赛,开展颂祖国、颂社会主义、颂改革开放"三颂活动"及爱国主义、集体主义、社会主义教育。在历年开展的争创活动及第二课堂活动中涌现出众多的先进集体和个人,见表 3-5。

表 3-5 1986—2001 年争创活动先进集体、个人统计

序号	类别	1986年	1987年	1988年	1989年	1990年	1991年	1992年	1993年	1994年	1995年	1996年	1997年	1999年	2000年	2001年
1	三好标兵	9	29	38	14	35	33	26	30	20	26	21	9	13	23	32
2	三好学生	96	139	160	89	277	315	211	323	266	275	203	95	237	237	393
3	优秀学生干部	23	37	43	22	38	54	58	57	64	66	90	91	192	232	251
4	优秀(模范)团员	23	47	48	33	48	54	55	56	53	63	63	53	116	126	124
5	先进班集体				2	8	8	10	8	12	10	8	6	16	18	20
6	优秀(模范)团支部					7	9	8	8	8	10	11	8	16	18	18
7	学生会先进部	1			3	4	4	4	4	4	4	4	2	4	10	5
8	团委先进部														2	4
9	优秀(模范)团干部					5	8	8	8	14	18	20	5	9	11	14
10	青年志愿者活动积极分子									13	20	20	10	17	19	18
11	“十佳”宣传员						20	20	20	20	20	20	10	20	20	20
12	优秀宣传干部						2									
13	学“毛选”积极分子						6	13	20	10						
14	学“马列”积极分子									10	20	19	10	10	10	10
15	学雷锋积极分子						13	25	13	12						
16	学雷锋标兵								14							
17	优秀学生会干部				5	8	9	9	20	22	24	18	6	12	10	17

续表 3-5

序号	类别	1986年	1987年	1988年	1989年	1990年	1991年	1992年	1993年	1994年	1995年	1996年	1997年	1999年	2000年	2001年
18	优秀督导干部													10	10	8
19	优秀督导队员													5	5	5
20	拾金不昧先进个人													1	2	6
21	学生督导大队先进分队														1	2
22	国旗护卫队优秀队员														5	8

二、工会工作

在推进民主治校，维护学校整体利益的同时维护教职工的合法权益是工会的重要职能之一。多年来，学校工会贯彻落实全国总工会提出的“以贯彻实施《中华人民共和国劳动法》为契机和突破口，带动工会各项工作，推动自身改革和建设，努力把工会工作提高到一个新水平，在改革发展稳定中更好地发挥作用”的总体方针，在履行“两个维护”职能方面，取得可喜成绩，1993—2002年曾7次被河南水利工会评为工会先进单位。工会的财务委员工作，在省直工会工作评选活动中被评为财务先进单位，1993年度获得特别奖。学校工会1994年12月被河南省直工会破格评为“先进职工之家”，1998年10月又晋升为“优秀职工之家”。

（一）加强组织和制度建设

为加强工会组织领导，使教职工更好地发挥主人翁意识，行使民主管理学校权利，做了如下工作：一、自1986年起，四届工会主席都是校级副职担任，三届工会主席均为校党委委员，不是党委成员的工会领导按文件要求列席党、政会议，并参加党政班子一切活动，达到了从“源头”参政议政，更好地代表和维护了教职工合法权益；二、从1994年以后，对教代会的提案和决定落实及执行情况，向下一届教职工代表大会报告，发挥学校党委与广大教职工的“桥梁”和“纽带”作用；三、及时调整工会小组，工会小组由1986年的16个发展到2002年的23个；四、多年来坚持每年数次召开工会委员和工会组长会议，以会代训，学习中发〔1989〕12号文件（《中共中央关于加强和改善党对工会、共青团、妇联工作领导的通知》）、《中国工会章程》、全国总工会议精神及上级工会文件，以多种形式宣传《中华人民共和国工会法》，学会运用《中华人民共和国工会法》开展工作;五、建立健全和完善《郑州水利学校工会工作委员会职责范围》《工会工作人员岗位责任制》《工会工作委员会工作规则》《工会经费审查委员及小组长职责》等;六、根据省总工会豫工总〔1989〕2号、厅水利工会〔89〕5号文件精神,1992年5月,经全体女职工民主推荐,选举产生由7人组成的女工委员会;七、教代会的工作以简报形式随时向教职工公布,接受群众监督。从1988年开始编印《工会工作情况通报》,到2002年6月,已出刊87期,工会工作进一步规范化程序化。

(二)参政议政,落实教代会提案

为尊重和支持教代会行使民主管理职权,参政议政,自教代会成立到2001年,学校工会协同常任主席团组织召开主席团会议或主席团扩大会议45次,协助学校研究、决策重大问题。1993年8月,学校领导体制实现重大变革,由原来的党委领导下的校长分工负责制转变为试行校长负责制。为配合学校领导班子实现这一转变,教代会主席团曾先后召开7次全体成员会议,重点对与试行校长负责制相配套的《党委工作条例》《校长工作条例》《教代会工作条例》和《教职工聘任办法》进行充分的酝酿、讨论和修改,形成了校长、党委、教代会三位一体的工作体制和实行民主集中制的工作原则,为学校更加深入发展打下了基础。

(三)关心教职工利益

1986—2002年,工会在维护职工利益方面做了如下工作:搬迁新校址,解决教职工子女上学、入园难(1989年自办幼儿园)问题,解决上学交通工具问题;解决职工买粮、购煤、冬季取暖,安装电话、闭路电视、防盗门,家属区天然气保障供给,离退休老同志生活补贴问题等;解决教职工住房难问题(集资建4、8、7号楼);开展职工五好文明家庭建设评选工作,1990年6月20日,建立了由11人组成的学校民事调解委员会,解决团结户之间、夫妻之间、邻里之间矛盾等;替教职工分忧解难、访问探视困难及患病职工、协助处理职工婚丧嫁娶及个别突发事故;利用节假日给职工办福利;暑假组织教职工子女学生开展寓教于乐的活动及"六一"儿童节纪念品发放;组织全体教职工进行体检;建设教职工活动中心、门球场,投资10万元,兴建三门峡苹果基地、新乡养殖场等,用于为教职工发放福利;1992年10月,工会成立技协服务部,开展技术咨询和技术服务。

(四)女工委工作

1992年5月,学校成立由7人组成的女工委员会,设正、副主任各一人。多年来女工委围绕学校的改革发展,开展了一系列工作。一是加强学习,如《中华人民共和国妇女权益保障法》《中华人民共和国婚姻法》《中国妇女发展纲要》《女职工劳动保护特别规定》《工会女职工委员会条例》等,提高女职工的法律意识,增强女职工依法办事、维护合法权益和自我保护的能力;二是对女职工进行爱国主义、集体主义、社会主义思想教育,引导女职工树立自尊、自信、自立、自强精神,努力提高自身的思想政治素质;三是提高女职工业务素质,如选派女教师下基层实践锻炼、到高校进修深造,鼓励女教师攻读硕士、博士学位(及双学位),担任两门或以上课程,由技术单一型向复合型发展;四是充分调动女职工参与学校改革的积极性和创造性,适时召开女职工座谈会,对学校的两个文明建设和如何发挥妇女"半边天"作用献计献策,提出了不少的意见和建议,为学校的发展起到了行之有效的作用；五是组织不同形式、不同内容，适合女职工特点的活动，除积极参加学校组织的文体活动外，还在“三八”妇女节期间，组织女职工外出游览、参观和开展丰富多彩的益于身心健康的文体活动，学校成立女子排球队、乒乓球队、门球队等；六是组织爱心捐助和参与省妇联的“春蕾计划”活动，捐款捐物资助贫困辍学儿童重返校园，经常了解和关心该部分儿童学习生活情况；七是加强女工委自身建设，组织女工委认真学习党的路线、方针、政策和时事政治，积极参加上级女工委召开的会议及培训班，了解新形势、新政策，明确新任务，提高女工委干部的政治素质和工作能力，增强做好女工工作的热情、信心和责任感。

学校女工委根据工会的换届或学校聘任制人员变动而进行改选或补选，新一届女工委是在上一届女工委推荐的基础上，经过民主评议、校党委认真研究产生的。2001年女职工129人，2002年女职工132人，占全校教职工总数的40%，为学校两个文明建设作出了应有的贡献。

三、民主党派工作

1986—2002年，学校贯彻党的统战方针，加强多党合作，充分发挥民主党派和党外人士的作用，推动学校的全面改革，推动两个文明建设。

1990年4月，学校党委召开自1984年领导机构调整以来的第一次校内“九三学社”“民盟”等民主党派人士座谈会，会议学习传达了《中共中央关于坚持和完善中国共产党领导的多党合作和政治协商制度的意见》等内容，听取民主人士对校党委和学校各方面工作的意见。与会民主党派人士畅所欲言，开诚布公，就学校在分房、职称评定、师资队伍和专业建设、提高教学质量、行政后勤等方面提出了中肯的意见和建议。

为加强和完善对民主党派的政治领导，支持和帮助民主党派加强自身组织建设，学校党委一是积极支持政治素质好、业务能力强的党外中青年教师进入民主党派队伍；二是鼓励和支持他们积极开展活动，保持民主党派组织的政治生命力。1995年5月30日，中国民主同盟郑州水利学校支部成立大会在学校举行，中国民主同盟河南省委组织部部长白协潮宣读了《关于同意建立民盟郑州水利学校支部委员会的批复》（盟豫组字〔1995〕18号），李志雄任主任委员、叶晓枫任组织委员、杨才华任宣传委员。中国民主同盟河南省委常务副主任马基铭、副主任刘祖德，省水利厅机关党委副书记刘春来、组织部部长李爱民，学校11名民主同盟成员以及黄委、农科院、省科学院、省水利厅、华北水院、工学院、金融管理干部学院等兄弟单位的民主同盟会组织负责人出席了会议。

多年来，学校党委坚持适时召开民主党派人士座谈会，通报学校办学情况和阶段性工作，沟通党委与民主党派之间的感情；认真征求对学校的重大决策和事项的意见和建议；认真听取他们对学校管理工作中出现的问题和群众反映的意见，为学校的改革发展和提高管理水平献计献策，使各项工作不断得到改进和加强，牢牢把握住社会主义办学方向。学校的民主党派在参政议政、民主治校、民主监督等方面发挥了重要作用，在学校以教学为中心的各项工作中作了大量的工作，为推动学校“三育人”工作和精神文明建设作出了应有的贡献。

第八节 行政管理

学校行政管理工作是确保学校日常运营顺畅、教育教学活动有序进行的重要支撑，涵盖了人事、财务、后勤、离退休、档案、校庆、安保等多方面工作。

一、人事管理

为加强人事管理，学校先后出台了一系列人事管理规章制度，如《关于职工进修学习、培训的暂行规定》《教职工请假和考勤制度》《学校人才流动等有关问题的规定》《关于担任兼课教师或转为专职教师的有关规定》《离退休职工在外受聘的规定》《教职工参加继续教育学费报销实施办法》《学校临时工管理暂行办法》等。1999 年 10 月，在原有的基础上，又修订了《校级领导岗位职责》《科室职责范围》和《科室负责人岗位职责》等。这些制度的颁发和实施，为学校人事管理工作的规范化、制度化提供了保证。

为增强教职工工作责任心，提高工作效率，学校 1989 年 8 月制定了《教师工作考核办法》和《行政后勤工作人员考核办法》。根据豫水劳人字〔1991〕03 号文要求，学校于 1991 年 4—5 月对中、初级专业技术干部 137 人进行了考核，作出了定性定量结论，划出了等级。1992 年 6 月，根据豫水劳人字〔1992〕37 号文要求，对 171 名高、中级专业技术干部在 1991 年 4 月至 1992 年 5 月期间履行岗位职责情况进行了年度考核，作出了定性定量结论，划分了等级。1993 年对 27 名科级干部、160 名一般干部及 44 名工人进行分类考核。1994 年 6 月，学校印发《教职工考核办法》。建立考核工作领导小组，全面负责学校考核工作，常设机构为人事科（校级领导由省水利厅考核）。随着学校的发展和上级的要求，教职工年度考核工作的内容、标准以及方法、步骤也不断补充和完善，人事管理工作逐步迈入规范化。

（一）人员编制

1987 年 10 月 6 日，河南省编委豫编〔1987〕190 号文重新核定学校编制 214 名。其中中专教职员工的标准，以 1987 年实际在校学生人数 797 人（含职工中专）为基数，按 1∶4 的比例核定编制 195 人（其中教师编制按师生比 1∶8 配备，共 97 名）；干部学校编制，以 150 人为基数，按 1∶8比例核定编制 19 人，其中教师不低于 9 名。

1988 年 6 月 10 日，学校按照省教委省编委豫教人字〔87〕16 号文普通中专人员编制标准的规定，向主管部门提交了增加编制的申请。按在校生 960 人以上，教职工与学生比例为 1∶4.25 计算，学校教职工人员应为 235 人，需增加 40 人，连同河南省水利干部学校共为 254 人。

1989 年 2 月，省编委根据学校 1988 年秋季在校学生数 998 人，核定编制 254 人（包括河南省水利干部学校 19 人），其中教师 117 人。

1989 年 11 月 7 日，在校生人数达到 1213 人，按照省编委豫教人字〔87〕16 号文规定，学校教职工人员应为 285 人，连同河南水利干部学校19人，共为304人。

1990年10月5日，根据《关于核定我校目前和今后最终规模的人员编制的报告》，在校生可达到1423人，按照上述文件精神核定编制应为306人，连同河南省水利干部学校19人，共为325人，需增加71人。根据学校中专在校生规模控制在1400人左右，河南省水利干部学校150~300人，教职工总数应为340人左右。

1996年5月15日，学校向省水利厅报送《关于内设机构和人员编制方案的请示》，根据省编委《关于审定省属高等院校、中等专业学校和技工学校机构编制有关问题的通知》（豫编〔1996〕9号），水校编制应为352人；河南省水利干部学校编制原为19人，成人中专在校生200人，也按1∶8的比例核定，应为25人，合计为44人，共计396人。

1996年12月9日，省水利厅以豫水人劳字〔1996〕139号文批复了学校的机构编制方案，根据河南省编委豫编〔1996〕47号文，确定学校机构规格相当于处级，同时挂河南省水利干部学校牌子。处级领导职数6人（含纪委书记1人），科级领导职数28人（含监察员1人），其中正科级不超过13人。学校事业编制设置如下：1996年为280人（含河南省水利干部学校19人）；1997年为310人；1998年为339人。内设机构15个，其中办公室、人事科、保卫科、财务科、教务科、成人教育部、总务科、学生科（挂团委牌子）、党委办公室、老干部科、工会等机构规格相当于科级，图书馆、实验室、教育研究室机构规格相当于副科级。

（二）人事制度改革

1.实施聘任制

学校从1988年开始积极探索聘任制有关办法，先后制定《教师、干部和个人聘任制原则意见（讨论修改稿）》《教师聘任制试行办法》和《学校各科室工作人员聘用制实施办法（试行）》等。虽然因为学校迎接办学规模、办学水平评估工作未能及时实施，但为以后的聘任制做了相应的准备。

1993年8月27日，省水利厅印发《关于郑州水校试行校长负责制的通知》（豫水劳人字〔1993〕054号）：河南省郑州水利学校试行校长负责制。1993年9月，印发了《河南省郑州水利学校教职工聘任制实施办法（试行）》，其中校级干部每届聘期4年，省水利厅负责换届，聘期内如遇特殊情况由省水利厅随时调整；其他工作人员一律聘期2年；落聘人员不享受原职务待遇，不享受提职提薪等待遇；拒聘人员（不服从学校安排工作者）只发3个月基本工资，3个月后视为自动离职，停发工资并按有关规定处理。当年，学校机构进行了大调整，对中层干部及职工进行了聘任。1993年10月16日，成立了校务委员会。1996年9月，对聘任制办法进行了修改，12月对全体教职工进行重新聘任，聘任中层干部21人，任命2人，其中12人提升了职务，大大提高了学校中层干部的年轻化程度。1998年10月聘任中层干部36人、任命4人并对全体教职工进行了聘任，同时提出了几项补充规定，使学校聘任制工作更加趋于完善。2002年12月按照《党政领导干部选拔任用工作暂行条例》及学校《教职工聘任制实施办法》，完成新一轮聘任，聘任中层干部33人。

2.分配制度改革

为调动教职工的积极性，体现按劳分配原则，先后制定了《教师工作量计算及酬金发放暂行办法》《坐班津贴与奖金评定暂行办法》《在职职工执行和评定学期工作奖的意见》《岗位奖励制度（试行）》

等。教师工作量包括教学工作量（课堂教学环节、指导实践教学、编写教学资料和考试、考查等）和教辅工作量（实验室建设、教研活动、体育课外辅导、第二课堂等），教师工作量计酬包括全勤奖、课时津贴、超工作量奖和其他奖。行政人员坐班津贴与奖金执行情况是：每学期结束前，学校根据包干经费结余情况和有关规定拿出部分款作为本学期的考绩奖金，由人事科根据各科室出勤、完成任务情况，把奖金分配到各科室，科室根据每位同志完成任务情况、劳动态度、贡献大小、有无责任事故的考核情况，参考出勤天数，定出具体评定办法，分出等次，学期末一次性评定发放。实行聘任制后，又先后制定颁发了《获奖奖励暂行办法》（获得校外荣誉但未受到物质奖励的，学校给予补发）、《新的工作奖发放及考核办法》《新的超工作量奖及课时津贴发放办法》等，进一步体现了优教优酬、多劳多得原则，充分调动了广大教职工的积极性。

1994—1995 学年修订和完善考核和奖金发放办法，采取群众相互评议打分与分片科室领导和主管校长考核打分相结合的办法，确定每位教职工考核等级。1995 年 3 月又印发新的工作奖发放办法，教师的奖金与课时数及平时考核结果挂钩，职工的奖金分 3 个等级，与上学期考核结果和考勤挂钩，体现多劳多得原则。考核结果作为“三育人”评先主要依据。

1995—1996 学年改革劳动分配制度，1996 年 3 月进一步改革了奖金发放办法，加强平时考核，强化劳动纪律。

1996—1997 学年制定了新的考核及奖金发放办法，使年度考核与正常的工资晋升、专业技术职务评聘、“三育人”评先及岗位工作奖发放紧密结合起来。

1997—1998 学年深化管理改革，提高管理水平，努力为学校增收节支。进一步完善《学校超工作量奖及课时津贴发放办法》，体现多劳多得、优教优酬原则。

1998—1999 学年深化人事分配制度改革，充分调动工作人员的积极性。结合 1998 年 10 月全员聘任制，按照精简、统一、效能的原则，进一步优化学校机构设置，1998 年 9 月正式成立招生就业办公室、后勤服务中心，不断完善科室工作职责，岗位责任进一步明确；完善落实了教师上课酬金发放办法和后勤人员奖金发放办法，体现按劳分配、优劳优酬的分配原则；继续建立、完善和落实学校各项管理制度，坚持依法从严治校。

（三）专业技术职务评聘

学校在 1987 年 2 月被省教委确定为中等专业学校教师职务评审工作的 6 所试点学校之一。省水利厅于 1987 年 4 月 24 日以豫水教字〔87〕22 号、23 号文批准学校成立了有关评审工作的组织机构。在 1987 年推荐评定各类专业技术职务的基础上，1988 年共评审批准了高级职称 37 人，中级职称 48 人，各类初级任职资格 50 人，共 135 人。1990 年 3—5 月，根据上级指示精神，学校对专业技术职务评审聘任工作进行了复查，由于调进调出及离退休等原因，学校首次聘任各类专业技术人员 102 人。

1991 年 12 月 11 日，河南省水利厅豫水劳人字〔1991〕145 号文根据省职改办《河南省专业技术职务评审委员会组织办法》（豫职改字〔1991〕5 号），批准学校成立由 13 人组成的中专系列专业技术职务初级评审委员会。1992 年 1 月，学校制定了《关于学校专业技术职务聘任制经常化工作安排意见》，就职称评聘前的准备、评聘工作程序及评聘工作纪律作了细化和要求，从此，职称评审工作走向正常化。由于老教师相继退休，学校具备高级职称的人员一度降到14人。1991年底，学校高级职称14人，中级职称42人，初级职称114人。在125名专职教师中，高级讲师12人，讲师31人，助理讲师67人。1992—1999年，学校晋升高级职务31人，中级职务55人，学校教师职称结构逐步趋于合理。1997年5月4日印发《专业技术职务推荐评审的几项规定》。2001年，在职教职工231人，其中专职教师120人，高级职称达到37人，中级职称80人。根据上级要求，学校进行了教师资格认定工作。2002年，根据河南省人事厅《关于做好“评聘分离”和“以聘代评”改革试点工作的意见》，学校通过申报，被批准为“评聘分离”试点单位。

二、财务工作

搬入新校址后，学校在财务管理方面先后制定印发了《河南省郑州水利学校教职工旅差费开支实施细则》、《会计人员岗位责任制》（1990年1月执行）、《学校会计室工作质量考核奖惩办法》（1990年8月执行）、《校内财务会计稽核制度》（1990年6月1日执行）、《会计档案管理办法》（1990年1月1日执行）、《财务审批规定》（1993年2月执行）、《财务管理制度》（1994年11月执行）、《河南省郑州水利学校财务管理办法》（2002年4月3日执行）。

（一）资金来源

1986—1996年，学校经费来源为上级包干经费拨款（每生每年拨经费1000元标准）、专项经费（或实验设备费）和学校多种经营收入（计划外收入：办函授站；办职工中专班；省水利厅工管处办班；为地、市、县委托培养学生；与兄弟院校联合办班；利用多余校舍对外经营；门面房租金）。多种经营收入按照教育部、财政部《全日制普通中等专业学校建立学校基金制度几项原则意见的通知》，其中60%用于学校事业的发展，40%用于奖金开支和集体福利。

1996年开始执行经费零基预算。

（二）资金使用管理

搬入新校址后，学校面临的是新摊子、底子薄、人员老化、开设新专业等问题，需要改善基础设施和办公条件、引进教师、增加仪器设备和图书资料等。在学校经费严重不足的情况下，学校一是积极争取省水利厅的大力支持；二是贯彻省委、省政府关于增产节约、增收节支的决定精神，加强财务管理，精打细算，及时催缴房屋租金和拖欠学费；三是制定了专项经费、预算资金（包干经费）和预算外资金的审批规定，严格审查各项开支、严格把关，办事有计划、审批按制度，分清主次缓急，合理调度资金，保证工资、助学金、水电等基本开支，保证了正常教学和教职工生活。学校实行聘任制后，实行了校长一支笔签字等制度。

1989年7月，根据财政部《会计工作达标升级实行办法》和《河南省事业行政单位会计工作达标、标准、检查考核计分办法（试行）》，学校成立了以校长为组长的会计工作达标领导小组，制定了会计达标升级计划，1990年6月，确定了学校会计室主管会计。1991年4月，省水利厅对学校会计达标工作进行了验收，并在学校召开了河南省水利系统会计达标现场会。5月，省水利厅以豫水财字〔1991〕032号文确认我校为会计工作三级单位。1992年12月，学校顺利通过了省财税大检查和物价结存，在全省水利决算评比中名列前茅。多年来学校在全省水利系统每年的决算评比中取得显著成绩,保持了会计工作三级单位的光荣称号。

1993年9月,撤销原综合经营办公室,成立了财务科,将原来会计室和综合经营办公室业务合并,统管学校的事业费和计划外创收经费。

2000年9月,学校接受了河南省审计厅对学校1999年至2000年6月财务收支情况的审计。

2001年,学校财务进行了内审工作,9月接受了河南省直纪工委对财务工作的审计。

2002年上半年,学校财务进行了自查,7月接受了省水利厅财务检查组的重点抽查,对会计基础、会计核算、固定资产管理等问题提出整改意见,并于2002年9月30日执行完毕。

三、后勤管理

学校新校区建设过程中,行政科抽出部分人员专门负责学校基础设施建设工作。1990年12月,在原有人员的基础上组建学校基建办公室并明确负责人。1993年,撤销基建办公室,将其合并到行政科。1993年9月28日,成立综合开发公司,李志雄任总经理,单独经营核算。1994年5月14日,学校成立郑州实验建筑安装工程公司,张汉尧任总经理、法人代表。1998年9月,成立后勤服务中心及其4个下属机构(按校内副科级管理):物资供应站、水电服务部、膳食服务部、维修队,该中心及其下属机构均为校内机构,不列入学校正式机构,4个机构共有19人。从1999年9月1日起执行,后勤服务中心逐步实行企业化管理。经过一年的运转实践,1999年10月,学校印发《关于深化后勤改革加快后勤服务中心运转的通知》,提出了服务、经营、管理、保障和育人5项职能,明确了各机构部门责任人,细化了措施、方法、步骤并颁布了与之配套的管理规定和制度。

2000年,后勤管理初步实现了干、管分开,人员分流,兴建实体,提高效益的目标。膳食服务部、物资供应站和水电服务部运行良好,为学校节约了开支,减轻了负担。

(一)校园基础设施建设

1.基建工作

为积极推进学校改革发展,扩大办学规模,提高办学质量和效益,在第一期规划设计完成后,对基础设施建设的投入逐步加大。资金来源:一是积极争取上级(主要是省水利厅)投资,二是学校自筹,三是教职工集资等,1990—2001年共筹措资金1796万元,先后建成了学校淡水养殖专业教学楼和露天养殖等工程,门面营业房,教职工4号住宅楼,学生1号、3号公寓楼加层,学生4号公寓楼,干训综合楼,教职工8号住宅楼,体育场400米跑道,足球场及其附属设施,网球场(占地面积708.57平方米),教职工4号住宅楼扩建,教学楼扩建,水工棚改造及维修,教工活动中心等,到2001年底,学校建筑总面积达到75501平方米,其中教学及辅助用房23094平方米,行政办公用房3983平方米,生活用房48424平方米。

基础设施维修:从1988年起,加强了学校家具和门窗玻璃等维修管理制度的落实,制定了与经济效益挂钩的奖惩办法。1989年实行学生宿舍及教室维修承包办法,节奖超罚。1999年7月,学校制定了《教职工住房维修、装修管理暂行办法》。

2.绿化工作

搬入新校区后,由于处于大规模基本建设阶段,学校绿化工作采取了先普及后提高、先集中购买栽培后逐渐移栽、逐步扩大绿化美化面积的原则。1988年起,采用引进、培育等方式,建苗圃、草坪、绿化带。1997年全校绿化覆盖率达60%以上,路面硬化率达100%。1999年6月,学校被全国绿化工作委员会命名为“全国绿化四百佳单位”。昔日的稻田地变为布局合理、绿树成荫、三季有花、四季常青、环境优美的校园。

（二）固定资产管理

1990年,河南省财政厅下发《关于行政事业单位建立固定资产账的通知》,学校开始建立固定资产账。1991年,学校对所有价值在25元以上、使用年限在一年以上的固定资产进行了一次清查。1993年,为认真落实《河南省水利厅行政事业单位财产清查登记工作具体实施方案》的决定,学校就财产清查的目标和要求、登记的范围、登记的内容、财产界定有关问题、财产价值的确定以及方法步骤,制定了《财产清查登记工作实施办法》并成立了物资清查工作领导小组(组长唐望),通过国有资产大清查,清查固定资产12万件,折价1600多万元,1993年7月顺利通过省清产核资检查小组的验收并得到好评。1996年12月,学校制定了《河南省郑州水利学校物资管理制度》。1998年10月,在物资设备的采购、验收、保管、报损及赔偿,固定资产及学校各种场地方面等,建立了相应的管理制度。2001年6—9月,根据上级《关于开展省级预算单位清产核资工作的通知》(豫政办〔2001〕23号)的要求,学校成立清产核资工作领导小组并制定《河南省郑州水利学校清产核资工作办法》。该项工作以2000年12月31日为清产核资的时间点,对学校基本情况(学校编制、人员结构及变化)、资产(固定资产、流动资产、投资、无形资产及负债)、经费和收支进行了清理、清查,在对学校资产及债权、债务进行清查登记和对收入、支出情况进行详细核对的基础上,对各项资产盘盈、财产损失和资金挂账进行了核实处理,全面摸清了学校的家底,为今后编制单位预算提供了科学依据。针对清产核资工作中发现的问题,进行了整改并完善了财务资产管理制度,加强了学校内部有效的监督管理。

（三）公房管理与住房制度改革

1.公房管理

1986年制定《教学楼管理暂行规定》《学生宿舍楼暂行规定》;1989年制定《教室、宿舍楼管理暂行规定》及“水电及其设备配置、管理办法,学校检查、奖惩办法”。

2.职工住房改革

1986年学校制定了《教职工住房分配暂行规定》。1989年制定了《对部分已婚青年教职工安排住房暂行办法》并成立了教职工住房清查小组,对1985年一次性分房中不合理住房进行摸底清查。1995年4月,为响应国务院关于加快城镇住房制度改革的精神,学校成立住房制度改革委员会并于1997年5月进行了人员调整。6月制定印发了《学校住房制度改革实施意见》,对1、2、3、4、5、6号家属楼中的226套房屋进行住房制度改革,售出192套。1998年随着8号家属楼的建成以及4号家属楼的扩建,对部分职工住房进行了调整,上述6幢家属楼腾出住房,一律以成本价出售。2000年8月,学校成立了职工住房清查工作领导小组,对违规违纪住房进行了清查和处理。

（四）水电(维修)管理改革

为加强水电管理,1986年制定《水、电收费暂行规定及管理办法》,减少了“跑、冒、滴、漏”现象。1989年开始逐步完善水、电、暖等管理制度。

1991年5月7日和1992年4月1日，学校连续被郑州市人民政府表彰为城市用水先进单位。

1992年5月25日，郑州市三电办公室、郑州市供电局以郑供用〔1992〕25号文，公布我校为郑州供电区29个省级标准变(配)电所之一。

(五)伙食管理改革

1985年搬入新校区后，学校制定了《食堂管理办法(试行)》，食堂实行半企业化管理，按营业额提取管理费。1988年学校食堂达到4个，担负1400名师生员工的就餐任务。对伙食科人员实行《招聘制办法(试行)》。

1993年下半年完善了9项伙食管理制度，成立新的伙食管理委员会。1995年下半年实行微机售饭和食堂社会化服务尝试，提高学生食堂服务。1996年下半年开始，除保留1个福利食堂外，在学生大食堂和所有小吃部全部实行了投标承包的办法。1997年下半年，为满足不断扩大办学规模的学生就餐要求，制定了《学校伙食管理条例》。1998年下半年改善食堂就餐环境，投资5万元购置120套就餐桌椅，投资60万元分三期工程扩建就餐面积457平方米。2000年6月随着办学规模的扩大，发展到3个大食堂和7个小吃部，炊管人员60余人，管理上实行“谁主管、谁负责”的原则。

(六)多种经营工作

自20世纪80年代中期以后，随着办学规模的逐步扩大，学校事业经费长期处于严重不足状态，为弥补经费不足，学校积极挖掘潜力，发挥学校优势，组织创收，自主承建水力实验室和其他维修工作，开办培训班、代培班。1989年2月成立了综合经营办公室，负责学校招待所、汽车修理部、知青商店、联营苗圃的经营管理及协调学校各科室的增收节支工作。1991年3月与水利工程二局联合筹办了“郑州水校汽车维修厂”(杜平原为负责人，1992年改为山河汽修厂)。为更好地促进学校多种经营工作，1992年2月学校成立合理化建议技术改进活动领导小组，其办公室设在工会。1992年10月学校开办了技术服务部并委托校工会管理。

1992年11月30日，经上级批准，正式成立郑州水校综合开发公司，杜平原为总经理。1987—1993年，通过门面营业房、招待所、扩大委派走读招生等多种经营，创收476万元，极大地弥补了学校经费不足的问题。1994年5月14日，学校成立郑州实验建筑安装工程公司。

1993年成立了财务科，统管学校的事业费和计划外创收经费。1997年明确由后勤副校长负责日常创收工作，财务科为创收办事机构，重大问题由校领导集体研究决定。

为保证在校3000人规模的办学，面对日益扩大的基础设施建设，提高工程质量和效益，1999年学校成立郑州豫利建筑安装工程有限公司(校内正科级)，负责组织和参与学校工程建设。

四、离退休人员管理

(一)离退休制度

1989年3月15日，学校制定了《学校教职工离、退休工作的有关规定》。1994年10月4日，重新修订印发《我校执行教职工离退休制度的实施办法》，该办法对离退休人员的医疗保健、因病用车、住院及护理、生活待遇、返聘等都提出了明确规定。

(二)离退休干部管理服务

学校离退休工作由人事科负责管理。

为加强对离退休干部工作的管理，1989年10月，成立了以校长为主任的老干部工作委员会，11月选举产生了老干部支部委员会。学校指定专人负责老干部工作，建立了老干部活动室，开展文娱活动。1992年成立老干部科，具体负责离退休教职工的管理和服务工作。多年来，认真落实退休教职工“两个”待遇。老干部科会同老干部支部，按照校党委的布置及时组织离退休人员学习文件、听报告，开展各项政治活动，原则上每月组织1~2次政治学习。学校定期或不定期召开座谈会、茶话会征求他们的意见和要求，了解他们的身体状况，合理解决他们的实际问题，改进服务态度。及时探望生病住院的老同志，春节期间走访、慰问老同志，对生活困难的老同志进行救济等，并定期开展丰富多彩的文体活动，丰富退休生活。1993年4月，学校被省水利厅命名为发挥老干部作用先进单位。

五、档案管理

1986年，学校建立了档案室，基本完成立卷归档工作。学校集中力量购置了档案柜，收集了散存档案，整理、加工、编写案卷目录，基本达到了厅档案室的要求，在全厅（含二级机构）评比中列第七位（前六位为先进集体），韩钦信被评为先进办公室主任，学校档案工作迈出了一大步。

1988年，利用大会讲、板报、壁报、广播、集中培训的形式进行了《中华人民共和国档案法》宣传，提高了对文书立卷、爱护档案重要性的认识。

1998—1999学年，为提高学校管理的现代化水平，已在10多个科室实现微机应用，文书档案管理工作也开始逐步引入微机管理。

六、校庆活动

（一）35周年校庆

1990年11月28日上午，学校全体师生和社会各界来宾济济一堂，共同庆祝学校建校35周年。校长、党委书记蒋行健回顾了建校35年来所走过的坎坷道路，总结了建校35年来取得的成就，提出了今后办学的努力方向，号召全校师生乘35周年校庆东风，大力开展校风建设，继续深化教育改革，不断提高教学质量，为河南水利、水产事业培养更多更好的水利技术人才。

省水利厅副厅长李日旭，原厅长、离休干部杨甫、陈云峰、刘建民，省教委职教处副处长史志宽、省中专教研会副会长李学忠，原校长、党委书记王松出席了庆祝大会。出席大会的还有华北水利水电学院、郑州工学院、黄河水利学校、周口水利学校等10余所院校的代表，省水利厅各处室、郑州市水利局、人民胜利渠管理局、白龟山水库管理局、黄河游览区等26个单位的60余人。

在庆祝大会上还表彰了王成章等47名从事教育工作25年以上的同志。

通过建校35周年校庆活动，进一步推动了学校“严谨、勤奋、求实、创新”的校风建设活动，激励了广大师生关心学校、热爱学校的积极性，为进一步搞好学校各项工作打下了基础。

（二）40周年校庆

1995年10月26日，学校隆重举行建校40周年庆祝活动。河南省副省长张世英、省教委副主任王际新、全国水利职业技术教育学会理事长邵平江，省水利厅副厅长李日旭、舒嘉明、李福中等领导同志莅临学校参加庆祝活动。山西省水利学校等28所院校、省水利厅各处室和地市县水利局的领导及各界嘉宾共200多人前来表示祝贺。水利部人教司及另一些兄弟院校和不少校友从全国各地乃至国外发来了贺电、贺信。

上午,首先举行了国家级重点普通中等专业学校挂牌仪式,副省长张世英和副主任王际欣为学校国家级重点中专揭牌。近3000人参加建校40周年庆祝大会,副省长张世英、副厅长李日旭在会上作了讲话。校长唐望致辞,他代表学校向前来参加大会的领导和来宾表示热烈的欢迎,接着回顾了建校40年来的坎坷历程和取得的成就,介绍了学校可喜的现状和今后办学的努力方向,并表示要把省政府和有关委、厅对学校的大力支持,水利系统各单位和广大校友对学校的无私帮助汇集成强大的动力源,推进学校的教育改革,为河南水利事业作出更大的贡献。

(三)45周年校庆

2000年10月28日,学校隆重举行建校45周年庆祝活动。水利部人教司司长陈自强,省教育厅有关领导,省水利厅厅长韩天经,副厅长王璋、王铁牛及厅各处室和兄弟院校出席了庆祝大会。

七、学校保卫和社会治安综合治理

(一)组织机构

1987年成立安全生产委员会和治安保卫委员会(其中主任由校长担任,治保委员由各党支部的组织委员和部分科室负责人担任);1990年4月和6月先后成立学校综合治理领导小组、学校民事调解委员会和义务消防队;1992年6月8日,学校成立社会治安综合治理领导小组;1993年9月,成立学校防火安全委员会和消防领导小组;1998年3月,成立依法治校领导小组;2001年3月,成立公共场所消防安全整治工作领导小组(杜平原任组长)、依法治教领导小组、信访组织领导小组和安全生产委员会。随着学校机构调整和人员变化,上述各组织人员组成也不断进行调整和变化。

"七五"期间,学校在治安保卫、综合治理、计划生育、工资改革方面做了大量工作,取得了明显成效,受到省教委、省水利厅、郑州市金水区的表彰和奖励。

(二)建章立制

自1989年1月学校印发《河南省郑州水利学校治安保卫工作制度实施细则》以来,先后印发《河南省郑州水利学校安全工作岗位责任制》《我校综合治理工作的意见》《河南省郑州水利学校关于社会治安综合治理的规定》《加强治安管理整顿校园摊点秩序的通知》《关于进一步加强我校社会治安综合治理工作的通知》《郑州水利学校"平安工程"实施计划》《安全消防工作要点和开展争创"安全单位"活动的通知》《消防安全专项整治工作意见》《关于加强计算机网站安全使用管理问题的通知》等文件,使学校的安全保卫和社会治安综合治理工作有章可循、有矩可依。

(三)严格管理,加强防范

1.落实责任制

1989年6月印发《河南省郑州水利学校安全工作岗位责任制》,对校领导特别是负责学校安全工作的校领导以及科室领导明确了岗位责任,将安全生产作为考核、晋升、评比、评先的重要内容。制定了《安全检查评比奖励制度》,每年一次对安全保卫工作做得最好的部门和个人给予奖励。

2.加强值班和巡查

安全检查常抓不懈,从1989年11月开

始,坚持校党委成员和中层干部每晚值班制度,发现问题及时处理。坚持不懈抓好安全防范,保证校园治安秩序的稳定。

3.抓队伍建设

抓好以治安保卫为主线的综合治理,校党委狠抓保卫部门标准化建设和治安保卫队伍建设:一、常态化研究解决治安保卫工作中出现的困难和问题;二、发现防范力量薄弱环节,及时抽调骨干充实,扩大专业保卫队伍;三、加大投资,加固改造不安全设施,购置警具、通信设备等;四、在专业保卫人员中,开展创"十佳"卫士活动;五、加强队伍思想建设,认真学习有关理论知识,增强法治观念,严格按时参加公安部门召开的会议和重视上级下达的文件、通知等,深刻领会其指示精神和要求,并认真贯彻落实到学校治安保卫和综合治理工作中去;六、学校大力支持保卫工作,有力地调动了保卫人员的工作积极性和坚定了做好保卫工作的信心。

以队伍建设为引领,学校社会治安保卫工作曾多次被郑州市二七区、金水区人民政府,大学路、文化路办事处,郑州市公安局及二七区和金水区公安分局,文化路派出所等单位评为综合治理先进单位及治安保卫先进单位。

学校贯彻"预防为主,打防结合"的方针,1989—1992年连续四年无治安刑事案件发生,1991—1992年被郑州市公安局评为"基础杯"竞赛先进单位及综合治理先进单位,被市政府表彰为内保工作先进单位。

(四)开展普法教育

学校从1986年开展"一五"普法教育,全体教职工开展"九法一条例"学习,提高遵纪守法的自觉性。

1988年学校重视宣传贯彻《中华人民共和国水法》《中华人民共和国档案法》和《中华人民共和国保守国家秘密法》,采取开大会,画板报、壁报,听广播,集中培训等措施,使"三法"家喻户晓,提高了对保护水利设施、节约用水、保密工作、文书立卷及爱护档案重要性的认识。1991年以后的"二五""三五"普法教育中,组织教职工学习《中华人民共和国集会游行示威法》《中华人民共和国选举法》《中华人民共和国劳动法》以及社会主义市场经济有关法律知识,有力推动了学校的综合治理和精神文明建设工作。

八、学校荣誉

1994年2月25日,省教委发布《关于公布省部级重点普通中等专业学校的通知》(豫教职字〔1994〕21号),确定河南省郑州水利学校等38所学校为省部级重点普通中等专业学校。

1994年8月22日,国家教育委员会发布《关于公布国家级重点普通中专学校名单的通知》(教职〔1994〕10号),共批准国家级重点普通中专学校249所,其中河南省荣获国家级重点中专的学校共9所,我校是其中之一。1994年教师节庆祝大会上,省教委职教处副处长茹秀荣在大会上宣读了国家教委的文件通知,处长侯占新代表省教委表示对我校的祝贺并作了重要讲话。省水利厅厅长马德全、李日旭,副厅长李福中也到会表示祝贺。厅长马德全就学校办学成果及河南省水利建设的形势作了重要讲话。

1999年1月被省高校工委命名为"省级文明学校",5月被河南省委宣传部、省总工会、省教育委员会命名为"河南省职业道德建设先进单位",6月被全国绿化工作委员会命名为"全国绿化四百佳单位"。

1999年6月8日,教育部教职成司〔1999〕12号文下发《关于调整国家级重点中等职业学校的通知》。通知指出：国家教委于20世纪90年代初开展了国家级重点普通中等职业学校教育评估工作，审批认定的249所国家级重点中等专业学校近年来发生很大变化，对原国家级重点中等职业学校进行调整已成为新形势下加强骨干示范性职业学校建设的重要任务，也是贯彻落实教育部《面向21世纪教育振兴行动计划》中提出的"努力在各地办出一批有较高社会声誉的职业技术学校"精神的重要举措。为此，决定于1999年下半年至2000年上半年开展调整国家级重点中等职业学校的工作。

2000年6月，省教育厅《转发教育部关于公布首批国家级重点中等职业学校名单的通知》（教职成〔2000〕398号文），确定河南省郑州水利学校继1994年8月之后，再次被国家教育部评定为国家级重点中专，并在河南省25所国家级重点中专中名列第三，这既是对我校45年来办学成绩的肯定，同时也标志着我校在全省中专建设中名列前茅。

2001年12月6日省教育厅以教职成〔2001〕576号文认定我校为河南省十所中等职业示范学校之一。

第四章　合作办学开新路

——举办华北水利水电学院水利职业学院时期(2002—2012年)

2002—2012年,为适应社会主义市场经济办学的新形势,寻求新的办学增长点,开拓与高等院校联合办学、成人教育等领域发展,学校在与华北水利水电学院联合举办的专科层次教学班的基础上,进一步合作,联合申办成立了华北水利水电学院水利职业学院。2002年9月18日,在河南省郑州水利学校举行了学院成立大会及挂牌仪式。过渡期间,学校围绕高职教育标准制定教学相关文件,推动教学教研改革,根据办学实际理顺学生管理制度,合理制定招生计划,积极对接用人单位,做好就业工作,同步做好成人继续教育的教学与管理等工作。在省水利厅和省教委领导下做好党组织和领导班子建设,专题教育活动切实开展,职工思想政治教育不断深入,精神文明建设常抓常新。群团组织建设进一步发展,工会干部队伍建设逐步完善。人事、财务、后勤等行政管理对标高职院校要求日趋规范。河南省郑州水利学校建校50周年和华北水利水电学院水利职业学院成立3周年庆祝大会隆重举行。

第一节　申办华北水利水电学院水利职业学院

国家扩大高等教育规模后,学校在中职教育的基础上,统一全体教职工思想认识,加大投入提升办学实力,改善校园环境,优化招生专业,成立与华北水利水电学院联合办学攻关小组,在省水利厅的大力支持下,经省人民政府和省教育厅批准开展合作办学。在向高职教育过渡阶段,主动调整办学思路和内设机构,逐步扩大办学规模,完善管理办法。明确方针,扎实开展人才培养工作水平评估工作,稳步度过高职办学过渡阶段,为学院高质量人才培养奠定了坚实基础。

一、开拓合作办学之路

(一)筹备高职办学

1.思想准备

1999年中专招生并轨,国家进一步扩大普通高中教育和高等教育规模,中等职业教育出现滑坡,尽管学校加大了招生力度,基本实现了预期的招生规模,1999年、2000年、2001年连续三年在校生人数在3000人以上(1999年3223人,2000年3470

人,2001年3265人),保证了学校正常的教学和生活秩序,但中专学校毕业生就业的巨大压力使招生变得越来越困难,中专教育形势严峻,必须认清新形势,明确新任务,理清新思路,实现新突破。

1999年1月学校先后召开第五次党员大会和第四次教代会,2000年1月和6月分别召开"学校深化改革研讨会"及四届二次教代会,大会认真分析了学校办学所面临的严峻形势,学校领导和全体职工在思想上形成共识:一、在学习贯彻党的十五届五中全会和第三次全国教育工作会议精神的基础上,"十五"期间要认真谋划学校的长远规划;二、在教职工思想上牢固树立"不改革学校就不能发展,不发展学校就没有出路"的观念;三、力争在较短时间内,在培养高层次、高学历人才方面有重大突破,加大与高等学校合作办学的力度,在依靠自身优势发展高职班方面,寻求新的办学活力。

2.办学条件准备

为加强内涵建设,1999年、2000年、2001年在校园网、计算机、教学仪器设备、基础设施等方面投入1200多万元,在办学实力和改善校园环境方面有了新的突破。学校继1994年8月成为国家级重点中专后,2000年6月再次被国家教育部评定为国家级重点中专,在河南省25所国家级重点中专中位列第三。2001年12月学校被认定为河南省十所中等职业示范学校之一。

2001年,根据学校办学的需要,对原有的专业重新进行了调整,学校共设置专业23个,其中普通中专17个专业,"3+2"分段制高职3个专业,高职3个专业。在多层次办学方面,多年来与省直电大分校合作,积累了专科办学经验。2001年4月,学校与黄河水利职业学院协商联合举办"3+2"分段制高职教育,9月与华北水利水电学院联合招收高职生220人并负责教学和管理,2002年又有华北水利水电学院经管系转入学生196人,这为以后的高职教育和申报高职学院奠定了良好的基础,并且学校的办学实力和办学水平已具备了举办高等职业教育的基本条件。

(二)申报高职

1.积极论证

1999年3月21日,在教育部关于高职发展"三改一补"(1994年召开的全国教育工作会议进一步明确了高等职业教育的办学主体和发展方向,通过对高等专科学校、短期职业大学和独立设置的成人高校进行改革、改组和改制,来积极推动高等职业教育发展;在仍不能满足经济社会发展需要时,可将部分办学条件好、办学质量高的重点中专经审批后举办高等职业教育班或改制作为补充,即"三改一补")精神指导和河南省水利厅大力支持下,积极论证成立"河南省水利职业学院",并形成申办报告及论证材料上报河南省政府、省教委。2000年9月10日,学校向省教委呈交《河南省郑州水利学校关于申办高职班的论证报告》。12月25日,学校成立与华北水利水电学院联合办学攻关小组。2001年3月9日,河南省人民政府办公厅转发省教育厅《关于我省审批设置高等职业学校有关问题意见的通知》(豫政办〔2001〕12号),指出:"省直部门可以利用所属国家重点中专与本科院校(同城市、专业相同或相近)合作办学,以二级学院的形式举办高等职业学校。联合办学后,原行业所属的学校,管理体制和投资渠道不变,可以保留原有学校的牌子,并继续承担中等职业教育任务。”根据此精神，3 月 30 日，学校向省水利厅呈报《河南省郑州水利学校关于与华北水利水电学院合作举办高等职业学校的请示》，6 月 14 日河南省水利厅与华北水利水电学院以豫水教〔2001〕9 号文向省人民政府提出了合作举办河南水利职业学院的请示，之后，华北水利水电学院又向省教育厅上报了《关于与河南省郑州水利学校联合举办水利职业技术学院的请示》（华水文〔2002〕20 号）。

2.成立华北水利水电学院水利职业学院

2002 年 7 月 15 日，河南省教育厅以《关于同意华北水利水电学院成立水利职业学院并与河南省郑州水利学校合作办学的批复》（豫教发规〔2002〕85 号）批准学校和华北水利水电学院合作办学，成立华北水利水电学院水利职业学院，培养专科层次的应用型人才。9 月 18 日，在河南省郑州水利学校举行了水利职业学院成立大会及挂牌仪式。省水利厅厅长韩天经，华北水利水电学院党委书记朱清孟、院长严大考、党委副书记高武胜、副院长刘汉东等领导以及省教育厅、省各地市水利局、兄弟学校到会表示祝贺。水利职业学院的成立标志着学校办学层次的重大突破。2002 年 10 月、11 月，学校分别向河南省水利厅和华北水利水电学院作了请示汇报后，根据中共河南省水利厅党组《关于组建华北水利水电学院水利职业学院党政领导班子的批复》（豫水组〔2002〕25 号）、中共华北水利水电学院委员会《关于成立华北水利水电学院水利职业学院党委的通知》（华水党〔2002〕40 号）精神，在已有领导班子成员中组建了水利职业学院党政领导班子。根据省教育厅文件精神，水利职业学院为处级规格，接受河南省水利厅、华北水利水电学院双重领导和省教育厅的指导，举办专科层次的高职教育。

二、逐步向高职办学过渡

（一）调整办学思路

为处理好办学规模、发展和稳定的关系，既办好中职教育，又要办好高职教育，学校于 2001 年 6 月 27 日召开教学工作研讨会，把将要举办的高职、已有的电大、“3+2”及现有中专的教学、教育管理作为研讨的主要议题。在对举办高职过程中的教学计划制订、机构设置、师资队伍建设、实验实训设备和图书购置、图书馆开放、高职学生的管理等进行了充分的讨论并形成共识，对学校今后一段时期教育教学的改革起到了积极的指导作用。2002 年 7 月召开的教学工作研讨会对新学年的教学工作进行研讨和部署。9 月成立水利职业学院后，学校的办学思路为适应新的办学形式，稳定和扩大办学规模，努力办好现有普通中专、“3+2”高职、电大和已有的高职专科班，逐步由中职教育向高职教育过渡，三年后以高职专科为主，在办学思想、管理体制、师资队伍、技术装备、教学计划等方面逐步按高校管理模式构建，努力办好二级学院。

（二）调整内设机构

为提高学校办学和管理水平，2003 年 4 月，在不改变机构规格和相关人员职级待遇的基础上，对学校部分内设机构的名称作了适当变动，其中有 11 个“科（室）”改成“处（部）”。9 月首先成立了“水利系”及其党支部，配备了系主任和支部书记、副书记。2004 年 7 月，为适应中高职并举的办学需要，经省水利厅批准，正式成立水利工程系、土木工程系、信息工程系、基础科学系、实验实训中心等 17 个正科级和 4 个副科级机构，正、副科级职数 33 人。2005 年 8

月,成立了水利工程二系(主要负责中职学生的管理),完善了院系二级管理有关制度,成立了16个教研室。为进一步加快向高职管理模式的过渡,使学校机构设置符合培养高职人才的要求并准备迎接2008年高职人才水平评估工作,2007年6月经省水利厅批准,增设了财经系、教育质量监控办公室。原有的基础科学系、水利工程二系和教育研究督导室分别改名为基础部、中专部和教育教学研究处。调整后的学校正、副科级机构23个:党委办公室、学校办公室、人事处、财务处、总务处、教务处、学生处(团委)、离退休工作处、保卫处、招生就业指导中心、后勤服务中心、教育质量监控办公室、教育教学研究处、水利工程系、信息工程系、土木工程系、财经系、基础部、中专部、成人教育处(工会不算内设机构,只占中层干部职数);副科级机构:图书馆、实验实训中心、现代教育技术中心。科级领导职数40人(含监察室、工会各1人)。至此,学校机构设置基本完成了由中职向高职的过渡。

(三)扩大高职办学规模

1.增设高职专业

2003年4月,学校向省教育厅和华北水电学院申报4个高职专业:水利水电工程(含对口招生30人)、农业水利工程、水土保持、水产养殖,实现水利职业学院首次招生。

2004年,增设建筑工程技术、测量工程技术、计算机应用技术、会计电算化4个高职专业。该4个专业于2005年9月经省教育厅专家组的评估,学校高职办学情况获得了较高评价。

2007年,制定了三年制高职"2.5+0.5"教学模式改革方案,开展专业教学改革试点工作并将水利工程、建筑工程技术、计算机应用技术3个专业作为教学改革试点专业。

2011年,增设了水利工程监理、基础工程技术、电气自动化技术3个高职专业。2012年增设工程造价专业,高职专业达到12个。水利职业学院在校三年制高职生人数从2003年的263人提高到2012年的2281人,从占学校在校生总规模的8.5%发展到34.7%。在2003年至2012年举办华北水利水电学院水利职业学院的10年间,共招收三年制高职生8971人,毕业6842人;招收五年一贯制学生3440人,毕业1568人。

2.围绕高职制定教学制度

2003年7月,召开了以能力为本位、专业建设为重点、课程改革为核心的教学改革指导思想教学工作研讨会。对学校的师资队伍建设、高职学生的教育教学管理、普通中专专业划类、分层次教学及学籍管理等方面的问题进行研讨并形成共识。之后相继制定了四大类教学大纲及教学计划,调整了各专业的课程设置,形成了按大类专业教学的新模式。11月,根据《教育部办公厅关于加强高等职业(高专)院校师资队伍建设的意见》(教高厅〔2002〕5号)、《河南省教育厅关于加强高等职业(高专)院校师资队伍建设的意见》,学校制定了《2003—2007年师资队伍建设规划》,2005年提出了各层次专业人才培养方案,编制了三年制中职、五年制高职专业教学计划,修订了《高职学生课程考核管理办法》,制定了《职业学院学生管理规定》(21项)。2007年,为迎接高职高专人才培养工作水平评估,出台了《教师教学工作规范》《教师教学工作考核办法》《"双师型"教师培养与管理办法》《学分制管理办法》《试题库建设实施办法》《教科研工作管理试行办法》《教科研成果奖励试行办法》《教学责任事故认定及处理办法》《实验(实训)室工作管理办法》等一系列教学制度,进一步规范了教学管理。

三、高职“人才培养工作水平”评估

在2003年教育部评估试点工作的基础上,从2004年开始教育部启动高职高专院校人才培养工作水平评估工作,贯彻“以评促建、以评促改、以评促管、评建结合、重在建设”二十字方针。学校2006年4月启动该项工作,成立了人才培养工作水平评估领导小组,向省教育厅请示,调整了评估时间,8月向省水利厅呈报了《关于迎接高职人才培养工作水平评估工作的报告》。2007年9月由于机构设置和人员变动,调整了人才培养工作水平评估领导小组,10月、11月向全院下达了高职院校人才培养工作水平评估任务,印发《关于迎接人才培养工作水平评估的实施方案》《人才培养工作水平评估总体工作方案》,将任务一一分解到各系部、各处室。在完善教学文件、出台多项管理制度和做好学校内部教学资料整理,为各项评估指标提供佐证材料的同时,先后到省内外几所兄弟院校就迎评促建、学院建设、实践性教学、实训基地建设等参观学习或沟通联系,聘请已通过评估的职业院校的专家教授来校进行讲座和指导,获得了大量的信息和宝贵经验,使学院的迎评促建工作得以顺利推进。

经过一年多的前期准备,2008年全校师生全力以赴投入迎评促建冲刺阶段的工作。经过全体师生的艰苦努力和精心准备,通过预评专家的指导和认真整改,2008年11月15日,省教育厅高职高专院校人才培养工作水平评估专家组一行7人莅临我校,对我校人才培养工作水平进行评估验收。专家组通过4天的实地考察和多方面的谈话交流,在办学指导思想和办学定位、师资队伍建设、基础设施建设、学院内涵建设、教学改革与管理、学院管理队伍建设、专业教学与院办产业融合、毕业生就业等办学主要成绩和特色方面进行评估验收,对我校的人才培养工作给予了充分的肯定。11月,学校向省教育厅报送了《高职高专院校人才培养工作水平评估整改方案》,12月29日,省教育厅以教高〔2008〕838号文公布我院人才培养工作水平评估结论为良好。2009年1月,学校对在人才培养工作水平评估工作中涌现出的先进集体和先进个人进行了表彰。

经过评估,高职办学进入了稳步发展阶段,教育教学和各项管理工作也进一步科学和规范。

第二节　教学教研工作

学校以中职示范性建设和中高职教学评估为契机,全面推进教学教研综合改革。加大专业建设投入,持续增设新专业,积极面向未升学的高中毕业生开展职业教育和培训,加强教材建设规划管理,强化教学督导和质量监控。培育师资队伍,制定《2003—2007年师资队伍建设规划》。争取上级财政支持,改善实践教

学条件，高质量推进图书馆建设。完善实践教学管理办法，积极组织参加、承办各种专业技能竞赛。探索推进校企合作模式，细化教科研工作管理办法，积极参与学术团体活动和社会服务。成功被确定为全国水利中等职业教育示范学校建设单位和河南省示范性行业职业学校，在2011年度全省中等职业学校教学质量评估中获评优秀。

一、教学改革

根据学校确定的“以能力为本位、专业建设为重点、课程改革为核心、培养学生的动手能力和创新精神为目标”的教育教学改革指导思想，进行了一系列专业和教学改革工作。

（一）专业及教材建设

1.不断调整中职专业

2005—2012年，每年都增设新专业，如初中起点的三年制、“3+2”（与河南建筑职业技术学院合作）、五年一贯制（水利职业学院），高中起点的两年制或1~2年制。2006年积极面向未升学的高中毕业生开展职业教育和培训，共招生89人，学制一年（校企合作班）。其中，与西平县水利局首次进行校企合作，实行订单培养模式，招生44人。2007年与上海科技管理学校联合招收制冷与空调设备运行维护专业，学制三年，前两年在我校学习，第三年到上海学习专业课。2007年同时恢复高职水土保持专业，招生50人。

2.加强教材建设

2006年9月，学校出台《教材建设与管理办法》《试题库建设实施办法（试行）》，积极鼓励教师参加教材和试题库建设。在学校出台的《教科研成果奖励试行办法》中，对国家级、省级的统编和规划教材、校本教材等编写工作作了明确规定。

3.编制教学计划

2003年，在中职个别专业招生数量少、单独开班困难的情况下，学校通过教学改革研讨会讨论，确立了按水利、土建、计算机和财经四大类教学的管理模式，制定了教学计划和教学大纲。

2005年开始，不断提出各层次专业培养方案，至2007年各教学系修订了三年制中职，三年制、五年制高职专业教学计划和课程改革方案，全面实现了中职“2+1”、五年制高职“4+1”教学模式改革。

4.申报开展省级重点专业建设

学校积极申报和开展省级重点专业建设，工业与民用建筑和计算机应用两个专业被列为省级重点专业。2007年9月14日，在水利、土建、电子信息和财经管理四大类专业中成立了专业建设指导委员会，并制定了相应的章程，工作职责、组织机构、工作制度及待遇等得以明确；在此基础上，2012年又增加调整为水利、土建、测绘、计算机、自动化、财经六个类别专业建设指导委员会，并增设了勘测设计、院校、企事业单位的专家、教授、教授级高级工程师、高级工程师、高级会计师、总工程师、总经理、注册会计师、注册税务师等人员，满足了新形势下职业教育人才培养的需要。

5.创新人才培养模式

2009年开始，根据教育部教育改革文件要求，学校积极推进中职教学改革工作，采用改进教学方法和教学手段等措施，探索和逐步推进创新人才培养模式，进行行为导向教学方法的研究，尝试推进课程项目教学法，以课程整体教学设计为基础，以单元教学设计替代传统的教案为突破口，大力进行课堂教学方法改革，突出学生技能培养，推进“教、学、做”一体化教学模式，使内涵建设上了一个新台阶,凸显了职业教育新特色。

(二)教学督导与质量监控

1.教学督导

为提高教学质量和管理水平,2004年学院开展质量管理安全月活动,其中主要进行了教学各个环节的监督和检查以及教案评比、学生技能比赛或知识问答竞赛。为适应学校从中专向高职过渡的需要,保证和提高教学质量,2005年4月学院组建了教学督导组,重新细化了工作职责。为做好教学质量监控的基础性工作,从学习的态度、过程、方法和效果4个方面了解学生的学习状况,客观、公正地分析评价学风和教风,探索人才培养的有效途径,进一步深化教育教学改革,2006年制定了《教师评学暂行规定》。为迎接高职人才培养工作水平评估,尽快构建和完善教学质量监控体系,2007年8月开始,学校先后成立了教学质量监控与评价工作委员会、教育质量监控办公室及系、部教学质量监控与评价信息机构,配备了专职管理人员并相继制定出台了《教学督导工作实施办法》《听课与信息反馈管理办法》《学生教学信息员制度实施办法》《教学质量奖奖励办法》《教学质量监控与评价实施方案》和《主要教学环节质量标准》等制度,初步构成了由督导系统、教育教学信息反馈系统、教学评价系统、相关的工作制度及组织机构组成的教学质量监控体系。此后,每学期按照以上有关规定对教学质量进行考核,对各系部获得一、二、三等奖排名前10%的教师和优质课、优秀教案、优秀课件比赛及学生技能竞赛获奖学生指导教师等获得者按照《教学质量奖奖励办法》进行表彰和奖励并进行通报。2008年9月对《教学质量监控与评价实施方案》进行了修订,使该项工作更加趋于完善。

2.教学日常管理和规章制度建设

教学日常管理方面,学校坚持"以教学为中心"的思想,严格教学管理,不断完善院系二级教学管理运作机制,狠抓教学各个环节的计划、组织、实施和管理,保证了教学工作正常有序进行。明确教学管理人员岗位职责,规范各项教学管理工作流程,建立教学管理网络系统,实现教学计划、排课管理、考务管理、学籍管理、成绩管理、教材管理等方面网络化管理,切实提高管理工作效率和水平,确保教学任务的落实。

2003年2月制定印发《未任课教师有关待遇问题的实施办法》。

2007年1月16日制定印发《外聘教师管理办法》。

2007年9月18日制定印发《教师教学工作规范》。

2007年10月31日制定印发《教师教学工作考核办法》。

2007年11月21日制定印发《教学责任事故认定及处理办法》。

2008年6月25日制定印发《教学管理人员工作规范》。

考试管理方面:

2007年10月31日印发《学分制管理办法》。

2009年9月7日印发《学分制管理暂行规定》。

校外教学点管理方面:

2010年10月13日印发《校外教学点教学管理暂行规定》。

(三)示范校建设及评估

1.水利部和全国水利示范学校建设

2008年8月7日,为促进水利职业教育院校提高办学能力和水平,中国水利教育协会印发《关于开展水利职业教育示范院校建设工作的通知》(水教协〔2008〕16

号)和《关于开展水利职业教育示范专业建设工作的通知》(水教协〔2008〕17号)。学校按照要求积极申报了水利中职示范学校和示范专业建设。12月18日,水利部水利职业教育示范院校建设中职第二评审组专家抵达学校,进行了为期两天的实地考察,听取了学校汇报,考察了学校教学基础设施和实验实训基地,查阅了学校评审材料,听取了学校重点专业建设汇报,召开了教师座谈会。最后专家组认为:学校已经具备了建设成为全国水利中等职业教育示范学校的基本条件,被确定为示范学校建设单位,水利水电工程技术和工业与民用建筑专业也列入了示范专业建设项目。

学校通过三年的建设项目任务的实施,特别在专业技能、"双师型"教师培养、探索"2+1"和顶岗实习教学模式等内涵方面加强了建设,取得了突破性进展。2011年12月16日,全国水利中等职业教育示范学校建设单位评估验收专家组莅临学校检查指导工作。在听取汇报、实地考察、查阅资料、组织讨论后,评估组向学校反馈了评估情况,充分肯定了学校在示范校建设方面取得的成绩,顺利通过了示范学校和示范专业的评估验收。

2.省级示范性中职学校建设

2009年5月7日,学校向省教育厅申请2009年省财政支持的职业教育省级示范性中等职业学校建设项目,在指导思想、项目建设内容与目标、项目建设资金预算、项目建设进度、项目建设预期效益和保障措施6个方面制定了实施方案。

2010年1月4日,根据《河南省人民政府关于加快推进职业教育攻坚工作的若干意见》(豫政〔2010〕1号),3月、4月,学校在师资队伍建设、教学研究、实训基地建设、仪器设备购置等方面连续3次向省水利厅呈报《关于申报示范性学校建设项目和申报河南省示范性行业职业学校的报告》,得到了省水利厅的大力支持。5月26日,河南省下发《河南省人民政府关于印发重点建设的百所示范性职业学校职业教育教育园区名单的通知》(豫政〔2010〕53号),学校被省政府确定为重点建设的示范性职业学校。围绕示范性职业学校建设,学校成立项目建设实施领导小组,为争取国家财政、省财政资金的支持奠定了基础,大大促进了学校快速发展及在全省职业教育中的示范、带动作用。

3.学校规模核定

2011年3月,《河南省教育厅关于郑州水利学校办学规模的意见》(教发规〔2011〕221号)同意学校发展规模为13000人,其中普通高职5000人,普通中专8000人。

4.教学质量及国家级重点职业学校检查评估

2011年4月11日,河南省教育厅下发《关于开展2011年度全省中等职业学校教学质量评估工作的通知》(教职研〔2011〕245号)。4月18日,学校成立了教学质量评估工作领导小组和评估工作办公室,对教学质量评价指标体系进行任务分解。9月21日,省教育厅中职评估专家组莅临学校进行评估。通过听取汇报、实地考察、查阅资料、现场座谈等方式,对学校的办学和管理工作进行了全面的评估和考核,在办学条件、办学方向、办学特色等方面给予了较高的评价,同时指出了不足和努力方向。11月3日,国家级重点中职学校检查评估专家组莅临学校检查指导工作,听取了汇报,实地查看了校园环境、实验实训场所。12月,学校向省教育厅呈报了《教学质量评估整改方案》。2012年1月,河南省教育厅下发《关于公布2011年度全省中等职业学校教学质量评估结果的通知》,学校被评为优秀。

二、师资队伍建设

举办水利职业学院后,为加强师资队伍建设,2003年11月学院制定了《2003—2007年师资队伍建设规划》,该规划提出:2005年专任教师全部达到本科以上学历,其中获得硕士学位和研究生学历的教师达到15%,2007年达到25%;专任教师高级专业技术职务达到40%以上,每个专业学术带头人2~3人,骨干教师3~5人,“双师素质”或“双师型”教师达到35%以上,外聘专业技术人员占专业课教师总数的12%以上;到2005年全部教师取得相应的计算机等级证书,80%能熟练运用现代教育技术;从2003年起,每年平均发表教研论文、教学成果、多媒体教学课件等15篇以上,专任专业课程教师参加应用科技研究或技术服务人员的比例达20%以上;加大投入(每年至少10万元)用于教师的培训、进修、参加学术会议、挂职锻炼、攻读研究生学历、有计划地引进研究生、调入高层次学历和专业技术人员等7项措施。

2006年学校出台《学院选拔与培养骨干教师及设立专业(学科)带头人制度的暂行规定》,开始每年向省教育厅推荐学术技术带头人人选。

2007年学校成立“河南省中等职业学校教师教育技术能力培训基地”申报与建设工作领导小组,并组织校内教师100人、校外教师50人进行教育技术能力培训。学校出台《“双师型”教师培养与管理办法》,并于2007年12月进行了第一批“双师型”和“准双师型”教师资格及专业带头人、学科带头人和骨干教师的认定工作,共认定专业带头人6人,学科带头人13人,骨干教师11人,2007年度向省教育厅推荐学术带头人3名。

2008年相继出台《“教师培训年”活动方案》《关于进一步加强师德师风建设的实施意见》《教师到企业实践实施办法》《教职工继续教育管理暂行办法》,学校被省教育厅表彰为全省“教师培训年”活动先进单位。

2009—2012年,相继开展了校内示范课评选、教学优秀奖评选、教学团队竞赛活动,出台了《教学团队建设实施办法》《关于加快推进学校“双师型”教师队伍建设的实施办法》《导师带徒活动实施办法》,从政策、资金上支持两个校级教学团队建设,鼓励支持教师参加工程实践及企业顶岗锻炼,参加相应专业的执业资格证书考试,选派教师参加国家级、省级骨干教师培训,进行“双师型”教师认证工作。2010—2012年,新增“双师型”专任教师55名。

2002—2012年,共引进硕士生26人,本科生72人,从工程单位引进具有中高级技术职称人员18人,在职学习获得硕士和博士学位55人,在读硕士18人,在读博士1人,参加生产实践锻炼150多人次。省职教专家1人,省学术技术带头人11人,省骨干教师5人;学校专业带头人11人、骨干教师23人、“双师型”教师103人。至2012年底,学校专任教师达到198人,学校具有高级职称教职工87人,中级职称126人,初级职称42人,具有研究生学历教师82人。

三、实践教学

(一)改善实践教学条件

1.争取上级财政支持

2002年8月24日,国务院发布《关于大力推进职业教育改革与发展的决定》,2005年10月28日,国务院发布了《关于大力发展职业教育的决定》,国家对职业教育的投入逐步加大。2008年河南省出台《河南省人民政府关于实施职业教育攻坚计划的决定》(豫政〔2008〕64号)。2009年河南省相继出台《河南省人民政府办公厅转发省教育厅等部门关于河南省中等职业学校布局调整等4个实施意见的通知》(豫政办〔2009〕63号)和《河南省教育厅关于申办2009年省财政支持的中等职业教育攻坚计划项目的通知》(职教成〔2009〕310号)。

根据上级指示精神,学校先后在中央财政或省财政支持的"计算机及应用专业职业教育实训基地""中职教育基础设施建设""中职教育基础能力建设规划""省级示范性中职学校建设""职教实训基地建设""职教攻坚计划""职业学校综合性建设""全民技能振兴工程建设""中等职业教育品牌示范学校建设计划"等项目上,积极争取上级财政支持。2009—2012年共争取资金2757万元,主要用于校内外实践教学场所建设、实验实训、计算机及网络设备等。

2.实习、实验和实训

一是筹建学校实训中心大楼。为加强基础能力建设,在省发展和改革委员会、省教育厅和省水利厅支持下,学校实训中心大楼于2008年11月获省发展和改革委员会批复立项,于2009年10月开始施工,2010年7月竣工,9月投入使用。该项目国家投资300万元,省财政匹配397万元,学校自筹112万元,共809万元,建筑面积7295平方米,大大改善了学生实验实训条件。二是进行各类专业的实训中心建设。截至2012年底,学校已建成校内外建筑施工技术与管理仿真实训中心、建筑设备实训中心、建筑装饰实训中心、水质分析实训中心,并对工程测量技术实训中心、建筑材料与检测实训中心、CAD绘图实训中心、会计模拟实训中心、自动化控制实训中心等进行改善。三是加强与企事业单位合作,拓展校外定点实训基地建设,2007年先后与河南省20多个企事业单位签订了实习基地协议,建立了26个教学实训基地,其中水利工程系8个、土木工程系8个、信息工程系8个、财经系2个。四是加大资金投入,利用上级拨付资金和自筹资金购置设备,2012年底实验仪器设备总值达到3141万元。

截至2012年,学校校内实验实训室75个,仿真性实训基地17个,生产性实习基地3个,实训仪器设备总值3141万元,校外实习、实训基地32个。

3.多媒体教学

为推进教学手段现代化进程,实行"走出去,请进来"的办法提高教师的多媒体课件制作和教学水平,从2004年开始,学院每年选派教师到大专院校和专门机构参加教育技术培训。同时,在学校内举办教师多媒体课件制作培训班,聘请专业人员授课。2007年11月学校印发了《关于开展多媒体教学课件建设工作的通知》,把多媒体课件制作覆盖高职各专业开设的所有课程。2008年3月印发了《多媒体教学课件制作与管理办法》,对多媒体教学课件开发制作要求、开发流程、验收与评审细则、奖励办法、版权管理办法、评审专家的组成和职责以及利用多媒体课件授课的教学态度、教学内容、教学技术等基本要求,作了进一步明确,与此配套的还有《多媒体教室使用管理办法》。截至2010年,学校有多媒体教室67个,90%以上教师可利用多媒体进行教学。教师制作的"罗氏沼虾实用养殖技术""建筑施工概论""灯具""水力学"等CAI教学课件及教育技术方面的教研课题多次获得省级、国家级奖励。

4.网络信息管理

校园网在经过二期改造后,2006年学校又投资70多万元进行了三期工程,租用电信100M带宽用于教学和办公,并被教育部授予"校园网建设示范单位"。之后又增设校园有线电视播出系统和卫星地面接收站,数字摄像机、编辑机、非线性编辑系统、便携式电脑等媒体制作设备,满足了制作教学片和招生宣传片、实况转播校内大型文艺晚会和师生报告会需要。为加强校园网的管理,建立健全了制度和组织机构。2003年印发《关于加强计算机网站安全使用管理问题的通知》;2004年印发《关于加强我校网站安全管理的通知》;2007年印发《关于成立学校教育信息化领导小组的通知》;2009年印发《校园网站信息发布管理办法》《关于加强计算机信息安全保密工作的通知》《信息采集报送工作管理考核办法》;2011年印发《加强校园网用户管理的有关规定》《加强学校网站安全管理的通知》等文件,为多年来校园网的建设和运行管理提供了制度保障。

5.图书馆建设

2008年图书馆纸质图书9388册、中国数字图书馆电子图书20718册;购买北京万方数据股份有限公司电子期刊6051种、中国博硕学位论文全文数据库45万篇、中国学术会议论文全文数据库30万篇;重新建设、开放电子阅览室,设有22台电脑;购买妙思文献管理集成系统V6.5,更换原北京丹诚2000图书集成管理系统;购买5台触摸查询一体机,实现图书远程查询功能;撤销一楼自习室,建立学术报告厅;截至2008年12月,图书馆馆藏资源共75.12万册,其中纸质资源23.88万册,电子资源51.24万册。

2011年投入40万元新购置图书近2万册,馆藏纸质图书达27.8万册,电子图书达4万多册,进一步增强了学校办学实力。

2012年新购置图书12034册、2453种,电子图书57521种,馆藏纸质图书达299989册、80805种,电子图书总数达101166种,进一步增强了学校办学实力。

(二)技能竞赛

为加强实践教学,提高学生的动手能力和实践技能水平,为毕业生就业奠定良好的基础,学校不断加大技能竞赛投入,制定《学生技能竞赛工作管理办法》,积极组织学生参加全国、省大中专院校的技能竞赛并承办相应的专业竞赛。2005年参加全省中等职业学校开展的"电子社杯"技能竞赛年活动,2006年开始参加全国水利中等职业学校组织的技能竞赛;2007年开始组织参加河南省教育厅举办的技能大赛、全国水利类高职院校举办的"黄河杯""杨凌杯""楚天杯""南粤杯""钱江杯""江淮杯"等技能大赛和全国综合类院校的技能大赛;2009年11月承办了"中原杯"技能大赛活动。在全国综合类、水利高职和中职技能大赛中,共获特等奖4个,一等奖23个,二等奖36个,三等奖42个;在河南省教育厅举办的各种技能大赛中共获得一等奖65个,二等奖46个,三等奖9个。2009—2012年学校连续被河南省教育厅表彰为参加全国职业院校技能大赛先进单位。

2004年、2006年教育部、河南省教育厅先后开展中等职业学校"文明风采"竞赛活动,学校从2006年开始组织参加该竞赛活动,在设计类、摄影类、征文类等比赛中佳作频出。2008年选送65件作品分别参加教育部第五届全国中职校"文明风采”及河南省教育厅第四届“文明风采”竞赛活动,有38件作品获教育部一、二、三等奖,59件作品获省教育厅一、二、三等奖,学校获教育部组织奖和省教育厅优秀组织奖。2011年,参加省教育厅第六届中职学校“文明风采”竞赛活动,共有23件作品获奖,其中一等奖4件,二等奖19件,学校被省教育厅表彰为“优秀组织奖”;2012年参加省教育厅第七届有24件作品获奖,其中一等奖2个,二等奖9个,三等奖13个。8月被河南省教育厅、省文明办、团省委表彰为第七届中等职业学校“文明风采”活动组织奖。

(三)校企合作

2001年1月17日,教育部在《关于加强高职高专教育人才培养工作的意见》中明确指出,教学与生产、科研工作以及社会实践相结合是培养高等技术应用型人才的基本途径。2006年3月,教育部在《关于职业院校试行工学交替、半工半读的意见》中指出,要大力推行工学结合、校企合作的培养模式,实现新时期我国职业教育改革与发展的新突破。为贯彻落实教育部和省教育厅关于职业教育的部署,与西平县水利局首次进行校企合作,开展“工学结合、订单培养”模式的有益探索,培训职工44人。

为进一步推进校企合作工作,2007年10月根据教育部《关于全面提高高等职业教育教学质量的若干意见》(教高〔2006〕16号),学校制定出台了《关于加强产学研结合工作的意见》,成立了产学研结合工作领导小组,成立了由20多家企事业单位的院长、局长、董事长、总经理、专家、教授等组成的产学研结合工作指导委员会并制定了相应的章程。积极办好校办产业河南翔远广告有限公司、河南豫佳信息技术有限公司,努力实现产教结合、校企一体和工学结合。着力推进专业与产业、课程内容与职业标准、教学过程与生产过程的深度融合。各专业采用“走出去,请进来”的方式开展与行业企业合作,有计划选派专业教师到企业,与企业高管、技术专家探讨交流,将行业标准引入教学。聘请企业人员参与教学,企业为学生提供实训和就业岗位,学校为企业输送人才,提供技术服务,形成了互惠双赢的良性机制。2010年12月9日,我校与河南省水利科学研究院下属企业河南科源水利建设工程检测有限公司举行了校企合作签约及郑州工作站揭牌仪式,标志着我校在校企合作上又迈出了新的步伐,创新了校企合作的新模式,为培养学生的动手实践能力搭建了一个新的平台,为学生顶岗实习提供了一个新的空间。

四、教科研与专利发明

(一)科研管理

学校教育教学研究原来由教育研究督导室负责管理,为适应学校从中专向高职过渡的需要,2005年4月对教育研究督导室职责进行了调整和细化。针对高职高专院校人才培养水平评估工作,为规范学校教科研工作的管理,发扬学术民主,开展学术交流活动,提高教科研水平,根据《中华人民共和国高等教育法》的规定,于2007年9月成立了学术委员会,由15名具有副高级以上专业技术职称的人员组成,每届任期2年。颁布了《学术委员会章程》,2010年5月、10月,对组织机构、工作职责、工作制度等33条相关制度进行了调整,同时成立了教育教学研究处,配备了专职工作人员。2007年12月、2009年9月、2010年11月、2012年12月对学校刊物《教研与实践》的编委会进行了调整。

2007年11月,制定出台了《教科研工

作管理试行办法》，进一步规范了教科研管理工作。同时制定出台了《教科研成果奖励试行办法》，在试行两年半的基础上，2010 年 4 月进行了修订并重新印发，其中教科研成果奖包括学术专著（或一般专业著作、编著等）、学术论文、优秀教案、优秀课件、教材编写、立项教科研项目（或课题）、非立项科研成果共 7 项奖励。此办法的实施，大大提高了教师教科研的积极性和教科研及课堂教学的水平。

（二）教科研成果

2003 年，学校完成校内立项的 8 个教研课题的鉴定。

2004 年，国家教育科学“十五”规划课题“信息化进程中的教育技术发展研究”的子课题“信息技术环境下水力学课程教学设计创新的研究”通过中期验收；在省教育厅组织的论文、优质课比赛中，有 20 多位教师获得不同等级的奖励。

2005 年 5 月 21 日，“信息技术环境下水力学课程教学设计创新的研究”课题通过结题鉴定；10 月在成都召开的中国现代教育技术协会年会上，获得课题特等奖和河南省教育厅 2005 年度“河南省信息技术教育优秀成果特等奖”；2007 年被全国教育科学规划领导小组办公室评为国家级重点课题优秀子课题；7 项课题在河南省教育厅立项，其中 3 项为教学改革项目，4 项为教学改革实验研究课题；获得省教育厅职教改革成果奖一等奖 2 项。

2006 年，获得省教育厅教科研课题项目成果一等奖 3 个、二等奖 4 个；省教育厅优秀课件评比中，获一等奖 3 个、二等奖 3 个，教案评比获一等奖 1 个，论文评比获三等奖 1 个；校内课题立项 9 个，经评审验收获一等奖 2 个、二等奖 5 个、三等奖 2 个；主参编教材 19 本。

2007 年，成功申报了国家社会科学基金“十一五”规划（教育学科）国家级课题“信息技术环境下多元学与教方式有效融入日常教学的研究”3 个子课题：“信息技术环境下水利水电工程专业导论及应用研究”“信息技术有效融入测量学课程教学的研究”“信息技术在计算机网络实验课程中应用的研究”；完成了中国水利教育协会下达的《水利中等职业教育示范学校培养目标与建设体系》《水利职业教育示范学校专业设置管理的意见》《水利中等职业教育示范学校管理规范制度的研究》《水利中等职业示范学校师资队伍建设模式的研究》等 4 项课题研究任务；有 8 项教研成果获得省教育厅“河南省职业教育教学成果奖”，其中一等奖 3 项、二等奖 4 项、三等奖 1 项；发表论文 50 余篇，其中 19 篇论文获得河南省中等职业学校优秀论文；编写教材 6 本；校内教研课题立项 18 项。

2008 年，省教育厅立项课题 8 项，其中重点 1 项，规划课题 2 项，一般课题 5 项；省教育厅优秀信息技术成果奖 5 项，一等奖 1 个，二等奖 4 个，教学成果奖 10 项，一等奖 4 个，二等奖 5 个，三等奖 1 个；发表论文 45 篇，核心期刊 2 篇，获得省教育厅优秀论文 39 篇，一等奖 11 篇，二等奖 20 篇，三等奖 8 篇；获省教育厅优秀课件 14 个，一等奖 5 个，二等奖 5 个，三等奖 4 个；主参编教材 11 部；获省科技进步二等奖 1 个，厅级一等奖 2 个。

2009 年，省教育厅课题立项 14 项，获各类成果奖 29 项，其中厅级成果奖 8 项（一等奖 3 个，二等奖 2 个，三等奖 3 个）；发表论文 137 篇，其中核心期刊 15 篇，获省教育厅优秀论文 39 篇；主参编教材 30 部；校内教研课题立项 10 项。

2010 年，承担的国家“十一五”子课题“信息技术在计算机网络实验课程中应用的研究”和“信息技术有效融入测量学课程教学的研究”,5月现场结题,并被评为优秀子课题;省教育厅课题立项4项;教科研成果获得厅级及其以上奖励25项;2010年度,公开发表论文214篇,其中核心期刊论文11篇、EI论文2篇;主参编教材63部;校内18项课题结题验收。

2011年,省教育厅课题立项5项;获得各类成果奖16项;发表论文160篇,其中核心期刊5篇,EI论文2篇,获省教育厅优秀论文4篇,主参编教材32部,校内课题立项18项。

2012年,省教育厅课题立项5项;获得省教育厅成果奖15项,其中一等奖9个,二等奖4个,三等奖2个;省以上刊物发表论文149篇,其中核心期刊13篇,EI论文1篇,获省教育厅优秀论文6篇,一等奖2个,二等奖3个,三等奖1个,校内刊物及交流56篇;省教育厅优秀课件3个,一等奖2个,二等奖1个;主、参编教材13部;校内课题立项6项;院成果奖13个,一等奖3个,二等奖6个,三等奖4个。

五、学术团体活动及社会服务

2003年11月5—10日,全国农业职业教育研究会水产分会第一次会员大会在我校召开。来自全国24所水产学校(院)的40名代表参加了会议,河南省水利厅领导、科教处及水产局负责人参加会议。大会对水产分会工作进行了总结,宣布了农业渔业部对优秀班主任、先进教育工作者的表彰决定,对学校的改革、发展进行了经验交流和探讨,选举产生了水产分会第一届理事会成员。至2012年,学校一直担任理事单位并参加有关会议和开展工作。

2006年,中国教育技术协会职业教育技术专业委员会年会暨换届大会召开,学校成为主任委员单位,杜平原校长当选新一届职教专业委员会主任,蒋彦成任秘书长。2009年成立学术委员会,学校成为常务副主任单位。

2007年3月,学校成为中国水利教育协会第三届理事会副会长单位,杜平原当选中国水利教育协会副会长并陆续担任职业教育技术分会中职教学研究会主任、中国职教协会德育工作委员会理事。从2003年开始,学校相继参加职业技术教育分会高职教研会主任扩大会议暨水利高职高专协作会议、德育研究会学生德育工作研讨会、中职教学研究会、专业教学指导委员会、教育协会会员代表大会、西部水利水电职业教育发展研究会、职业技术教育分会会员代表大会、职业技术教育分会管理研究会、水利职业教育集团理事大会等,通过学习、交流及总结经验开展工作,使学校进一步融入全国水利水电院校大家庭中。

第三节 学生管理与招生就业

办学伊始,学校就高度重视学生思想政治教育工作,通过党的建设、思想教育、教书育人等多种途径擦亮育人底色。探索办学过渡期学生管理模式,做好学生奖惩和资助工作。扎实做好招生就业工作,制订不同层次的各类招生计划,明确就业方针，落实好各种就业指导政策，连续3年被表彰为“河南省普通大中专毕业生就业工作先进集体”。

一、学生教育管理

（一）学生思想政治教育工作

在学校思想政治工作总体要求下，认真落实《中共中央 国务院关于进一步加强和改进未成年人思想道德建设的若干意见》《中共中央 国务院关于进一步加强和改进大学生思想政治教育的意见》、全国职业教育工作会议精神和学校《关于加强德育工作的实施意见》，通过党的建设、思想教育、教书育人、管理育人和服务育人等多种途径，引导学生树立正确的世界观、人生观、价值观、社会主义荣辱观和核心价值观。具体开展了以下活动：一是着力推进学生思想政治工作进课堂、进寝室、进网络，发挥“两课”主渠道作用，用中国特色社会主义理论武装思想；二是利用周二下午政治学习和团课主阵地，组织学生学习中国特色社会主义理论，党的十六大、十七大精神；三是扎实推进“大学生素质拓展计划”，制定《大学生素质拓展学分实施细则》等，开展“爱国、诚信、守法”等主题教育活动；四是利用新生军训、入学和毕业时间开展教育，把时代精神、水利行业精神、水校精神与学生日常学习生活、校园文化、社会实践、创新精神紧密结合，促进学生自我教育、自我约束、自我管理、自我服务能力的提高；五是深入开展学生心理健康教育和心理辅导工作，完善并健全院系班级心理教育组织，加强心理咨询室建设，积极指导“心灵家园俱乐部”开展工作，结合不同时期和不同层次学生的实际情况，开展心理测试和互动式辅导，逐步构建学生心理健康教育平台，引导学生健康成长；六是结合重要纪念日和重大事件，开展有针对性的教育活动，如“学雷锋青年志愿者服务月”活动，清明节“缅怀革命先烈，传承革命精神”祭扫烈士陵园活动等；七是组织献爱心捐款、青年志愿者、暑期“三下乡”社会实践等形式多样的活动；八是在学生中开展“共产党员宿舍”“入党积极分子宿舍”挂牌活动，加强学生党建和公寓文化建设工作。

（二）学生日常管理

2003年华北水利水电学院水利职业学院开始招生后，面对多层次办学现状进一步建章立制加强管理工作：一是建立健全学生管理制度，先后制定印发《学生德智体综合测评办法》《学生各项奖金评定及发放办法》《学生管理工作条例》《学生学籍管理规定》《推行职业资格证书管理的暂行规定》《系（部）学生教育管理工作考核办法》等21项管理制度。二是建立班主任管理制度，先后制定《班主任管理办法》《专职辅导员管理办法》《班主任分级制度及其管理规定》等多项制度。三是积极探索学生管理模式，从机构设置、干部配备、中职高职学生管理模式等方面完善院系两级学生教育管理办法。四是公开选聘学生管理辅导员，严把管理人员入口关，选用素质高、能力强的人员进入学生管理队伍，并定期进行培训提高。2007年8月，学校在高职学生班级首次实行专职辅导员制度。截至2010年，已聘用28名辅导员。五是积极推进学生“三自”（自我教育、自我管理、自我服务）教育，充分发挥学生干部和各社团的作用，截至2011年，共有社团27个，定期召开学代会和团代会，实施程序严格的学生会、团委会干部的换届选举工作。六是成立学校公寓管理办公室并充实管理人员，推进公寓管理向安全、卫生和规范的方向发展。七是各类评先表彰、推优入党、团员考核、学籍档案管理、奖助学金评定发放等。

(三)学生奖惩

在学生管理工作中,坚持各类评先表彰工作。评选内容包括先进班集体、三好学生标兵、三好学生、优秀学生干部、模范团员、青年志愿者积极分子、优秀毕业生、文明教室、节水节电文明宿舍等20多个奖项。2010年对奖项进行了缩减调整,增加了军训先进集体和个人表彰。2003—2012年共表彰先进班集体154个,三好学生5256人(次),三好学生标兵996人(次),优秀学生干部1784人(次)。自2008年开展省级先进推荐工作以来,至2012年共有1名省级优秀学生、2名省级优秀学生干部、23名省级三好学生、1个省级先进班集体受到表彰。

二、学生资助

2003年,学校制定印发《学校班级工作考核及班级工作奖评定办法》《学生平时考绩办法》。2004年制定印发《水利职业学院学生奖学金评定办法》。2006年,学校制定了中职学生《国家助学金评审办法》,高职学生《河南省政府助学金奖学金评定办法(试行)》,并组织了2006年高、中职省政府助学奖学金、国家助学金评选工作,学校共有10人获得省政府奖学金,20人获得省政府助学金。2007年,学校成立了学生资助工作领导小组,为174名学生申报了2006年度国家助学金,并分别制定了中职生、高职生《学生校内奖助学金标准及发放办法》,学校首次落实国家资助政策,严格按照上级要求和程序兑现资助资金。2007年,全年共发放各类资助金累计320多万元,其中学校用于学生各类奖励、学费减免等共计139.3万元,国家拨发奖助学金、临时性补贴等179.8万元。2007—2012年共发放2697.6万元。

三、招生与就业

(一)招生工作

成立华北水利水电学院水利职业学院后,学校积极创新办学体制,拓宽办学思路:一是制订招生计划,在学校正常招生以外,积极申报与河南省直广播电视大学、黄河水利职业技术学院、华北水利水电学院、河南建筑职业技术学院合作举办的“3+2”、五年一贯制、高中起点高职高专和成人继续教育(特色本科生、返乡农民工和务工人员职业技能培养培训)等不同层次的各类招生计划。二是狠抓招生宣传工作,积极参加省招办举办的高招咨询会,开通在省阳光高考平台上和招生就业网上的咨询、电话咨询和来访。在高校扩招、中专生源普遍减少的严峻形势下,组织人员到全省市县进行招生宣传工作。2003年招生1428人,其中三年制高职263人;2004年招生2610人,其中三年制高职903人。三是根据河南省招生办公室《关于2005年河南省普通高等学校招生录取工作的通知》(豫招办〔2005〕33号)及教育部《关于做好2005年全国普通高等学校招生录取工作的通知》(教学〔2005〕9号)等文件精神,学校从2005年开始,每年成立高职招生录取领导小组,下设招生录取工作小组,制定普通高招网上录取预案,全程领导和监督网上招生录取工作。四是及时增补招生计划,生源形势较好,学校在设定分数限制的情况下,向省教育厅申请增加招生计划,2007—2011年连续5年增加了招生(或补录)计划。五是根据教育部教学司函〔2009〕19号文件精神,学校及时成立新生入学资格复查工作领导小组,严把新生入学资格关口,对查出的问题按照要求做适当的处理。

由于招生措施得当,招生数量逐年稳定增长。在校生规模由2003年的3092人增加到2012年的6576人。2008年开始招收特色本科生,2009年招收返乡农民工和务工人员,开展中职学历教育培训工作,共培训计算机专业1108人,学制三年,2010年在校生规模达到9450人。

2003年招生1428人,毕业971人。

2004年招生2610人,毕业1095人。

2005年招生2823人,毕业861人。

2006年招生1600人。

2007年招生1954人,毕业1896人。

2008年招生3300人,毕业2308人。

2009年招生2230人,毕业1847人。

2010年招生3903人,毕业2777人。

2011年招生2271人,毕业2664人。

2012年招生2607人,毕业3156人。

(二)就业工作

就业是办学成果的最终检验。学校每年都提前安排就业工作。中职生在毕业前的一学期分为"对口升学班""提前就业班(顶岗实习)""继续完成专业和'3+2'升学教学班"3种类型;高职生分为"专升本教学班"和"提前就业推荐"(顶岗实习)两种类型。从学生入校的职业规划、毕业前的顶岗实习到寻找(推荐)就业岗位、中职生的对口升学、高职生的"专升本"等各个环节,学校都给予全程指导及服务。

为抓好毕业生就业工作,学校每年成立毕业生就业指导工作领导小组及毕业生就业工作政策落实情况自查领导小组,每年制定详尽的《毕业生工作意见》《学生"专升本"推荐选拔工作方法(试行)》。坚持"市场导向、政府调控、学校推荐、学生与用人单位供需见面、双向选择"的就业方针,制定《毕业生就业工作意见》《毕业生就业工作管理规定》《毕业生招聘活动管理暂行规定》《毕业生就业专项经费使用和管理有关规定》等。学校广泛联络企事业单位沟通信息,利用校园网发布毕业生信息,积极联系省内外管理单位和各大、中型企业,如到天津、西安、广州、深圳、成都等地的用人单位直接推介毕业生,充分利用校友资源,向所在单位推介毕业生。为切实做好毕业生就业指导工作,从2005年12月开始,连续四年召开毕业生就业双向洽谈会、现场招聘会,适时组织省内外小型企业招聘会。举办就业指导教育专题讲座,对毕业生进行择业观、就业观、创业观教育,提高学生的择业技巧及面向市场就业的能力。抓好"3+2"升学、对口升学和专升本学生的教学和辅导,抓好各个环节,从严管理,提高升学率。开辟新途径为毕业生就业提供服务,2006年、2007年分别向武警水电部队及二炮部队输送28名和21名合格毕业生。

2010年、2011年、2012年连续3年被省人社厅、教育厅表彰为"河南省普通大中专毕业生就业工作先进集体"。

按照"市场导向、政府调控、学校推荐、学生与用人单位供需见面、双向选择"的就业方针,凡毕业前落实就业单位的毕业生,学校负责派遣。未落实就业单位的毕业生,中职生原则上派回生源所在地,由生源所在地毕业生就业主管部门负责推荐就业;高职生在两年的择业期内落实好就业单位的,由学校继续派遣,超过择业期未落实就业单位的,由学校派回生源所在地。

第四节 党建工作和精神文明建设

加强党对教育工作的全面领导,是办好教育的根本保证。学校是精神文明建设的重要阵地,担负着贯彻党的教育方针、培养中国特色社会主义合格建设者和可靠接班人的重大使命。学校领导班子是学校发展的核心力量,其素质和能力直接关系到学校的办学水平和教学质量。学校始终高度重视领导班子和党的组织建设,开展各种党员教育活动,抓严抓细党员培养教育和管理。成立中共华北水利水电学院水利职业学院水利系党支部,在加强支部建设的同时积极发展新党员。开展"三讲一树"等专题教育,加强教职工思想政治教育,做好党风廉政建设和学校精神文明建设。开展形式多样的校园文体活动,形成文明向上、健康活泼的校园文化氛围。

一、领导班子建设

从2003年开始,通过一系列专题教育活动,明确提出每个党委成员要成为"三个代表"重要思想的模范实践者。按照《中共中央关于加强党的执政能力建设的决定》的要求,认真落实省委七届七次《关于省级领导干部和省直机关带头真抓实干狠抓落实的决定》,加强班子自身建设,带好骨干队伍,努力改进工作作风,进行学校各级干部队伍建设:①坚持每月一次中心组学习制度、述职述廉制度,提高理论和政治素质;②加强民主集中制建设,坚持双重组织生活会制度,开展批评与自我批评;③班子成员每学期到联系的系、部进行一次调研;④认真落实学校党委《关于学校加强领导班子和干部队伍建设的意见》等制度加强干部思想和作风的教育培训;⑤发挥学校党委政治核心作用,支部的战斗堡垒作用,党员先锋模范作用,保证党的路线、方针、政策在学校的贯彻执行,保障学校各项任务的完成。

2010 年 7 月,学校实行了党政分设,党委相继制定印发《党委会会议六项制度》,增强了学校领导班子的战斗力。不断完善中心组学习制度,创新学习方法,丰富学习内容,围绕落实科学发展观与构建和谐社会这一主题,结合学校发展实际,努力学习和研究管理科学和教育理论的新成果,不断提高领导班子的办学治校水平。

二、党的组织建设

(一)开展党员教育活动

一是抓党员理论学习。每学期有规划部署,形式灵活多样,内容紧扣学校发展实际;在全体党员中开展"学习党章,遵守党章,贯彻党章,维护党章"等活动,贯彻落实省委关于《党员经常性学习制度》等7项制度,以及省水利厅在先进性教育中总结形成的《定期谈心制度》《领导干部联系点制度》等,采用学习日、党课、培训、座谈会、研讨会、自学等形式,积极开展政策宣讲和思想教育活动,提高党员干部政治素质和理论水平,增强党员的理想信念、宗旨意识、党性党纪和责任观念,引导党员干部立足现实、求生存求发展,增强大家干事创业的积极性和责任感。

二是严格党员的教育和管理。组织

党员参加各项专题教育,通过先进性教育活动的学习提高、党性分析、制定党员先进性具体要求和整改措施,加强对党员的教育、管理、监督,坚定理想信念,增强党性,发挥先锋模范作用;严格组织生活,坚持“三会一课”制度,民主生活会制度,开展党风党纪教育,组织党员外出参观学习,增强党员的历史责任感和荣誉感。召开专题民主生活会,开展庆“七一”新党员入党宣誓和总结表彰等系列活动。2011年组织参加省水利厅征文朗诵比赛,荣获三等奖4个,优秀奖5个。

三是实施党建目标管理责任制。开展争创“五好”党组织建设,制定和不断完善《党建目标管理和争创“五好”基层党组织实施意见》《党员目标管理考评细则》等,开展争创优秀共产党员活动。2011年9月在省水利厅组织的为民服务创先争优经验交流会上受到上级党组织好评。充分发挥基层党组织凝聚人心、推动发展的作用,发挥学校党委的政治核心作用、支部的战斗堡垒作用、党员的先锋模范作用,保证了党的路线、方针、政策在学校的贯彻执行。学校党委多次被上级党组织表彰为“五好基层党组织”。

(二)第六次党代会召开

2012年11月25日,中共河南省郑州水利学校委员会召开第六次党员代表大会。大会听取和审议了王春明代表第五届委员会所作的题为《抢抓机遇、务实重干、为全面建设河南水利与环境职业学院而努力奋斗》的工作报告。大会审议了第五届纪律检查委员会所作的题为《围绕中心工作,服务发展大局,努力开创学校党风廉政建设和反腐败工作新局面》的工作报告。选举产生王春明、赵高潮、李连水、黄庭宪、惠大众、黄功学、蒋彦成7人为第六届党委委员,选举李连水、刘国发、周鹤、宋金晓、张竟超5人为第六届纪委委员,委员分工经民主推选并报上级批复,王春明任党委书记,赵高潮任党委副书记,李连水任纪委书记,刘国发任纪委副书记。

(三)加强党支部建设

2003年9月,为做好高职高专学生的思想政治工作和教学管理,成立中共华北水利水电学院水利职业学院水利系党支部。2004年9月,学校人事制度改革和全员聘任工作完成后,党员达到190名,其中学生党员58名。为进一步加强学校党的思想、组织和作风建设,做好党建、思想政治工作,充分发挥党组织的政治核心作用,根据党的基层组织工作条例,将原有的9个支部调整为11个支部,即教务处党支部、基础科学系党支部、水利系党支部、土木系信息系党支部、成教处党支部、党群党支部、行政党支部、后勤党支部、学生处党支部、豫利公司党支部、老干部党支部。2005年6月学校增设了水利工程二系,9月成立了水利二系党支部,党支部达到12个。

2007年9月,学校党员达到310名,其中学生党员141名。为适应市场经济条件下办学的新形势和学校高职高专学生规模不断扩大的新情况,本着学校党的建设以教学和学生管理教育为主线的原则,将原有的12个党支部调整为14个党支部,即教务处党支部、基础部党支部、水利系党支部、土木系党支部、中专部党支部、财经系党支部、信息系党支部、成教处党支部、党群党支部、办公室党支部、后勤党支部、学生处党支部、豫利公司党支部、老干部党支部。

2009年9月,学校党员329名,其中学生党员147名。由于在校中专生数量减少,不再单独设置中专部党支部,将原有的14个支部调整为13个支部，11月有11个支部进行了换届选举，为系、部配备专职支部书记，增选8名支部委员。12月举办了党支部委员培训班。2010年1月有1个支部进行了人员调整，老干部支部、豫利公司支部进行了换届选举工作。

2012年，学校党员达到215名，其中学生党员18名，10月15—26日进行了换届选举。根据学校中层干部竞聘上岗和全校全员聘任制的实施情况，对党支部的布局进行了调整，撤销原豫利公司党支部，增设人事处党支部，调整后的党支部总数仍为13个，即党群党支部、人事处党支部、办公室党支部、教务处党支部、学生处党支部、后勤党支部、水利系党支部、土木系党支部、机电与信息系党支部、财经系党支部、成教处党支部、基础部党支部、老干部党支部。

2003—2012年不断加强和完善党员发展工作的各个环节，坚持办好业余党校。共举办10期业余党校培训班，每年一期，共培训入党积极分子1182人（次），其中2008年培养积极分子119名，发展新党员87名。遵循“坚持标准，保证质量，改善结构，慎重发展”的16字方针，积极慎重做好党的组织发展工作，10年共发展党员717名。

三、专题教育活动

（一）党的先进性教育活动

2005年2—7月，学校开展了以实践“三个代表”重要思想为主要内容的“保持共产党员先进性”教育活动。活动经过学习动员、分析评议、整改提高3个阶段。并在活动期间，学校制定印发了《郑州水校新时期保持共产党员先进性具体要求》。6月底学校党委对该项活动进行了认真总结，并布置了先进性教育活动的“回头看”和巩固扩大整改成果工作。通过该项活动，统一了思想，提高了认识，找准了问题，进行了整改，建立健全了党员教育长效机制。

（二）“讲正气、树新风”主题教育活动

2007年4月1日至5月31日，开展“讲正气、树新风”主题教育活动，分学习动员、查摆问题、整改提高3个阶段。学校成立了该项活动领导小组和办公室，李连水任主任，制定了详细的主题教育活动方案，以提高对领导干部作风建设的认识、查摆解决领导干部作风方面存在的问题为重点，在学习动员阶段召开全体党员和部分群众代表参加的动员大会，查摆阶段和整改提高阶段先后召开领导小组成员会，布置和通报工作并及时编发简报上报上级部门。通过认真学习思考讨论、广泛征求意见、谈心活动、自查、专题民主生活会、整改措施等一系列环节，进一步提高了党员干部思想认识，找到了干部作风方面存在的主要问题，初步确定了领导班子和学校工作的整改方向和意见。学校党委于5月29日对该项活动进行了认真总结，制定出台了《关于加强学校领导班子和干部队伍建设的意见》《关于进一步加强学校教职工民主管理工作的意见》等制度。

（三）“三新”大讨论活动

2008年7月开展新解放、新跨越、新崛起的“三新”大讨论活动，活动分学习动员、查摆问题、整改提高、巩固成果4个阶段。学校成立了该项活动领导小组和办公室，赵高潮任主任，坚持“一个程序不少，规定动作不漏，追求切实成效”的原则，制定了详细的“三新”大讨论活动方案。对每一阶段的工作都有详尽安排，在查摆问题阶段，对思想观念和发展

思路、管理体制机制改革、学校基本建设、干部队伍建设、党风廉政建设、教育教学改革、师生生活、校园文化建设等8个方面提出38条意见和建议,根据各部门的职责和校领导的工作分工进行了责任分解,结合实际制定切实可行的整改措施。在“三新”大讨论工作的基础上,在学校征地、发展、升格等重大问题上形成强烈的共识和发展思路,取得了阶段性成果。

(四)学习科学发展观活动

深入学习科学发展观活动于2008年10月中旬至2009年2月底进行。活动分为“学习调研、分析检查、整改落实”三个阶段逐步推进,制定整改落实方案、集中解决突出问题、完善体制机制。10月17日学校成立活动领导小组和办公室,赵高潮任主任,召开了动员大会,制定印发了实施方案。制定了调研及落实校领导联系点工作方案,在分析检查阶段,校领导分部门征求意见,整改落实阶段,对工作进行周密部署。通过活动各个环节,查找出制约学校发展的主要问题8条,相继出台了《辅导员招聘办法》《专业及课程介绍教学改革若干规定》《彻底治理清除“小金库”》等3项规定,处理了4名违纪职工,全面推进了学校党建、教育教学和管理服务工作。

(五)“讲党性修养、树良好作风、促科学发展”教育活动

“讲党性修养、树良好作风、促科学发展”教育活动于2009年4—7月进行。活动以学校领导班子和党员领导干部为重点,全体党员干部参加。4月16日,学校成立活动领导小组,下设办公室,李连水任主任。召开了动员大会,制定印发了实施方案。为增强教育的针对性和时效性,活动期间学校举办了“弘扬焦裕禄精神,践行科学发展观”论文征集活动,组织党员干部前往兰考瞻仰焦裕禄烈士陵园并重温入党誓词,通过该项活动的各项规定动作,在坚定党员干部“立党为公、执政为民”的理念、增强党员干部贯彻落实科学发展观的自觉性和坚定性等方面,取得良好效果。

(六)创先争优活动

2010年5月,按照河南省委、省水利厅党组要求,为深入贯彻落实党的十七大和十七届四中全会精神,进一步深化拓展深入学习实践科学发展观活动成果,全面加强党的基层组织建设和党员队伍建设,在全校党组织和共产党员中开展以“做科学发展先锋队,当职业教育排头兵”为主题,以创建“五个好”先进基层党组织、争做“五个表率”优秀共产党员为主要内容的创先争优活动。学校党委本着“抓住主题,贴近实际,积极搭建创先争优平台,彰显党员风采,体现党员的先进性”工作思路,做好了五个方面的准备工作:①召开班子会,学习领会文件精神,统一思想,成立领导机构,制定方案,下设办公室,李连水任主任;②召开全体党员动员大会,对活动的步骤、时间、要求具体安排;③各个支部召开组织会,学习“方案”,每个党员制定学习计划;④党委、支部、全体党员进行公开承诺,承诺书上墙公示接受群众监督,党委承诺“五好”,即领导班子好、党员队伍好、工作机制好、工作业绩好、群众反映好;⑤加大宣传力度,营造氛围,利用校园网、墙报、板报、标语、横幅等,编辑学习资料,及时更新校园网。在活动开展过程中,就建立健全典型选树机制、建立领导干部联系点等按照上级要求进行了部署和实施,积极推进创先争优活动深入开展,使该项活动取得了实效,进一步扩大活动的辐射面和影响力。

四、教职工思想政治教育

(一)理论学习

坚持周一下午党员学习,周二下午教职工、学生组织理论学习制度,进行规划部署,坚持理论与学校实际情况相结合;利用学习日、讲座、专题报告会、研讨会、收听、收看等形式,认真学习党的十六大、十七大各届全会精神及领导人讲话,认真学习党中央、国务院、河南省委、教育部、水利部下发的文件和会议精神,认真学习和开展省水利厅党组安排部署的学习内容及政治活动。

做到每学期有计划、有检查、有总结,逐步规范化和制度化,采取宣讲报告、专题讨论、看辅导录像、开展知识竞赛等形式,了解时事政治、国家大政方针、职业教育思想和政策,用特色理论武装头脑,促进思想解放,提高教职工政治素养和理论水平,为学校改革发展营造良好思想氛围,也为学校办学沿着正确的政治方向发展起到积极的推动作用。

(二)做好"三育人"各项工作

学校思想政治工作,坚持"两手抓,两手硬"的方针,积极探索和改进学校思想政治工作新方法。坚持和完善思想政治工作在党委领导下党政齐抓共管的工作机制,把思想政治工作和业务工作同布置、同检查、同落实,坚持把解决思想问题和解决实际问题相结合,不断增强广大教职工大局意识、服务意识、创新意识,形成干事创业的良好工作氛围。继续贯彻《郑州水校思想政治工作条例》并坚持每学年测评考核,评选思想政治工作先进科室,与"三育人"评先挂钩。

继续贯彻《关于加强学校德育工作的实施意见》,充分发挥德育专兼职队伍作用。认真落实《中共中央 国务院关于进一步加强和改进未成年人思想道德建设的若干意见》《中共中央 国务院关于进一步加强和改进大学生思想政治教育的意见》和全国职业教育工作会议精神,在全体教职工中开展《加强和改进未成年人思想道德建设教育思想大讨论必读》活动,统一教职工的思想和行动。做好"三育人"各项工作,把各科室的思想政治教育工作与教书育人的各项活动紧密结合起来,强化各科室对职工的教育和管理。每学年对校级、厅级和省直工委等部门的先进科室、优秀教师和先进工作者进行表彰;定期召开学校思想政治工作研讨会,针对办学中的突出问题进行分析研讨,提出改进措施,2007 年被中国水利职工政治工作研究会评为 2006—2007 年度全国水利系统"优秀政研会"。

五、党风廉政建设

学校党风廉政建设工作以邓小平理论、"三个代表"重要思想和科学发展观为指导,深入学习贯彻党的十六大、十七大精神和中纪委、省纪委、厅党组关于加强党风廉政建设和反腐败工作会议精神,紧紧围绕学校以教育教学为中心的各项任务的完成,全面履行"监督、教育、惩处、保护"四项职能,切实加强党风党纪教育和法律法规的学习,加强领导干部的廉洁自律工作,积极做好信访举报和违法违纪案件的查处工作,有效地促进了学校三个文明建设协调发展。学校纪委 2007—2008 年度、2008—2009 年度被省水利厅直属机关党委表彰为先进纪委;2005—2006 年度、2009—2010 年度被省直工委表彰为"五好基层纪委"。

(一)廉政教育

利用政治学习日和一系列专题教育

活动,对党员干部开展廉政教育。一是认真学习中纪委、省纪委和厅党组关于党风廉政建设的有关规定及学校的廉政制度,2004年进一步落实《收支两条线管理办法》。2008年制定《中层以上干部行为规范》。2009年出台治理“小金库”“收支两条线”工作方案。2010年贯彻《廉政准则》实施意见。2011年印发《学校党务公开实施细则》,2012年制定印发《进一步改进作风密切联系师生的若干规定》。二是用正反两方面的典型材料开展警示教育。组织党员干部认真学习模范人物的先进事迹。组织党员干部到井冈山、延安等革命圣地参观学习。三是组织收听收看“反腐倡廉典型案例”录音、录像和图片展等。四是开展党纪学习教育,组织党员积极参加上级纪检监察部门组织的党纪条规知识竞赛、答卷等。五是开展治理商业贿赂自查自纠宣传教育活动。

(二)落实党风廉政建设各项措施

一是抓好各级干部反腐倡廉理论学习和廉洁从政教育,牢固树立马克思主义世界观、人生观、价值观和正确的权力观、利益观、地位观。2011年校纪委认真开展“清风水利、祥和新春”廉洁从政教育月活动。二是强化对领导干部廉洁自律情况的监督检查。在科级以上干部中开展收受有关单位和个人现金、有价证券,领导干部配偶、子女及子女配偶从业情况,领导干部拖欠公款、超标准配备公务车和用公款为个人购买商业保险等事项的登记上报等工作,坚持县处级领导干部个人收入申报制度和报告个人重大事项制度。三是按照上级要求,领导干部认真准备述职述廉发言材料,开好民主生活会,开展批评和自我批评。四是对学校采购、工程建设招标、议标和决算、进人、组织发展等实施纪检监督。五是认真落实党风廉政建设责任制,领导干部一岗双责,严格执行责任追究。六是强化民主管理。认真落实学校《校务公开和民主监督实施办法》等各项廉政建设制度,坚持每年对学校的年度考核、职称评聘、干部选拔聘用、评先评优和教职工捐款捐物等情况进行公示,接受广大职工群众的监督。七是加强学校行风建设。八是廉政文化进校园。制定《河南省郑州水利学校关于加强廉政文化建设的意见》及其实施方案。从群众反映最强烈、最关注的问题着手,重点反对工作中的形式主义、官僚主义。强化监督,围绕重大决策、干部任免、重要项目安排、重大额度资金使用这“三重一大”进行事前、事中、事后的监督。对招生、干部使用、人事安排、住房分配、大宗开支等坚持实行“两公开一监督”制度。

(三)纪检队伍建设

一是健全纪检监察干部的理论学习和业务学习制度,重点组织学习《中国共产党党内监督条例(试行)》《中国共产党纪律处分条例》《建立健全教育、制度、监督并重的惩治和预防腐败体系实施纲要》和《中国共产党党员领导干部廉洁从政若干准则》等,组织纪检干部参加学习培训,增强纪检干部的理论水平和业务水平,提高在新形势下开展监督检查和执纪办案工作的能力。二是在纪检监察干部中开展“队伍建设年”活动,认真分析纪检监察干部在思想观念、党性修养、素质能力、作风纪律、廉洁自律等方面的情况,分析存在的问题,提出进一步加强纪检监察干部队伍建设的措施。三是组织纪检监察干部开展调查研究,及时了解和反映群众中的热点、难点问题,当好校党委的助手。

学校在加强纪检队伍自身建设的同时,高度重视信访举报和违法违纪案件查处工作。规范信访工作程序,明确各部门职责,对群众反映的问题做到认真核实。

六、精神文明建设

学校坚持两个文明一起抓,两个文明共促进,把文明单位、文明学校创建工作贯彻落实到学校各项工作中去。学校继1997年获得省级文明单位、1998年获得省级文明学校后,在省级文明单位换届之际,2003年4月向河南省文明委提出了再创文明单位的申请,获得河南省文明委的同意。在创建工作中,学校不断提升文明单位建设的内涵、标准和要求,坚持不懈地开展精神文明建设的各项工作,坚持从提高全体师生的文明意识、文明素质入手,修订完善《郑州水校教职工精神文明建设考核及奖惩办法》,坚持开展创建文明科室、文明职工、文明家庭、文明班级、文明宿舍、文明学生竞赛活动。为了充分发挥学生党员和入党积极分子的模范带头作用,举行"共产党员宿舍"和"入党积极分子宿舍"挂牌仪式。在教师中开展"内强素质,外塑形象,勇创一流"活动,加强工作作风建设、业务能力建设、职业道德建设,不断增强教师的形象、文明、竞争意识;在学生中开展"自学、自律、自强,做社会主义合格建设者和接班人"活动及基础文明月活动。加强基础设施建设,改善办学条件,营造良好环境。在全校师生中开展丰富多彩的文体活动。进一步优化育人环境,开展爱国卫生运动和绿化工作,彻底整治校园环境。开展以治安保卫为主线的综合治理工作,构建和谐平安、文明健康校园。认真开展拥军优属活动,贯彻落实计划生育、殡葬改革政策等,确保计划生育"三率"始终稳定在100%。

2004年,学校再次被认定为省级文明单位和国家级重点中等职业学校。

2005年,荣获"全国模范职工之家",2006年学校被评为河南省最具影响力十佳院校。

2007年,学校被教育部确定为全国100所、河南省6所"全国中等职业教育德育工作实验基地"之一,学校团委被省直团工委表彰为"五四红旗团委"。

2008年,学校被授予全国水利文明单位、河南省水利文明单位、河南省精神文明建设先进单位、全国中等职业学校德育工作先进单位、全国模范职工之家、河南省职业道德建设先进单位等荣誉称号。

七、校园文化建设

学校开展丰富多彩、形式多样、寓教于乐的文体活动。举办春季学生田径运动会、大学生冬季趣味运动会、建党和建团周年纪念系列活动、迎新生庆国庆文艺演出、庆元旦迎新年文艺晚会、五四歌咏比赛、升国旗、演讲赛、十八岁成人仪式、快乐女生节等活动。充分发挥各学生社团、协会作用,开展知识才艺大赛、书画比赛、形象设计大赛、青年志愿者活动、暑期社会实践活动、环境保护、义务献血、爱心捐款和"文明风采"竞赛等各类文化体育公益活动。加强广播站、《校园生活报》《学校工作简讯》、橱窗、黑板报、校园网等阵地的宣传,营造校园文化氛围。举办科技文化艺术节和水文化艺术节,深化了校园文化建设内涵。定时开放图书馆、阅览室、舞厅、健身房、职工之家、老干部活动室等,定期出版学校刊物《教研与实践》等,拓展文化学习和健身娱乐场所,形成文明向上、健康活泼的校园文化氛围。

第五节 群团组织和民主党派工作

群团组织和民主党派在推动学校事业全面发展、促进校园和谐、助力青年成长成才等方面起到重要作用。为充分发挥工会连接教职工与学校管理的桥梁作用,增强全体教职工凝聚力和向心力,学校工会高度重视干部队伍建设工作,全方位提升工会干部队伍能力素质,切实做好教职工入会,工会委员、女工委员、工会组长换届选举和调整工作。加强学校民主政治建设,完善教职工代表大会制度,发挥教代会民主监督、民主管理和民主参与作用。做好团组织建设,校团委积极组建各类社团组织,开展多种形式的校园主题活动,主动参与社会实践活动。

一、工会工作

(一)工会干部队伍建设

为提高工会干部队伍素质,学校组织工会干部认真学习党的十六大、十七大,中国工会十四大、十五大,河南省工会十二大、十三大精神,不断提高工会干部的思想理论水平,增强做好工会工作的信心和责任感。二是加强工会干部的业务学习,举办工会委员和工会小组长培训会,学习有关法律法规和工会工作基本知识,提高工会干部的综合能力。三是组织工会干部深入教职工开展调查研究,及时了解职工中反映的热点和难点问题,充分发挥党联系群众的桥梁和纽带作用。四是定期开展评选表彰工会先进集体和优秀个人活动,调动广大教职工参与学校工会工作的积极性。五是对工会委员、女工委员和工会组长按时换届选举和调整,保持工会干部队伍的整体性和连续性。

学校工会设有工会主席1人(兼),专职副主席1人,专职干事2人,女工主任1人(兼)。

2003—2012年工会获得荣誉:

2005年,学校职工之家被评为“全国模范职工之家”,2006年,被省水利厅评为河南省水利系统“模范职工之家”。

2007年,学校工会被省水利厅工会表彰为“模范职工之家”,被省直工会表彰为“先进基层工会”,女工委员会被省总工会表彰为“示范性单位”。

2008年3月,学校工会被省水利厅工会表彰为“工会目标管理先进单位”;学校土木工程系力学结构组被省妇女联合会授予河南省“三八红旗集体”;赵高潮被河南省妇女联合会授予“三八红旗手”荣誉称号。

2011年,学校工会被省直工会表彰为“2009—2010年度先进基层工会”,被省水利厅工会表彰为“目标管理先进单位”。

2012年3月,学校工会被省水利厅工会表彰为“工会工作目标管理先进单位”和全省水利系统“模范职工之家”。

(二)推进民主治校、民主管理

认真贯彻落实党的“依靠”方针,加强学校民主政治建设,坚持落实以教代会为基本形式的民主管理制度,不断完善教职工代表大会制度,注重发挥教代会民主监督、民主管理和民主参与作用。继2001年召开四届三次教代会暨工会会员代表大会后，2004—2012 年召开四届四次至四届十一次教代会暨工会会员代表大会和第五届教代会暨工会会员代表大会。讨论通过学校重大决策或改革方案。

教代会闭会期间，适时组织召开教代会主席团及主席团扩大会议。研究、审议通报学校重大事项和教代会议案落实进展情况，认真落实《校务公开和民主监督实施办法》，接受广大教职工的监督。为调动广大教职工工作的积极性，激发教职工主人翁精神，在全校范围内或职工代表中经常开展收集合理化建议活动，设立民主意见箱，成立来信来访工作领导小组等，为教职工积极参与学校民主管理和民主监督疏通渠道、创造条件，为学校科学决策当好参谋，积极推进民主办学进程。

(三)维护职工合法权益

“以职工为本，主动依法科学维权”，学校工会紧紧围绕广大教职工最关心、最直接、最现实的利益问题，主动、依法、科学地维权，维护教职工利益是工会一切工作的出发点和落脚点，因此关心职工生活，努力为职工办实事、办好事是工会义不容辞的责任和一项长期坚持的工作，也是维权职能的具体体现。认真落实工会送温暖制度。在重大节日期间认真组织好教职工的福利采购及发放工作。

在做好维护职工合法权益的同时，学校工会在上级工会和学校党委领导下，围绕学校“培养合格人才”的中心工作，还开展了以下工作：一是配合党委加强教职工思想政治教育，认真学习贯彻落实党的十六大、十七大和各届全会精神及上级工会大会精神，提高教职工综合素质；二是负责检查、督促和落实教代会交办的各项决议、提案；三是组织教职工开展丰富多彩的校园文体活动；四是开展劳动竞赛活动，如“三育人”劳动竞赛、优质课评比、师德师风建设等活动；五是开展多种形式的献爱心捐款捐物活动；六是积极开展“五好文明家庭”评选表彰工作；七是指导女工委积极开展多项活动，贯彻落实《中华人民共和国妇女权益保障法》《女职工劳动保护条例》等，切实维护女职工合法权益；八是开展“职工之家”建设。

二、共青团工作

(一)组织建设

1.召开团代会与发展团员

学校共青团的工作按照“团委—团总支—团支部及团小组”的管理机制运行。河南省郑州水利学校自 2003 年第十二届团代会至 2012 年第十六届团代会，共召开 5 次团代会；华北水利水电学院水利职业学院自 2005 年第一届团代会至 2012 年第三届团代会，共召开 3 次团代会，各自部署和完成了相应阶段的工作任务以及换届选举。

为推动团的建设，壮大团的力量，不断为共青团输送新鲜血液，从 2003 年起，团委每年举办两期由入团积极分子参加的业余团校，业余团校截至 2012 年已举办到第 43 期。

2.开展团组织达标和团员民主评议活动

团委常年开展团组织达标和“创先争优”活动，进行一年一度的团员民主评议工作，强化团员意识教育。在此基础上，推选十佳优秀团员、优秀团干、优秀团支部并进行系部评优工作。

3.召开学生代表大会

河南省郑州水利学校从 2004 年(第十六届)至 2011 年(第十九届)共召开 4 次学生代表大会，华北水利水电学院水利职业学院从 2007 年(第一届)至 2009 年(第二届)共召开 2 次学生代表大会。

(二)社团组织与社会实践活动

1.社团组织

学校团委相继建立水校周报、校园生活报、广播站、记者站、足球队、公关协会、军事大观、青春队、摄影协会、英语协会、文艺爱好者协会、体育爱好者协会、普通话爱好者协会、棋社、文学社、集邮社、书画协会、舞蹈社、读书社等社团,2012 年社团组织达到 28 个。

2.社会实践活动

社会实践活动主要包含校园主题教育活动和社会实践活动。为教育广大团员青年学生,学院团委在校园开展形式多样的主题教育活动,如“小康建设献青春,中原崛起建功业”朗诵比赛、“读书、实践、成才”校园读书月活动、“永远跟党走”“强国之路,青春使命”“我爱我的祖国”和“新时代、新风采”征文比赛、“学生文明行为规范”知识竞赛、“弘扬五四精神,共建和谐校园”和“青春献祖国,红歌颂中华”歌咏比赛、“明礼诚信,励志成才”签名活动、“爱在汶川”捐款活动、“学会感恩,唤醒责任,倡导奉献”志愿者活动月及建党、建团周年纪念等一系列主题教育活动。

学生社会实践活动是加强和改进学校学生思想政治工作的重要环节,是引导广大青年学生深入社会、了解国情、促进专业学习与实践能力的培养相结合以适应社会发展需要的重要途径。2003—2012 年,学院团委积极响应上级号召,组织安排社会实践活动,利用假期特别是暑假开展“文化、科技、卫生三下乡”社会实践活动,以班、专业、生源区域等为基础,成立各种社会实践分队或小组,以社会调查、法律普及、支教扫盲、文化宣传、环境保护、知识普及、社区援助和勤工助学等方式积极投身于社会实践活动,并认真撰写论文、心得、报告。团委每年进行总结表彰并向省直团工委推荐社会实践活动先进集体和个人。

2007 年 3—4 月,院团委下发《大学生素质拓展计划实施方案》,调研并制定《大学生素质拓展计划实施办法》。

2008 年 5 月 7 日,为贯彻《中共中央国务院关于进一步加强和改进大学生思想政治建设的意见》,拓展“两课”实践教学的有效途径,基础部、德育研究室教师带领 2006 级、2007 级高职学生代表赴林州市红旗渠开展实践教学活动。

2010 年 9—10 月,在 2008 级、2009 级学生中开展大学生素质拓展项目的认证和学分申报工作。协助团省委承办了“我的青春故事”主题教育活动,邀请优秀校友石建增、李晓斌回校作报告。石建增先后被团省委和团中央选中,作为河南唯一代表参加了“我的青春故事”全国五省市巡讲,受到了王兆国和团中央、中共中央组织部等领导接见,为学校争得了荣誉。组织各团总支开展“争创学习型团组织,争做知识型青年”主题教育活动。

3.获得的荣誉

2007 年,学校被教育部确定为全国 100 所、河南省 6 所“全国中等职业教育德育工作实验基地”之一,学校团委被省直团工委表彰为“五四红旗团委”。

2009 年,学校团委被省直团工委评为“暑期社会实践活动先进单位”,被省水利厅团委表彰为“河南省水利厅先进团委”;获“庆祝新中国成立 60 周年”系列主题志愿活动优秀组织奖。

2010 年,学校团委被省直团工委评为“暑期社会实践活动先进单位”,被省水利厅团委表彰为“河南省水利厅先进团委”。

2011 年,学校团委被省直团工委表彰为“五四红旗团委”,被省水利厅团委表彰为“先进团委”。

2012年,学校被省直团工委、省直学联表彰为“三下乡”暑期实践活动先进集体。

三、民主党派工作

学校长期坚持共产党领导下的多党合作和政治协商制度,保持与民主党派人士的经常联系,通过召开座谈会等多种形式征求他们的意见和建议,推动民主建校工作向前发展。

充分发挥党内外联动效应。注重发挥民主党派、党外高学历知识分子在创先争优活动中的作用,党委、各支部将创先争优活动方案和承诺第一时间在全校公布,接受全体党员、全体教职工的监督,听取党外教职工对活动的意见、建议,注重发挥工会、教代会、团委等群众团体作用,进一步扩大活动的辐射面和影响力。民主政治建设有序开展,民主党派和无党派建言献策,参政议政的渠道通畅。

充分发挥各方力量,共同构建和谐校园,加强统一战线工作。根据省委统战部工作要求和党委部署,结合建党90周年、辛亥革命100周年重大活动,举行各民主党派座谈会,组织各民主党派开展回顾历史、与中共同心同行活动,从而提高认识,增强接受中国共产党领导,同舟共济的自觉性;支持民主党派搞好自身组织建设和思想建设,支持民主党派和无党派人士履行好参政议政、民主监督职能。学校的民主党派在参政议政、民主治校、民主监督等方面发挥了重要作用,在学校以教学为中心的各项工作中作了大量的工作,为推动学校“三育人”工作和精神文明建设作出了应有的贡献。

第六节　行政管理

2002—2012年,学校积极推动人事制度和劳资分配机制改革,协助上级做好干部选拔配备,扎实开展职工考核与职称评聘。精准编制学校财务预算,科学平衡运营与发展。以医疗健康和校园卫生为抓手,做好后勤服务,制定《学校卫生管理规定》,稳妥推进学校后勤社会化改革。在扩招的同时做好平安校园建设,争取各类资金改善基础设施建设,用心、用情、用力做好离退休工作。

一、人事工作

(一)人事和分配制度改革

为进一步推动学校人事制度改革,增强学校内部活力,1993年开始实施全员聘任制,在1993年、1996年、1998年、2002年四轮聘任的基础上,2004年7月根据上级关于事业单位实行人员聘用制度的有关文件精神,参照省属14所中专学校多次研讨形成的《省属中专学校人事制度改革纲要》,制定出台了《河南省郑州水利学校推行人员聘用制度改革总体方案》《河南省郑州水利学校关于人员聘用制度的实施方案(试用)》《河南省郑州水利学校中层干部竞争上岗实施办法》《河南省郑州水利学校奖励津贴发放办法》《教师岗位职责考核、工作量计算及教师课时酬金发放办法(暂行)》,逐步推进了竞争上岗、双向选择、能上能下、能进能出的新的用人机制和科学设岗、以岗定酬、岗变酬变、按劳取酬、优劳优酬和向教学一线及行政管理骨干适当倾斜的分配机制。

经过三年的实施,2007 年 8 月,又补充完善推出《全员聘用制实施方案》《中层干部竞争上岗实施办法》,推进了由身份管理向岗位管理、由行政任用关系向平等协商聘用关系用人机制的转换。

2009 年 4 月,学校制定出台了《奖励津贴发放办法》和《教学工作量计算办法》,进一步鼓励优教优酬,多劳多得,并将后勤管理人员的津贴与专任教师课时费挂钩。2009 年 9 月制定出台了《关于新一轮聘任工作有关问题的实施意见》,对学校部门岗位设置进一步细化,调整了机构设置,中层干部实行公开演讲、竞争上岗、择优聘任,提拔中层干部 5 人,轮岗 10 人。结合人事分配制度改革,实行了新的《奖励津贴发放办法》,完成岗位职能界定和职工全员聘任工作,进一步完善了具有竞争与活力的分配制度体系,使广大教职工的收入与福利水平有较大提高,有效调动了大家努力搞好各项工作的积极性。

2010 年 12 月,为深化事业单位人事制度改革,根据《河南省事业单位岗位设置管理实施意见(试行)》(豫办〔2010〕3 号)精神,学校制定出台了《河南省郑州水利学校岗位设置实施方案》《河南省郑州水利学校教师岗位设置与聘用实施细则》《河南省郑州水利学校其他专业技术岗位设置与聘用实施细则》《河南省郑州水利学校管理岗位设置与聘用实施细则》《河南省郑州水利学校工勤人员岗位设置与聘用实施细则》。实施了按需设岗、竞聘上岗、按岗聘用、合同管理。为做好岗位设置管理工作,学校成立了岗位设置与聘用工作领导小组和管理、专业技术、工勤技能三个"岗位设置与聘用工作组"以及"岗位设置与聘用工作监督、受理申诉工作组"。在全校教职工、教代会讨论通过的基础上,完成了个人申报积分计算及聘任结果研究公示,进一步推动了学校人事管理的规范化和制度化。

2012 年 6 月,为认真贯彻落实人事部《关于在事业单位试行人员聘用制度的意见》和《党政领导干部选拔任用工作条例》,修改完善重新出台了《河南省郑州水利学校全员聘用制实施方案》和《河南省郑州水利学校中层干部竞争上岗实施办法》,在岗位设置和各级各类人员聘用实施细则基础上,遵循双向选择、以岗定人、用人所长、择优聘用和公开、平等、竞争、能上能下的原则,6 月进行了中层干部的聘任,9 月进行了教师和一般行政管理服务人员的聘任。2004 年、2007 年、2009 年、2012 年先后进行了 4 次全员聘用,人事制度和分配制度逐步深化并日臻完善。同时 2012 年《学校绩效工资实施方案(草案)》得到上级批复,学校绩效工资总量按省直驻郑事业单位绩效工资基本水平 1.3 倍核定,离退休人员按有关文件规定的生活补贴标准执行。

(二)人事管理

1.干部配备

按照学校领导班子建设意见,协助上级做好校级干部的补充和领导班子人员调整。2006 年 7 月,副校长王志凯调往河南省漯河水利技工学校。2007 年 8 月,省水利厅以豫水人劳〔2007〕42 号文任命黄功学、蒋彦成担任副校长;2010 年 6 月 30 日,省水利厅以豫水人劳〔2010〕40 号文任命赵高潮为河南省郑州水利学校校长,11 月 15 日华北水利水电学院以华水政〔2010〕182 号文任命赵高潮为华北水利水电学院水利职业学院院长。2004 年学校机构21个,正、副科级职数36个;2007年机构23个,正、副科级职数40个。随着学校内设机构的调整,按照《河南省郑州水利学校中层干部竞争上岗实施办法》,2004年配备中层干部31名,2007年配备中层干部39名,2009年配备中层干部40名,根据《全员聘用制实施方案》聘任20位教研室主任;2012年8月配备中层干部40名,9月聘任22位教研室主任。

2.职工考核

根据《河南省事业单位工作人员考核暂行办法》,学校每年对中层干部、教师和各类专业技术人员及工人进行考核。考核坚持客观公正、民主公开和注重实绩的原则,实行领导与群众考核相结合、分类考核与分层考核相结合的方法。考核内容为德、能、勤、绩,2006年增加"廉"共5项,考核优秀比例由2003年的10%提高到2004—2007年的15%,2008年调整为17%。基本合格、不合格人数不定比例,实事求是确定。考核优秀者上报前进行公示,考核结果与评先评优、晋升、年终奖挂钩,2008年开始又与教师课时费及管理人员下年度岗位系数挂钩。

3.职称评聘

2002年,根据河南省人事厅《关于做好"评聘分离"和"以聘代评"改革试点工作的意见》,学校通过申报被批准为"评聘分离"试点单位。评审按照公开、公平、公正的原则,聘任的程序是在个人已具备专业技术资格的基础上,通过个人申请、提交材料、演讲推荐、专家评审、党委研究等程序,确定聘任名单,向上级部门申报。聘任的原则是:择优聘任,合理设岗,评聘分开,公平竞聘。2006年正式实施评聘分开,分别进行专业技术职务评审和聘任工作。2003—2012年共评审中级职称54人,聘任59人;评审高级职称44人,聘任39人。为完善职称评聘工作,2007年12月和2012年10月又分别制定了《专业技术人员聘任及管理办法(试行)》和《专业技术职务任职资格评审推荐及聘用的补充办法》。此项工作有力地调动了专业技术人员的积极性,强化了竞争激励机制。

二、后勤服务

(一)医疗服务与校园卫生

学校在医疗服务、卫生防疫、健康教育和预防传染病方面,以常见病治疗和服务为主线,定期举办卫生知识讲座,负责新生体检和年度教职工体检工作,确保了校园健康、安全、稳定。针对2003年春季开始的"非典"疫情,4月21日,制定《防治非典型肺炎工作方案》,同时印发《学校卫生管理规定》并且大力开展校园爱国卫生活动,在整个疫情期间,学校无一例疑似病例,被评为省教育系统抗击"非典"先进集体。2005年制定了《传染病预防与控制预案》,2008年印发《预防手足口病暴发流行工作措施与方案》《卫生管理规定》,2009年印发《防控甲型H1N1流感应急预案》《甲型H1N1流感防控措施》并成立领导小组和工作小组,取得良好效果。2010年对《学校卫生管理规定》又进行了修订。

为改善学校环境,2003年制定《家属区环境卫生管理办法》,2004年制定了《改善学校家属区人居环境实施方案》。2008年10月为了迎接高职高专评估,开展了校园环境秩序整治月活动。

(二)后勤社会化及服务

1.成立房产租赁部和后勤集团公司

在2002年3月成立房产租赁部的基础上,学校2003年4月将房产租赁部设定为"具有企业法人资格,独立核算,自负盈亏,独立承担民事责任"的机构。为适应人事制度改革，精简机构，分流人员，更好地推进后勤社会化改革，2004年5月将后勤系统16人分流，人员管理、工资费用统一归房产租赁部管理和负担，后勤社会化工作迈出了一大步。

为积极稳妥推进学校后勤社会化改革并使其顺利进行，根据《河南省教育厅转发教育部关于进一步抓好高校后勤社会化改革的通知》（教电〔2001〕88号）的精神及其他高校后勤社会化改革模式和经验，2007年7月学校成立了后勤社会化改革工作领导小组及办公室并起草了《后勤社会化改革方案（试行）》，将学校后勤分为两个部门，一是总务处，代表学校行使后勤宏观管理职能；二是后勤集团公司，承担学校后勤服务、经营、管理职能。后勤集团下设饮食、维修、医疗、公寓、物业、综合6个服务或管理中心。

2010年10月，学校进一步规范后勤管理模式，提高服务水平，将物业公司引入校园管理，实现了学校用工人员向物业管理的平稳过渡，既有效利用了社会资源、提高了服务水平，又推进了我校后勤服务社会化进程，取得初步成效。

2.后勤服务

一是在学生规模迅速扩大，后勤服务任务量增加较大的情况下，克服种种困难，积极做好大量的日常维修及办公用品和学校物资的供应工作；二是随着学校房改工作的顺利结束，为更好地管好、用好学校现有房产资源，按照上级文件精神，结合学校实际，实行了《河南省郑州水利学校教职工租赁学校暂住房管理办法》，进一步规范了学校的房产管理工作；三是加强水电服务管理工作，制定完善水电管理制度并抓好制度的落实考核工作，规范用电管理；四是积极开展节水节电技术改造，开展节水节电宣传教育活动，并在学生公寓及教学楼安装节电器，从2005年开始对“节电”先进班级、先进宿舍进行通报和奖励，2012年投资13.6万元，对4栋学生宿舍楼进行了智能电控系统安装，使学生用电管理更加规范化；五是成立公寓管理办公室，以公寓安全、卫生为重点，以管理和服务为主线，建立管理与服务人员岗位责任制，为学生提供了优质高效的服务；六是建立健全学校物资管理制度，出台《政府采购管理办法》，规范招标投标和政府采购方式和程序，增强物资管理人员的配备，定人定岗，使物资的采购、使用、保管工作规范化制度化；七是搞好膳食服务，学校成立食品安全管理领导小组，制定《伙委会工作制度》《食堂卫生制度》《食堂安全制度》《餐具消毒制度》，加强食品安全、卫生、质量监控，合理调整食堂饭菜价格，改善学校供餐硬件设施和卫生环境，提高食堂对外形象；八是家属区物业管理逐步规范，落实家属区门卫、车辆、卫生及临时工住宿安全等管理制度，确保家属区的正常秩序，为教职工创造了安全稳定的生活环境。

三、平安校园及综合治理

2002—2012年，学校进一步加强平安校园建设及综合治理工作。一、建立完善的领导机构。学校成立治保委员会、防空工程维护管理领导小组、人防工程防汛领导小组、信访工作领导小组、社会治安综合治理领导小组、社会矛盾化解领导小组、维护稳定工作领导小组、普法工作领导小组和安全生产领导小组等；二、积极完善安全保卫设施，加强人防、技防和校园监控设施建设，加大投入，在校区、家属区安装了监控设备、配备了消防器材，保障学校和师生员工的安全；三、层层落实责任制，严格按照“谁主管谁负责”的原则，落实治安保卫综合治理工作责任制,常抓不懈,确保学校各项工作安全稳定;四、严格执行安全责任奖惩制度,对出现的安全问题进行奖惩处理,及时总结经验教训,进一步强化责任制,定时对治安保卫工作先进集体和个人进行表彰;五、常年开展“安全生产月”活动,制订活动计划和实施方案,根据情况适时开展“冬季安全生产”和“百日安全生产大检查活动”;六、建立“应急预案”制度,制定《妥善处置突发性群体事件的实施方案》《消防工作应急预案》《安全生产工作应急处理预案》《重大突发事件应急预案》《抗震防灾应急预案》《防汛应急预案》《传染病防控应急预案及措施》《食品安全应急预案》等;七、认真开展行风评议和自查自纠工作,不断提高学校行风建设水平;八、常年加强安全生产和普法教育宣传,利用政治学习和“法制宣传日”对相关法律知识进行学习、教育和测试,在学法、知法、用法上进一步提高思想意识和理论水平。2009—2012年连续四年,学校被省水利厅表彰为普法工作先进单位。

四、基础设施建设

为进一步改善办学条件、扩大办学规模,学校通过自筹、争取中央及省财政支持等方式,从2003年开始,先后建成南教学楼,5号、6号、7号学生公寓楼,实训中心大楼,施工技术实训中心,后勤服务综合楼以及7号职工家属楼等,并对北教学楼、实验楼加层,共新增建筑面积4.31万平方米,投资约4161万元。另外对教学楼、实验楼、学生公寓、办公楼、食堂、水工棚(室内球馆)进行改造,对学校围墙、变压器、电路、水路、地面、老干部门球场及其他基础设施维修、更新改造及固定资产(教学设备、办公设备、学生桌椅、图书及设备、交通工具等)购置等约1800多万元,较大程度地改善了学校的办学条件,为学校的发展奠定了良好的物质基础,提高了学校竞争实力。截至2012年底,学校总建筑面积达到12.51万平方米,学校固定资产总值达10596万元。

学校加大校园绿化、美化、亮化的力度,校园环境日益完善。2005年,校园绿化投资21万元,2008年6月,被郑州市委、市政府命名为“省会改善人居环境先进单位”。2011年,投入6万多元对校园花草树木进行更新,进一步营造宜人的育人环境。

五、离退休工作

学校长期关心关注离退休职工工作。主要措施有:一、成立老干部工作委员会,制定了班子成员《联系离退休老同志制度》,保证老同志的意见和建议反馈渠道畅通;二、充分发挥老同志的优势,热心帮助青年教师提高业务水平,发挥了“传帮带”作用;三、严格执行上级有关政策,认真落实老同志政治待遇和生活福利待遇;四、定期召开老干部工作会议或座谈会,通报学校情况和反馈老同志反映问题的落实情况;五、积极开展适合老同志特点的喜闻乐见、丰富多彩的各项文体活动,如春季运动会、冬季室内运动会、节日或期末文艺汇演等;六、组织老同志重阳节外出学习考察;七、认真做好离退休人员日常服务管理工作,了解他们的生活及健康状况,坚持节日慰问、生病探望,解决他们生活中的困难,从思想、生活、身体上切实关心老同志。

六、50周年校庆

2005年10月28日,学校举行河南省郑州水利学校建校50周年和华北水利水电学院水利职业学院成立3周年庆祝大会。中国水利教育协会理事长、水利部长江水利委员会原党组书记周宝志,河南省政协常委李日旭，河南省水利厅领导王铁牛、李连栋，纪检组组长郭永平，省南水北调办公室副主任薛显林，省水利厅原领导杨甫、马德全等同志及省教育厅有关处室领导、华北水院领导等与广大校友、全体师生8000多人欢聚一堂，共襄盛举。在校庆之际，学校还收到了水利部人教司、中国水利教育协会、黄河水利委员会及来自全国各地20多所兄弟单位的贺信和贺电。庆典大会上，校长杜平原讲话，回顾了建校办学50年的历程和今后的努力方向，省水利厅、省教育厅和华北水利水电学院的领导先后讲话，对水利学校50年来取得的成绩给予了充分的肯定，对学校今后的发展寄予了厚望。

第五章　高职教育启华章

——独立举办高等职业教育发展初期

2012—2020年，是学院独立举办高等职业教育发展的初期，学院培养毕业生1.8万多名，截至2020年底，在校生总数已达14333人。2013年，成功申办升格为河南水利与环境职业学院。为更好适应职业教育发展新要求，满足区域经济社会发展新需要，理清办学思路，明确办学方向，2013年学校结合新形势新任务要求和工作实际，制定了《河南水利与环境职业学院事业发展第一个五年规划（2013—2017）》和《人才队伍建设规划（2013—2017）》《专业建设与发展规划（2013—2017）》3份纲领性文件，明确了学院发展及重点领域的近期、中期、远期目标。在教学教研、行政管理、人事管理、财务管理、学生管理和招生就业等方面取得了长足的进步，厅属三校资源整合全面完成。基层党组织建设向院系延伸扎根，精神文明建设列入学校重要议事日程，离退休和工会工作亮点纷呈。建校60年耕耘不辍，校庆活动圆满举办。郑州航空港综合经济实验区新校区征地建设顺利完成，新校区如期投入使用。

第一节　申办河南水利与环境职业学院

河南省郑州水利学校创建于1955年，是隶属于河南省水利厅的一所公办中等职业学校，占地165亩（11公顷），教职工400余人，在校生8500余人。1994年、2002年两次被评为国家级重点中等职业学校。2002年7月经河南省人民政府同意、省教育厅批准成立了华北水利水电学院水利职业学院，累计招收高职学生近8000人，2008年在省教育厅组织的高职高专评估中，取得良好成绩。

省水利厅党组十分重视河南省水利职业教育的发展，2010年3月上旬，省水利厅常务副厅长李孟顺、主管副厅长刘汉东明确提出了郑州水校要积极征地、异地建校、扩大规模、创办高等职业院校的发展思路。学校党委高度重视，经过认真的学习讨论、研究，成立了征地建校办公室。

2010年5月19日，学校成立创建高职工作领导小组（豫郑水校〔2010〕23号），张保同、杨慧丽任创建高职工作办公室副主任（豫郑水校〔2010〕24号）。

2010年6月28日向郑州市政府报送《河南省郑州水利学校关于征用土地的申请》（豫郑水校〔2010〕35号），拟在郑州市惠济区政府西南约1千米处原征地500～1000亩建设新校区，9月3日向省水利厅报送《郑州水校关于征地建设新校区的请示》(豫郑水校〔2010〕44 号),“根据国家教育部和省政府有关中职升格的现行政策,确定了依据国家现行政策,坚决落实厅党组指示,以厅新建河南水利水电职业学院为基本目标,拟按在校生 1.2 万人规模,在郑东职教园区征地 800~1000 亩,以郑州水校现有土地为基础,与开发商协作,以土地置换方式进行新校区建设”。

河南省水利厅也于 2012 年向水利部报送《关于请求支持筹建河南水利与环境职业学院的请示》(豫水教〔2012〕7 号),5 月 25 日,水利部向河南省水利厅下发的《关于支持河南省水利厅筹建河南水利与环境职业学院的函》(办人事函〔2012〕384 号)中明确:“河南是农业大省、人口大省、水利大省,是全国唯一地跨长江、黄河、淮河、海河四大流域的省份。多年来,河南省委、省政府高度重视水利工作,把水利放在促进全省经济社会又好又快发展和保障国家粮食安全的突出位置,积极探索新形势下水利发展的新思路、新模式、新举措,水利工作取得了显著成就。2011 年中央一号文件强调要大力培养高技能人才,全面提升水利系统干部职工队伍素质,为水利发展提供坚强人才支撑。根据河南未来所承担的水利建设发展任务及现有队伍状况,我部认为在河南建设一所集水利建设管理与水环境保护于一体的高等职业院校非常必要、非常迫切,对于夯实河南水利人才基础,加速河南水利的改革与发展、促进中原崛起和确保国家粮食生产安全具有重要意义。水利部将对新建学院给予更多的关注和支持,对新建学院在专业设置、人才培养、师资培训和实训基地建设等方面给予指导,鼓励支持学院加强与全国水利系统企事业单位、科研院所的交流与合作,参与水利行业人才培养、工程建设、科学研究和成果推广。希望你厅加强对学院建设的领导,做好学院总体规划,落实建设和发展经费,加强专业设置的调研和论证,积极探索创新人才培养模式,突出水利特色,办出领先水平,为河南水利事业蓬勃发展和中原崛起培养更多高素质技能型人才。”

2012 年 7 月我校正式提交材料,申报设立河南水利与环境职业学院,7 月 16—17 日接受了河南省高等学校设置评议委员会专家组考察验收,在 7 月 26 日进行的评议委员会专家投票中以最高票数名列第一位。9 月 13 日,被纳入《河南省高等学校设置“十二五”规划》(豫政〔2012〕85 号)。2013 年 3 月 1 日,省人民政府正式批复同意设置河南水利与环境职业学院(豫政文〔2013〕83 号)。

2013 年 5 月 15 日,教育部下发了《关于同意专科学历教育高等学校备案的函》(教发函〔2013〕97 号),河南水利与环境职业学院在教育部获得备案。

学院于 2013 年 5 月 31 日举行了隆重、简朴的揭牌仪式。原全国高校设置评议委员会高级顾问、省第十届人大常委会副主任贾连朝,省政府副秘书长胡向阳,水利部中国水利教育协会副会长兼秘书长彭建明、水利部人事司人才与培训处副处长唐晓虎,省水利厅党组副书记、南水北调办主任王小平,省教育厅副厅长尹洪斌,省南水北调办副主任刘正才,省水利厅副厅长王国栋,华北水利水电大学副校长刘汉东等出席了揭牌仪式。来自省水利厅机关各处室、厅属单位、兄弟院校领导嘉宾及校友代表、学校老领导、现任校领导、离退休职工代表及在校师生代表 800 余人参加了仪式。揭牌仪式由院党委书记王春明主持。揭牌仪式上,省政府副秘书长胡向阳宣读了《河南省人民政府关于设置河南水利与环境职业学院的批复》;赵高潮院长致辞,对学校 58 年来的办学进行了总结，对学校未来发展进行了展望；1982级校友、郑州大学博士生导师张成才教授进行了发言；彭建明、尹洪斌、王小平等领导先后作重要讲话；贾连朝、胡向阳为学院揭牌。

第二节 学院发展规划

《河南水利与环境职业学院事业发展第一个五年规划(2013—2017年)》明确了2013—2017年学院发展总体目标"五年内建成一所以全日制高职教育为主，兼顾成人高等教育、短期培训，适应行业和社会发展需要，专业结构合理、师资力量雄厚、实训条件完善、管理制度规范、育人环境良好、设施齐全、功能完善、特色鲜明，在省内外具有一定影响力的高等职业院校"，提出了办学规模、基本建设、队伍建设等12项具体目标，并明确了实现路径。

一、总体事业发展目标

(一)办学规模

在确保办学质量不断提高的基础上，满足行业和社会的需求，适度扩大办学规模。全日制普通高职在校生达6000人，年培训2000人次以上。

(二)基本建设

明确了新校区建设、图书馆建设、实训基地建设和数字化校园建设4项重点任务。

一是坚定不移地推进征地建设新校区工作，突破因占地面积不足给学校发展带来的瓶颈。要统筹做好新校区的征地、规划设计、建设施工等各项工作，力争在规划期内基本建成占地500亩左右，校舍建筑面积达25万平方米，格调高雅、功能齐全、分区合理、环境优美、生态特点突出、职业特色鲜明的生态化、环保型的绿色校园，数字化、智能型的现代校园，人性化、文化型的精品校园，功能化、节约型的永续校园。

二是加强图书馆软硬件建设，完善服务功能，提高服务质量。以构建优质、高效的教学、科研、生产应用信息中心为目标，图书文献信息反映科技发展成果，满足人才培养、专业建设和教科研需要，增加馆藏图书数量和种类，期末馆藏纸质图书达到40万册以上，电子图书20万册以上。

三是以学生职业岗位能力培养为目标，充分发挥行业优势，加快集教学、科研、生产、服务于一体的校内外实训基地建设。积极探索依托专业办产业、引企入校、合作共建等形式，努力建成一批具有真实性的生产环境和生产要素，集"专业教学、职业培训、技能鉴定、技术服务"四位于一体、满足人才培养要求的"校中厂""厂中校"实训实习基地。规划期间力争建成1个省级实训基地，按每个专业不少于2个实习基地的标准，建成校外实习基地60个左右。根据专业建设和发展需要，完善配套的教学科研仪器设备，年均投入不低于400万元，规划期内教学科研仪器设备值达到5000万元以上。

四是建成智慧型数字化校园网络环境，提升信息化在学校教学、管理、科研和社会服务方面的应用水平。建立信息标准规范的共享数据中心、共享性专业教学资源库、网络公共服务平台(教学公共服务平台、电子政务服务平台)；提供公共信息检索服务、网络教学应用服务、网络办公集成服务。基本实现教学、管理和服务的数字化、网络化和信息化。

(三)教研科研

构建职业教育特色鲜明、教学与科研相融合的高素质技能型人才培养体系;改革教科研管理机制,完善管理制度;以服务行业企业、教学改革和区域经济发展为导向,以专业技术服务为重点,以专业带头人和企业技术专家为骨干,以专业教师为主体,成立专业研究所,建立专业科技平台;加大教科研经费投入和项目开发力度,每年完成校级立项课题30个以上,厅级立项课题10个以上,省(部)级立项课题1个以上,发表学术论文150篇以上(核心期刊10篇以上)。

(四)社会服务能力

坚持立足水利,面向社会,主动适应河南经济社会发展需要,树立为国家粮食核心生产区、中原经济区和郑州航空港经济综合实验区三大战略建设任务服务的意识,主动履行社会责任。加强与政府、行业、企业、社会的合作,积极为行业、企业、农村、社区等基层和社会提供多种形式的社会服务。大力开展农村实用技术培训,农村劳动力转移培训,在岗职工及下岗、转岗职工培训等各类技能培训工作,全面提升劳动者的职业技能和就业、创业能力。

(五)招生与就业

认真落实教育部高等职业教育考试招生制度改革指导意见,努力构建职业教育人才成长的立交桥,加强招生宣传,推进招生改革,保持每年招生2000人左右的规模,确保生源数量与质量的稳定。建立健全就业网络体系,完善毕业生就业跟踪调查制度,加强毕业生就业指导与创业教育,努力推进毕业生就业工作的全程化、全员化、专业化、信息化目标。积极搭建就业信息平台,多渠道开辟就业市场,建立相对稳定的就业基地,保持毕业生就业率在95%以上,不断提高毕业生就业质量,努力实现招生、就业与发展的良性循环。

(六)学生教育管理

坚持育人为本、德育为先,加强和改进学生思想政治教育工作,把社会主义核心价值体系融入人才培养的全过程。重视学生的职业道德教育和法治教育;全面实施素质教育,加强对学生的养成教育、人文素质教育等,培养学生的职业道德、职业技能、就业创业能力等综合素质及社会适应性。加强学生管理工作专兼职队伍建设,加强辅导员和班主任队伍建设。加强学生党团组织建设,发挥学生社团在校园文化建设、学生能力培养等方面的重要作用。

(七)管理与服务能力

积极探索建立符合时代要求的现代高职教育制度,以学院章程建设为基础,通过开展"制度建设年活动",健全完善各类规章制度,实现管理工作的规范化、制度化、科学化。加强管理队伍建设,坚持以人为本、全员育人、管理育人、服务育人的原则,树立全面服务意识,提高为教职工和学生服务的质量。充分发挥教代会、工会、共青团的作用,建立适合学校发展需要的内部管理体制和运行机制。提高民主办学、依法办学、科学管理的能力和水平,形成自我发展、自我约束的运行机制。

(八)后勤保障服务体系

深化后勤管理体制改革,探索后勤服务社会化、专业化模式。加强后勤工作队伍思想建设和后勤工作制度建设,牢固树立以学生为中心、以教学为重点、以服务求发展的服务理念,增强服务意识,强化服务责任,提升服务能力和水平。建设服务态度端正、业务技能精湛、管理水平上乘的后勤保障服务团队,以适应学校快速发展对后勤保障服务的需要。

(九)校园安全保卫

强化校园安全保卫工作目标责任

制,加强门卫、食品、消防、用电、治安等关键部门的管理,做到管理的规范化、精细化,消除各种安全隐患。建立突发公共安全、食品卫生等事件应急预案;提高预防灾害、应急避险和防范违法犯罪活动的能力;完善人防、物防和技防措施。完善矛盾纠纷排查化解机制,完善突发事件应急管理机制,妥善处理各种事端;加强综合治理工作,确保学校安全稳定。

(十)校园文化与精神文明建设

加强校园文化建设,打造特色鲜明、体现时代特征和学校个性的校园文化,建成"洁、绿、亮、美"、特色显著、职业教育特点突出、文化氛围浓郁的园林式校园。大力推进精神文明创建活动,以建设社会主义核心价值体系为根本,大力推进师生思想道德建设、大学生思想政治教育,深入开展群众性精神文明创建活动,不断提高广大师生文明素质。创建党风正、教风严、学风好,团结向上、求实进取、开拓创新的文明校园,继续保持"全国水利文明单位"称号。

二、人才队伍建设目标

打造一支适应新时期学院发展需求的教师、管理干部和后勤服务人员队伍,是实施"以人为本,人才强校"战略,进一步提高广大教师教学科研、教书育人的能力,提高广大干部依法行政、科学管理的能力,提高后勤职工服务保障能力和水平的关键。

(一)人才队伍规模目标

重点加强教师队伍建设,专任教师总数达到320人左右,年均计划引进25人左右,使学校教师与学生之比保持在1∶18左右。专任教师中具有研究生学历或硕士以上学位的教师占教师总数的比例达到60%以上,副高以上职称的教师达到教师总数的30%以上。专业课教师中"双师型"教师达到75%以上,企业兼职教师达到专任教师总数的20%以上。各专业基本形成具有职称、年龄、学历梯度的教学团队。

(二)人才队伍基础与目标

截至2012年底,学院教职工总数293人,其中具有大学本科及其以上学历人员252人,占教职工总数的86%,具有研究生学历或硕士以上学位人员88人,占教职工总数的30%。

1.专任教师队伍基础

学院专任教师214人,占教师总数的73%。其中,副高以上职称教师79人,占教师总数的37%;中级职称教师90人,占教师总数的42%;具有研究生学历或硕士以上学位教师83人,占教师总数的39%;50岁以下教师171人,占教师总数的80%;专业课教师156人,占教师总数的73%;"双师型"教师109人,占专业课教师总数的70%。

2.专任教师队伍建设目标

思想政治素质方面,健全教师思想政治素质教育体系,促进教师树立正确的世界观、人生观、价值观,具有良好的道德修养,认真履行教师职责,为人师表、教书育人,善于团结合作。

数量方面,按全日制高职学生6000人计,年均计划引进专任教师25人左右,至2017年末,专任教师数达320人左右,从行业企业聘用的兼职教师占教师总数的20%以上。

学历专业与职称结构方面,至2017年末,具有研究生学历或硕士以上学位教师占专任教师数的60%以上,力争每个重点专业有博士学位教师(硕士、博士均含在读)。补充教师原则上优先引进省内外211高校特别是985大学研究生学历、硕士以上学位的优秀毕业生,原则上不补充本科毕业生(引进的教师原则上应为本规划期内新设置的高职专业)。副高及以上职称教师占专任教师数的20%以上。专业课教师中“双师型”教师达75%以上。同时,努力分散新招聘大学毕业生和在职教师在校外接受研究生学历(或硕士学位)教育的培养学校。

骨干培养方面,至2017年末,每个专业有1~2名具有副高以上职称的专业带头人,培养1~2名省级以上教学名师,培育1~2名在省内外有一定影响力的教授,3~5名在学术研究上已取得较高水平研究成果且具有良好发展潜力的学术技术带头人。培养一批优秀的青年骨干教师。

3.管理干部队伍建设目标

全院管理人员55人,全部具有本科及以上学历,其中具有研究生学历或硕士以上学位17人,占管理人员总数的33%。

思想政治素质方面,以加强思想政治建设和执政能力建设为重点,以忠诚党的教育、践行科学发展、务实高效为主要特征,大力加强管理队伍思想、组织和作风建设,努力建设一支具有较高政治素养和改革创新精神,掌握现代科学文化和管理知识,懂教育、善管理、作风优良的高素质管理团队。

学历专业与职称结构方面,至2017年,管理人员具有本科以上学历者保持100%,教学系(部)主任一般应具有博士或硕士学位、副高以上职称;选培40周岁以下、具有研究生学历或硕士以上学位的党政管理干部5~8人。

4.后勤服务人员队伍建设目标

全院后勤服务人员117人,其中具有专科及以上学历共101人,占服务队伍人员总数的86%。

后勤服务保障人员队伍建设以提高技能为重点,逐步建设一支掌握专业知识,具有较强创新能力,服务效率高、质量优的支撑服务队伍。逐步完善落实相关职业资格证书制度、就业准入制度和上岗培训制度。探索人员招聘制度,引进业务能力强的专业技术人员充实到支撑服务队伍之中。

三、专业建设目标

专业建设是学院一项基础建设,是提高教学质量和办学效益,培养合格人才的重要工程,是学院谋求发展,形成自身办学特色和优势的一项战略性任务。为主动适应经济建设和社会发展对人才培养的新要求和产业结构调整对专业发展的实际需求,学院根据河南水利事业、环境保护事业及区域经济社会发展需求,在现有专业基础上,扩大数量,优化结构,增强优势,建设一批口径宽、基础厚、适应广、特色鲜明的专业。构建以水利、土建、环保类专业群为骨干,电子信息、制造、测绘、财经类等专业群协调发展的专业体系,专业数量达到30个,招生专业稳定在20个以上。

(一)专业建设基础

学校在原华北水利水电学院水利职业学院的基础上,通过11年的发展,共开设12个专业,专业涵盖7大专业门类(见表5-1),其中水利工程、建筑工程技术、计算机应用技术3个专业为院级教学改革试点专业,初步形成了以水利、土建类专业为主线,以制造、电子信息、测绘、财经类等专业为补充的专业布局和结构。共为社会输送近8500名合格的高职毕业生。

表5-1 2012年学院现有专业

序号	专业代码	专业名称	专业大类
1	570201	水利工程	水利类
2	570203	水利水电建筑工程	水利类
3	570210	水利工程监理	水利类
4	570401	水土保持	水利类
5	560301	建筑工程技术	土建类
6	560303	基础工程技术	土建类

续表 5-1

序号	专业代码	专业名称	专业大类
7	560502	工程造价	土建类
8	580202	电气自动化技术	制造类
9	590101	计算机应用技术	电子信息类
10	540601	工程测量技术	资源开发与测绘类
11	620204	会计电算化	财经类
12	510401	水产养殖技术	农林牧渔类

学院贴近市场办学，成立了由生产一线专家和学校专业骨干教师组成的专业建设指导委员会，对专业建设实施指导。每个专业由专业带头人负责建设，制定了专业人才培养方案。根据就业市场变化，在3个院级教学改革试点专业实行了“大专业、多方向”改革。学院还积极探索“校企合作、订单培养”的人才培养模式，受到了广大学生和用人单位的欢迎。

(二)专业建设目标任务

1.结合行业和区域经济需要设置新专业，优化调整现有专业

紧跟行业和区域经济发展变化，对接行业企业与区域经济发展的需求，进一步围绕水利、土建、环保、电子信息、制造、测绘、财经等领域设置专业，在已有专业的基础上，每年新增3~4个专业，期末专业总数达到30个左右，形成若干个专业群。学院2013—2017年专业增设进程见表5-2。

表 5-2 学院 2013—2017 年专业增设进程

年份	序号	增设专业名称	专业类别	专业代码
2013	1	水政水资源管理	水利大类	570104
	2	环境监测与治理技术	环保、气象与安全大类	600101
	3	水环境监测与保护		600106
2014	4	园林工程技术	土建大类	560106
	5	环境监测与评价	环保、气象与安全大类	600102
	6	房地产经营与估价	土建大类	560701
	7	机电一体化技术	制造大类	580201
2015	8	水文与水资源	水利大类	570101
	9	建筑装饰工程技术	土建大类	560102
	10	电子商务	财经大类	620405
	11	建筑电气工程技术	土建大类	560403
2016	12	市政工程技术	土建大类	560601
	13	电子信息工程技术	电子信息大类	590201
	14	会计(注册会计师方向)	财经大类	620203
	15	环境工程技术	环保、气象与安全大类	600109
2017	16	建筑设备工程技术	土建大类	520401
	17	测绘与地理信息技术	资源开发与测绘大类	540608
	18	物联网应用技术	电子信息大类	590129

根据行业和区域经济发展需要,按照“兴特、扬优、汰劣、改老、创新、集群”的原则,适时调整老专业,完成对已有专业的改造和重组,调整专业布局,充实专业内涵,拓宽专业口径,增设专业方向,更新教学内容。根据行业发展和区域产业结构调整、优化升级对人才的需求,优化专业结构,整合核心资源,提升专业建设的整体水平。

2.着力打造特色专业,打造高素质专业化师资队伍

建立一般专业、重点专业和特色专业三级专业建设体系,用重点专业做示范,用特色专业显亮点。加强专业内涵建设,至2017年,争取建成1~2个省级特色专业、1个省级重点建设专业,建成4个院级特色专业、6个院级重点建设专业。突出我院办学特色,加强水利、土建、环保类专业建设,以水利、土建、环保类专业群为龙头,带动其他专业群的共同发展。

加快推进“双师型”教师队伍、专业带头人队伍和优秀专业教学团队建设,加强教学名师和青年教师的培养,着力建设一支与学院发展目标相适应的师德高尚、业务精湛、结构合理、专兼结合的高素质专业化师资队伍。按照生师比不大于18∶1的比例,逐年从高校和企事业单位引进教师。聘用行业专业技术人员为兼职教师,兼职教师的人数达到专任教师的20%以上。通过内部培养、外部引进,使副高及其以上职称教师的人数达到专任教师的30%以上,具有硕士及其以上学位教师的人数达到专任教师的60%以上,“双师型”教师的人数达到专业教师的75%以上,每个专业选拔配备1~2名“双师型”专业带头人;建成1~2个以专业带头人为领军人物、“双师型”教师为主体的省级优秀专业教学团队;大力培养中青年骨干教师,有计划地培养省级教学名师,力争实现省级教学名师零突破。加大新引进教师培养力度,提高教书育人能力。

3.加强校内外实训实习基地建设,完善校企合作机制

根据专业建设和发展情况,加大校内实训基地建设经费投入,年均教学科研仪器设备投入不低于400万元。按照突出职业岗位能力培养的要求,建设成设备齐全、技术先进、综合性强、能满足各专业主要技能训练的校内实训基地。加强对现有校内实训基地的资源整合。按照集教学、科研、生产、服务于一体的功能要求,积极探索依托专业办产业、引企入校等形式建立校内生产性实训基地。以生产性实训项目开发、职场环境与氛围建设、企业化管理机制创新为核心内涵,完善校内实训基地体系。力争建成1个省级实训基地。按照“实际、实用、实效”的原则和每个专业不少于2个实习基地的标准,建成高质量校外实习基地60个左右,实现校内外实训实习基地的紧密衔接。

积极探索与企业“合作办学、合作育人、合作就业、合作发展”的办学新机制。加强以行业企业技术骨干和专家为主体的专业建设指导委员会建设,切实保障行业企业技术骨干和专家参与专业建设的全过程,使专业与职业结合更加紧密、专业与市场需求更加吻合。同时结合经济社会发展需要,以就业为导向,找准每个专业的定位,构建与社会发展和学院特色相适应的人才培养方案。以重点专业为引领,深化和推进订单培养、产学结合、工学交替等人才培养模式改革。

4.加快推进教学考核改革,完善学习资源建设

根据专业人才培养目标,坚持以职业

能力培养为主线，深化“基于工作过程”的课程体系改革，并按职业发展所需的专业知识与技能，建立满足岗位技能要求的公共基础课素质化、专业基础课大平台化、专业技术核心课程小模块化、技能训练工单化、综合训练岗位化的“五化”课程教学体系，形成具有鲜明特色的教、学、做三者有机结合的专业知识、专业技能与职业综合素质培养的教育教学思路。推进专业教学内容与职业资格证书考试对接，全面实行“双证书”制度，并将与职业资格证书相关内容融入职业课程模块之中。坚持“就业导向，能力本位，面向学生职业生涯”的课程建设方针，有计划、有目标、有步骤、分阶段、分层次地开展课程建设工作，在课程内容上充分体现产业对专业人才的素质要求，引入国家标准、行业标准、企业标准制订课程标准，开发专业课程，并积极推进课程内容整合。

深化教学方法改革，强化行为导向教学法在教学中应用，在教学过程中积极推广项目教学、案例教学、场景教学、模拟教学等，全面推行课程总体教学设计和单元教学设计，把“教、学、做”一体化落实到教学过程中，形成以学生为中心，以能力为本位，理论教学与实践教学一体化、课堂与实训室一体化、校内学习与实际工作一体化的教育教学运行机制。争取成功申报省级教改课题5项以上，省级教学成果奖1~2项。积极推进教学手段改革，通过数字仿真、虚拟现实等信息化方式，增强教学的实践性、针对性和实效性。积极推进学业成绩考核改革，强化过程考核，突出综合素质和专业技能考核。

切实抓好教材建设。完善教材的选用、编写管理制度。原则上选用全国高职高专规划教材或统编教材，优先选用近3年出版的优秀新教材。鼓励教师参加全国规划教材或统编教材的编写工作，资助教师编写校内特色教材，尽快将优秀学术成果反映到教学内容中，期末校企合作编写校本教材不低于10部。加快图书馆建设，年均投入70万元购置纸质和电子图书资料，期末馆藏纸质图书达到40万册以上，电子图书达到20万册以上。推进数字化资源建设，以现代信息技术为支撑，建设以生产技术应用为重点的专业数字化教学资源库，开发或购置先进的仿真实训等数字化教学资源，建设在线学习系统。

第三节 教学教研工作

教学教研是学校教育高质量发展的基础，学校高度重视教师队伍建设和教学管理，稳步提升教学质量，制定出台教学管理相关政策，形成教学诊改内部控制机制。专业建设与教学改革同步推进，服务行业发展，动态调整招生专业。全力推动重点项目建设，改善办学条件，被确定为省品牌示范校建设示范点，顺利通过省级优质高等职业院校建设验收。专业技能竞赛和教科研成果丰硕，实验实训基地硬件水平、管理规范持续改善，图书馆获评“河南省高校图书馆先进单位”。

一、教师队伍建设

师资队伍建设,特别是高层次人才的培养与引进,历来是学校的重点工作之一,学校在师资队伍建设方面采取了一些重大措施,开展了一系列工作,使学校的师资队伍在总体数量、整体素质、队伍结构等方面都得到不断改善和提高。

至2020年底有专兼职教师603人,其中教授、副教授等高级职称教师144人,研究生学历或博士、硕士学位教师257人,省高层次人才认定4人、省职业教育教学专家4人,省学术技术带头人2人,省教育厅优秀教育管理人才4人、学术技术带头人17人、教学名师5人、青年骨干教师9人,全国水利职教新星4人,全国水利系统首席技师1人。

师资发展规划是教师队伍建设的首要环节,是教师队伍建设的蓝图和依据,是学校事业发展目标的重要保证。因此,在学校发展的各个阶段内,都非常重视教师队伍建设的规划引领。学校在师资队伍建设方面主要采取了如下措施:

一是强化对青年教师的培训,关心和培养青年教师。创造条件促使青年教师尽快成长,一直是学校教师队伍建设的主要内容之一,是确保青年教师成长的主要措施。开展青年教师岗前培训,对新进校的青年教师,在应知应会基础理论知识、如何开展教科研工作、爱岗敬业等方面进行岗前培训,确保新到校的青年教师尽快熟悉和了解相关政策和情况,更好地履行教师岗位职责。

为加强教师队伍建设,提高青年教师的教书育人能力,使青年教师快速成为我校教育教学骨干,本着服务于学校发展、服务于青年教师快速成长的宗旨,紧紧围绕着学校教书育人这个中心,2012年11月学校制定了《导师带徒活动实施办法》(豫郑水校〔2012〕60号),开展导师带徒活动。2015年12月制定《“青蓝工程”活动实施办法》(豫水职院〔2015〕101号),“青蓝工程”是指具有优良的职业道德、丰富的教学经验的教师,一对一地帮助、指导青年教师在岗位上树理想、讲道德、学本领、长才干的一种实践活动。从2012年至2020年,通过“师带徒”和“青蓝工程”活动,培养新进教师216人。

二是为加强专业带头人队伍建设,打造一支综合素质高、业务能力强的专业团队,促进专业发展和人才培养质量的提高,2013年4月我校制定了《专业带头人选拔与管理办法》(豫水职院〔2013〕6号),专业带头人负责组建本专业的教学团队,加强协调和领导,积极发挥传、帮、带作用,提高本专业教学团队的整体素质。2013年5月,经专业所在系推荐、院学术委员会讨论通过,院长办公会议决定:聘王海周等14位同志任我校专业带头人(负责人),其中专业带头人12人,专业负责人2人。2014年聘肖文珍等3位同志任专业带头人(负责人)。2018年聘孟秀英等32位同志任专业带头人(负责人)。2012年至2020年,张凌杰、张竟超、刘修英、包永刚、王玉振、邢培振、张军锋、张剑等先后被评选为我校学术技术带头人,张竟超、宋金晓、包永刚、郑志宏被认定为省教育厅优秀管理人才。

三是强化师资培训。完善师资培训教育制度,组织教师参加出国(境)、国家、省、厅级等各种培训,相继组织教师及中层干部参加了省中等职业学校青年教师企业实践、中高职省级和国家级骨干教师培训、省水利厅骨干教师及教学管理人员暑期培训、清华大学基础工业训练中心骨干教师综合能力提升培训、省人社厅专业技术人员继续教育公需科目网络培训、国家教育行政学院“依法治校与大学章程建设”网络培训等,4 名教师入选 2020 年度省高等职业学校青年骨干教师培养计划。鼓励教师利用暑期参加企业锻炼,参加相应专业的执业资格证书考试,进行了“双师型”教师认证。

四是实施人才强校战略。2015 年出台《外聘兼职教师管理办法》,从企业、高校等单位聘请教师百余人充实师资队伍。2017 年加大人才引进力度,出台了《高层次人才引进管理办法(试行)》,启动了博士研究生招聘工作。建立技能导师人才培养模式,聘用 2 名技师担任实训指导教师,聘用全国水利系统首席技师 1 人。2018 年,加大高层次人才引进力度,教师队伍结构逐步优化。参加河南省“招才引智”创新发展大会“名校英才入豫计划”专场,获批招聘博士计划 6 名,引进博士研究生工作进入选聘阶段。为进一步提高学院师资队伍建设质量,改善我院人才队伍学历结构,不断提高学院教学、科研和管理水平,学院鼓励教师在职攻读博士研究生。根据学院发展和人才队伍建设实际,2018 年 10 月制定《河南水利与环境职业学院教师在职攻读博士研究生管理办法(试行)》(豫水职院〔2018〕142 号)。

五是高度重视师德师风建设。深入贯彻落实习近平新时代中国特色社会主义思想,坚持党的教育方针,以立德树人为根本任务,将师德师风作为评价教师队伍的第一标准,让教育者先受教育,始终把师德师风建设摆在首位,贯穿教师职业生涯全过程。采取线下学习与网络培训相结合、专题讲座与研讨交流相结合的方式,从校情校史、师德风尚、法律法规等不同层面,以一线教师的成长需求为工作重点,针对不同类型的教师,分层次开展师德师风教育、“四史”教育、课程思政教育等。将师德教育作为新进教师培训、中青年骨干教师培训、一线教师教育教学能力提升、学科带头人和学科领军人才、优秀教师团队培养等培训活动的必修课程,筑牢教师队伍信仰根基。同时,树榜样、立标杆,以正面典型引领、反面典型警示,加大检查督促力度,建章立制,探索强化教师师德修养的新体系、新方法,引导全体教师明师道、强师德、正师风、铸师魂,做新时代教育筑梦人,打造一支思想政治素质高、师德师风优秀的新时代教师队伍。

近年来,学校认真落实教育部和省教育厅《关于建立健全高校师德建设长效机制的实施意见》,引导广大教师积极践行职业行为十项准则和教师誓言,争当“四有”好老师。不断涌现一批爱岗敬业、为人师表、精心育人、开拓创新的先进典型代表,2012—2020 年共有 80 名教师荣获省水利系统优秀教师、先进教育工作者称号。以“青蓝工程”活动为支撑的“导师培养、传承师德”获 2018 年度省教育厅“师德师风”建设优秀案例奖。2019 年我校教师芈书贞被评选为河南省教育厅师德标兵和师德先进个人。

二、教学管理

教学管理是实施专业教学的组织保证,良好的管理产生良好的教学质量。为了确保教学质量,学校每年安排校内教学质量的检查,一方面检查教师的教学思想与教学态度,检查各学科教学计划、教学大纲的执行情况,以及教学的进度与效果;另一方面检查学生的学习目的、学习态度与学习效果。

学校始终强化教学质量监控,促进了课堂教学质量的提高。继续推进教学模式和课堂教学方法改革,围绕贯彻"教、学、做"一体化原则,积极推进"学中做、做中学"的教学模式,提升学生职业技能素养。

2015 年,学校组织完成了校内班级的教学组织、教学过程监控、期末考试等工作,还完成了信阳市平桥区水利局、潢川县水利局、光山县水利局、长垣县水利局 4 个校外教学点 220 多人的教学组织与管理。

2017 年,学校制定了《加强基层教学组织建设实施办法》等制度,对专业教研室按专业或专业群进行了重新规划和调整,进一步规范教研室管理,水利水电建筑工程教研室获评省教育厅优秀基层教学组织。加强教学质量监控与评估,加强人才培养状态数据采集与分析,做好高职教育质量年度报告工作,启动教学诊断和改进工作,促进教学质量的提高。

2018 年,学校结合实际,论证并确定诊改平台及相关业务系统的建设方案,成立内部质量保证体系诊断与改进工作领导小组,明确了人员分工及职责。完成教学诊改工作校本数据平台及专业管理系统、学生发展系统、教学过程管理系统、质量评价系统的招标采购工作;启动了诊改工作校本数据平台相关基础数据采集工作,并根据学校事业发展规划和省级优质校建设方案,着手目标链、标准链的梳理工作。

学校加强教学质量管理。一是教学质量提升年活动的成功开展,促进了广大教师教育教学观念的转变,强化了基层教学组织功能,规范了学生课堂行为,改善了课堂纪律,提升了课堂教学效果。二是落实巡课听课制度和"三评教一评学"工作,对被听课教师提出教学改进意见和建议,促进教学水平的提高。三是出台《关于教师严守课堂教学纪律的十项规定》《学生劳动教育课程实施方案》等文件,完善教学管理相关制度。发布《关于加强考试管理工作的通知》《关于取消毕业前"清考"的通知》,狠抓考风、考纪,以考风促学风,以考风促教风,逐步提高教学质量。

学校教学诊改工作逐年稳步推进。制定了《内部质量保证体系建设与运行实施方案》,成立了内部质量保证体系诊断与改进工作领导小组,确定了诊改平台及相关业务系统的建设方案,完成了诊改平台及相关业务系统的采购工作,启动诊改平台相关基础数据采集工作,对目标链、标准链进行梳理,为全方位开展诊改工作提供数据支持。

三、专业建设与教学改革

(一)专业设置

根据经济建设和社会发展需要,以保证和发挥学校原有专业学科的优势为基础,又着眼于建设新兴边缘学科,不断扩大原有专业的服务范围,增加专业学科的内涵,截至 2020 年,学校的专业共有 46 个。通过调研、论证形成了专业动态调整机制,各专业协调发展,专业设置符合学院定位,突出了为水利、环境保护行业服务的特点,兼顾了中原区域经济发展对人才的结构化需求。

学校水利工程系、土木工程系、机电工程系、信息工程系、经济管理系、环境工程系 6 个系各招生专业开设时间等情况如表 5-3~表 5-8 所示。

表 5-3 水利工程系招生专业设置一览表

序号	系别	专业代码	专业名称	开设时间	专业面向技术岗位
1	水利工程系	450201	水利工程	2003	施工员、造价员、质检员、资料员、监理员、制图员、测量员等
			水利工程(水保生态工程方向)	2003	中小企业及水土保持管理机构从事水土保持工程设计、水土保持方案编制、施工、监理和管理工作
2		450205	水利水电建筑工程	2003	施工员、造价员、质检员、资料员、监理员、制图员、测量员等
			建设工程监理(水利工程监理方向)	2011	监理员、质检员、造价员、资料员、安全员、试验员等
3		440504	建设工程监理(市政工程监理方向)	2017	监理员、质检员、资料员、安全员等
4		450102	水政水资源管理	2013	水文勘测工、水信息技术员、GIS 技术员、水文水利设计计算技术员、水力设计与测试技术员、水政水资源管理员、水环境监测工等
5		500201	道路桥梁工程技术	2015	公路、铁路、市政、水利等大中型工程施工企业、建设监理企业及公路维护与管理单位,从事施工技术与组织管理、施工质量监控、施工招投标、工程计量、合同管理、工程维护等工作
6		450101	水文与水资源工程	2015	水利、能源、交通、城市建设、农林、环境保护等部门,从事水文、水资源及环境保护方面勘测、规划设计、预测预报、管理、技术经济分析等工作
7		440501	工程造价(水利水电工程造价方向)	2017	水利水电工程造价咨询、工程施工、工程监理等行业企事业单位,从事水利水电工程招标投标文件编制、造价分析与成本控制、资料整编、工程监理等相关技术和管理方面的工作
8		500606	城市轨道交通工程技术	2018	可从事线路工程桥隧检测、土建设施维护、城市轨道交通工程施工技术等方面的工作。工作岗位为土木工程建筑施工人员、建筑工程技术人员

续表 5-3

序号	系别	专业代码	专业名称	开设时间	专业面向技术岗位
9	水利工程系	440601	市政工程技术	2017	建筑工程技术人员,从事市政工程识图制图、工程勘测、工程测量等方面的工作。掌握给排水和供热、采暖、空调与制冷等方面的基本知识和应用技能
10		450204	水利水电工程管理	2019	施工员、质检员、造价员、安全员、材料员、测量员、监理员、制图员、工程部技术骨干、工程项目经理、质检部技术骨干、试验室主任、现场监理代表、施工工长(或技术骨干)、合同部技术骨干、水利水电工程运行管理技术人员、水环境保护部门管理人员、防汛抢险技术骨干等
11		440602	给排水技术	2020	面向水的生产和供应业、土木工程建筑业的供水排水工程技术人员,水生产、输排水和水处理人员等职业群,能够从事给水排水工程施工管理、水处理设施运行维护管理等工作的高素质技术技能人才

表 5-4　土木工程系招生专业设置一览表

序号	系别	专业代码	专业名称	开设时间	专业面向技术岗位
1	土木工程系	440301	建筑工程技术	2004	建筑工程施工员、质检员、建筑工程资料员、造价员、材料员、试验员、监理员等
2		420301	工程测量技术	2004	建筑、水利、交通等部门工程测量员、城镇规划、国土管理等部门的地籍测量员等
3		440305	地下与隧道工程技术	2011	地下与隧道工程施工员、质检员、岩土勘察与基础工程资料员、造价员、材料员、试验员、监理员等
4		440501	工程造价	2012	建筑工程造价员、资料员、建筑工程施工员、监理员、制图员等
5		440102	建筑装饰工程技术	2015	建筑装饰工程造价员、资料员、建筑装饰工程施工员、监理员、制图员等
6		420305	地籍测绘与土地管理	2016	地政地籍管理、城乡建设、土地评估、土地储备、矿产管理、土地资源信息化管理、房地产测量、地质勘探等
7		440504	建设工程监理(建筑工程监理方向)	2017	监理员、质检员、造价员、资料员、安全员、试验员等

续表 5-4

序号	系别	专业代码	专业名称	开设时间	专业面向技术岗位
8	土木工程系	420304	摄影测量与遥感技术	2018	在测绘、地理信息技术应用和服务、国土资源等行业从事工程建设中各项摄影测量与遥感技术、地理信息技术应用、测绘工作的技能型人才
9		440502	建设工程管理	2018	从事建设项目工程建模、工程项目模型数据维护、工程项目信息管理的全生命周期工程信息管理等工作,具有可以运用现代化手段进行项目管理的技术综合应用型高端技能人才
10		420303	测绘地理信息技术	2019	地理信息采集、地理信息集成、地理信息应用、地图绘制等
11		540104	建筑室内设计	2019	在建筑公司、装饰公司、建筑及装饰设计单位、房地产或装饰工程监理等单位,从事建筑装饰设计、咨询、施工、管理、监理等工作,为建筑装饰行业培养一线的室内设计、生产与管理高技能人才
12		420302	测绘工程技术	2020	面向测绘地理信息服务行业的测绘和地理信息工程技术人员职业群(或技术技能领域),能够从事大地测量、海洋测量、工程测量工作的高素质技术技能人才

表 5-5 机电工程系招生专业设置一览表

序号	系别	专业代码	专业名称	开设时间	专业面向技术岗位
1	机电工程系	460306	电气自动化技术	2011	常用机电设备维修工、电工、电气设备调试工、电气设备安装工、具有一定 PLC 技术开发能力,自动生产线维修工等
2		460301	机电一体化技术	2014	机械制造工艺设计与实施、工装设计与实施、机电一体化设备的管理和维护、数控机床的编程和操作等
3		460305	工业机器人技术	2017	机器人及其相关机电设备的应用、编程、调试和系统集成;机器人及其相关机电设备的应用、编程、调试和维护;机器人及其相关机电设备的运行维护和系统集成

续表 5-5

序号	系别	专业代码	专业名称	开设时间	专业面向技术岗位
5	机电工程系	460303	智能控制技术	2018	智能制造控制系统的集成应用;智能制造控制系统的装调、维护维修;智能制造控制系统的售前、售后服务
6		460113	模具设计与制造	2018	激光智能制造、4D 打印、模具设计、模具加工工艺编制、冲压和塑料成型加工、数控机床操作及生产管理
7		510211	工业互联网技术	2020	工业网络设备安装调试、工业网络系统集成设计与运行维护、工业网络系统技术支持
8		430108	供用电技术	2020	变配电运维、变配电检修、配电设备安装、电力营销、电能计量、维修电工
		460104	机械制造及其自动化	2020	设备操作人员、工艺技术人员、工装设计人员、机电设备安装调试及维修人员、生产现场管理人员

表 5-6 信息工程系招生专业设置一览表

序号	系别	专业代码	专业名称	开设时间	专业面向技术岗位
1	信息工程系	510201	计算机应用技术	2004	计算机系统维护、平面广告设计与制作、桌面出版与印刷、网站前台设计与制作、三维动画设计与制作、影视媒体资料加工、多媒体制作、中小型网站设计开发
2		440402	建筑电气工程技术	2015	建筑电气施工技术、建筑供配电与照明、建筑电气施工组织与管理、建筑电气工程预算、智能建筑系统集成等
3		440404	建筑智能化工程技术	2016	物业管理公司、房地产开发公司、各单位物业管理部门、建筑施工安装单位等,主要从事楼宇智能化设施的设计、安装、调试、运行与维护工作
4		510203	软件技术	2016	电子商务公司、网络营销公司、互联网产品公司、淘宝商城店铺、网络推广公司、企事业单位设计策划等部门,从事策划、设计、美工、技术支持和网络推广等工作

续表 5-6

序号	系别	专业代码	专业名称	开设时间	专业面向技术岗位
5	信息工程系	510102	物联网应用技术	2016	物联网应用相关领域的企业、事业单位和管理部门，主要从事智能交通、智能物流、智能仓储、智能医疗、智能家居、智能楼宇的设计、开发、实施、系统管理与维护等相关工作
6		510106	移动互联应用技术	2019	移动互联应用程序开发、移动互联应用硬件开发、移动互联应用系统集成和测试、移动互联应用技术支持、Android 开发、WEB 前端开发

表 5-7　经济管理系招生专业设置一览表

序号	系别	专业代码	专业名称	开设时间	专业面向技术岗位
1	经济管理系	530302	大数据与会计	2004	面向各类行政、企事业单位、会计咨询及代理公司、税务代理公司、投资咨询公司、资产评估公司等，从事会计核算、税务处理、内部审计、财务管理等工作
2		440701	房地产经营与管理	2014	面向各类房地产经营与开发公司、房地产估价公司、房地产投资咨询公司、房地产经纪公司、房地产销售公司、物业管理公司及相关行政事业单位职能部门，从事房地产投资策划、经营管理、价格评估、营销管理、经纪代理、项目管理及物业管理工作
3		530802	现代物流管理	2015	面向各类物流企业、商业企业的物流部门、港口、码头、货运公司、物流咨询公司、仓储公司以及行政事业单位相关职能部门，主要从事物资采购、仓储管理、商品配送、货运代理、客户服务、物流营销、报关报检及相关物流管理工作
4		530101	财税大数据应用	2017	面向商务服务业的各类中小微企业、非营利组织的会计专业人员、税务专业人员等职业群，能够从事财务分析、预算管理、成本管理、税务管理、绩效管理等工作

续表 5-7

序号	系别	专业代码	专业名称	开设时间	专业面向技术岗位
5	经济管理系	530605	市场营销	2018	面向各类制造企业和服务企业,从事市场调研、客户服务、营销策划、渠道管理、营销管理工作,以及在零售、批发、物流等商贸流通企业相关职能部门从事中、基层管理工作
6		530702	跨境电子商务	2020	跨境电子商务平台运营,跨境电子商务网络营销与活动策划,跨境电子商务客户服务

表 5-8　环境工程系招生专业设置一览表

序号	系别	专业代码	专业名称	开设时间	专业面向技术岗位
1	环境工程系	420804	环境工程技术	2013	各类专业环保公司,从事工程安装、调试、运行监测、工程设计与咨询等
2		420801	环境监测技术	2014	环保企业及环保管理机构,从事环境监测、评价及管理工作
3		440104	园林工程技术	2014	园林工程企业及园林管理机构,从事园林工程设计、施工、监理和管理工作
4		420806	生态环境修复技术	2017	面向生产企业及环保管理机构,从事污染评估、方案设计、污染修复工作
5		550106	环境艺术设计	2019	描图员、绘图员、装饰工程施工员、装饰工程监理、室内设计师

(二)新增专业评审

2013 年 3 月 22 日上午,学校举行了新增专业申报评审汇报会,以河南建筑职业技术学院院长李宏魁教授为组长的省教育厅专家组一行莅临我校,对我校 2012 年申报新增的水政水资源管理、水环境监测与保护、环境监测与治理技术 3 个专业进行了全面考察。

专家组成员及校领导、各系部主任、教务处等相关处室负责人、教研组长、专业带头人等参加了汇报会。会议由院党委书记王春明主持,赵高潮校长代表我校致欢迎词并介绍了学校现状及发展情况,3 个新增专业的负责人分别进行了专业人才培养方案的汇报。汇报会后,专家组在院领导及相关人员陪同下参观了图书馆、实验楼、施工技术实训中心等校内实验实训场馆,并查阅了新增专业申报材料。专家组对学校新增专业申报工作和专业人才培养方案给予了充分肯定,并提出了一些建设性意见,3 个新增专业顺利通过评审。

（三）专业建设与教学改革

学校坚持以社会人才需求为基础，以提高人才培养质量为根本目标，以提升专业内涵建设品质为重点，进一步调整专业结构、优化专业布局、强化专业特色，专业结构更加合理，服务地方区域经济发展，学校可持续发展能力得到进一步加强。

2013 年，稳步推进教学改革，组织进行了 14 个高职招生专业人才培养方案的制订，使专业人才培养目标更加明确。进一步完善教学、教科研制度建设，将教学管理制度严格运用于教学管理中，确保了课堂教学的有序开展。

2014 年，高职水利水电建筑工程专业被批准为“专业综合改革试点”项目，填补了学校高校教学工程项目的空白。随后，建筑工程技术、计算机应用技术专业成功申报 2016 年度河南省高等学校专业综合改革试点项目。

2015 年，确定水利水电建筑工程、建筑工程技术两个项目为校级示范专业建设项目，并推进了建设工作。根据改革要求对 2015 级高职人才培养方案进行了调整，对水利水电建筑工程专业“大禹班”、计算机应用技术专业“厚溥班”人才培养方案进行了重构。

2016 年，强化专业建设，组织开展了全省水利行业专业人才需求状况调研，发布了水利行业人才需求预测报告。按照学校《品牌示范及特色专业建设项目管理办法》（豫水职院〔2015〕23 号）要求，经系部申报、资格审查、专家评审、学校批准，计算机应用技术专业为 2016 年度学校“品牌示范专业建设项目”，工程测量技术专业为 2016 年度学校“品牌特色专业建设项目”，并给予每个专业 60 万元的经费资助。

2017 年，制定实施了学校《“十三五”专业建设与发展规划》，组织认定 2 个院级品牌示范专业：水利工程专业为院级“品牌示范专业建设项目”，会计专业为院级“品牌特色专业建设项目”。持续推进了学习空间建设与使用，推进了混合式教学模式和教学做一体化教学模式的应用，进行了水利水电建筑工程专业“大禹班”改革试点，制定实施了《学生专业学习与职业发展导师聘任及管理办法》等制度。

2018 年 12 月，为满足新形势下职业教育人才培养的需要，学校下发了《关于调整专业建设指导委员会的通知》（豫水职院〔2018〕168 号文），对学校专业建设指导委员会进行调整，调整后的专业建设指导委员会在专业建设主任的领导下积极组建各专业群。共分 9 个专业群：①水利大类专业建设指导委员会，孟秀英任主任；②交通类专业建设指导委员会，赵辰任主任；③建筑类专业建设指导委员会，包永刚任主任；④测绘类专业建设指导委员会，王郑睿任主任；⑤计算机类专业建设指导委员会，武凤翔任主任；⑥装备制造类专业建设指导委员会，王利卿任主任；⑦经济管理类专业建设指导委员会，肖文珍任主任；⑧环境类专业建设指导委员会，张德喜任主任；⑨园林类专业建设指导委员会，张德喜任主任。

2018 年，环境工程技术专业、物流管理专业、电子商务技术（软件技术）专业、工程测量技术专业、水利水电建筑工程专业获批教育部第三批现代学徒制试点专业。

2019 年，水利水电建筑工程专业、工程测量技术专业被认定为国家级骨干专业。

学校以省级优质高职院校建设为契

机,根据区域产业结构调整的新形势新要求,优化专业结构与布局,大力推进专业群建设,以重点专业建设为龙头,带动专业群中其他专业建设。2020年,学校成功获批为河南省高水平高等职业学校建设单位,水利水电建筑工程专业群获批为河南省高等职业学校高水平专业群。学校整体办学实力和核心竞争力不断增强,先后获批成为河南省省级优质高等职业院校、全国优质水利高等职业院校立项建设单位、全国现代学徒制试点院校、"1+X"证书制度试点院校。在建校65周年之际,成功入选河南省"高职双高工程",是学校发展史上具有里程碑意义的事情,进一步彰显了学校的办学水平和服务能力,标志着学校全面进入创建高水平高等职业学校的新阶段,站在了新的历史起点上,必将对学校加快内涵建设、实施跨越发展起到更加重要的作用。

四、重点项目建设

(一)项目建设典型成果

2012年,项目建设取得突破性进展,学校全年争取1600万元项目资金,提高了学校的办学实力。成功申报了河南省中等职业教育品牌示范学校建设计划项目,取得建设资金400万元。申报2012年河南省全民技能振兴工程建设计划项目,争取到省财政项目建设资金300万元,同时争取基础能力建设财政资金500万元。

2014年,学校加强信息化建设。完成校园门户网站升级改造、数字化教学资源平台及资源库建设,以及OA办公系统、教务管理系统、学生综合管理系统和学生在线学习系统的建设,完成了全校应用系统的集成。成功申报河南省数字化校园试点项目,获得省财政奖补资金100万元。

2015年,省品牌示范学校项目、省数字化校园试点项目顺利通过验收,有10所项目学校到校参观学习。

2016年,全民技能振兴工程高技能人才培养示范基地建设项目顺利获批。该项目预计投资900万元,其中省财政奖补资金500万元,学校自筹资金300万元,合作企业投入资金100万元。通过该项目实施,建成涵盖智能楼宇、智能制造、物联网、移动互联、智能物流等,集教学、生产、培训、鉴定、服务、技术研发等功能于一体的、具有省内先进水平和示范引领作用的智能工程实训中心,为计算机应用技术专业、建筑工程技术专业、机电一体化专业、电气自动化技术专业和物流管理专业的创新驱动发展和全面提升人才培养质量奠定了基础。

2017年,成功申报省教育厅高职教育创新发展行动计划项目10个,居于我省高职学校第15位。学校成功获批省级优质高等职业院校立项建设单位,为我校打造"省内一流"高职院校构建了重要平台。顺利通过2016年全民技能振兴工程建设项目工作中期检查,500万元奖补资金全部到位并完成招标及支付。

2018年,组织开展学校创新发展行动计划建设任务,推进了20项任务、10个立项项目的建设工作。以创新发展行动计划为契机,完善人才培养方案,修订课程标准,优化专业结构与布局,突出专业特色,加大建设力度,重点专业的人才培养模式、课程建设、师资队伍、教学实训条件、产学合作和社会服务功能显著提升。

完成了省级优质校及全国水利优质校建设项目申报,2018年3月获省级优质校、7月获全国水利优质校立项建设。2018年8月获教育部第三批现代学徒制试点项目立项建设单位,建设期3年。

2018 年秋季学期起,在工程测量技术专业等 5 个专业中开展现代学徒制试点工作。截至 2018 年 12 月 7 日,5 个试点专业的招生招工协议、现代学徒制三方协议已全部签订完毕,合作企业 13 家。

2019 年,为深化我校办学体制机制改革,激发办学活力,吸引社会力量以资本、技术、知识、管理等要素参与学校建设,积极探索建立混合所有制二级学院,深入推进校企合作、产教融合,提高人才培养质量,根据《国务院办公厅关于深化产教融合的若干意见》(国办发〔2017〕95 号)、《国务院印发〈国家职业教育改革实施方案〉的通知》(国发〔2019〕4 号)精神,经友好协商,与河南水滴智能技术有限公司联合成立混合所有制二级学院智能制造产业学院。

(二)省品牌示范校建设

我校省品牌示范校建设工作 2012 年 8 月开始申报,2013 年 8 月获得批复,2014 年 4 月顺利通过省教育厅专家组的中期检查,并因建设规范、成效显著被省教育厅项目办推荐为示范点进行推广。根据河南省教育厅、河南省人力资源和社会保障厅、河南省财政厅、河南省发展和改革委员会《关于对第一批河南省职业教育品牌示范院校和特色院校项目建设进行终期验收工作的通知》(教职成〔2015〕225 号)的要求,按照"项目自查、省辖市(省直管县)复查、省级验收"的程序,2015 年 5 月 7 日,由省水利厅科技教育处副处长陈丽带队的专家组一行对学校品牌示范校项目建设工作进行了复查;6 月 3 日,河南省工业科技学校校长岳小战任组长的省教育厅专家组一行对我校职业教育品牌示范校建设项目进行终期验收检查,得到专家组好评。本年度该项目获得省财政奖励资金 165 万元和后续建设资金 600 万元。

(三)省级优质高等职业院校建设

2018 年 3 月 2 日,我校入选河南省省级优质高等职业院校立项建设学校名单,此次立项是对我校整体办学实力的认可,为向更高层次发展奠定了基础。同年 7 月,获全国水利优质校立项建设。

为落实《河南省〈高等职业教育创新发展行动计划(2015—2018 年)〉实施方案》,加快推进我校省级优质高等职业院校建设项目,学校成立了省级优质高等职业院校建设项目领导小组,组长由党委书记王立正、校长郑志宏担任(豫水职院〔2018〕66 号)。

2019 年,优质校建设成效显著。学校创新发展行动计划建设和省级优质校教师项目的终期验收工作圆满通过,成功跻身"河南省省级优质专科高等职业院校"行列。全国水利行业优质校建设中期检查顺利通过,各项建设工作正全力推进。

2020 年,先后完成了河南省优质校验收、全国水利优质校和优质专业验收等工作。

(四)标准化数字校园建设

2019 年,学校持续加强数字化校园建设。加大校园信息化建设力度,先后完成航空港校区智慧校园顶层设计方案优化,花园路校区 19 间常态化云录播教室和 1 间集中管控室建设,信阳校区多媒体教室和计算机机房设备、网络中心机房升级改造,信阳校区学生宿舍无线网络安装等工作。2019 年 5 月顺利通过河南省高校信息化评估,在全省 83 所参评高职院校中获得第 16 名的好成绩。

五、专业技能竞赛

学校以服务区域经济发展为宗旨创新办学模式和人才培养模式,以学生就业为导向制定人才培养目标，认真探索以“能力培养为本，技能培养优先，融‘教、学、做、研、赛’为一体”的专业人才培养模式。坚持“以教促训，以赛促教”的原则，鼓励学生参加各类技能竞赛。通过技能大赛的开展，有效地提高了学生学习专业知识的积极性和推动了学校对专业教学的改革。

2012年，我校7名中职学生参加全国职业院校技能大赛，获得二等奖5人、三等奖1人，学校被省教育厅表彰为先进单位。15名高职学生参加全国水利高等职业院校技能大赛，获得特等奖3人、一等奖2人、二等奖5人，学校获得综合团体总分第三名。45名中职学生参加河南省中职素质能力大赛，10人获得一等奖、13人获得二等奖、13人获得三等奖。1名高职学生参加全国信息技术应用水平大赛，获得二等奖。

2013年，我校学生参加河南省中等职业教育技能大赛（省级），获一等奖6人、二等奖2人、三等奖4人，计算机辅助设计（工业产品CAD）项目一等奖；数字影视后期制作项目一等奖；企业网络搭建及应用项目一等奖；会计实务项目二等奖，三等奖牛鑫鑫；建筑类建筑工程测量项目三等奖。组织学生参加了河南省中等职业教育技能大赛、第四届全国水利中等职业学校“赣鄱杯”技能竞赛、第七届全国水利高职院校“齐鲁杯”技能大赛，6人获得一等奖、7人获得二等奖、14人获得三等奖。

2014年，省中等职业教育技能大赛中，20名学生在8个项目上获奖，其中一等奖9名、二等奖11名；在省高职技能大赛中，获得会计技能项目集体三等奖，实现了在省高职技能大赛上参赛、获奖零的突破；在全国职业院校技能大赛中，机电与信息工程系两名学生在计算机专业网络搭建及应用比赛项目中荣获一等奖（第1名），创造了当时我校在全国职业院校技能大赛中的最佳成绩。学校荣获省教育厅“河南省参加2014年全国职业院校技能大赛先进单位”。在第八届全国水利高职院校技能大赛中，我校参赛的18名选手共获得4项单项个人一等奖、5项单项个人二等奖，取得团体总分第六名、工程测量单项第三名的好成绩，学校获得了“最佳组织奖”。

2015年、2016年、2017年、2018年、2019年、2020年河南省中等职业教育技能大赛信息技术类技能竞赛均在我校举行。

2015年，学生在河南省中高职院校技能大赛中获得一等奖8个、二等奖15个、三等奖9个；在全国水利中高职院校技能大赛中获得一等奖5个、二等奖4个、三等奖7个；在全国职业院校技能大赛中获得三等奖1个。

2016年，组织学生参加了省赛、全国水利行业赛、国赛等各项比赛，共有82人次获奖。全国职业院校技能大赛高职组测绘类比赛，有来自全国79所高职院校参加，我校1个项目获得一等奖、2个项目获得二等奖，取得了团体第七名的历史最好成绩；全国水利高职院校技能大赛，有来自全国26所水利高职院校参加，我校获得特等奖1个、一等奖4个、二等奖6个，取得了综合成绩第四名的佳绩。

2017年，有34个项目获得省级及其以上奖励，其中全国职业院校技能大赛高职组测绘类比赛荣获团体一等奖，取得了团体第三名的历史最好成绩；全国水利高职院校技能大赛中3个项目获得特等奖、3个项目获得一等奖、5个项目获得二等奖，取得了综合成绩第五名的佳绩并荣获技能大赛最佳组织奖。学校在中国高等教育学会发布的2013—2017年中国高校创新人才培养暨学科竞赛评估结果中榜上有名，成为河南省入选该榜单的14所高职院校之一。

2018年，我校在全国职业院校职业技能大赛中荣获三等奖3项，获奖人数10人。在全国水利协会组织的职业技能大赛中获特等奖1项，获奖人数4人；三等奖3项，获奖人数9人。在河南省职业技能大赛中获一等奖5项，获奖人数27人；二等奖3项，获奖人数12人；三等奖6项，获奖人数16人。在各行业协会组织的职业技能大赛中获一等奖3项，获奖人数7人；二等奖1项，获奖人数6人；三等奖2项，获奖人数7人。在2018年"高教社杯"全国大学生数学建模竞赛中，获河南赛区专科组一等奖2个、二等奖2个、三等奖1个。在全国英语写作大赛中，获省赛二、三等奖各1个。

2019年，在各级各类技能大赛中，荣获国家级三等奖1项，获奖人数3人；省级一等奖9项，获奖人数29人；二等奖13项，获奖人数36人；三等奖6项，获奖人数14人。

2020年，学生技能竞赛屡获佳绩，在"互联网+"大学生创新创业大赛中，获省一等奖1个、三等奖2个。在全国水利院校学生技能大赛中，学校获得团体第四名，个人获得一等奖5个、二等奖3个、三等奖3个。

六、教科研成果

为充分调动广大教职工从事科研工作的积极性，进一步提高我校科研水平，根据国家有关政策法规，结合学校实际，2007年11月制定了《教科研成果奖励试行办法》，该办法实施以来对我院科研工作起到了较大的推动作用。鉴于学校办学形势发生了很大变化，2014年修订了《河南水利与环境职业学院科研成果奖励办法》（豫水职院〔2014〕42号）。2018年重新修订后形成了《河南水利与环境职业学院科研成果奖励办法（修订）》（豫水职院〔2018〕68号）。

2012年，我校教师立项厅级课题6项，争取课题经费4万元，公开发表论文150篇（核心期刊论文12篇、EI检索论文1篇），主编参编公开出版教材13部，教科研成果获得厅级及其以上奖励15项。

2013年，我校获得立项厅级课题5项，其中省教育厅职业教育教学立项课题4项，省"十二五"教育科学规划课题立项1项；获得厅级以上教科研成果奖13项，其中省教育厅信息技术教育成果奖4个（一等奖3个、三等奖1个），省教育厅职业教育教学成果奖9个（一等奖3个、二等奖3个、三等奖3个）。教师公开发表论文81篇（核心论文10篇、EI论文1篇、CN论文70篇）；主参编各类教材28部；获得省职业教育优秀教学论文4篇（一等奖1篇、三等奖3篇）；获得省职业教育优秀教学课件2个（一等奖1个、二等奖1个）。

2014年2月，学校成立了科学技术研究所，构建科研和社会服务平台。教科研成绩斐然，省级、厅级课题立项11项，院级课题立项27项；获得国家级教学成果奖二等奖1项、省厅级成果奖16项，省级优秀论文4篇、优秀课件4个；获批国家专利4项，其中1项为发明专利，3项为实用新型专利；发表论文109篇（核心期刊论文16篇、EI论文4篇），主参编教材论著19部。

2015年，省、厅级科研立项16项，学校立项科研项目22项；省、厅级7项成果结项，获省厅级成果奖10项；申请并获批国家专利12项，其中2项为发明专利，10项为实用新型专利；在CN刊物上公开发表论文93篇，其中中文核心期刊论文16篇，EI论文1篇；主编、参编各类教材、论著18部。

2016年,科研方面:①提高科研管理工作效率,成功运行科研业务管理系统,实现科研工作的网络化在线管理。②落实《科研成果奖励办法》,发放科研成果奖励50.8757万元。对校内立项科研重点项目、校外立项项目给予了研究经费资助。2016年,学校获省、厅级科研立项12项,院级科研立项23项;省、厅级11项成果结项,获省、厅级成果奖项19个;获批国家专利65项;发表论文110篇,主编、参编各种教材、论著21部。③推进科技创新工作,制订《校级科技创新团队管理办法》,“新校区建设创新团队”“水利信息化技术研究团队”入选校级科研创新团队。组织首届学生科技创新比赛,参赛项目达66个,评出获奖项目40个。④组织举办专利技术成果展,对近两年学校取得的78项专利技术成果进行了集中展示。⑤出台《学术讲座管理暂行办法》,邀请多名专家学者来校讲座交流。

2017年,学校获省、厅级科研立项15项,院级科研立项38项;获得省、厅级以上教科研成果奖19项,申请并获批专利36项,其中发明专利6项,实用新型专利30项。教职工公开发表论文111篇,主、参编各类教材、论著23部。推进科技创新工作,出台了《学生科研成果奖励办法》,举办了第二届学生科技创新竞赛。

2018年上半年,学校获厅级科研立项4项;获省自然科学三等奖1项,申请并获批专利25项。教职工公开发表论文36篇,主、参编各类教材、论著3部。

2019年,获批省级立项项目3项;获批厅级立项项目7项。厅级项目结项6项。获得厅级成果奖一等奖3项、二等奖4项、三等奖5项;河南省教育科学研究优秀成果一等奖1项;省第六届教育信息技术应用优秀成果一等奖1项、三等奖3项;省第五届信息技术与课程融合优质课大赛一等奖1项、二等奖2项、三等奖1项;省教育信息化优秀成果二等奖2项;郑州市优秀调研成果三等奖1项。获批专利81项,其中实用新型专利80项,外观设计专利1项。公开发表论文245篇,其中中文核心期刊论文15篇,EI论文4篇,SCI论文6篇。主编、参编各类教材、论著65部。

2020年,立足学校专业优势和发展需要,积极整合资源,组织申报“河南省河湖生态评估与治理技术工程研究中心”并获河南省立项建设。获批厅级立项项目10项,厅级项目结项7项,获批专利71项,其中发明专利1项。公开发表论文150篇,其中SCI、EI论文13篇,主编、参编各类教材、论著13部。获得省级教学成果奖一等奖1项、厅级科技成果奖一等奖1项,厅级教学成果奖一等奖2项、二等奖4项、三等奖1项。21项校内立项项目通过验收并结项。

七、实验实训基地及图书馆建设

(一)实验实训基地建设

1.校内实训基地建设

校内实训基地是开展实践教学的重要保障,也是实习基地的重要组成部分。学校积极推进实训基地建设,使实习实训教学条件得到逐年改善,至2020年,学校建有工程造价实训中心、测绘技术实训中心、材料检测实训中心、BIM技术实训中心、施工技术实训中心、智能制造技术实训中心、信息技术实训中心、物流管理实训中心、会计技能实训中心、环境工程技术实训中心等仿真性实训中心和生产性实训基地,实训实验室115个,建筑面积达15495.61平方米,价值1000元以上设备总值为7222.76万元,满足学生实验实训需求。校内实训基地情况如表5-9所示。

表 5-9 校内实训基地情况

序号	实训中心名称	实训项目	设备数量	价值/万元	工位数/个
1	工程测量技术实训中心	全站仪测角度、距离、坐标、放样、对边、偏心、面积等测量；GPS 定位；水准仪测高差、放样高程；经纬仪角度测量、测水平角、竖直角、视距、地形测绘	621	612.24	641
2	土工实训中心	密度、含水量、液塑限、击实、剪切、固结、渗透	75	30.55	300
3	建筑材料与检测实训中心	钢筋、水泥、混凝土、石子、砂等建筑材料检测	345	373.21	400
4	电工技术实训中心	数字电子、模拟电路实训	226	64.97	150
5	英语语音实训中心	英语听说读写	2	29.39	100
6	工程造价与招投标模拟实训中心	概预算、招投标、工程资料整理、招投标模拟与实训	361	242.53	200
7	计算机中心	计算机基础、网站开发、AutoCAD、多媒体技术、网络技术实训	2067	833.94	1015
8	自动化技术实训中心	PLC 可编程逻辑控制、传感器、电气自动化、液压与气动实训	750	1975	700
9	水利工程仿真模型馆	水轮机结构认识及发电演示、水工建筑物认识、流速流量的量测	116	86.52	200
10	机加工实训中心	机械加工实训	131	395.37	160
11	会计模拟实训中心	提供基础会计模拟实训、成本会计实训、会计综合实训等实训项目	337	268.14	200
12	计算机应用技术实训中心	计算机维修、组装、软件开发、多媒体制作、综合布线实训	606	591.34	300

续表 5-9

序号	实训中心名称	实训项目	设备数量	价值/万元	工位数/个
13	环境工程技术实训中心	水质检验、水处理模拟、空气检测	407	835.71	400
14	施工技术实训中心	装修材料与工艺认识、施工工艺模拟实训、概预算、建筑设备构件认识、设备安装与控制、钢筋加工、模板加工、建筑结构认识	326	457.53	300
15	河南科源水利建设工程检测有限公司郑州工作站	建筑材料质量检测	14	11.4	50
16	郑州禹班建筑安装有限公司	建筑工程施工实习	50	61	100
17	河南翔远广告有限公司	图像处理练习、平面广告设计综合练习	23	40.92	50
18	BIM 实训中心	BIM 建模实训、BIM 造价实训	95	100	95
19	测绘地理信息数据处理中心	数字化测图实训、摄影测量实训	51	83	50
20	无人机实训中心	无人机摄影测量实训	25	130	50
	合计		6533	7222.76	5461

注:第 4 列价值一列中仅统计价值 1000 元以上设备。

2.校外实训基地建设

学院在加强校内实验实训基础设施建设的同时,也非常重视校外实训基地建设。根据学生职业能力培养的要求,依托行业和社会资源,先后选择了一批生产规模适度、技术装备先进、管理科学规范、人员素质较高的企业单位,建立了 50 多个稳定的校外实训实习基地,覆盖了我校所有专业,为学生提供了真实的生产工作环境,能够根据教学计划合理安排专业实习、毕业实训、顶岗实习等实习实训项目。在实训过程中,部分学生与实习企业达成了就业意向。各专业部分校外实训基地情况如表 5-10 所示。

表 5-10 部分校外实训基地情况

序号	实训基地名称	面向专业	实习项目
1	河南省水利第二工程局公司	水工、水建、水电工程管理	材料检测、力学试验等
2	小浪底水利枢纽	水工、水建、监理	认识实习
3	河南省水利勘测有限公司	水工、水建	顶岗实习
4	河南水利投资集团有限公司	监理、水文、水政、水工、水建	顶岗实习
5	河南省出山店水库建设管理局	水文、水政、水工、水建	认识实习、顶岗实习
6	河南省前坪水库大坝标项目部	水工、水建	施工实习
7	河南易标软件科技有限公司	水工、水建、水电工程管理	造价软件实训
8	洛阳白马寺水文勘测站	水文、水政	认识实习
9	许昌水利建筑工程有限公司	造价、水工、水建、道桥	顶岗实习、企业实践
10	郑济铁路站前 ZPZQ-Ⅶ标段项目部	道桥	认识实习、顶岗实习
11	郑州至西峡高速公路尧山至栾川段 YLTJ-6 项目	道桥	认识实习、顶岗实习
12	浙江华东测绘地理信息有限公司	测量、地籍测绘与土地管理、遥感、地理信息技术	专业实习、顶岗实习
13	中铁上海设计院集团有限公司工程勘察设计院	测量、地籍测绘与土地管理、遥感、地理信息技术	专业实习、顶岗实习
14	河南省五建集团有限公司	测量、地籍测绘与土地管理、建工、隧道、装饰	认识实习、顶岗实习
15	华水基础工程建设工程公司	测量、地籍测绘与土地管理	认识实习、顶岗实习
16	河南省一建集团有限公司	建工、造价、测量、装饰	认识实习、顶岗实习
17	北京航天宏图信息技术股份有限公司	测量、地籍测绘与土地管理、建工	顶岗实习

续表 5-10

序号	实训基地名称	面向专业	实习项目
18	武汉航天远景科技股份有限公司	测量、地籍测绘与土地管理、遥感、地理信息技术	专业实习、顶岗实习
19	郑州中核岩土工程有限公司	测量、地籍测绘与土地管理、建工	顶岗实习
20	河南八六三软件股份有限公司	物联网、计算机应用技术	软件开发
21	河南省汇通企业咨询服务有限公司	计算机应用技术	网络、多媒体、软件、装调
22	河南得云文化传播有限公司	计算机应用技术	多媒体、设计
23	广东睿志智能装备有限公司	机电、电气、计算机应用技术	机电、电气、计算机
24	深圳市风谷科技有限公司	电气、物联网	电气、物联网
25	河南汉威电子股份有限公司	电气、物联网、计算机应用技术	物联网、传感器、嵌入开发
26	河南厚溥教育科技有限公司	计算机应用技术、物联网、电子商务技术	软件开发、企业信息化管理、网络推广
27	中铁隧道装备制造有限公司	电气自动化技术、机电一体化技术	自动化、机电设备维护
28	郑州祥和集团电气设备有限公司	电气自动化技术、机电一体化技术	认识实习、电气设备维护
29	河南中隧劳务有限公司	电气自动化技术、机电一体化技术	认识实习、顶岗实习
30	河南标顶教育科技有限公司	电气工程技术、建筑智能化技术	智能楼宇、设备调试
31	河南易贝电子商务有限公司	电子商务技术	认识实习、顶岗实习
32	郑州安装建筑企业管理咨询有限公司	会计、财务管理、房地产经营与管理、市场营销	顶岗实习
33	河南恒企会计师事务所（普通合伙）	会计、财务管理	认识实习、毕业实训
34	河南德鑫房地产评估有限公司	房地产经营与管理	认识实习、毕业实训、顶岗实习

续表 5-10

序号	实训基地名称	面向专业	实习项目
35	郑州市今世房地产咨询有限公司	房地产经营与管理	毕业实训、顶岗实习
36	河南易居房地产顾问咨询有限公司	房地产经营与管理	认识实习、顶岗实习
37	河南新百福国际物流有限公司	财务管理、会计、物流	顶岗实习
38	河南易通跨境供应链有限公司	会计、物流	认识实习、顶岗实习
39	郑州风神物流有限公司	物流	认识实习、顶岗实习
40	郑州宇通客车股份有限公司	物流	顶岗实习
41	郑州恩润企业管理咨询有限公司	财务管理、会计、市场营销	顶岗实习
42	河南联想财务管理有限公司	会计、财务管理	认识实习、顶岗实习
43	孟津县生态水保科技园	园林	认识实习
44	济源市水土保持科学研究所	水利工程	认识实习
45	郑州市五龙口污水处理厂	环境监测与控制技术、环境工程、污染修复与生态工程	专业实习
46	禹州源衡水处理有限公司	环境监测与控制技术、环境工程、污染修复与生态工程	专业实习
47	河南人本科技环保有限公司	环境监测与控制技术、环境工程、环境评价与咨询服务	专业实习
48	鲁山县水土保持测试站	水保生态	认识实习
49	郑州高新富迪园林绿化工程有限公司	园林	专业实习
50	河南省鑫属实业有限公司	环境监测与控制技术、环境工程、污染修复与生态工程	专业实习
51	河南新汇通环保科技有限公司	环境监测与控制技术、环境工程、污染修复与生态工程	生产实习
52	绿建景观设计工程有限公司	园林	专业实习、顶岗实习
53	马头岗水务分公司	环境监测与控制技术、环境工程、污染修复与生态工程	专业实习

(二)图书馆建设

1.文献信息资源

学校在图书信息资源建设中购进现代化设备,建立自动化管理系统,大力加强馆藏文献资源建设,努力增加馆藏文献数量,保证馆藏文献质量,引进覆盖多学科的电子文献资源及数据库资源,引进先进管理手段和服务理念,不断提高图书馆文献信息保障能力,为学校教学科研提供可靠的图书信息资源保障。

2013年图书馆购置纸质图书12596册、2614种,馆藏纸质图书总数312585册、83419种,电子图书总数101166种,图书馆被授予国家863计划中国数字图书馆示范工程百万镜像站,被河南省图书馆学会评为全民阅读活动先进单位。2014年新进纸质图书15563册、电子图书50028种,截至2014年底纸质图书总计328152册、电子图书总计150476种。2015年新进纸质图书4520种、12353册,电子图书5.5万种,图书馆馆藏纸质图书总数34万多册,电子图书总数21万多种,有各类文献数据库10余个。2016年新进纸质图书4215种、12030册,电子图书60000种,图书馆馆藏纸质图书总数95178种、352320册,电子图书总数236400种,有各类文献数据库10余个。2017年新书上架9787册、3217种,电子图书4.03万种,学术视频300集,完成征订2018年期刊466种、报纸41种,购置服务器,引进移动图书馆,图书馆馆藏纸质图书总数99653种、365919册,电子图书总数达296609种。2020年采购纸质图书10620册,订购2021年期刊141种、报纸40种,新增万方数据知识平台、中国知网、超星3个电子资源平台。

2.图书馆活动开展及日常管理

我校图书馆在2016年度河南省高校开展的“阅读文化经典、建设书香校园”活动中,被评为“河南省高校图书馆先进单位”。2019年学校图书馆荣获“服务创新先进单位”荣誉称号。

学校图书馆秉承全心全意服务读者、打造智慧图书馆的理念,在图书馆各楼层摆放绿植、字画艺术品、新增宣传展架等,营造清新雅致的阅读环境;在楼梯间设置存包柜,使借阅环境得到明显改善;2018年购进自助借还机、移动盘点车、防盗安全门禁,部署一卡通RFID系统,提升了图书馆的安全系数及机房管理水平,完成服务器、数据库、图书馆网站、应用软件、设备等日常管理维护和故障排除,为图书馆全年每天24小时不间断网络信息服务提供有效技术保障;采用“藏、借、还、阅、查”一体化的服务模式,实行周末无休的开放时间,7×13小时的人工服务,使图书流通量大幅度提高。开展接待新生参观图书馆、图书漂流书架、摄影讲座、专题资源培训、文献检索培训、图书馆网页、QQ荐书群、搜书技能大赛、辩论赛、超星听书、阅读之星评选等丰富多彩的活动,营造浓郁的校园文化氛围,让读者了解并熟悉馆藏资源,掌握资源的检索途径及方法,提高师生对网络信息资源的获取能力。

第四节　学生管理与招生就业

学校在独立举办高等职业教育发展初期,管理机制建设聚焦在学生管理队伍和学生干部队伍建设，在完善制度保障的同时，强化思想教育引领，加强团组织和校园文化建设，打造精品社团和品牌活动，营造积极向上的校园文化氛围。从严从细做好学生资助工作，生源地逐步扩展，学生就业率保持高位。

一、管理机制

（一）以人为本，强化管理

1.学生管理队伍建设和学生干部队伍建设

学校高度重视学生管理队伍建设和学生干部队伍建设。坚持进行班主任岗前培训，举办班主任、辅导员专题培训班，聘请省内知名心理专家、教育专家、高校优秀辅导员进行讲座。坚持每月考核、学期考核和学年末的综合考评，对优秀班主任、辅导员进行表彰。2013 年，选派 2 名班主任参加了省教育厅骨干辅导员培训班；开展了班主任、辅导员技能大赛，促进了管理业务的提升。2015 年，举办了"第三届辅导员、班主任职业技能竞赛"。坚持实施《学工老师入住公寓制度》和《学生晚上半封闭管理制度》，组织开展了"学风建设示范班"争创评比活动，开展了"无手机课堂"挂牌示范活动，修订学生日常管理制度，严格做好学生日常教育和管理工作。2016 年，开展了纪律安全专项治理行动，举办首届宿舍文化节，继续深化开展学生党员、学生干部宿舍挂牌示范活动。2017 年获团省委表彰"五四红旗团支部"1 个、省直团工委表彰"五四红旗团总支"2 个。加强系部学生教育管理考核，建立了学生工作考核体系，进行系部学生工作考评和优秀辅导员、班主任评选，以评促优。通过学生工作例会、班会观摩、邀请专家来校作专题报告、岗前业务培训等形式，全面提高学管人员水平。

为提高学生干部的能力，2012 年 3 月，举办了培训班，对 160 名团学主要干部进行了培训，培训中引入素质拓展项目，分 7 个专题举办讲座，收到了较好效果。下半年顺利完成了各系学生干部的增补，实现了新老干部的平稳过渡。认真落实《学生干部管理办法》，明确职责，强化服务学生的理念，不断提高学生干部的工作水平和能力，充分发挥他们自我教育、自我服务、自我管理的"三自"作用。2013 年 12 月，召开了团学代表大会，实现了新老团、学生干部的平稳过渡。之后每两年定期召开团学代表大会。

2.完善制度保障

2012 年起，制定了《班主任分级制度及管理规定》和相关激励措施。2013 年，修订了《班主任分级制度及管理规定》和相关激励措施。2014 年，签订《班主任工作协议》《班级安全责任书》，实行学管人员入住公寓制度，对各系实行期末学生教育管理工作综合考核制度。修订了《辅导员管理办法》，将就业率、专升本、征兵纳入考核范围，改革辅导员队伍双线晋升制度。增强辅导员的政治意识、责任意识，着力打造倾心、倾情为学生服务的辅导员队伍。

3.强化学生日常管理

2012 年，重新修订印制了《中高职学生手册》，以学生卫生、学习和生活纪律、良好行为习惯养成等工作为重点，坚持深入学生宿舍、班级，了解情况、查找问题、研究对策，狠抓各项制度落实，强化日常管理，促进了学生良好行为习惯的养成。2013 年，实行期末学生管理与思想政治教育工作系部考核制度，强化学生教育管理。2014 年，编写《河南水利与环境职业学院学生文明修身读本》，在学生中开展了"创建和谐校园，大中专学生文明修身"

校园文明主题教育等活动。2015年,以《大学生文明修身读本》为抓手和深入学习贯彻党的十八大精神等为契机,深入开展社会主义核心价值观教育活动。2017年,修订《学生日常管理制度》,加强对学生的动态考核与管理,培育良好学风,开展"学风建设示范班"争创评比活动和"无手机课堂"挂牌示范活动。

4.学籍管理

学生学籍管理是高校教育教学管理工作的重要组成部分,是维护学校稳定和教学秩序的重要保障。学校坚持严格学籍管理,不断提升管理能力,不断完善《学生学籍学历管理制度》,2015年初开始使用青果系统,真正做到了新生学籍注册、在校生学年注册、学籍异动、毕业生学历信息注册上报都有规可依、有章可循。2012年注册新生学籍2566人,2013年注册新生学籍1750人,2014年注册新生学籍1850人,2015年注册新生学籍2039人,2016年注册新生学籍2376人,2017年注册新生学籍2678人,2018年注册新生学籍2911人,2019年注册新生学籍4466人,2020年注册新生学籍5453人。

5.加强心理健康教育

从2012年起,学校逐步完善并健全了院、系、班级三级心理教育网络。加强心理咨询室建设,积极指导心理社团"心灵家园俱乐部"开展工作,采用电话、网络、书面和面对面形式进行各种心理咨询活动,有效促进学生健全人格的发展。每年开展新生心理测试,建立心理档案,掌握学生心理状况的第一手资料。2013年,组织开展"5·25"心理健康节系列活动,举办了班级心理委员培训班,70余人参加了培训。2015年以大学生心理健康宣传月为载体,举办了第一届心理剧大赛,广泛开展了普及心理健康知识的教育活动,成功干预危机事件3件。2016年,举办了心理运动会和校园心理情景剧大赛,成功干预危机事件4件。2017年,对新生心理普查筛选出的心理预警学生进行邀约回访,给予特别关注、指导和心理干预。对学生干部以课程形式进行了心理业务培训,举办了"5·25"心理健康节暨第三届心理情景剧大赛,开展了一系列心理健康知识讲座。全年心理咨询室共接待来访学生143人次,心理危机干预15例。2018年,心理咨询室共接待来访学生112人次,心理危机干预12例。2019年,对学生干部进行心理业务培训;举办"5·25"心理健康节暨第四届心理情景剧大赛;开展心理健康讲座9次;心理咨询室共接待来访学生120人次,其中心理危机干预8例。

(二)立德树人,思想引领

1.坚持抓好政治学习

利用周二下午团课等主要阵地组织学生学习党的路线、方针、政策。组织学习胡锦涛在纪念共青团成立90周年大会上的重要讲话,学习了党的十八大、十八届二中、三中全会精神(2012年),开展《共青团十七大报告》学习和中国梦理想信念教育活动(2013年),以深入学习贯彻党的十八大精神为契机,在全体学生中深入推进社会主义核心价值体系教育、理想信念教育和形势教育(2014年)。

2.举办主题教育

开展了爱国主义、集体主义系列教育。通过文字材料学习、收看专家讲座录像、开展讨论、演讲赛、辩论赛、征文赛、有计划地聘请相关专家来校进行专题讲座或作报告等多种形式进行教育,丰富的内容和多样的形式增强了理论学习的趣味性和实效性。开展一年一度的"十八岁成人教育"系列活动。2013年组织开展了庆祝建党92周年、建团91周年"激扬青春跟党走”系列活动,2016年组织开展了庆祝中国共产党成立95周年暨红军长征胜利80周年系列活动。2017年开展了“践行核心价值观,凝聚最美中国梦”学生讲思政课公开课展示活动和“师生接力朗读党的十九大报告”活动,举办道德讲堂,多渠道多形式深入开展理论学习和理想信念教育。2019年结合庆祝中华人民共和国成立70周年、五四运动100周年、庆祝澳门回归20周年等重要时间节点,深入开展了“青春心向党、建功新时代”“我与祖国共奋进”“学党史国史、庆70华诞”等主题教育,加强社会主义先进文化教育,深化党史、新中国史、改革开放史和社会主义发展史学习教育,引导学生树立正确的历史观、民族观、国家观、文化观,做社会主义核心价值观的坚定信仰者、积极传播者、模范践行者。

3.创新思政工作局面

2015年,积极创设“全覆盖、无缝隙”的学生思想政治工作新局面。受学校和上级表彰的学生达1600余人次,3名教师分获2015年度河南省高校思想政治工作先进个人、河南省高校政治理论课优秀教师、河南省高校优秀辅导员荣誉。

4.重视国防教育,积极做好征兵工作

深化并扎实开展国防教育和征兵宣传工作。2015年,认真做好新生军训、在校大中专学生兵役登记、国防教育、征兵宣传、学生入伍、参军学费偿还、军民共建等工作。金水区武装部征兵工作现场会在我校召开,多家单位和高校武装部长前来参观学习。2016年征兵补偿学费35人39.9万元。2017年兵役学费补偿54人41.04万元,被金水区表彰为“征兵先进基层武装部”。2018年,通过国防教育讲座、入伍大学生先进事迹报告会、赴部队参观学习等活动,加强学生爱国主义教育,引导和培育学生“四个国防”意识、使命担当意识。高职征兵入伍学费补偿119人92.34万元;2019年,组建了学生军训教官训练团,成为金水区高校国防教育工作中一张靓丽的名片。112名学生参军入伍,学院被河南省人民政府表彰为“征兵工作突出单位”。2014年、2016年和2018年,学校先后被金水区、郑州市表彰为“征兵工作先进单位”。

(三)加强团组织建设

1.夯实基础组织建设

在学校党委的领导和关怀下,在各部门、各系的积极支持配合下,学校的共青团工作始终坚持育人为本、服务学生的正确理念,夯实基础,着眼大局,不断创新。

2013年,举办了第44、45期业余团校培训班,共培训入团积极分子221名,发展新团员207名。2014年举办了团学干部培训班和素质拓展训练;举办了第46、47期业余团校培训班,培训入团积极分子439名,发展新团员305名。2018年进一步完善院系班三级组织机构,坚持团的“三会一课”制度,开展“智慧团建”打造“网上共青团”。2019年按照“建强基层组织、夯实基础工作、提升基本能力”的工作思路,认真落实“全团大抓基层”工作要求,扎实推进“基石工程”,助力“活力团支部”建设。出台《“青年马克思主义者培养工程”实施方案》《团员组织关系转接管理办法》《学生团体指导教师聘任及管理办法》《学生社团管理办法》,印发《团支部工作手册》,建立管理记录台账。开办了2期业余团校,对团学干部进行拓展培训;扎实推进第二课堂学分制;开展“团社衔接”工作,为1600余名毕业生团员进行团组织关系转接;为72名学生办理了“推优入党”手续。荣获团省委2019年度河南学校共青团基层基础工作大赛“活力杯”

一等奖1项。

2.组织召开学生代表大会和团员代表大会

我校自2013年独立升格为河南水利与环境职业学院以来,坚持召开“双代会”(团员代表大会和学生代表大会)。2013年12月8日,共青团河南水利与环境职业学院委员会第一次、共青团河南省郑州水利学校委员会第十七次团员代表大会,河南水利与环境职业学院第一次、河南省郑州水利学校暨第二十次学生代表大会召开,2015年12月5日、2017年12月12日、2020年12月6日分别召开了第二次、第三次、第四次“双代会”,通过“双代会”的召开,有效维护了学生权益,服务学生群体。

3.树立榜样,发挥激励作用

每年开展“十佳团员”“十佳团干”“十佳团支部”“校园之星”等评先表彰,并推荐评选省级、校级优秀学生、三好学生、优秀学生干部、优秀毕业生、优秀班集体。2013年学校团委被省直团工委表彰为“省直机关五四红旗团委”,机电与信息工程系团总支被团省委表彰为“五好团支部”,水利工程系团总支被厅团委表彰为“先进团总支”。2014年组织开展了“我的梦·中国梦”主题团日,围绕此主题展开了征文比赛、“扬青春风采,展青年风姿”五四歌咏比赛、“青春铸辉煌”团史图片展、五四爱国电影周等庆祝建团92周年系列活动。

4.建设新媒体中心,开创网络思政阵地

随着信息时代的飞速发展,互联网已深入社会的各个角落,成为青年学生学习和生活的重要工具,网络思政工作引起了学校的高度重视。2014年,积极推进学生处团委校园吧、微博、微信体系建设。2015年创设了“全覆盖、无缝隙”的学生思想政治工作新平台。2016年充分发挥团委官方微信、微博、QQ群、校报、学生社团、广播、黑板报、文化橱窗、名人名言警示牌、荣誉墙等宣传阵地的激励作用,激发正能量。2016年国庆,校团委微信公众号发出了第一篇推文,2019年成立了青年融媒体中心,同年校抖音账号发出了第一条视频。

二、校园文化建设及实践育人活动

(一)丰富校园文化生活,打造精品社团

心灵家园俱乐部成立于2003年,是由校团委领导、依托于心理咨询室成立的学生心理互助组织,自主开展普及心理健康知识的相关活动。社团以“心灵关爱心灵、生命影响生命”为原则,通过开展心理健康活动宣传心理健康知识,如系列心理游园会、观影活动、团体辅导等广受学生好评的趣味活动,为全面提高学生心理素质和心理互助能力、营造暖心的校园氛围贡献力量。心灵家园俱乐部还成立了临时团支部,定期组织社团成员认真学习领悟习近平新时代中国特色社会主义思想、党的二十大精神及习近平总书记有关重要讲话精神,强化对成员的思想引领。建立了主席团制度,社团重大活动、事项由主席团集体商议、决策;社团下设宣传、策划两个部门,分工明确,责任明晰,协作一致,推进社团各项工作有序、有效开展。建立了社团成员培训、活动参与激励机制,成员参与活动积极主动,活力四射。

（二）营造校园文化氛围，打造品牌活动

2012 年，举办第一届“水文化艺术节”、第三届冬季趣味运动会、女生节、英语才艺大赛、庆祝建团 90 周年主题教育系列活动和“远离烟草 · 珍爱生命”主题教育活动及爱心捐款活动，组织开展了学校“文明风采”竞赛活动，选出作品参加省教育厅、省文明办、团省委举办的第七届中职学校“文明风采”竞赛，共有 24 件作品获奖，其中一等奖 2 件、二等奖 9 件、三等奖 13 件，学校荣获活动组织奖。学校被省直团工委、省直学联表彰为“三下乡”暑期实践先进集体。

2013 年，开展“创建和谐校园，大中专学生文明修身”主题教育活动，十八岁成人教育系列活动，“校纪校规知多少”知识竞赛，“大学生诚信校园行”演讲比赛，“学雷锋、树新风”教育活动，第二届“水文化艺术节”，“文明交通疏导”“节能减排减少雾霾”等青年志愿者活动，其中“水文化艺术节”项目被省教育厅评为 2013 年高校校园文化建设优秀成果三等奖。组织开展了“文明风采”竞赛活动，选出作品参加省教育厅第八届中职学校“文明风采”竞赛，获得省一等奖 11 件、二等奖 14 件、三等奖 25 件，并且连续第二年获得组织奖。所选送作品在全国文明风采竞赛中，获得一等奖 1 项、优秀奖 3 项，学校获得卓越组织奖。

2014 年，举办第五届科技文化艺术节，“榜样水院颁奖暨五四歌咏比赛”，“春华秋实，放飞梦想”迎新生、庆国庆文艺晚会，“中国梦 · 欢庆元旦”迎新年庆元旦送别毕业生文艺晚会，春季田径运动会等。通过“三节”活动和“光盘行动”等系列活动，引导学生树立健康向上的生活方式。组织高职生参加了“河南省第四届大学生艺术展演”，组织中职学生参加了“第九届文明风采竞赛”，获得一等奖 1 件、二等奖 6 件、三等奖 24 件，其中 1 项获得全国优秀奖，学校连续三年获优秀组织奖。进行省直团工委青年志愿者招募工作，组织开展了“建功‘四个河南’、点亮青春梦想”，到郑州托福实验小学开展“关爱农民工子弟、宣讲雷锋精神”、文明交通疏导服务、北林社区志愿服务等一系列青年志愿者服务活动，收到良好的社会效果。

2015 年，坚持升国旗制度，举办 18 岁成人仪式等系列活动，唱响主旋律，积极营造德学教育的浓厚氛围和倡导积极向上的良好风尚。学校获省教育厅“文明风采竞赛工作先进单位”并获得奖金 1 万元，团委获得省直团工委“三下乡”活动先进集体，在河南省教育厅“纪念抗日战争胜利 70 周年歌咏比赛”中获三等奖。

2016 年，积极开展大学生素质拓展、青年志愿者和暑期“三下乡”活动，被省高校工委、省教育厅表彰为“河南省教育系统学雷锋活动优秀群体”，被省委、省直工委表彰为“2016 年省直院校暑期社会实践活动先进集体”。

2017 年，在省教育厅第三届“经典照亮人生”诵读比赛中获得个人节目三等奖和集体节目三等奖，“水文化艺术节”获河南省普通高等学校校园建设优秀成果三等奖。制作悬挂学生登记牌和文明行为警示牌 1200 余块。举办了“高雅艺术进校园”活动，承办了由河南省水利学会主办的”水美河南”演讲大赛，并取得特等奖 1 人、一等奖 3 人、二等奖 2 人的好成绩。在省教育厅第十一届文明风采竞赛中获得一等奖 1 项、二等奖 5 项、三等奖 12 项，学校获得优秀组织奖。

（三）实践育人成果

2012 年，共获省教育厅表彰各类先进

个人72人、先进集体2个，获省直团工委和省水利厅团委表彰19人。在我校开展“学习雷锋见行动‘三平’之中做贡献”系列活动中，土木工程系学生陈正朝捡到3万余元现金并及时交还失主，展现了我校学生高尚的道德情操和良好的社会公德，受到省直团工委的高度肯定，授予陈正朝同学省直“学雷锋标兵”称号。

2013年，开展“走进产业集聚区，青春鼎力中原梦”暑期社会实践活动等。12名学生和6名教师被省直团工委评为暑期社会实践活动先进个人和先进工作者；团委被省直团工委表彰为暑期社会实践活动先进集体，志愿者大队被表彰为“省直优秀青年志愿者团队”，2名学生被评为“省直优秀青年志愿者个人”。

2014年，13名学生和7名老师被省直团工委评为暑期社会实践活动先进个人和先进工作者，学校获“三下乡”暑期实践先进集体，1名学生被团省委、省委宣传部表彰为“省大中专学生暑期‘三下乡’社会实践活动先进个人”。

2017年，在全省教育系统“两创两争”群众性精神文明创建活动中，1个班级、2名学生分获“河南省文明班级”和“河南省文明学生”荣誉称号。积极开展各类志愿服务，2名学生分获金水区“十佳志愿者”称号和“身边好人”称号，学校《“烛光爱心”扶贫支教活动》案例在“全省高校实践育人工作优秀案例征集评选”中荣获社会实践类三等奖，学校被省高校工委、教育厅表彰为“河南省教育系统学雷锋活动先进集体”，被省委、省直工委表彰为“暑期‘三下乡’社会实践活动先进集体”。

2018年，学校获省教育厅“河南省第二届高校校园文化建设优秀成果三等奖”和“河南省诚信校园行二等奖”。

2019年，学校先后荣获中国水利教育协会“水利院校德育教育优秀成果三等奖”，省教育厅“河南省第三届高校校园文化建设优秀成果三等奖”“河南省诚信校园行二等奖”。

三、学生资助工作

2012年，学院严格执行国家资助政策，认真组织对不同层次学生各类奖助学金、学费减免的评定、认定发放工作，做到了公开、公平、公正。全年共评定、造表上报、发放高职国家奖助学金31万元；中职助学金200.16万元；国家学费减免161.9万元；国家返还28名参军学生学费24.12万元；评定发放校内奖学金、特困特优学费减免、困难补助金额55.26万元，全年总计评定发放各类费用472.44万元。国家及学校奖励资助制度得到贯彻落实，困难学生得到资助，优秀学生得到激励。

2013年，出台了《国家助学贷款实施细则》《学生勤工助学管理规定》，完成了高职4个国家奖学金、62个国家励志奖学金、426个国家助学金评选、上报和校内奖学金、贫困救济评选、发放工作，使国家及学校奖励资助制度得到贯彻落实。

2014年，全年共组织评定发放奖助学金2572人次146.6万元，特困特优54人次8.4万元，免学费3077人次580.9万元。

2015年，首次开展了高职生源地贷款工作，及时为367人办理了169.06万元助学贷款，开展了“厚朴·继富”奖学金评定。全年发放助学金814人次125.55万元；免学费1892人次178.67万元；特困特优40人次6.425万元，实现了学生零投诉。顺利通过学生资助专项检查并得到好评。

2016年，及时为820名高职生办理了378.027万元生源地助学贷款，全年组织发放奖助学金2621人次260.884万元；免学费1791人次。

2017年,完成省资助中心面部识别监管工作;为736名学生办理309.5万元生源地助学贷款,发放高职国家奖助学金1106人次215.9万元、中职助学金140人次14万元、校内助学金1012人次63.78万元,中职免学费1024人次96.71万元,特困特优生免学费56人次20.16万元;设置勤工助学岗位60个,建档立卡262人,为家庭经济困难学生提供帮助,顺利通过省教育厅学生资助专项检查,学生资助工作零投诉。

2018年,通过学院奖学金、勤工助学等方式,建立学院经济困难学生帮扶体系,完善以国家助学贷款为主的“贷、奖、助、勤、补、减”资助育人工作体系。完成了727名中职学生面部信息采集工作,切实做好学校各类国家级奖助学金的评审和监督反馈工作,实现了“不让一个学生因家庭经济困难而失学”的目标和资助工作学生零投诉。2018年,中职生享受国家免学费2768人次169.863万元,含建档立卡84人次5.129万元;国家助学金366人次23.56万元,含连片区162人次10.48万元,建档立卡40人次2.64万元。获得国家奖学金3人次2.4万元;国家励志奖学金191人次95.5万元;国家助学金1273人次381.9万元。发放校内奖学金1341人次83.56万元;办理高职生源地贷款661人次275.29万元;设置勤工助学岗位85个。

2019年,资助育人扎实推进。完善“贷、奖、助、勤、补、减”资助体系,健全规章制度,做好“院、系、班”三级资助工作资讯网络体系建设,增强资助工作透明度。2019年,发放高职奖助学金3243人次505.595万元;高职征兵入伍学费补偿118人次92.88万元;办理高职生源地贷款678人次280.6万元;设置勤工助学岗位65个,发放助学金21.39万元;开设入学绿色通道,确保470名建档立卡学生应助尽助,为57名贫困生购买了校园平安保险,为2020届毕业生购买了顶岗实习保险,为1名生病住院的困难学生发放了1378元“学院爱心互助金”。

四、招生就业

(一)组织与制度保障

1.招生工作

为严肃招生纪律,规范招生行为,确保招生考试各项工作安全、有序、顺利进行,切实维护国家招生制度及政策规定的严肃性、权威性和公平性,营造风清气正的育人环境,学校每年专门成立招生录取工作领导小组和招生执法检查工作领导小组、招生执法监察工作领导小组,严格招生程序和各工作阶段要求。

自2003年举办高职以来,学校始终以水利、土木建筑等行业为主线,适应市场需求设置相关专业,转变办学机制,深化高职教育发展内涵,为我省经济社会发展和中原经济区建设提供更多更好的高技能应用型人才。独立升格为河南水利与环境职业学院后,学校办学定位更加明确,2014年根据省教育厅关于高职院校单独招生改革试点工作的有关文件要求,结合办学实际,特别是师资建设、办学条件和生源情况等,在经过充分调研和论证的基础上,学校于2014年1月报送了《关于申报单独招生资格的请示》(豫水职院〔2014〕1号),申请2014年1月的改革试点单位,并将工程测量技术、建筑工程技术、水利水电建筑工程、计算机应用技术、会计电算化等5个专业拟列入河南省2014年高等职业院校单独招生改革试点专业,招生计划300人,计划形式为普招计划。得到河南省教育厅批复(教学〔2014〕88号)],学校自2014年起实施单独招生。当年单独招生计划300人,通过宣传、发动,高中、中职学校推荐,学校资格审查,共有220名考生报考我校,资格审查确认177人,其中130名考生于2014年4月13日进行了文化课考试和职业技能综合测试。按照河南省教育厅审核的招生章程,根据考生的文化课成绩和综合成绩(综合成绩=文化课占40%+职业技能综合测试占60%+政策性加分+职业技能加分),经学校单独招生工作领导小组研究确定,按综合成绩从高到低,学校2014年单独招生文化课录取最低分拟定为40分,综合成绩录取分数线拟定为78分。

2015年1月学校印发《单独招生工作实施方案》,成立由党委书记和院长为组长的单独招生工作领导小组,单独招生工作领导小组下设招生录取工作组、命题考务工作组、纪检监察工作组,组建单独招生工作队伍,选派政策水平高、工作认真负责的教师、管理人员和企业人员参加单独招生工作,提高单独招生工作的执行力和公信度。单独招生工作遵循"公开程序、公平竞争、公正选拔、综合评价、择优录取"的原则,选拔适合学校相关专业学习的综合素质高、具有职业潜质的中职毕业生和高中毕业生进入我校学习深造。学校内部实行"招考分离"原则,接受社会监督。

纪检监察处全程监督单独招生工作,保证单独招生工作的公平、公正、公开。

2015年4月成立单独招生考试工作委员会,负责考试工作的总体布置、组织协调、考务管理与实施,并制定各项工作要求、细则及相关应急预案。

2017年印发《招生工作管理规定》,成立考试突发事件应急领导小组,由学校主管教学副院长担任组长,由教务处、保卫处、院办、学生处、总务处等有关部门负责人担任副组长,各系部负责人任组员。应急领导小组充分利用学校现有应急系统硬件设施,负责在考试期间统筹协调,快速有效地处理学校范围内的各类考试突发事件。如发生重大突发事件,由应急领导小组上报。

2.就业工作

学校高度重视毕业生就业工作,采取多项举措,努力提高毕业生就业服务水平和毕业生就业质量。

由校领导牵头成立学校就业工作小组,逐步建立和完善了学校统筹协调、以系为主的院系两级就业工作机制,成立各系就业工作小组,配备就业工作专干,每年制定《毕业生就业工作管理规定》,根据国家的有关法律、政策和河南省有关毕业生就业工作政策精神,维护毕业生和用人单位的合法权益。印发《毕业生就业工作实施方案》《就业工作考核与奖励办法》,实施就业招聘信息网上公开制度,打造全校重视、关心学生就业的良好氛围。

对每年的毕业生开展就业意向调查,积极掌握毕业生就业心态,引导毕业生及早深入社会、了解社会、服务社会;开展多场相关讲座,邀请各行业优秀人士到校作报告;充分利用就业政策宣传周和毕业生离、返校时机,宣传毕业生就业政策,培养学生理论联系实际和分析问题、解决问题的能力;针对毕业生开展SYB创业培训班,增强学生的就业创业意识和能力。

组织安排多场毕业生各类专题招聘活动,历年来吸引了以海尔集团、中铁集团、民生银行等为代表的百家企业参与;举办毕业生双选会、校领导带队进行访企拓岗，为毕业生和用人单位提供平台。

鼓励学生参军、专升本，支持学生报考公务员、选调生、大学生村官等，扩展其他就业途径。

（二）数据统计

2012 年学校共计招生 2607 人（实际报到数）。其中：三年制专科生 959 人，大中专生 723 人，三年制中专生 380 人，五年制 364 人，“3+2”181 人。2012 年，学校各类毕业生共计 3156 人。其中：专科生 1131 人（包括五年制 323 人），三年制中专生 227 人，一年制中专生 149 人，二年制中专生 401 人，其他 1248 人（农民工）。

2013 年高职学生报到 916 人，中职招生 1441 人，共完成各类招生 2357 人。中专录取中：五年制 233 人，“3+2”280 人，一年制大中专 45 人，二年制大中专 578 人（其中春季班招生 439 人），小中专 300 人。2013 年，各类毕业生共计 1918 人。其中：三年制高职生 673 人，五年制高职生 230 人，三年制中职生 316 人，一年制中职生 42 人，两年制中职生 657 人。另有“3+2”待升段学生 268 人，五年制升段学生 299 人。

2014 年，首次组织实施了高职单独招生试点工作，录取 129 人，报到 118 人。首次在山西、河北、安徽等三省招生 36 人，报到 25 人。全年完成各类招生共 2286 人，其中高职 1228 人，中职 1058 人。2014 年各类毕业生共计 2240 人，其中高职生 887 人，中职生 1353 人。截至 2014 年 12 月，在校生总人数 6507 人，其中高职 3572 人，中职 2935 人。

2015 年学院继续申报高职院校单独招生试点，共申报工程测量技术、园林工程技术、建筑工程技术、工程造价、房地产经营与管理、水利水电建筑工程、机电一体化技术、电气自动化技术、环境监测与治理技术、计算机应用技术、会计、建筑装饰工程技术、道路桥梁工程技术等 13 个专业单独招生。

2015 年，高职计划招生 1700 人，实际录取 1707 人，报到 1522 人；初中起点新生注册录取 538 人，其中五年制大专 357 人，三年制中专 181 人，全年共计招收各类新生 2060 人。2015 年底，各类毕业生共计 2172 人，其中高职毕业生 1208 人；中职毕业生 964 人。截至 2015 年 12 月，在校生总人数 6519 人，其中高职 4314 人，中职 2205 人。

2016 年，五年制专科计划招生 380 人，报到新生 458 人；三年制高职共计划招生 2000 人，实际录取 2000 人，录取完成计划率 100%，新生报到 1766 人，报到率 88.30%，比 2015 年提升近 1 个百分点，超过全省高职院校平均水平。2016 年高职毕业生 1220 人，其中三年制高职毕业生 867 人；五年制高职毕业生 353 人。中职毕业生 554 人。

2017 年，计划招生 2600 人，招生计划覆盖的生源地有河南省、山西省、河北省、安徽省、陕西省 5 省，实际录取 2467 人。其中，河南省内录取计划完成 100%，文科录取最低分数 251 分，理科录取最低分数 247 分，超出省最低控制线 60 分。2017 届毕业生共计 1047 人。

2018 年，学院招生计划覆盖的生源地有河南省、山西省、河北省、安徽省、陕西省、四川省等 6 省，计划招生 3362 人，当年最低录取分数超出省最低控制线 80 分，录取完成计划率 100%，新生报到 3230 人，报到率 96.10%，位于全省高职院校前列。积极实施分类考试录取工作，学校采取“五年一贯制”和“3+2”学生转段、“对口升学”、单独招生、高招等多种招生录取形式，其中分类考试单独招生逐渐成为招生主渠道。增加了招收中等职业学校毕业生的比例,2018年单招招收中等职业学校毕业生643人,占单招人数的34%。多年来,学校重视与中职学校合作,建立了较稳定的生源基地和“3+2”合作学校,“中高职贯招”及对口升学工作规范有效,招收中等职业学校毕业生的比例逐年提高。

2018届毕业生共计1851人,当年在校生近9000人。

2019年,学院招生计划覆盖河南、河北、安徽、四川、甘肃、广西、云南、山西8省(区)生源地,计划招生4000人,实际录取4000人,当年最低录取分数超出省最低控制线90分,录取完成计划率100%,新生报到3853人,报到率96.07%。为响应国家高职扩招政策,学校扩招计划招生400人,其中退役军人384人,占扩招计划的96%。学校2019届毕业生共计2129人。

2020年,三年制高职招生计划为5000人,共报到新生4835人,总报到率达96.70%。信阳校区招收新生585人,扩招退役军人90人,实际入学新生5521人。2020年,学校共有高职毕业生2526人。截至11月底,总就业人数2464人。

第五节　产教融合、对外交流与成人教育

产教融合是提高学校人才培养质量、促进学生就业和职业发展的重点,对外交流是学校掌握行业发展需求变化、优化办学思路的关键。成功申报首个校企合作共建的省级科研平台“湖库水生态环境保护与修复河南省工程实验室”。与国内院校和学术团体的交流合作不断深化,学校知名度持续提升。参加“一带一路”建设,与马来西亚世纪大学合作办学项目顺利招生,成人继续教育生源稳步提升。

一、产教融合与校企合作

通过产教融合与校企合作,学校根据企业的反馈和市场需求的变化,及时调整专业设置和课程内容,使教学更加贴近经济社会发展要求。对于学生来说,一是可以提升学生就业竞争力。学生有机会在企业真实的工作场景中实践,熟悉企业的工作流程和行业标准,他们学到的知识和技能更贴合市场实际需求,毕业后能够更快地适应工作岗位,减少企业对新员工的培训成本,增加自己在就业市场中的竞争力。二是可以拓宽学生职业视野。通过接触企业环境和行业前沿动态,学生能够了解到本专业的多种职业发展方向,有助于他们更好地规划个人职业生涯。

2012年,我校和河南省水利第一工程局获得河南省职业教育校企合作工作先进单位,并获得35万元的奖励资金。

2013年,与中国水利科学研究院减灾研究所合作,承接了合同额为1050万元的全国700万平方千米山洪灾害防治项目基础数据处理工作,2月成立了北京项目部,选派40名学生和2名教师驻京工作。承接了中国水利科学研究院《山洪灾害防治群测群防体系建设模式及典型案例》编写工作,签订了45万元的技术服务合同。积极开展了高校服务河南发展情况调研工作,进行了相关资料的整理、案例和总

结报告的撰写及上报。

2015年,制定了《关于深入开展科技创新工作的意见》,成立了6个教师创新团队,开展了以专利挖掘为突破口的创新工作。制定了《横向科研项目管理办法》,规范了社会服务工作管理。组织完成了河南2014年度山洪灾害防治省级宣传培训项目投标、实施及其验收工作。组织完成了中国水科院全国山洪灾害防治培训教材编写、验收工作及地形数据处理收尾工作。组织完成了24个小农水重点县项目省级绩效考评工作。

2016年1月13日,学校与河南标顶教育科技有限公司建筑智能化工程技术专业合作共建举行签约仪式;1月20日,学校与沙海集团国际海事职业人才订单培养签约;3月3日,副院长黄功学、蒋彦成带领机电与信息工程系教师到中铁工程装备集团有限公司调研,双方召开校企深度合作座谈会并达成了合作意向;5月16日,副院长黄功学带领土木工程系有关人员到河南省测绘工程院调研,双方召开了校企深度合作座谈会,并达成合作意向。

2017年,产学研结合取得重大成果,由院长郑志宏牵头申报,河南水利投资集团有限公司、华北水利水电大学和河南裕隆水环境股份有限公司合作共建的湖库水生态环境保护与修复河南省工程实验室获省发改委批复,成为我校首个省级科研平台。邀请多名专家学者来校讲座交流,举办SPSS应用培训班,选派学术骨干外出参加各种研修班、培训班等,提高教师科研素质和水平。依托河南水环科技有限公司,成立软件项目开发工作室和UI设计工作室两个教师工作室。与深圳华兴鼎盛科技有限公司就工业机器人技术专业达成合作。与河南裕隆水环境股份有限公司、郑州高新富迪园林绿化工程有限公司、郑州宇通物流公司等企业达成了合作意向。学院在2017级新生中选拔30名优秀学生成立"水利类专业综合改革试点班",实施"项目引领、双导师执教、学训结合"人才培养模式。12月,学院成立水文与水资源专业技能导师李登斌工作室,聘请全国技术能手、全国水利行业首席技师(第一、二批)、享受2012年国务院政府特殊津贴的首席技师李登斌担任技能导师,为整合学院师资以及技术交流和资源共享提供了保障。

2018年,依据区域经济发展需求,充分发挥学院技术资源优势,主动服务地方经济发展。一是充分利用"湖库水生态环境保护与修复河南省工程实验室"平台,积极参与、做好平舆县"水土联治"关键技术研究及示范项目,完成范县王楼镇东张村水美乡村水系规划建议,成功申报省水利厅技术推广项目——河南省农村生活污水处理技术集成及应用。二是充分利用"河南省水利系统专业技术人员继续教育网络平台"开展全省水利系统专业技术人员培训。三是充分发挥学院服务行业、服务社会职能,完成各类社会培训1406人次,收入101.9万元;承担了2017年度河南省中等职业学校中高职衔接专业教师协同研修国家级培训计算机应用和电子商务专业、河南省中等职业学校省级骨干教师计算机网络技术和网站建设与管理两个专业95名教师的培训任务。四是加入河南省水—土环境协同治理与生态修复技术创新战略联盟,当选为常务理事单位。

2019年,实施"专业群+企业群"模式,与多家企业合作建立了人才培养培训基地和校外实习实训就业基地;探索"专业系+技术服务平台"模式,成立产学研联合体,师生共同参与生产过程;与河南水滴育人实业有限公司合作成立了智能制造产业学院;积极推进建筑工程类专业名师工作室、测绘地理信息类专业名师工作室建设;省级创新工作室——“智慧水利创新工匠王立正工作室”获河南省总工会和河南省人社厅批复;邀请国内知名职教专家、专业人员、企业技术专家到校开展学术讲座或任课,2019 年全校共举办学术报告、知识性讲座46 场。选派专业技术骨干外出参加各种研修班、培训班,到企业进行专业实践锻炼等,对推动我校学术研究和专业建设发挥了重要作用。

二、与国内院校、学术团体交流合作

(一)与国内院校交流合作

2013 年,学校先后与云南水利水电学校、浙江同济科技职业学院、宁夏水利电力工程学校、广东水利电力职业技术学院、长沙环保职业技术学院进行了互访交流。在中国水利教育协会职业技术教育分会四届二次理事会扩大会议暨全国水利职业教育教学指导委员会工作会议、河南省职业技术教育学会第三次会员代表大会、中国水利教育协会第四次会员代表大会暨中国水利教育集团理事长扩大会议上,院长赵高潮相继当选为副会长(常务理事),学校成为中国水利教育协会常务理事单位。

2014 年,学校首次参加 2014 香港教育及职业博览会,展示我校办学实力、专业特色、人才培养成效和未来发展前景。香港文汇报专访了院长赵高潮,刊发了《励精图治,华丽转型——河南水利的“黄埔军校”》的专题报道。

2015 年,齐齐哈尔工程学院院长曹勇安应邀来我校作学术报告;臧志军博士莅临我校以“加快发展现代职业教育与职业院校转型发展”为题为我校全体教职工作了一场精彩的报告;山东大学张光义教授莅临我校以“职业院校文化建设的几个问题”为题,围绕文化、学校文化、学校品牌文化建设、学校理念文化建设、学校视觉传达文化建设、学校环境文化建设、学校行为文化建设等问题作了一场精彩的报告。

2016 年 3 月 31 日,水利工程系、土木工程系、环境工程系相关专业教师在张凌杰副院长的带领下,赴河南农业职业学院考察学习;5 月 10 日,洛阳理工学院校长屈凌波教授来我校作了题为《高等学校教师如何做好教学和科研》的学术讲座;河南科技学院申家龙教授来我校作学术讲座。

2017 年 6 月 4 日至 6 日,张凌杰副院长及新校区建设管理局、现代教育技术中心有关人员等赴贵州水利水电职业技术学院考察学习;6 月 6 日,重庆电子工程职业学院武春岭教授应邀来我校作了题为《教学成果奖申报经验分享与实例剖析》的学术讲座;6 月 19 日,山东省寿光市职业教育中心学校副校长王旭生等来我校就污染修复与生态工程技术专业的专业建设情况进行考察学习;9 月 28 日,江苏安全技术职业学院教务处副处长周忠彦、张鹏老师一行来我校调研环境监测与控制技术专业的专业建设和标准制定;12 月 19 日,郑州大学马克思主义学院副书记郑发展教授到我校讲学,对高校辅导员的工作进行了详细解读。12 月 29 日,华北水利水电大学环境与市政工程学院院长宋刚福一行 8 人来我院就人才培养、科研合作、实验实训资源共享进行调研交流。

2018 年 3 月 13—15 日,副院长张凌杰一行赴安徽芜湖职业技术学院、江苏师范大学考察交流，此次考察调研，将对我校开展诊改平台建设和智慧校园建设等工作起到积极的推动作用；12 月 1 日上午，广东省教育研究院职业教育研究室副主任、现代学徒制专家库专家杜怡萍研究员应邀在我校举办了以《现代学徒制专业教学标准研制》为主题的专题讲座。

2019 年 11 月，副院长黄功学、张凌杰一行赴山东大学、安徽信息工程学院和科大讯飞股份有限公司就智慧教室建设、信息化教学平台建设与运用、数据中心及大数据建设进行考察学习。

（二）参加举办学术活动

1.参加中国水利职业教育集团第二届理事会换届大会

中国水利职业教育集团理事会换届和第二届理事大会于 2012 年 11 月 27 日在广州从化召开。全国 40 余所水利职业院校和近 80 个水利企事业单位的 120 余名代表参会。学校校长赵高潮当选为集团常务理事、专业建设委员会副主任。

2.承办河南省水利行业职业教育校企合作指导委员会成立大会

2014 年，由河南省水利厅科教处主办、学校承办的河南省水利行业职业教育校企合作指导委员会成立大会于 9 月 4 日在郑州召开，来自我省水利职业院校、水利行业企业及省水利厅有关处室的代表 60 余人参加会议。省教育厅副厅长尹洪斌，省水利行业指导委员会主任委员、省水利厅副厅长王继元出席会议并讲话。省水利厅科教处副处长李发祥主持会议。省教育厅职成教处副处长史文生宣读了成立文件《河南省职业教育校企合作促进委员会关于成立河南省第二批行业职业教育校企合作指导委员会的通知》。省教育厅副厅长尹洪斌，省水利行业指导委员会主任委员、省水利厅副厅长王继元为省水利行业指导委员会成立揭牌，大会为校企合作指导委员会委员颁发聘书，大会宣读并审议通过了河南省水利行业职业教育校企合作指导委员会章程、2014 年下半年工作计划。

3.承办省水利厅厅属学校发展规划研讨会

由省水利厅主办、学校承办的河南省水利厅厅属学校发展规划研讨会于 2014 年 9 月 4 日在郑州召开。

4.学校与华教教育科技（江西）有限公司联合组建混合所有制二级学院——河南水利与环境职业学院城轨交通学院

2020 年 4 月 19 日，城轨交通学院签约仪式暨理事会第一次会议召开。4 月 21 日，城轨交通学院成立暨揭牌仪式在华教集团郑州学校举行。

5.学校与新道科技股份有限公司共建新道数字经济产业学院

2020 年 5 月 8 日，举行了战略合作框架协议签约暨揭牌仪式。

三、国际交流与合作

加强国际交流与合作，引进国外先进优质的教育教学资源和管理经验，有利于培养国际化视野的高素质技能型人才，提高我校的专业建设水平和学生的社会竞争力，扩大我校在国内外的影响力和知名度。

2018 年，积极响应国家“一带一路”倡议，努力参与“一带一路”建设行动。与马来西亚沙拉月大学商谈合作办学事宜；与中交第一航务工程局有限公司五公司柬埔寨分公司、浩华路桥（柬埔寨）工程有限公司合作开展毕业生境外就业，24 名同学应聘成功；与俄罗斯、芬兰开展水生态文明建设关键技术项目合作 1 人次；与荷兰代尔夫特大学合作进行河南省重大科技专项“河南省典型村镇生活污水处理技术集成及示范”项目交流；与澳大利亚墨尔本皇家理工大学和悉尼科技大学合作开展骨干教师培训1人次。

2019年，与马来西亚世纪大学合作办学项目获得省教育厅批准并顺利招生，并从马来西亚世纪大学引进了部分课程教学资源。与泰国曼谷吞武里大学就联合举办土木工程、机械工程、会计学、市场营销等专业本科教育签订了合作协议；组织人员出访马来西亚、柬埔寨、白俄罗斯，进行校企合作交流，探索“2+2”本科国际教育合作模式；在柬埔寨等国建立了多个海外就业基地；为学生出国就业和深造搭建了平台。2019年，26名毕业生实现海外就业。

四、成人继续教育

开展成人继续教育，为成年人提供了提升学历的机会，帮助他们学习新的水利、环境等相关专业知识与技能，适应行业快速发展的需求。水利与环境领域专业人才的持续培养，能更好地服务地方建设，促进水利设施建设、水资源保护、生态环境治理等行业的发展，对推动区域经济可持续发展意义重大。同时，也有利于构建终身学习型社会，为社会成员提供多元化的学习渠道。

2012年6月，经省编办批准，河南省水利职工培训学校并入我校办学，12月7日举行了隆重的揭牌仪式，为我校又增添了新的办学增长点。学校加大水利职工培训力度，充分发挥河南省水利职工培训学校职能，相继组织开展了农村劳动力转移阳光工程培训、全省水政监察（水资源）执法人员学历培训、三门峡水利职工培训、新乡原阳水利系统职工培训、濮阳金堤河张庄提排站职工培训、漯河郾城区水利职工培训、潢川县水利局职工培训、固始县水利局职工培训、县市水利局局长培训等，大力培训水利职工更好地服务地方建设。

2016年，进一步加强全省水利系统专业技术人员专业课继续教育网络平台建设工作，截至年底，培训学员473人次。举办了南水北调中线配套工程第二期运行维护培训、全省水行政执法业务培训、省中职学校骨干教师培训、职业技能鉴定培训等，全年各类培训共1100人。

2017年，向省教育厅备案成人教育招生申请获批，录取函授学生39人。与北京科技大学达成远程教育合作办学意向。举办南水北调中线配套工程运行维护培训班、清丰职业学校教师信息技术能力培训等4个培训班，培训学员299人次。通过河南省水利系统专业技术人员继续教育网络学习平台，培训学员800多人次。组织5名教师参加考评员考核工作，通过鉴定站对152名学员进行了测量工技能鉴定。

2018年，充分利用“河南省水利系统专业技术人员继续教育网络平台”，开展全省水利系统专业技术人员专业技术培训。充分发挥学校服务行业、服务社会职能，完成各类社会培训1406人次，收入101.9万元；承担了2017年度河南省中等职业学校中高职衔接专业教师协同研修国家级培训计算机应用和电子商务专业、河南省中等职业学校省级骨干教师计算机网络技术和网站建设与管理两个专业95名教师的培训任务。

2019年，学校与西安建筑科技大学联办成人教育项目获省教育厅批复，录取函授学生70人。开通河南省水利系统专业技术人员继续教育网络平台支付宝收费和申领发票功能,全年培训学员 2794 人次。举办水利水电施工企业管理人员安全生产培训、厅属水利单位工人技能等级考试培训等 8 个培训班,培训学员 1682 人次。对 36 名学员进行测量工理论和实操技能鉴定。配合省水利厅监督处完成 2 次企业“三类”人员安全生产考试相关工作。

第六节 厅属学校资源整合

2015 年,为满足新时期河南水利事业发展需要、优化整合省水利厅所属中等职业学校资源、提高教学质量与办学水平、探索具有行业特色的可持续发展办学模式,省水利厅决定对 4 所厅属中等职业学校作出调整。于 2015 年启动中职学校资源整合、布局调整专题调研工作,2017 年 5 月 8 日省水利厅向省政府报送了《关于呈报厅属中等职业学校教育资源整合方案的请示》(豫水教〔2017〕12 号),2019 年,基本完成所属三校的人员安置和资产处置工作。

一、河南省水利厅所属中等职业学校基本情况

河南省水利厅厅属中等职业学校基本情况如下:

河南省水利厅共有河南省郑州水利学校(简称郑州水校)、河南省水利水电学校(简称省水电学校)、河南省信阳水利技工学校(简称信阳技校)、河南省漯河水利技工学校(简称漯河技校)4 所中等职业学校。

郑州水校始建于 1955 年,是教育部首批命名的国家级重点中专学校、河南省中等职业示范学校。2013 年 3 月河南水利与环境职业学院(简称河南水环学院)成立后,郑州水校实质性整体并入。经省教育厅批准,2016 年郑州水校不再招生。学校现有在校生 6897 人,其中高职 5225 人,中职 1672 人。

省水电学校 1979 年创建于周口市,为国家级重点中等职业学校和河南省职业教育特色学校。2016 年底在校生 4069 人。

信阳技校和漯河技校 1979 年分别在信阳市、漯河市成立,为普通全日制技工学校,2016 年底在校生分别为 260 人、438 人。

60 年来,厅属中等职业学校共为我省水利事业和经济社会发展培养了 6 万多名专业技术技能人才。但是,由于历史等原因,厅属学校多点、多层次办学,教学资源分散,办学条件简陋,办学规模偏小,专业设置同化,办学特色不强,办学水平与效益较低,与现代职业教育发展的形势和要求不相适应,信阳技校和漯河技校已陷入招生困境多年,办学形势十分严峻。解决厅属中等职业学校存在的问题,必须大力推进教育资源整合,优化学校布局,改善办学条件,突出办学特色,提高办学水平,形成具有行业特色的可持续发展办学模式。

二、整合过程

根据《河南省人民政府关于进一步优

化中等职业学校布局提升办学水平的意见》(豫政〔2015〕74 号)的要求,省水利厅高度重视,成立厅属学校改革领导小组,组织开展厅属中等职业学校资源整合、布局调整专题调研和办学资质清理工作,并征求省直有关部门的意见与建议。

河南省水利厅于 2017 年 5 月 8 日向省政府报送了《关于呈报厅属中等职业学校教育资源整合方案的请示》(豫水教〔2017〕12 号)。

河南省政府于 2017 年 8 月 29 日下发《河南省人民政府关于省水利厅厅属中等职业学校教育资源整合方案的批复》(豫政文〔2017〕131 号),同意此方案并要求推进实施:结合实际,采用"一院一校"整合方案,形成河南水环学院和省水电学校协同发展、学历教育和职业培训并举的水利职业教育办学格局。①保留省水电学校;②撤销郑州水校建制;③撤销漯河技校建制;④撤销信阳技校建制,将校区改造为河南水环学院实训实验基地;⑤信阳技校、漯河技校从 2017 年起不再招生。

(一)人员安置

学校布局调整后,对撤并的两所技校的现有人员分在职和离退休两种类型进行安置。对于在职人员,采取到龄退休、带编安置到河南水环学院和就近带编分流到厅属事业单位三个途径进行安置;对于离退休人员,退休人员在未实行社会化管理之前,就近由厅属事业单位接收代管;离休人员就近由厅属事业单位接收管理。

(二)资产处置

依据《河南省行政事业单位国有资产管理办法》(省政府令 108 号)和《河南省教育厅关于进一步加快体制机制创新深化职业院校产权制度改革的指导意见(试行)》(豫教职成〔2015〕160 号)等相关政策规定,对撤并学校的资产进行处置,确保其完整、安全和有效利用。

根据《批复》要求,为妥善安置人员,河南省水利厅于 2018 年向省编办报送了《关于厅属中等职业学校整合人员分流安置的请示》(豫水人劳〔2018〕24 号)。

中共河南省委机构编制委员会于 2019 年 1 月 7 日下发《关于省漯河水利技工学校省信阳水利技工学校人员编制划转的通知》(豫编办〔2019〕3 号):省漯河水利技工学校、省信阳水利技工学校现有 167 名财政全额拨款事业编制及在编人员,分别划转至省水利厅所属 11 个事业单位,其中 61 人划转至河南水利与环境职业学院,划转人员保留原职级待遇;70 名离退休人员全部划转河南水利与环境职业学院接收管理。

(三)过渡期管理

2018 年 8 月,因三校教学资源整合工作正在进行中,在这段过渡时期,为做好漯河、信阳两校区管理各项工作,维护正常的教育教学秩序,确保校园安全稳定,学校向省水利厅提出漯河、信阳校区过渡期间工作思路。

1.管理模式

按"由水环学院统一管理,以各校区为主体"的管理原则,将漯河、信阳校区分别作为学校的一个独立办学部门,具体管理工作由水环学院统一安排,落实所招学生的教育教学、学生管理、校区安全稳定、后勤服务保障等各项工作,漯河技工学校、信阳技工学校配合协助各项工作落实。

2.财务工作

水环学院统一管理各校区财务工作,设立专门人员具体负责漯河、信阳校区财务管理。每个校区单独建账,单独核算,设专门报账员,负责所在校区各项费用支出的报账工作,具体经费管理办法详见《河南水利与环境职业学院漯河、信阳校区经费定额管理办法(试行)》。

3.教学工作

漯河、信阳两校区的教学管理工作服从水环学院教务处统一安排,日常教学管理以各校区为主进行,管理人员及任课教师应从符合条件的正式教师中选配,也可从高校和企业中聘请适当数量的兼职教师;学校适时选派优秀教师到各校区上课、对各校区老师进行教学业务指导,适时选派专家到各校区为教师、学生开展各类讲座。学校组织相关系部的教师与两校区担任相同课程的教师一对一结对子进行教学业务指导。学校教务处为两校区提供教学管理制度,并负责对两校区全体教师进行教学管理制度培训和指导。专职教师和双肩挑教师津贴的计算与发放按学校相关规定执行。

4.学生管理工作

学校学生处负责对两校区学生管理工作进行相关制度及业务培训、指导、督导,所招学生的日常管理及安全工作由漯河技工学校、信阳技工学校负责,管理人员建议从符合条件的正式教师中选聘,需要的费用按照相关规章制度审核签批后纳入水环学院总预算。

新生军训工作依据各校区新生招生情况,原则上按班级建制由学院统一选派教官进行军训,各校区负责安排军训教官吃住,学校统一进行军训费用结算。

5.后勤等其他工作

两校区后勤管理工作(食堂、宿舍、教室管理)、安全保卫工作、卫生保洁工作等在过渡时期由水环学院统一安排,由漯河技工学校、信阳技工学校具体负责实施和日常管理,原则上采用教师兼职和合同制聘用方式,需要的费用按照相关制度审核签批后纳入水环学院总预算。

依据此工作思路,学校具体推进,保证了过渡期间各项工作平稳完成。

三、河南省水利职工培训学校并入郑州水利学校

2012 年 8 月 8 日,省水利厅下发了《河南省水利厅关于转发豫编办〔2012〕211 号文件的通知》(豫水人劳〔2012〕62 号),将河南省水利职工培训学校与河南省郑州水利学校合并,保留河南省水利职工培训学校牌子,撤销河南省水利干部学校牌子。

12 月 7 日上午,河南省水利职工培训学校并入郑州水利学校暨揭牌仪式在学校图书馆广场隆重举行。河南省水利厅党组成员、副厅长王国栋,省防汛抗旱指挥部办公室主任杨大勇,省水利厅人事劳动处处长崔慧琴,省水利厅科教处副处长陈丽,以及省水利厅机关部分处室、直属单位、县水利局的领导同志,学校部分师生员工参加了揭牌仪式。校党委书记、副校长王春明主持揭牌仪式。崔慧琴处长宣读了豫编办〔2012〕211 号文件《河南省机构编制委员会办公室关于河南省水利厅所属事业单位清理规范意见的通知》。校长、党委副书记赵高潮介绍了学校办学业绩特别是水利职工培训工作的开展情况。厅党组成员、副厅长王国栋在讲话中指出:加快水利改革和发展,人才是关键,教育是基础。河南省水利职工培训学校与河南省郑州水利学校合并,就是为适应人才培训、水利改革发展的需要;学校办学实力雄厚,可以实现资源共享、优势互补。他要求,学校、厅机关各处室、厅属各单位高度重视职工教育培训工作,加强相互联系,提高培训质量。同时,希望学校以此次合并为契机,加快推进征地建设新校

区、创办河南水利与环境职业学院步伐,为河南水利事业大发展提供更好的人才支撑。仪式最后,由厅党组成员、副厅长王国栋,河南省防汛抗旱指挥部办公室主任杨大勇为河南省水利职工培训学校揭牌。

第七节　党建工作和精神文明建设

独立举办高等职业教育发展初期的党建和精神文明建设,以强化院系党组织政治功能和组织功能为重点,着力加强基层党组织建设,扎实开展"两学一做"学习教育,推进习近平新时代中国特色社会主义思想和党的十九大精神进教材、进课堂、进头脑,多措并举强化党风廉政建设,中共河南省郑州水利学校第六次党员大会胜利召开。

一、意识形态工作

(一)意识形态工作责任制

多年来,学校十分重视意识形态工作,以习近平新时代中国特色社会主义思想为指引,切实肩负起意识形态工作的主体责任,不断增强意识形态工作的主导权和话语权。成立意识形态工作领导小组,制定了《关于落实意识形态工作责任制的实施办法》,从制度和机制上着力构建职责明确、任务具体、分工配合、齐抓共管的意识形态工作格局。加强对课堂、讲堂、论坛、研讨会、报告会等思想文化阵地意识形态的管理,巩固马克思主义在高校意识形态领域的指导地位,增强师生抵御和防范宗教渗透能力。

(二)理论学习

通过完善院系两级学习制度,严格落实政治理论学习和党日活动制度,赴干部学院、先进群体等培训,广泛开展在线学习、知识竞赛及各类读书活动,召开报告会、专题讲座等不同形式,深入系统学习领会党中央和省委的有关精神,为实现学校科学发展提供思想保证。

2012 年加强学校思想政治工作和思想政治建设,利用政治理论学习、党日活动、党课、报告会、座谈会、研讨会等多种形式,积极开展政策宣讲和思想教育活动,增强党员的理想信念、宗旨意识、党性党纪和责任观念,引导党员干部职工立足现实,求生存求发展,激励大家树立干事创业的积极性和责任感。

按照全国、全省第二十二次高校党建思想政治工作会议精神,深入开展"内强素质·外树形象"学习实践活动,全面强化干部职工素质。广泛深入开展社会主义核心价值观学习教育活动,积极组织师生开展水利部文明委社会主义核心价值观网上学习答题活动和道德讲堂活动等。

(三)提升思想政治工作质量

学校出台了《关于加强和改进新形势下学校思想政治工作的实施意见》《思想政治教育工作职责及考核办法》等文件,以社会主义核心价值观和中国梦教育为主线,积极构建"十大"育人平台。加强文明单位建设,巩固"全国水利文明单位"、省级"文明学校"创建成果,全面启动文明校园创建工作。

2018 年,充分发挥党建工作的引领作

用,进一步贯彻全国全省高校思想政治工作会议精神,落实好《高校思想政治工作质量提升工程实施纲要》,坚持立德树人,构建全程、全方位育人思想政治教育大格局,推进"十大"育人工程体系建设,增强思想政治工作时代感和实效性。

二、领导班子和干部队伍建设

校党委狠抓校领导班子自身建设,示范引领,不断提高领导班子谋划科学发展的能力,以改革创新的精神加强干部队伍建设,致力于建设一支高素质的干部队伍。

在学校工作中,认真贯彻执行民主集中制,2017 年制定了《党委会议事规则》《"三重一大"集体决策制度实施办法》《院领导联系系部(支部)工作制度》等制度,坚持集体领导和个人分工负责相结合,凡属"三重一大"问题均按照"集体领导、民主集中、个别酝酿、会议决定"的原则,由党委集体讨论决定。坚持和完善党委领导下的校长负责制,切实把握好"集体领导、党政合作、科学决策"三个关键点。

2017 年,严格落实全面从严治党政治责任,牢固树立"四个意识",认真贯彻落实中央、省委、省政府和厅党组重大决策部署,让党和政府决策部署落地生根。推进"两学一做"学习教育常态化制度化。认真履行全面从严治党主体责任,出台《关于深入推进全面从严治党的实施意见》及责任项目清单,构建落实全面从严治党主体责任机制。规范党内政治生活,严格组织生活制度,认真执行"三会一课"、组织生活会、民主评议党员、民主评议党支部等制度。

2019 年,进一步完善党委领导下的院长负责制,建立书记和院长经常性沟通制度,做党委领导下的院长负责制的维护者和实践者。

(一)党委中心组学习

学校坚持和完善党委中心组学习制度,创新学习方法,丰富学习内容,把加强和改进党委中心组学习作为加强党委思想理论建设的重要途径,每半年都要制定党委中心组学习计划,对中心组学习的参加人员、时间、内容、方法等提出明确要求,严格保证学习的时间、次数、质量和效果。围绕落实科学发展观和构建和谐社会这一主题,结合学校发展实际,努力学习和研究管理科学和教育理论的新成果,不断提高领导班子的办学治校水平。

(二)"两学一做"学习教育

2016 年扎实开展了"两学一做"学习教育,学校制定了《全面从严治党主体责任深化年实施方案》,通过党委中心组学习、职工政治理论学习、党日活动、观看党性教育片,开展专题培训、党章党规竞赛答题和"微党课"比赛活动等形式,认真组织学习了《中国共产党章程》《中国共产党廉洁自律准则》《中国共产党纪律处分条例》和《习近平总书记系列重要讲话读本》等。组织召开了领导班子党风党纪专题民主生活会、支部专题组织生活会,完善了"五查五促"工作内容,建立了工作台账。开展了"四对照四反思""四讲四有""党风党纪"等专题学习研讨会。认真组织开展了党员党组织关系集中排查和党费收缴自查工作,处置了不合格党员,足额补缴了党费。组织开展了党员干部思想状态调研工作,形成了学校《党员干部思想状态专题调研报告》。

(三)主题教育活动

2018 年,持续推进习近平新时代中国特色社会主义思想和党的十九大精神进教材、进课堂、进头脑。认真贯彻落实省水利厅全面从严治党会议精神和省教育厅关于教育系统党建质量年的各项部署,扎实开展“不忘初心、牢记使命”主题教育。抓好院系两级中心组、党员和教职工政治理论学习,抓好思想引领和理论武装。

(四)干部队伍建设

2013年3月,河南省政府下发《河南省人民政府关于设置河南水利与环境职业学院的批复》(豫政文〔2013〕83号),学校成为独立设置的专科层次的河南水利与环境职业学院,并经国家教育部备案。2014年7月,河南省编办下发《河南省机构编制委员会办公室关于河南水利与环境职业学院机构编制的通知》(豫编办〔2014〕196号),同意河南水利与环境职业学院校级领导职数9名,其中党委书记1名,院长1名,副书记1名,副院长4名,纪委书记1名,工会主席1名。内设党政管理机构13个,核定副处级领导职数13名。

河南省编办下发通知中,由于没有明确河南水利与环境职业学院机构规格,也没有增加编制,河南省水利厅一直委托原河南省郑州水利学校党政领导班子负责学院的管理工作。

2017年5月,河南水利与环境职业学院法人登记获批,按照新时期党中央和省委关于党要管党、全面从严治党的要求,为加强学院党的建设和党风廉政建设,落实学院党委主体责任,建立党委领导下的校长负责制的高校管理体制,促进学院党建工作规范有序开展,经河南省郑州水利学校党委研究,建议设立中共河南水利与环境职业学院委员会,学院党组织关系仍隶属省水利厅直属机关党委,同时设立中共河南水利与环境职业学院纪律检查委员会。

2017年按照《党政领导干部选拔任用工作条例》,选拔任用校内副科级干部2名。制定了《科级以上领导干部监督管理办法》,强化干部监督管理。组织举办南水北调干部学院党性教育培训班、贯彻党的十九大精神专题培训班等,不断强化干部教育培训。

(五)两次党代会召开

1.中共河南省郑州水利学校第六次党员大会召开

2012年11月25日,中共河南省郑州水利学校第六次党员大会召开。省水利厅党组成员、纪检组组长、厅直属机关党委书记郭永平,厅直属机关党委专职副书记刘军祥,厅直属机关纪委委员王东应邀到会指导。全校184名党员参会,4名民主党派和无党派特邀代表参加了大会。

这次会议以学习贯彻党的十八大精神为主线,确定的大会主题是:高举中国特色社会主义伟大旗帜,以邓小平理论、“三个代表”重要思想、科学发展观为指导,抢抓机遇,凝聚力量,齐心协力,务实重干,为全面建设河南水利与环境职业学院而努力奋斗。

校党委书记王春明代表中共河南省郑州水利学校第五届委员会作了题为《抢抓机遇 务实重干 为全面建设河南水利与环境职业学院而努力奋斗》的工作报告。大会选举产生了新一届党委和纪委。省水利厅党组对我校以党的十八大精神为引领召开的第六次党员大会高度重视和关心,厅党组书记、厅长王树山对会议召开提出了希望要求,郭永平组长在会上作了重要讲话。

第六届党委、纪委人员组成(按姓氏笔画排序):党委委员:王春明、李连水、赵高潮、黄功学、黄庭宪、惠大众、蒋彦成;纪委委员:刘国发、李连水、宋金晓、张竞超、周鹤。

11月26日,第六届党委和纪委分别召开第一次会议,进行委员分工。经民主推选,分工意见如下:王春明任中共河南省郑州水利学校第六届委员会书记;赵高潮任中共河南省郑州水利学校第六届委员会副书记;李连水任中共河南省郑州水利学校第六届纪律检查委员会书记;刘国发任中共河南省郑州水利学校第六届纪律检查委员会副书记。

2.河南水利与环境职业学院第一次党代会召开

2017年6月30日,为进一步加强学校领导班子和领导干部队伍建设,召开了河南水利与环境职业学院第一次党员代表大会。会议应到代表80人,因病因事请假1人,实到会79人。按照《中国共产党基层组织选举工作暂行条例》和《中国共产党普通高等学校基层组织工作条例》有关规定,经与会代表充分酝酿讨论,根据多数代表的意见确定候选人之后,采取无记名投票差额选举的办法,选举产生了中共河南水利与环境职业学院第一届委员会和纪律检查委员会委员:党委委员7名(按姓氏笔画为序):王立正、张凌杰、李连水、郑志宏、黄功学、惠大众、蒋彦成;纪委委员5名(按姓氏笔画为序):刘国发、李连水、宋金晓、张竟超、周鹤。7月7日,中共河南水利与环境职业学院第一届纪律检查委员会召开了第一次全体会议,以无记名投票等额选举的办法,选举产生了中共河南水利与环境职业学院纪律检查委员会书记、副书记:李连水任纪委书记、刘国发任纪委副书记。同日,中共河南水利与环境职业学院第一届委员会召开了第一次全体会议,以无记名投票等额选举的办法,选举产生了中共河南水利与环境职业学院委员会书记、副书记:王立正任党委书记、郑志宏任党委副书记。

三、基层党组织建设

高校基层党组织是党在高校中的战斗堡垒,基层党组织建设是中国共产党在高等教育领域的重要工作,其核心目标是确保党的领导在高校中得到全面贯彻和落实。

我校坚持党对高校的全面领导,以强化院系党组织政治功能和组织功能为重点,着力加强高校基层党组织建设,通过典型引领和改革创优,提升基层党组织的凝聚力和战斗力。

2012年,以深入贯彻落实党的十八大精神、学校第六次党员大会精神和庆祝建党91周年系列活动为契机,深入开展"创先争优"主题活动,争创"五好"基层党组织、优秀共产党员活动,切实加强学校基层党组织建设,进一步规范基层党组织生活,认真落实党建工作各项责任目标,增强基层党组织的凝聚力和战斗力,保证了党的路线、方针、政策在学校的贯彻执行。不断完善党员发展工作的各个环节,认真做好党员培训、考核、评议和监督管理工作。举办业余党校培训班,培训学员122人,发展党员101人。

2013年,建立了党建工作责任制,实行党员领导干部"一岗双责"制度,认真落实党建工作各项责任目标,做好党支部、党员党建目标管理实施及考核工作。在基层党组织和党员队伍中积极开展"创先争优活动及长效机制建设",有力推动了创先争优活动的常态化、长效化,并以典型引路,强化榜样的力量。共评出先进党支部3个(厅级1个、校级2个)、优秀共产党员25人(厅级6人,校级19人)。不断完善党员发展工作的各个环节,认真做好党员培训、考核、评议和监督管理工作。

2013年发展新党员94人，举办业余党校培训班23期，培训入党积极分子122人。开展向困难党员送温暖献爱心活动，使困难党员感受到了组织温暖。校党委被河南省委省直工委表彰为“省直机关五好基层党委”。

2014年是学校独立升格的第二年，共有教职工320人，在校学生7000余人，党支部14个，党员360人，其中在职教职工党员192人。校党委制定了《党务工作手册》，开展了民主评议党员、党支部工作，增强了基层党组织的凝聚力和战斗力。举办了党务干部培训班和第25期业余党校培训班，培训入党积极分子99人。做好党员发展工作，发展新党员73人。“七一”前夕表彰了2个先进党支部和19名优秀共产党员。

2015年，狠抓支部建设，强根固本，增设了环境工程系党支部，2人参加了全省高校基层党支部书记示范培训班，认真开展民主评议党员民主评议党支部工作，评出优秀共产党员28人，先进党支部3个；先后组织党员干部到清华大学、河南大学等进行专题学习和培训。全年培训入党积极分子107人，合格83人；发展新党员70人，预备党员转正29人；接转党组织关系108人；对2013年及以前毕业的91名学生党员集中进行了清理。受上级党组织表彰“五好”基层党支部1个、优秀共产党员4人、优秀党务工作者1人，院党委表彰先进党支部2个、优秀共产党员23人，15位50年以上党龄的老党员获得河南省委颁发的中原先锋“七一”纪念章。

2017年，进一步加强基层组织建设，制定了《基层党支部工作标准》，及时进行支部换届、调整。在基层党组织和党员队伍中积极开展“创先争优活动及长效机制”，4个先进党支部、32名优秀共产党员、4名优秀党务工作者受到上级和学校表彰。通过业余党校培训入党积极分子98名，发展新党员45名。

2018年，进一步提升学校党建工作水平，落实好全国高校党建工作会议精神和学院第一次党代会精神，按照省委高校工委《关于加强新形势下高校基层党支部建设的意见》，不断创新工作思路，确保责任明确到位、措施落实到位、问题解决到位。调整了基层党组织设置，设立了9个党总支，26个基层党支部，完成了党总支的（支部）委员的选举工作。

2019年，主要进行了“基层党建巩固年”活动和党支部标准化规范化建设等重点工作，制定了《学院基层党支部建设工作标准（试行）》等10余项制度，深入推进党组织规范化建设工作；抓好党员发展、党组织关系接转、党员信息维护；进一步健全党务干部常态化培训机制，实施教师党支部书记“双带头人”培育工程，着力抓好党员干部教育培训，提升了干部综合素养。

2020年12月，印发《河南水利与环境职业学院教师党支部书记“双带头人”培育工程实施方案》，以突出政治建设、强化基层导向、注重分类指导为实施原则，建立健全选拔任用机制，配齐建强教师党支部书记队伍，建立健全管理监督机制，确保教师党支部书记履职尽责。

截至2020年，学院共有464名党员、10个党总支、28个党支部，具体设置为：

1.机关党总支

机关第一党支部、机关第二党支部、机关第三党支部、机关第四党支部、机关第五党支部、机关第六党支部

2.教辅党总支

教辅第一党支部、教辅第二党支部

3.基础党总支

基础部教师第一党支部、基础部教师

第二党支部、基础部教师第三党支部

4.水利工程系党总支

水利工程系教师第一党支部、水利工程系教师第二党支部、水利工程系学生党支部

5.土木工程系党总支

土木工程系教师第一党支部、土木工程系教师第二党支部、土木工程系学生党支部

6.机电与信息工程系党总支

机电与信息工程系教师第一党支部、机电与信息工程系教师第二党支部、机电与信息工程系学生党支部

7.环境工程系党总支

环境工程系教师党支部、环境工程系学生党支部

8.经济管理系党总支

经济管理系教师党支部、经济管理系学生党支部

9.信阳校区党总支

信阳校区教工党支部、信阳校区离退休党支部

10.漯河校区党总支

漯河校区教工党支部、漯河校区离退休党支部

四、党风廉政建设

学校一直把加强作风建设、提高党组织的整体素质放在党建工作的重要位置,多年来坚持做好以下工作:一是深化党风廉政建设。从一把手抓起,管好班子,带好队伍,强化党委管党治党的主体责任和纪委执纪问责的监督责任。加强廉政教育,通过观看《诱发公职人员职务犯罪的20个认识误区》以及有针对性的案例教育,让党员干部受警醒、明底线、知敬畏。校纪委被省水利厅党组表彰为"'五好'基层纪委"。二是推进依法治教进程。制定了"依法治教年"活动方案,开展了学法尊法、师生法治教育,专项检查活动,推进依法行政和依法治校工作。三是加强师德师风教育。开展了"做党和人民满意的好老师"师德主题教育活动和学习全国教书育人楷模活动以及"最美教师"评选推荐活动。

2012年,始终坚持"教育为主、预防为主"的指导思想,积极开展党风党纪教育,营造廉政文化氛围。抓好领导干部廉洁自律工作,严格落实党风廉政建设责任制。认真落实重要事项、重要人事任免、重大项目和大额度资金使用集体研究的制度和校务公开、党务公开制度。围绕规范决策行为、行政行为、办学行为和干部人事管理行为,以及加强财务、基建、物资图书采购监管等方面,强化监督监管。认真做好群众来信来访反映问题的调查核实等工作。认真开展行风评议工作,着力解决妨碍学校发展的突出问题,维护学校形象,优化育人环境。

2013年,以中共中央政治局出台《关于改进工作作风、密切联系群众的八项规定》为契机,制定出台、认真落实学校《关于改进工作作风、密切联系师生的有关规定》,大力转变工作作风,加强党组织作风建设。强化纪检监督,先后参与了计算机、实验楼改造工程、校内维修工程招标、教学仪器设备政府采购等,强化了对组织发展、职称评聘、评先评优、新进大学生招聘等工作的监督。开展了廉政风险防控机制建设暨反腐倡廉制度建设年活动,成立了组织,制定了活动方案,开展了岗位权力项目登记、岗位风险排查,逐步健全和完善各项监督管理制度,收到较好效果。加强行风建设,按照省纠风办、省教育厅和省水利厅的要求,制定了行风评议方案,开展了行风评议问卷调查,落实了

各项整改措施,顺利通过了省教育厅对行风建设的监督检查。进一步加强师德师风建设,加强教师的理想信念教育和职业道德教育,大力表彰了优秀教师、先进教育工作者、“三育人”先进典型。纪委荣获“河南省水利厅‘五好’基层纪委”。

2014年,认真落实重要事项、重要人事任免、重大项目和大额度资金使用集体研究的制度和校务公开、党务公开制度。对校内维修工程招标,教学仪器设备政府招标采购,校园监控设备安装,图书、书架及学生宿舍家具采购招标,以及招生、组织发展、职称评聘、评先评优、新进大学生招聘等工作强化监督监管,认真开展行风评议工作。

2015年,进一步强化党委管党治党的主体责任和纪委执纪问责的监督责任。加强廉政教育,通过观看《诱发公职人员职务犯罪的20个认识误区》以及有针对性的案例教育,让党员干部受警醒、明底线、知敬畏。院纪委被省水利厅党组表彰为“‘五好’基层纪委”;推进依法治教进程。制定了“依法治教年”活动方案,开展了学法尊法、师生法治教育专项检查活动,推进依法行政和依法治校工作;加强师德师风教育,开展了“做党和人民满意的好老师”师德主题教育活动和学习全国教书育人楷模活动以及“最美教师”评选推荐活动,学校表彰“最美教师”6人,向省教育厅推荐“最美教师”1人。

2016年,加强廉政廉洁教育,积极营造良好的政治生态。院纪委被省水利厅党组表彰为“五好基层纪委”。在党员领导干部中,认真组织开展了失联外逃党员和国家工作人员情况集中排查、党员和国家工作人员持有效身份证和出国(境)证件情况集中清理、领导干部违规在学会协会等社团组织中兼职取酬专项治理、领导干部子女家属在金融机构任职情况清查和领导干部违规收送红包礼金问题专项治理“回头看”等活动。深入推进懒政怠政为官不为专项治理,工作作风得到强化。

2017年,持续推进党风廉政建设和反腐败工作,认真落实党风廉政建设责任制,党员签订了党风廉政建设目标任务责任书和廉洁自律承诺书。强化监督执纪问责,践行“四种形态”,制定并落实《践行监督执纪“四种形态”的实施意见》《纪检监察部门约谈领导干部办法》《关于对领导干部进行提醒、函询和诫勉的实施办法》《关于党员干部操办婚丧喜庆事宜的规定》《工作人员上交礼金、有价证券、礼品处理实施办法》等制度。强化廉洁自律教育,组织党员干部到河南省廉政文化教育馆参观学习,观看廉政警示教育片,开展“传家训、立家规、扬家风”系列主题教育活动等。组织开展了“坚持标本兼治,推进以案促改”专项活动。在纪检监察干部中开展了“讲忠诚、守纪律、做标杆”主题教育活动。持续加强作风建设,严格贯彻落实中央八项规定精神,开展了违规公款消费高档白酒集中排查整治工作和落实中央八项规定精神制度建设“回头看”工作;加强师德师风建设,开展“心系中国梦·做好引路人”师德主题教育活动,表彰“最美教师”等先进典型,引领广大教师做“四有”好老师。

2018年,学院制定了《党风廉政建设工作要点》和《任务分工意见》,分层签订责任书56人次,形成了逐级监督、层层负责的党风廉政建设责任制;围绕中心工作,把好干部任用关、新校区建设关、贫困学生资助关,对收费、招生、职称评定、绩效工资分配等重大事项,实行党务政务公开。按照省委高校工委、厅党组要求,在全校开展了巡视整改行动。制定了党的建设、选人用人、民族宗教、意识形态、教育扶贫、对外合作6个专项整改方案,建立了整改台账。

2019年,加强党风廉政建设。一是进行任务分解,层层签订《责任书》,把党风廉政建设各项任务落实到岗、到人,形成一级抓一级、层层抓落实的责任体系,落实全面从严治党。二是组织党员干部到荥阳廉政文化教育基地"廉苑"和新郑龙湖西泰山联建教育基地参观学习,开展警示教育活动,推动党风廉政建设工作向纵深发展。三是组织开展"以案促改"专题民主生活会和组织生活会,开展廉政约谈,强化干部党性修养,提高干部拒腐防变的能力。四是贯彻落实中央八项规定及其实施细则精神,组织开展"作风建设年活动""不担当、不作为"专项整治,持续整治"四风"问题,努力形成党风正、校风清、学风好的校园环境。五是严明党的六大纪律,认真落实《中国共产党纪律处分条例》,引导广大党员干部牢记政治使命和政治责任,确保党员干部始终保持政治上的清醒和坚定。

2020年,强化责任落实,狠抓作风建设。利用学校党委中心组学习、支部党员活动、政治理论小组学习及以案促改警示教育,结合"不忘初心、牢记使命"主题教育,组织全体党员干部对照党章和中央八项规定要求,查找自身在宗旨意识、工作作风、廉洁自律等方面存在的问题,把中央八项规定精神落实到学校2020年各项工作中。制定了《校党委履行党风廉政建设主体责任清单》《校党委书记履行党风廉政建设领导责任清单》《校领导班子成员履行党风廉政建设领导责任清单》《校纪委履行党风廉政建设监督责任清单》。建立健全了一把手负总责、班子齐抓共管、分管领导协调、处室部门各负其责、干部职工共同参与的工作机制,形成了党风廉政建设一级抓一级、一级带一级、层层抓落实的工作格局,实现了"两个责任"的全覆盖。在集中开展以案促改工作中,学校党委切实履行全面从严治党主体责任,各总支、支部按要求召开了专题讨论会、专题生活会,各支部所辖部门召开专题学习讨论会,集中开展警示教育5次,全面梳理了学校党政管理制度、财务内控制度,拟修订制度9个、新建制度12个。同时,结合教育系统以案促改集中警示教育,深入落实省水利厅一体推进"三不腐"深化以案促改警示教育工作大会精神。

五、精神文明建设

2012年以来,学校继续加大领导力度,把精神文明创建工作列入重要议事日程,做到年初制定《精神文明建设工作计划》和《精神文明建设工作要点》、年终进行《精神文明建设工作总结》,2013年、2016年修订完善了《精神文明建设工作实施方案》并依照《精神文明建设考核办法》进行校内考核。考核办法从精神文明考核的内容、具体操作和计分办法、考核项目及标准、离退休人员的考核办法、精神文明奖的发放等五个方面作了详细说明。《精神文明建设考核办法》的实施充分调动和激励了广大师生参与精神文明创建工作的积极性,提高了精神文明奖使用效能,促进了学校各项工作和改革顺利进行,保障了学校物质文明、政治文明、精神文明和生态文明协调发展。精神文明建设力度的加强,不断提升了文明单位建设的内涵、标准和要求,巩固了我校的全国水利文明单位成果,为实现科学发展、促进校园和谐起到了积极的推动作用。

2014年，按照习近平总书记提出的好老师“四有”标准，积极推进师德师风建设，开展了争做“有理想信念、有道德情操、有扎实学识、有仁爱之心”的好教师活动，“学习张伟，立德树人”师德主题教育活动和践行《河南教师誓词》宣誓活动，引导广大教师爱岗敬业，为人师表，做党和人民满意的好教师。积极开展文明处室、文明职工、文明家庭、文明班级、文明学生、文明宿舍评选和创建活动，不断提升学校精神文明建设的内涵。

2015年，组织开展了志愿服务、文明服务活动，办好道德讲堂，开展了“礼敬中华优秀传统文化”系列活动，深入开展了中国特色社会主义、中国梦和中国道路宣传教育、社会主义核心价值观教育活动，以及“两创两争”精神文明创建活动。为进一步凝练办学理念、彰显办学特色，开展了征集校训、校风、教风、学风、校歌、学院精神活动，确定了“明责守信 敬业力行”的校训、“严谨勤奋 求实创新”的校风、“厚德博学 爱生善导”的教风、“勤学善思 立德强技”的学风、“尚德尚能 创业创新 求真务实 追求卓越”的学院精神和名为《放飞梦想》的校歌。开展了“做党和人民满意的好老师”师德主题教育活动和学习全国教书育人楷模活动以及“最美教师”评选活动，召开庆祝教师节30周年暨表彰大会，对10个思想政治工作先进集体，5个“三育人”先进集体，33名“三育人”先进个人，16名优秀班主任、辅导员，6名“最美教师”进行了表彰。学院2个班级、1名教师、2名学生分别被授予河南省2015年度文明班级、文明教师、文明学生荣誉称号，3名教师分获2015年度河南省高校思想政治工作先进个人、省高校政治理论课优秀教师、省高校优秀辅导员荣誉，学校被授予“河南省2014—2015年度文明学校”荣誉称号。组织职工积极参与了2015年“感动中原”十大年度人物评选投票活动，开展学雷锋活动先进集体和先进个人评选工作，向省教育厅推荐学雷锋先进集体3个、学雷锋先进个人12人。组织开展了“郑州慈善日”捐款活动，在2015年“郑州慈善日”活动中，全校师生捐赠善款25771.2元，被郑州金水区慈善总会表彰为“郑州慈善日”活动“优秀贡献奖”。4月17日，水利部文明委下发了《关于确认前六届全国水利文明单位名单的通报》（水精〔2015〕4号），学校被水利部确认为全国水利文明单位。12月7日，中共河南省委高校工委、河南省教育厅发布《关于表彰2015年度精神文明建设先进集体和先进个人的决定》（豫教思政〔2015〕177号），2个班级、1名教师、2名学生分别被授予河南省2015年度文明班级、文明教师、文明学生荣誉称号。

2016年，继续巩固精神文明创建成果。进一步拓展师生爱国主义教育、道德建设、文明校园建设、中华优秀传统文化传承、水文化建设等创建载体的内容、形式，开展“立德树人、成就最美”师德主题教育活动，评选表彰“最美教师”10名，5名教职工被院校社区表彰为“身边好人”，学校被郑州市金水区慈善总会表彰为“慈善推动奖”，顺利通过“全国水利文明单位”复审。

2017年，巩固了“全国水利文明单位”、省级“文明学校”创建成果，全面启动文明校园创建工作。

2019年，深入贯彻落实全国高校思想政治工作会议精神和全国、全省教育大会精神及《新时代高校教师职业行为十项准则》，开展师德师风主题教育活动，引导广大教职工坚守教育初心，践行育人使命；开展“两创两争”先进集体和先进个人评选，选树典型，强化榜样引领；开展形式多样的文体、科技活动，成立太极拳非物质文化遗产工作室，传承中华优秀传统文化；开展社会主义法治理论学习教育活动，增强广大师生社会责任感、法治意识、创新精神和实践能力；积极准备，迎接水利部“全国水利文明单位”复查验收。学院先后荣获第三届河南省学生“学宪法、讲宪法”演讲比赛二等奖，郑州市“区域化党建先进党组织”，金水区“优秀志愿者大队”“公益慈善推动奖”“无偿献血优秀团队”等荣誉。

六、民主化管理

2012—2020 年，学院始终坚持以人为本、民主化管理的理念，通过加强教代会建设、发挥工会职能、凝聚统战力量、关心老干部工作等多方面举措，形成了科学、民主、高效的治理体系，在民主化管理方面取得了显著成效，进一步提升了教职工的参与感和获得感，为实现学校的可持续发展奠定了坚实的基础。

（一）工会工作

1.制度建设

学院高度重视教代会建设，通过教代会这一平台，学院广泛听取教职工的意见建议，集思广益，充分发挥工会维护、参与、教育和建设职能，为学校的发展注入新的活力。

为了促进我院教职工代表大会（简称教代会）提案工作规范化、制度化、程序化建设，根据《河南省学校教职工代表大会规定》及《河南水利与环境职业学院教职工代表大会实施办法》，2017 年印发了《教职工代表大会提案工作规则（试行）》（豫水职院〔2017〕23 号），提案工作委员会是教代会下设的专门机构，在教代会执行委员会领导下开展工作。委员会由 7 人组成，委员由党政管理、教学科研、后勤、工会和教师代表担任。提案工作委员会设主任 1 人、副主任 1 人。提案工作委员会办公室设在校工会。

2.召开水校第五次教职工暨工会会员代表大会

2012 年 12 月 23 日，河南省郑州水利学校第五次教职工暨工会会员代表大会召开。全校 62 名代表及 2 名离退休特邀代表参加了会议。省水利厅党组成员、副厅长王继元，省直工会主任康燕，省水利工会主任马朝运应邀到会指导。会议由副校长、大会主席团执行主席蒋彦成主持。校长、党委副书记赵高潮主持预备会议，会期 1 天。

会议听取并审议了校长工作报告、工会工作报告和提案工作报告，民主评议了学校中层干部，选举产生了学校第五届教代会执行委员会委员和工会委员会委员，李连水任工会主席，杨慧丽任工会副主席。王继元副厅长作了重要讲话，学校党委书记王春明就今后工作提出了具体意见。

3.召开学院首届一次教职工暨工会会员代表大会

2013 年 3 月 22 日，河南水利与环境职业学院首届一次、河南省郑州水利学校五届二次教职工暨工会会员代表大会召开。全院 58 名代表及特邀代表参加了会议，会期 1 天。3 月 22 日上午，会议听取并审议了院长（校长）赵高潮作的《解放思想 开拓进取 努力开创学校各项工作新局面》的工作报告、工会主席李连水做的工会工作报告、提案组组长霍国义作的提案工作报告，并进行了民主评议全院中层干部和部分中层干部试用期满测评。下午进行了大会分团讨论，七个代表团围绕院长工作报告、河南水利与环境职业学院事业发展第一个五年规划(2013—2017)、学院人才队伍建设规划(2013—2017)、学院专业建设与发展规划(2013—2017)展开了认真的讨论。“三个规划纲领性文件”明确学院发展及重点领域的近期、中期、远期目标,为学院科学发展提供保证。各代表团在认真讨论的基础上原则通过了院长工作报告和“三个规划”方案。

4.召开女职工代表大会

2014年5月21日下午,河南省郑州水利学校第五次、河南水利与环境职业学院首次女职工代表大会召开。由各女工小组推选的28位女职工代表参加了会议。会议听取了第四届女工委主任陈锦杰的报告。院工会主席李连水出席会议并讲话,对女工委多年来的工作成绩给予了肯定,并就今后一个时期的女职工工作提出了要求。经过选举,马竹青、王少娟、王利卿、王晓丽、杨慧丽、李晓雯、何江、张竟超、唐娜歆9位同志当选为学院第五届女工委委员。

5.召开学院首届二次教职工暨工会会员代表大会

2015年5月,河南水利与环境职业学院首届二次教职工暨工会会员代表大会召开,学院院长、党委副书记赵高潮作了重要讲话,她代表学院领导班子对代表提出了几点要求:一是要认清形势、明确任务,正确认识前进道路上的矛盾和问题,朝着既定的目标坚定不移地前行;二是要坚持和完善教代会制度,不断提高管理水平;三是要认真做好本次大会学习传达和贯彻落实工作,以优异的成绩迎接建校60周年。

6.召开学院首届六次、河南省郑州水利学校五届七次教职工暨工会会员代表大会

2017年5月2日,召开了首届六次教职工暨工会会员代表大会,院长(校长)郑志宏作《凝心聚力 开拓创新 争创一流职业学院》的院长工作报告。

李连水作《河南水利与环境职业学院首届六次河南省郑州水利学校五届七次教职工暨工会会员代表大会工会工作报告》,大会同时提交了《关于新校区建设工作情况的报告》《提案办理及提案征集情况报告》等,共收到各代表团提交的提案22条,涉及学院改革发展、教育教学、学生管理、后勤服务、职工福利等多方面的内容。按照工作程序,经提案组审定,报请院领导班子研究,最终确定列入正式立案提案13件,列入意见建议9件。大会认真审议了学校重大事项,工会作用得到进一步发挥。

7.召开第二次教职工暨工会会员代表大会

2019年,召开了第二次教职工暨工会会员代表大会,整理出了《教代会提案及意见建议落实责任汇总表》,并进行中期检查。13条提案、23条合理化建议多数已经落实到位。举办了一系列文体活动,落实工会送温暖制度,做好职工大病医疗互助活动,切实维护职工合法权益,进一步提升了广大教职工的归属感、成就感和获得感。

8.召开二届二次教职工暨工会会员代表大会

2020年4月18日,学校召开了二届二次教职工暨工会会员代表大会,郑志宏院长作《抢抓时代机遇 加快“双高”创建 努力实现学院内涵建设跨越式发展》的工作报告,报告从“以政治建设为统领,全面加强党的建设”“以项目建设为引领,实现学院内涵跨越式发展”“以学生为中心,扎实落实立德树人根本任务”“以制度建设为抓手,推动学院治理水平不断提升”“以

平安和谐校园为目标，完善基础设施建设”“以服务社会为导向，深化对外合作交流”等6个方面对2019年工作进行了总结，并明确提出了2020年学校工作目标：坚持以习近平新时代中国特色社会主义思想为指导，持续深入学习习近平总书记关于教育的重要论述和视察河南时的重要讲话精神，全面加强党的领导，坚持新发展理念，以只争朝夕、时不我待的精神状态，全面落实立德树人根本任务，以“双高”创建为引领，坚持内涵式发展道路，继续深化综合改革，不断提高人才培养能力，谱写河南水利与环境职业学院跨越式发展的绚丽新篇章。本次大会对合理化建议及教代会提案进行汇总梳理，责成责任部门落实。大会结束后先后组织召开教代会执委会会议、工会委员会委员会议2次。

9.工会活动开展情况

学校支持工会参与党务政务特别是涉及教职工切身利益事项的民主参与、民主管理和民主监督，开展了一系列文体活动，丰富教职工的业余生活，时刻关心关注教职工生活，进一步增强了教职工的归属感和幸福感。如每年如期开展的“趣味运动会”“健步走”“元旦晚会”等。同时，积极组织参加省直工会和省水利厅、教育厅组织的各项竞赛活动；学校认真落实工会送温暖制度，多次慰问、看望生病教职工；开展了2012—2013年度“五好文明家庭”评选表彰工作；认真落实工会送温暖制度，做好职工大病医疗互助等工作，2013年196位职工参加了职工大病医疗互助，切实保障了教职工的权益；2017年成立职工港区团购房协调小组，组织130余名职工在港区团购了住房；2018年积极承办水利工会组织的“豫水青年联谊会”；定期举办工会干部培训班，提升了工会干部的服务能力。

学校荣获“河南省水利系统五一劳动奖状”，全国水利系统职工文化建设先进集体，2013、2017年度全省水利系统工会工作目标考核先进单位，1个集体获全省水利系统“工人先锋号”称号，河南省直院校庆祝新中国成立65周年文艺汇演先进单位，2018年河南省水利系统“五一劳动奖状”，河南省水利系统工人先锋号(经济管理系)等多项荣誉，充分体现了学院在民主化管理方面的建设成就。

(二)统战工作

在统战工作中，学校多年来认真贯彻落实全国、全省统战工作会议精神，加强统战工作规范化建设和制度落实，支持各民主党派的组织建设，积极参与河南省高校统战工作理论研讨，加强对统战工作的领导，支持、指导民盟支部开展活动，每年定期组织召开民主党派人士、无党派人士、少数民族教师代表统战工作座谈会，集思广益，充分发挥其议政建言的作用，为学校的发展提供了有力的支持。

2017年推荐学院民盟支部主委当选为金水区第十届人大代表，1人获省教育厅“凝聚力建设行动”先进个人。

(三)离退休工作

学校十分重视老干部工作，关心关怀离退休教职工，鼓励他们为学校发展建言献策。每年定期组织召开两次老干部工作委员会会议和座谈会，广泛征求老同志对学校改革发展的意见和建议，落实好离退休同志的政治待遇和生活待遇，从思想、生活、身体上切实关心老同志，学校的离退休工作得到了老同志们的高度认可。

每年积极组织开展离退休人员的集体学习活动和适合老同志特点的文体活动，如重阳节活动、趣味运动会、迎新年茶话会等；每年教师节和春节期间对离退休老同志进行走访慰问；并认真做好离退休同志报刊征订、体检、生日蛋糕订购等具体工作，学校老干部工作受到省水利厅表彰。

为保障离退休工作的顺利开展，学校每年提供足额经费保障，2017 年为了管好用好离退休人员的活动经费，实现离退休人员“老有所养、老有所学、老有所乐”，学校印发《离退休人员活动经费使用管理办法》，对活动经费的使用原则、适用范围及使用管理作了明确规定。

第八节　行政管理

在河南省水利厅和河南省教育厅的正确领导下，学校建设发展取得丰硕成果，行政管理进一步理顺，全面完成三校资源整合和人事关系转接。人事管理制度进一步完善，绩效工资改革持续推进，校内治理体系进一步优化，财务管理和审计规范高效，后勤保障细致全面，基础建设逐步完善，办学条件改善明显。校园安全生产责任逐步细化落实，离退休工作受到省水利厅表彰。学校首届一次教职工暨工会会员代表大会召开，工会活动丰富多彩，职工关怀温暖到位。2015 年 10 月 28 日，河南水利与环境职业学院建校 60 周年系列庆祝活动在郑州举办。

一、人事与分配制度改革

高校人事分配制度是高校内部管理和激励机制的重要组成部分，其改革对于提升高校的教学质量和科研水平具有重要意义。随着高等教育的发展和我校由中专向高校结构的变化，人事分配制度也在不断进行改革与创新，学校分配机制向更加注重绩效导向、分配结构更加多元化、更加注重公平与激励相结合的方向迈进了一大步。

（一）绩效工资改革

2012 年 12 月 19 日，省水利厅下发了《关于批复 2012 年度绩效工资总量的通知》（豫水人劳〔2012〕109 号），根据省人力资源和社会保障厅、省财政厅《关于批复 2012 年度河南省水利厅所属事业单位绩效工资总量的函》，2013 年出台了《河南省郑州水利学校绩效工资分配办法》，分配的基本原则为：坚持统筹兼顾、多劳多得、优绩优酬；坚持以岗定酬，建立与教职工岗位职责、工作业绩、实际贡献紧密结合和鼓励创新的分配激励机制；基础性绩效工资按月随工资预发；奖励性绩效工资按定岗情况分类计算，按月预发，年终结算；绩效工资总量控制在当年省人社厅和省财政厅核准的总量内。学校绩效工资总量按省直驻郑事业单位绩效工资基本水平 1.3 倍核定，离退休人员按有关文件规定的生活补贴标准执行。

2013 年根据《河南省人民政府办公厅关于省直事业单位实施绩效工资的意见》（豫政办〔2011〕136 号）、《河南省水利厅关于批复 2012 年度绩效工资总量的通知》文件精神，结合我校实际，在征求广大教职工意见的基础上，研究制定了《河南水利与环境职业学院绩效工资分配办法

（试行）》，并于2013年1月7日经第五届教代会执委会讨论通过并印发，此次分配办法坚持统筹兼顾、多劳多得、优绩优酬；以岗定酬，建立与教职工岗位职责、工作业绩、实际贡献紧密结合和鼓励创新的分配激励机制；基础性绩效工资按月随工资预发；奖励性绩效工资按定岗情况分类计算，按月预发，年终结算；绩效工资总量控制在当年省人社厅和省财政厅核准的总量内，对专任教师绩效工资和行政后勤管理人员绩效工资进行具体量化，旨在提高教职工待遇，充分调动工作积极性。

2019年3月印发了《年终绩效奖励发放办法》，将学校的绩效工资按年度目标考核奖和精神文明奖两项发放。

2019年根据河南省人民政府办公厅《关于省直事业单位实施绩效工资的意见》（豫政办〔2011〕136号）等相关文件精神，结合郑州、漯河、信阳三个校区的工作实际，印发了《漯河、信阳校区工作人员奖励性绩效工资发放办法（暂行）》。

以上制度的陆续出台，建立起了以岗位绩效为核心的分配体系，将教职工的工作量、教学效果、科研成果等作为分配的重要依据，实施了新一轮奖励性绩效工资改革和养老保险制度改革，人员经费支出大幅提升，在职及离退休人员收入均有较大比例增长，教职工福利待遇明显提高，从而更好地激励了教职工的工作积极性和创造性。

（二）人事制度改革

1.人事管理与分配制度改革

随着学校由中职结构向高职（高专）结构的转变，以及2016年开始启动的人事代理人员聘用工作，深化用人机制改革，学院陆续出台人事管理制度。

2015年：

（1）《人事档案管理办法》，加强对人事档案严密、科学地保管，确保人事档案的绝对安全，使人事档案的管理更规范化。

（2）《教职工考勤实施办法》，对严肃劳动纪律，维护学校教学、科研和管理等工作秩序，养成良好的工作作风，提高工作效率，起到了重要作用。

（3）《人事代理办法（暂行）》，规定人事代理人员实行聘期管理，一个聘期为3年，其中试用期为6个月。受聘人员按照平等自愿原则与学校签订聘用合同书，确定聘用与被聘用关系，明确双方的权利、义务和责任。人事代理人员须按照合同要求认真履行岗位职责，遵守学院规章制度，服从岗位安排或调整，完成岗位工作任务，接受岗位管理与考核。

（4）《接收教师工作办法》，为建立一支素质优良、结构合理的教师队伍，确保我校接收教师工作顺利进行提供了政策保障。

2016年学校岗位设置由原中专学校结构调整为高职（高专）院校结构，为适应岗位管理新变化，根据《河南省事业单位岗位设置管理实施意见》（豫办〔2010〕3号）精神，结合学院岗位聘任工作实际，在广泛征求意见的基础上，出台了《岗位晋级聘任办法（试行）》。

2017年：

（1）《人事代理人员补充管理办法》，2017年招聘的合同制专职辅导员、技术人员在岗均1年以上，在学校控制的指标内，经用人部门推荐，1月起对11人实行了人事代理，人事代理工作的实施和《补充管理办法》的出台，为缓解我校部分专业技术岗位和管理岗位人员紧缺的现状发挥了积极作用，进一步完善了人事代理管理工作。

（2）《事业编制外用工管理规定》，对

保障学校事业发展对人力资源的需求、规范学校编制外用工行为、严格控制用工数量、完善劳动合同制度、确保用工单位和劳动者双方的合法权益发挥了重要作用。

(3)《高层次人才引进管理办法(试行)》,对不断满足学校举办高等教育对人才的需求、吸引高层次人才在学院工作、优化师资队伍结构、提高办学水平提供了政策保障。

2018年:

2018年4月,为调动编制外人员干事创业的积极性,进一步深化学校用人机制改革,根据上级有关事业单位工资管理及聘用人事代理人员的文件精神,出台《人事代理人员工资福利待遇管理规定(暂行)》,对见习期(试用期)工资、岗位聘用工资、住房公积金、社保、工会福利等作出了明确规定,基本与编制内人员待遇一致。

2018年10月,为进一步提高学校师资队伍建设质量,改善我校人才队伍学历结构,不断提高学校教学、科研和管理水平,学校鼓励教师在职攻读博士研究生并出台《教师在职攻读博士研究生管理办法(试行)》。

2.职称评聘

为加快建设一支适应高职教育和创新人才培养的人才队伍,推动学校科学发展,按照河南省人力资源和社会保障厅《关于印发〈河南省高等学校教师(实验人员)中高级专业技术职务任职资格申报评审条件(试行)〉的通知》(豫人社办〔2017〕12号)及其他系列评审条件精神,2018年10月,学校印发了《中、高级专业技术职务任职资格申报、推荐(评审)办法(试行)》。

2013年新聘任中级职称14人,高级职称1人。截至2013年12月底,共有教职工293人,离退休职工107人,教师198人。具有高级职称教职工87人,中级职称137人,具有研究生学历及学位教师88人。

2014年共55人通过教师资格证认证,评审教授2人,转评副教授7人,转评高校讲师16人,助教10人。顺利完成公开招聘教师工作。

2015年公开招录硕士研究生11人、本科生3人;正常评审高校教授1人、副教授1人、讲师7人,转评高校教授1人、副教授14人、讲师5人,助教6人;通过高校教师资格认定17人。完成中层干部档案专项审核41人,改装了全体干部档案。

2016年评审教授2人、副教授2人;转评副教授9人、讲师4人;聘任教授3人、副教授3人、讲师8人。学校首次实行人事代理制度。

2020年聘任教授1人,副教授7人,讲师10人,馆员2人,工勤技能技师7人,中级工1人;同层级岗位晋级31人。完善了93名人事代理人员的初聘工作。完成了《河南水利与南水北调》7名人员的接收和聘任工作,积极配合省水利厅办理了1名在编人员的调动工作。

3.干部结构优化

2012年按照豫水人劳函〔2012〕39号、豫郑水校〔2012〕33号文件精神,遵循双向选择、以岗定人、用人所长、择优聘用和公开、平等、竞争、能上能下原则,6月起实施了中层干部竞争上岗,经竞聘演讲、民主推荐、组织考察、校党委研究、公示等程序,并报上级主管部门同意。此次聘任中层干部46名,其中正科级27名,副科级19名。9月进行了教师和一般行政管理服务人员聘任,经申报岗位和双向选择,271人正式签订人员聘任合同,2人落聘,落聘人员均按落聘人员安置办法妥善处置(本次全员聘任除7名校领导外,另有22人未参加聘任,7人见习期,11人内退或停薪留职,4人为禹班建筑安装工程有限公司人员)。

2014年在加强与上级有关部门、省内新高职学院沟通联系,积极进行校内外调研并结合学校实际的前提下,完成内部机构设置与人员编制方案的申报工作。2014年7月,省编办下发豫编办〔2014〕196号文件,批复校级领导职数9名,内设党政管理机构13个,核定副处级领导职数13名。

2016年11月,为加强廉政建设和学校内控管理,防范操作风险,培养更多有利于学校事业发展的复合型人才,印发了《关键岗位轮岗交流制度(暂行)》,其中关键岗位是指在学校办学活动过程中,掌握重要信息和资源,具有一定职权和事权,对学校办学和领导决策有较大影响,具有潜在影响廉洁从业风险的岗位。

2020年6月,河南省水利厅《关于河南水利与环境职业学院机构设置的批复》(豫水人〔2020〕51号)中同意我校机构设置如下:

(1)党政管理机构。

设置党政管理机构13个,中层干部领导职数39名(正职13名、副职26名),分别是:党政办公室(统战部)(1正3副)、组织部(党校)(1正1副)、宣传部(精神文明创建办公室)(1正1副)、纪检监察处(审计处)(1正1副)、人事处(教师发展中心、离退休工作办公室)(1正3副)、财务资产处(招标管理办公室)(1正3副)、教务处(1正3副)、学生处(学生工作部、学生资助管理中心、心理健康教育中心)(1正2副)、科研外事处(学报编辑部)(1正2副)、发展规划与教学督导处(1正1副)、招生就业处(校企合作办公室)(1正2副)、保卫处(武装部)(1正1副)、总务后勤处(1正3副)。

(2)群团组织。

设置群团组织2个,中层干部领导职数4名(正职2名、副职2名),分别是:工会办公室(1正1副)、团委(1正1副)。

(3)教学科研机构。

设置教学科研机构15个,中层干部领导职数50名(正职24名、副职26名),分别是:水利工程系(2正2副)、土木工程系(2正2副)、机电工程系(2正2副)、信息工程系(2正2副)、经济管理系(2正2副)、环境工程系(2正2副)、航空港校区管委会(2正3副)、漯河校区管委会(2正2副)、信阳校区管委会(2正3副)、基础教学部(1正1副)、思想政治理论教学部(1正1副)、体育教学部(1正1副)、艺术教学部(1正1副)、继续教育学院(职业技能鉴定中心)(1正1副)、就业创业学院(就业创业指导中心)(1正1副)。

(4)教学辅助机构。

设置教学辅助机构3个,中层干部领导职数6名(正职3名、副职3名),分别是:实验实训管理中心(1正1副)、信息化管理办公室(大数据管理中心)(1正1副)、图书馆(档案馆、校史馆)(1正1副)。

根据此批复和中共中央《党政领导干部选拔任用工作条例》,结合学校实际,先后制定了学校《中层正职干部选拔聘任工作实施方案》《中层副职干部选拔聘任工作实施方案》《选聘中层正职干部考察工作方案》《选聘中层副职干部考察工作方案》,并按照干部“四化”方针和德才兼备原则,在选拔任用干部中扩大民主渠道,加大竞争上岗和公开选拔力度,大胆选拔任用优秀青年干部。经向省水利厅报备批复,任命中层干部90人,其中正职副处级干部39人、副职正科级干部51人,新提拔35人,干部结构得到进一步优化。

2020年9月根据河南省水利厅党组会议精神,原水利厅主办的期刊《河南水利与南水北调》由我校主办。为办好期刊《河南水利与南水北调》,学校成立《河南水利与南水北调》杂志社,为学校中层正职单位,杂志社下设编校科、发行科、综合科(含新闻采编)。

4.年度考核

根据《事业单位人事管理条例》以及中央组织部、人力资源和社会保障部、省水利厅关于考核工作的相关规定,为客观公正评价单位工作人员的政治素质、履职能力、工作实绩和作风表现,充分发挥考核的激励、导向和监督作用,学校每个年度都组织开展工作人员年度考核工作,为做好考核工作,学校每年都成立由党委书记、院长任组长的考核工作领导小组,对除省水利厅管理的干部外的全校在编在册在岗正式工作人员进行考核。

考核以岗位职责为基本依据,以服务对象满意度和平时考核为基础,全面考核工作人员的工作表现,内容包括德、能、勤、绩、廉等方面。对不同考核等次的确定,明确了考核标准。

年度考核在平时考核的基础上进行。各部门在掌握考核对象的平时考核情况下,在个人总结、民主测评、综合评议的基础上,分片进行考核。坚持客观公正、民主公开和注重实绩的原则,实行领导与群众考核相结合,分类考核与分层考核相结合,把全校考核对象分为三个类型:①各系部教职工;②教辅人员、行政工勤人员;③中层干部。全校考核对象分为两个层次:①中层干部;②其他教职工。根据平时考核、个人总结、民主测评结果,初步确定考核等次,经党委会研究通过后,各按15%的比例,确定优秀人员,其余按考核标准确定合格及不合格人员,对于年度请假超过90天的人员不进行考核。

(三)校领导任免

2012年5月23日,河南省水利厅(豫水组〔2012〕33号)文件:任命王春明为中共河南省郑州水利学校委员会书记、河南省郑州水利学校副校长。

2014年7月19日,河南省水利厅印发《关于赵高潮等2名同志职务任免的通知》(豫水人劳〔2014〕38号):赵高潮兼任河南省水利职工培训学校校长;免去王志凯的河南省水利职工培训学校校长职务。

2016年2月,河南省水利厅印发《关于张凌杰同志试用期满任职的通知》:张凌杰任河南省郑州水利学校副院长。

2016年3月31日,根据省水利厅党组文件(豫水组〔2016〕40号):王立正任中共河南省郑州水利学校委员会书记。

2017年3月1日,河南省水利厅印发《关于郑志宏同志任职的通知》(豫水人劳〔2017〕12号):任命郑志宏为河南水利与环境职业学院院长。

2020年4月17日,中共河南省水利厅党组印发《关于郑志宏等9名同志职务任免的通知》(豫水组〔2020〕31号):郑志宏任河南水利与环境职业学院党委副书记;李连水任河南水利与环境职业学院党委副书记,免去其河南水利与环境职业学院纪委书记职务;惠大众任河南水利与环境职业学院党委委员、副院长;黄功学任河南水利与环境职业学院党委委员、副院长;蒋彦成任河南水利与环境职业学院党委委员、副院长;张凌杰任河南水利与环境职业学院党委委员、副院长;张志淮任河南水利与环境职业学院党委委员(副校级),免去其河南省漯河水利技工学校副校长职务;魏义军任河南水利与环境职业学院党委委员、工会主席,免去其河南省信阳水利技工学校副校长职务;赵广杰任河南水利与环境职业学院党委委员(副校级)。

2020年4月27日,河南省人民政府印发《关于郑志宏任职的通知》(豫政任〔2020〕83号):任命郑志宏为河南水利与环境职业学院院长。

二、优化内部治理体系

独立举办河南水利与环境职业学院以来,依据学校章程,不断推进高职院校制度建设,进一步修订、完善各项内部管理制度,规范管理行为,推进依法治校。落实"放管服"政策,明确系部权利、责任和义务,强化各系的办学主体地位,逐步推进院系两级管理体制改革。实施系(部)经费定额管理,推进院系办学自主权改革,完善院系两级管理体制,优化学校内部治理体系,提高了内部治理的能力和水平。

(一)学院章程建设

根据教育部《高等学校章程制定暂行办法》(教育部令第31号)和《河南省教育厅关于印发〈河南省高等学校章程建设工作实施方案〉的通知》(教政法〔2013〕950号)文件精神,学院自2014年6月至2015年12月进行了章程建设工作。

2014年11月印发《章程建设工作实施方案》,提出总体要求:学校章程建设要以中国特色社会主义理论体系为指导,以宪法及相关法律法规为依据,坚持社会主义办学方向,遵循高等教育规律,推进学校科学发展;促进改革创新,围绕人才培养、科学研究、服务社会、推进文化传承创新的任务,依法完善内部法人治理结构,体现和保护学院改革创新的成功经验与制度成果;着重完善学校自主管理、自我约束的体制、机制,反映学校的办学特色。

经过一年多的工作,2015年在广泛征求广大教职工、学生和校内外专家、校友、相关人员及主管部门意见基础上,形成了学校《章程(草案)》,经学校首届三次教代会讨论通过,校长办公会审议、党委会审定,省水利厅厅长办公会议审核同意,于10月26日将《章程(草案)》核准稿上报省教育厅,2016年3月,省教育厅核准了学校章程并予发布。

(二)制度建设与完善

为建立健全系统、科学、合理,与学校发展目标相适应的各项规章制度,学校以国家的法律、法规和党纪政纪条规为依据,以科学决策、民主管理、提高效能和预防腐败为目标,以清理、修订、完善、健全学校各项工作基本制度为重点,2014年开展了"制度建设年"活动,并以此为基础,持续进行了制度建立与完善。

为确保活动顺利开展,取得实效,2014年6月学校印发了《"制度建设年"活动实施方案》,提出"制度建设年"活动涉及学校各方面工作,各部门要理清思路,紧紧围绕清理制度、健全制度和增强制度的执行力来开展。

新高职成立以来,已出台制度39项(新建立23项、修订16项),其中"制度建设年"活动期间,出台制度29项(新建立20项、修订9项)。同时开展内部控制制度建设工作,提升学校内部治理水平,规范内部权力运行,建立健全内部控制制度70多项。其中包括《"三公"经费管理办法》《校长办公会议制度》《招投标管理办法》《内部控制建设工作方案》《专项资金管理办法》《预算管理办法》《收入管理制度》等。

通过活动的开展,构建科学合理、切实可行的制度体系,形成用制度管人、用制度管权、用制度管物、按制度办事的长效机制，努力为推动和促进学校工作顺利开展提供了制度保障。

三、财务管理

高校财务管理是学校稳健发展的关键，通过精准预算编制、合理规划资金流向，严格成本管控、削减无用开支、优化资金配置、提升资产运营效率，强化财务风险预警、提前规避隐患，为决策提供科学依据，推动学校可持续发展。

（一）管理制度

为加强和规范我校国内差旅费管理，推行厉行节约、反对浪费，参照《河南省省直机关差旅费管理办法》（豫财行〔2014〕46 号），2014 年制定了《河南水利与环境职业学院差旅费管理办法》；2016 年印发了《内部控制建设工作方案》；2017 年完成了内部控制基础性评价，出台了《学校内部控制建设制度汇编》《会计基础工作规范》，印发了《财务审批管理办法》《专项资金管理办法》《预算管理办法》《收入管理制度》《支出管理制度》《内部控制审计实施办法》《会计档案管理办法》《政府采购管理办法》《因公临时出国经费管理办法》等制度。

学校以日常财务管理的制度化和规范化为核心，强化会计核算、支付、工资统发、学费收取、政府采购、财务统计等基础工作，围绕学校事业发展需要，合理安排财力，不断提高财务预、决算水平，做好专项资金管理，加强对学校二级财务的监管，保证资金的运用合规合法，不断提高资金筹措能力，实现事业收入持续稳定增长。

（二）管理运行

2014 年收入 6206 万元，其中：财政拨款 3956 万元、政府性基金 472 万元、事业收入 1588 万元，其他收入 190 万元。财政补助收入占 63.8%，主要是因为财政增加拨入高职奖补资金 765 万元、高职奖助学金 41 万元、学校供电设备补助 99 万元等；事业收入占 25.6%。其中主要包含本年财政专户管理的学费收入资金 1012 万元，科研事业收入 541 万元。总支出为 6217 万元。通过开源节流，加强理财，积极争取上级部门的政策支持，筹资渠道得以拓宽；加强财务信息化建设，实现了会计核算、财政集中支付、财务预算、资产管理、工资统发等系统的信息化和网络化；提高财务预、决算水平，获得了省水利厅财务决算先进单位称号。

2015 年、2016 年，重点开展学校内部控制制度建设工作，建立健全单位层面、业务层面内部控制制度，进一步提升了学校内部治理水平，规范了内部权力运行。

2017 年，围绕学校发展，不断提高资金筹措能力，实现事业收入持续稳定增长。完成了 2018—2020 年三年滚动预算工作，对 3 个校办企业进行了审核，并上报预算计划。实现了学费网上收取，提高了工作效率和服务水平。做好采购与招投标工作，提高资金使用效益。

2019 年，加强财务审计融入学校经济活动，关口前移，规范经济活动秩序，使有限的办学经费发挥出更大的经济效益和社会效益。增加了财务软件审核系统，全部资金实行项目管理，从计划到使用再到验收审核，层层把关，保证资金的合法合规使用。严格按照学校《经济合同管理办法》及国家法律、法规对合同的真实性、合规性、合法性进行审核，维护各类经济活动文本的严肃性。

2020 年，加强管理和审计工作，做到收票即入账、入账即办理，保证了关系学校发展的各项业务财务工作及时有序规范进行。完成支出总额 2.8 亿元，收入总额3.6亿元,收支业务处理总量达4000余笔。完成了2020年财政高职项目库补报和2021年度项目库申报入库工作,已入库项目共58个,总金额1.24亿元,实现了“让项目等资金,不让资金等项目”的预算项目充分储备目标。年度共接受11次不同类型的审计检查、核查。组织实施校内招标及政府采购项目30余项,委托校外工程咨询机构实施招标及政府采购项目20余项。

四、后勤服务与固定资产

(一)后勤保障

独立升格为高职院校后,由于学校办学规模和学生人数急剧增加,给后勤管理服务工作带来了新的机遇和挑战。学校以深化管理体制和运行机制改革为突破,主动适应形势,及时转变观念,努力提高服务质量,提升管理水平。在具体工作中,后勤工作始终坚持“师生为本、服务至上”的理念,以精细化管理为导向,努力为学校的改革与发展提供可靠保障。

1.制度建设

为保障后勤服务的正常工作,提供高效安全的运行保障,学校先后出台了《基本建设项目管理制度》《校园智能电控系统运行管理办法(试行)》《家属区建筑垃圾管理办法》《节能减排工作实施方案》等管理制度,并切实施行,提升了服务水平。

2.管理与服务

2014年,学校引进餐饮公司管理学校食堂,建立了职工餐厅,进一步提高食堂饮食质量和管理水平;加强食堂、医务室、家属区、门面房、学生公寓等安全、卫生检查,及时处理突发事件;紧紧围绕卫生防疫、健康教育、预防传染病等工作重点,以医疗安全为首要目标,做好医疗服务工作;积极做好后勤维修、家具采购、办公用品供应等,确保了教育教学工作的顺利进行;做好节能减排、防灾减灾、防汛工作,学校2014年被省水利厅表彰为节水先进单位,2016年获省水利厅节能减排工作先进单位。

(二)基础建设及维修改造

截至2013年12月,学校总建筑面积为125109.1平方米。

2013年,改造、重建了学生澡堂,学生在校生活条件得到改善;加强基础设施建设,投入近300万元,进行运动场地、教室、学生公寓、餐厅等硬件设施的改造维修。2014年,投入47.8万元,完成1号、2号、4号公寓楼电控系统安装。2015年,完成多媒体教室及录播、导播间装修工程;对南苑餐厅进行了装修改造,进一步改善了学生就餐环境。2016年,在全部学生宿舍安装了空调,极大地改善了学生住宿条件。2018年,紧紧围绕学校特色专业建设,完成了实训室建设、实训室招标、水利馆改造,基础建设逐步完善,办学条件明显改善。

2019年,完成信阳校区示范性标准化食堂改造,建设家属区和校区绿化面积1141平方米。

(三)固定资产

学校资产管理实行由学校资产主管部门和各使用部门的两级管理体制。总务处是学校的一级资产管理部门,总务处处长为第一责任人,设专门资产管理人员具体负责资产管理工作;各使用部门是资产的二级管理部门,部门负责人是该部门资产管理的第一责任人,并设兼职资产管理人员。学校同时印发《固定(无形)资产管理办法》。

2012年学校固定资产采购469.9万元,购置教学设备、实验实训设备投入428.8万元。固定资产总值达10270万元。

2013 年学校固定资产采购 938.93 万元,购置教学设备、实验实训设备投入 862.33 万元,固定资产总值为 11144.87 万元。

2015 年固定资产采购 955 万元,固定资产总值达 1.3 亿多元。

2016 年固定资产采购 8095665 元,固定资产总值达 138562846.08 元,其中教学、科研仪器设备资产值 52564781 元。

2017 年完成了对我校 12800 多万元资产清查和 800 多万元资产报废的统计上报。

五、平安和谐校园建设

"平安和谐校园"建设是一个系统工程,旨在为师生营造一个安全稳定、秩序井然、关系融洽、积极向上的学习和生活环境。其核心内容包括以下几个主要方面。

(一)平安校园建设

学校明确校长是第一责任人,建立"党政同责、一岗双责、齐抓共管、失职追责"的安全责任体系。层层签订《安全保卫、综合治理责任书》《消防安全责任书》和《安全生产责任书》,将安全责任落实到每个部门、每个岗位、每个人员。建立健全安全工作领导机构和日常管理机构。

2019 年 9 月建立双重预防体系领导机构,成立以党委书记和院长为组长的双重预防体系工作领导小组,促进双重预防体系工作的开展。

制定完善覆盖校园各个方面的安全管理制度及工作计划,成立安全生产、法制宣传、防灾减灾、食品管理、实验室安全等工作领导小组和专兼职队伍,推动安全责任全面落实。

建立常态化安全隐患排查机制,对排查出的隐患建立台账,明确责任人、整改措施和时限。重点关注消防、校舍、设施设备、食品、交通、危化品、校园周边等风险点;建立健全应急物资储备和保障机制;建立畅通的信息报告渠道和应急处置流程。

同时,将安全教育纳入学校教育教学计划,结合新生入学、安全生产月、"11·9"消防安全宣传周、"3·22"世界水日、"中国水周"及"12·4"普法宣传日,通过讲座、板报、宣传单、展板、广播、学生签名等形式开展了安全教育、法治教育和消防知识普及,定期对教职工(尤其是班主任、安保人员、食堂人员、实验室管理员)进行安全知识和技能培训,增强师生的安全防范意识。

(二)和谐校园建设

1.矛盾化解与信访工作

多年来,为建立矛盾预防与化解机制,畅通师生申诉渠道,保障合法权益,妥善处理信访案件,学校多措并举,创新信访工作方式,加强法治信访建设,积极推行聘用法律顾问参与接访制度;加强人文信访建设,探索建立心理干预及心理咨询师疏导信访人制度。建立健全矛盾纠纷源头预防和化解机制,坚持经常排查和集中排查相结合,尤其对群众反映强烈的热点难点问题,进行重点排查并落实化解责任。

2018 年印发《信访工作责任制实施细则(试行)》,成立信访工作领导小组,下设信访办公室,学校信访工作坚持"属地管理、分级负责,谁主管、谁负责和管业务必管信访,以及依法、及时、就地解决问题与疏导教育相结合"的工作原则。实行信访工作部门牵头协调、业务工作部门承办的信访工作管理体制,形成协调有序、运转顺畅、高效为民、纵横联动的信访工作机制。做到每半年至少听取一次信访工作专题汇报，研究解决重要问题。

2019年5月，学校印发《信访工作联席会议工作制度》：一、河南水利与环境职业学院信访工作联席会议是校党委领导下的议事协调机构，联席会议办公室设在学校办公室；联席会议召集人由学校党委书记担任，第一副召集人由校长担任，副召集人由纪委书记及各副校长担任，成员由学校各部门主要负责同志组成；联席会议办公室主任由学校办公室主要负责同志兼任，学校信访工作领导小组办公室承担联席会议的日常工作。二、联席会议主要负责对全校信访工作的统筹协调、督促落实。

2019年4月，印发《集中开展矛盾纠纷排查化解百日行动工作方案》，按照"谁主管、谁负责"的原则，根据工作需要，成立以党委书记和院长任组长的矛盾纠纷排查化解活动暨信访突发事件应急处置领导小组，具体负责学校矛盾纠纷排查化解活动的综合协调和信访突发事件的应急处置工作。

2.院务公开

学校积极推进院务公开、财务公开，增强透明度，保障师生知情权、监督权。

2014年3月，根据《中华人民共和国高等教育法》相关规定和《高等学校信息公开办法》（教育部第29号令）的要求，我校制定了《院务信息公开实施办法》《院务信息公开目录（试行）》《院务信息公开指南》作为学校信息公开工作基本制度依据。

院务信息公开工作由院长领导，相关的副院长主管，学校办公室为信息公开工作机构，负责学院信息公开的日常工作。

学校设立院务信息公开监督办公室，工作机构设在院纪委（监察室），纪委书记兼任监督办公室主任，工会主席或副主席兼任监督办公室副主任，相关教师代表和学生代表、民主党派及无党派人士代表参与监督工作。

学校各职能部门的"一把手"是院务信息公开的第一责任人，根据院务信息公开实施办法的要求，按照院务信息公开目录，认真组织落实。

六、60周年校庆

2015年10月28日，为进一步总结办学经验、凝练办学特色、明确学校发展方向，学校组织开展了以"以史为鉴、展望未来、凝聚力量、促进发展"为宗旨的建校60周年系列活动。

此次校庆活动围绕五个主题开展：一是围绕改革发展主题，举办了改革发展高层论坛。二是围绕学术交流主题，开展了不同层次、不同专业的系列学术交流活动和讲座。三是围绕大学生就业创业主题，开展了大学生创新创业教育专题讲座，举行杰出校友报告会，激励引导学生励志成长成才。四是对学校从事河南水利教育工作30年以上的62名教职工进行了表彰。五是围绕文化宣传主题，通过建设校友联络网络平台，编辑校庆纪念画册，开展"60华诞文艺晚会""迎校庆、唱校歌"等文体活动等，进一步弘扬办学理念，展示广大师生良好风貌。

七、综合荣誉

2012年：

被省教育厅授予"河南省参加2012年全国职业院校技能大赛先进单位"称号；

在河南日报报业集团组织的2012年度河南最具竞争力教育品牌大型调查评选活动中，荣获"河南最具就业竞争力示范院校”；

被省水利厅命名为“全省水利文明单位”；

被省水利工会表彰为全省水利系统“模范职工之家”和“目标管理先进单位”；

被省水利厅表彰为普法依法治理先进集体；

荣获河南省教育厅、省文明办、团省委第七届中等职业学校“文明风采”活动组织奖；共有 24 件作品获奖，其中一等奖 2 件，二等奖 9 件，三等奖 13 件；

被河南省人力资源和社会保障厅、省教育厅表彰为省普通大中专毕业生就业工作先进集体；

被省水利厅表彰为 2012 年度信访维稳先进单位。

2013 年：

荣获“河南省水利系统五一劳动奖状”；

校工会被省水利工会先后表彰为“2012 年度全省水利系统工会工作目标考核先进单位”和全省水利系统“模范职工之家”；

被省直工会表彰为“省直机关 2011—2012 年度先进基层工会”；

在河南日报报业集团举行的“2013 河南高等教育质量社会满意院校”调查评选活动中，荣获“河南教育质量社会满意院校”；

图书馆被河南省图书馆学会评为全民阅读活动先进单位；

被授予国家 863 计划中国数字图书馆示范工程百万镜像站；

院党委荣获“2011—2012 年度省直机关‘五好’基层党委”；

院纪委荣获“2011—2012 年度河南省水利厅‘五好’基层纪委”。

2014 年：

省中职品牌示范校建设顺利通过中期验收，并因建设规范、成效显著被省教育厅项目办推荐为示范点进行推广，本年度该项目获得省财政奖励资金 165 万元和后续建设资金 600 万元。

2015 年：

荣获“河南高等教育就业质量最佳示范院校”；

全国水利文明单位；

河南省 2014—2015 年度文明学校；

河南省五四红旗团委；

河南省教育系统先进集体；

2011—2015 年度全省水利系统“六五”普法先进单位；

全省水利系统工会工作目标考核先进单位；

第九届全国水利高等职业院校“闽水杯”技能大赛优秀组织奖；

第五届全国水利中等职业学校“西夏杯”技能竞赛优秀组织奖；

河南省高校图书馆 2015 年创新服务先进单位；

被省教育厅命名为河南省中等职业学校标准化数字校园；

河南省水利职工培训学校被中华全国总工会命名为全国职工教育培训示范点。

2016 年：

学校获得河南省“最具品牌影响力的典范高校”荣誉称号。

2017 年：

在河南日报报业集团举行的“2016 年度河南高等教育品牌影响力”调查评选中荣获“河南省最具品牌影响力的典范高校”；

再次当选中国水利职业教育集团理事会常务理事单位；

获河南省教育系统“学雷锋活动优秀

群体”“三下乡”暑期实践先进集体；

获省直工委“2016 年省直院校暑期社会实践活动先进集体”；

荣获省水利系统信访稳定工作先进单位；

荣获省水利系统工人先锋号；

荣获全省水利职工健身活动月先进单位；

荣获金水区“征兵工作先进单位”。

2018 年：

成功入选河南省优质高等职业院校立项建设学校名单；

荣获全国优质水利高等职业院校建设单位，学院水利工程专业获全国优质水利专业建设点。

2020 年：

成功获批为河南省高水平高等职业学校建设单位，学院水利水电建筑工程专业群获批为河南省高等职业学校高水平专业建设单位；

当选为中国测绘地理信息教育集团理事单位；

成功获批河南省工程技术研究中心。

第九节 港区征地建设

为满足河南水利事业发展对人才的需求，河南省水利厅明确了郑州水校建设新校区的任务。2010 年 6 月 28 日，学校向郑州市政府报送《河南省郑州水利学校关于征用土地的申请》。2018 年，郑州航空港经济综合实验区（郑州新郑综合保税区）规划市政建设环保局审核通过新校区建设项目，明确了新校区的用地位置、性质和面积。2020 年秋季，作为首个国家级航空港经济综合实验区的首所高校，学校航空港校区迎来首批新生。

一、艰难的征地历程

2010 年 3 月上旬，省水利厅常务副厅长李孟顺、主管副厅长刘汉东及人事、财务、科教处处长亲临学校调研、指导工作，厅领导根据学校现状和教育部、省人民政府的有关政策及河南水利事业发展对人才的需求情况，明确提出了郑州水校要积极征地、异地建校、扩大规模、创办高等职业院校的思路。

（一）选址征地取得进展

为落实重要指示精神，学校党委进行了认真的学习讨论、研究，并成立了征地建校办公室，召开了教职工代表大会，根据中华人民共和国教育部和省政府有关中职升格的现行政策，依据国家现行政策，坚决落实厅党组指示，以厅新建河南水利水电职业学院为基本目标，拟按在校生 1.2 万人规模，于 2010 年 6 月 28 日向郑州市政府报送《河南省郑州水利学校关于征用土地的申请》，拟在郑州市惠济区政府西南约 1 千米处（现郑州经贸职业学院及河南农大原征地之间）征地 500～1000 亩建设新校区。后又于 9 月 3 日向省水利厅报送《河南省郑州水利学校关于征地建设新校区的请示》，拟在郑东职教园区征地 800～1000 亩，以郑州水校现有土地为基础，与开发商协作，以土地置换方式进行新校区建设。与有合作意向的北京远大鼎盛投资有限公司、中国建筑工程第七局有限公司进行了初步接触，并进行了实地考察。

新一届省水利厅党组也对创办高职学院和征地建设新校区工作给予了高度重视和关怀，重新调整了征地建设新校区和创建新高职工作领导小组，王树山厅长等领导相继到学校视察调研，为学校发展提供了强有力的支持。学校精心组织、多方协调、不畏艰难，征地建设新校区、创建新高职工作取得新突破。

随着新校区建设项目被省发展和改革委员会批准为2012年第一批省重点建设项目(豫发改建设〔2012〕92号)、新校区建设工程项目被省发展和改革委员会批准立项(豫发改社会〔2012〕1674号)，学校于2012年11月分别向郑州市白沙园区管委会和河南省国土资源厅报送《关于新校区建设项目用地预审报告》，根据郑州新区和郑州市白沙园区规划要求，项目选址位于郑州市白沙园区前程路以东、雁鸣路以西、新龙路以南、兴安路以北区域。项目占用土地总面积约为38.554公顷，用地性质为教育科研用地。2012年12月31日新校区建设用地项目通过国土资源厅用地预审。

(二)确定新校址

2013年，郑东新区的规划调整使新校区征地工作面临新的困难，学校进一步考察周边其他区域用地情况，全力推进征地建设新校区工作。2013年12月12日，省委副书记邓凯、省水利厅有关领导来学校调研，学校就征地建设新校区工作进展情况及主要困难作了汇报；12月26日，邓凯副书记在学校《关于新校区建设用地的报告》上作出了重要批示，表示支持学校在郑州航空港经济综合实验区征地建设新校区。

2014年，在省水利厅的领导与支持下，学校积极考察、联系以郑州航空港综合经济实验区为重点的用地情况，10月，完成了郑州航空港经济综合实验区新校区建设项目申报省2015年重点建设项目的工作。

2015年，征地建设新校区工作取得阶段性成果。在多方协调、克难攻坚的基础上，4月14日省水利厅党组书记、厅长李柳身到我校调研，对学校征地建设等工作给予高度关注，并积极协调解决有关问题。6月，学校与郑州航空港经济综合实验区管委会就征地问题达成了协议，新校区建设项目坐落于规划工业二十一路以南、梅河路(梅河东路)以西，占地约500亩。10月，获得省发展和改革委员会对新校区建设项目的立项批复。

二、航空港校区整体规划与建设

(一)整体规划

根据《河南省发展和改革委员会关于河南水利与环境职业学院新校区一期工程项目核准的批复》(豫发改社会〔2017〕1092号)，建设地点为郑州市航空港区南部工业十三路以北，根据国家现行标准，结合学校新校区总体规划，新校区一期工程总建筑面积151674平方米(含地下建筑面积13610平方米)，其中：A1、A2、A3教学楼组团42111平方米(含地下建筑面积12710平方米)，A4教学楼7847平方米，A5实训楼8351平方米，A6教学楼13447平方米，A7公共教室2562平方米，A8实训楼8356平方米，C1学生宿舍15430平方米，C3学生宿舍15220平方米，C6学生宿舍15430平方米，浴室2700平方米(含地下建筑面积900平方米)，食堂16350平方米，学生活动中心1800平方米，操场看台1550平方米，热交换站400

平方米，门卫室120平方米，同时配套建设校园基础设施和室外体育设施。

工程总投资估算71402万元（含土地购置费15000万元）。

（二）工程建设

1.前期建设资金

2016年与河南水利投资集团有限公司、国有银行、股份制银行沟通，积极探索建设资金筹措方式和建设模式，为顺利开工建设奠定基础。

学校被列入2019年"政府专项债券"首批使用单位，争取到3亿元"河南省省属公办高校专项债券"，新校区一期工程如期开工建设，为2020年新校区顺利实现招生奠定了良好基础。

2.建设内容

2016年，新校区建设取得阶段性成效。5月25日，省水利厅厅长李柳身、副厅长戴艳萍以及学校和厅有关部门负责人到郑州航空港经济综合实验区就新校区征地、规划、建设有关问题进行了专题调研，新校区征地建设工作目标任务进一步明确。我校于5月26日向郑州航空港经济综合实验区管理委员会报送《河南水利与环境职业学院关于调增新校区用地面积的请示》（豫水职院〔2016〕36号），依照《河南省国土资源厅、河南省发展和改革委员会关于印发〈十七类建设项目用地指标（试行）〉的通知》（豫国土资发〔2006〕86号）规定，高等教育校园总用地指标47平方米/生，普通中等专业学校校园总用地指标35平方米/生，二项合并计算，新校区可征地总面积为42.1万平方米（折合631亩）。2015年5月签订的用地协议中新校区建设项目用地面积约500亩，与批复的可征地面积尚有131亩的差额。为满足学校办学和发展需要，申请在现选址位置周边调增一部分新校区用地面积。

7月17日，学校召开首届五次教职工暨工会会员代表大会，专题审议并一致通过了《河南水利与环境职业学院新校区建设初步方案》。向省水利厅递交了《关于组建新校区建设工程项目法人的请示》，拟抽调专职工作人员组成建管局，全面负责、统筹安排新校区建设管理的各项工作。制定了工程建设进度节点计划，将涉及新校区建设的70余项工作倒排工期，压茬推进。

9月26日，省水利厅厅长李柳身听取学校新校区建设工作情况汇报。新校区建设的有关前期工作有序推进。

10月，完成了新校区土地的边界划定工作、"新校区建设修建性详细规划及一期工程设计"招标工作，中标单位为郑州大学综合设计研究院有限公司、哈尔滨工业大学城市规划设计研究院，并进行了详规的编制和多次修订，报港区规划局评审批准；完成了学校建设项目申请报告《可行性研究报告》的编制工作，待条件具备后报省发展改革委审批；取得了省国土资源厅对新校区建设项目预审意见（豫国土资函〔2017〕39号），确认项目用地符合国家土地供应政策，项目用地已列入土地利用总体规划调整完善；完成了建设施工临时围墙、地质勘察工作招标，并即将开工；有序推进了环境评价、项目选址意见书、节能评价、航空限高、交通影响评价等工作；与水投、国有银行、股份制银行沟通，积极探索建设资金筹措方式和建设模式，为顺利开工建设奠定了基础。

为加强河南水利与环境职业学院新校区的建设与管理，按照国家关于项目法人组建的有关规定，2017年3月2日，经省水利厅批准成立河南水利与环境职业学院新校区工程项目建设管理局，作为工程建设的项目法人，履行项目法人职责。建设管理局核定人员 15 人（人员从学校内部调整），内设综合部、计划工程部、质量安全部、财务部。王立正任建设管理局局长，作为法定代表人，全面负责工程项目建设管理工作；惠大众任建设管理局常务副局长（经济责任人）；张志远任建设管理局副局长；王海周任建设管理局总工程师（技术负责人）。

为全力推进新校区征地建设，按照厅党组、厅领导的指示要求，学院加强与财政厅、发展和改革委员会、国土资源厅和港区管委会、地方政府的沟通、联系、协调，解决制约新校区建设的土地、规划、资金、建设模式等诸多问题，理清工作思路，找准工作突破口，创造性地开展工作：一是新校区建设项目通过国土资源厅用地预审；二是“新校区项目净空高度审核意见”获批复；三是“环境影响评价报告表”获批复；四是“抗震设防要求审批意见”获批复；五是新校区建设项目修建性详细规划设计方案通过专家评审；六是 2017 年 6 月 13 日，获省住建厅颁发的《建设项目选址意见书》，确定项目位于郑州航空港区南部工业十三路以北、梅河东路以西、工业十一路以南、工业六街以东，占地 33.33 公顷（约 500 亩）；七是新校区建设项目交通影响评价报告通过专家评审；八是 2017 年 10 月 26 日，省发展和改革委员会核准批复新校区一期工程《建设项目申请报告》；九是新校区一期工程纳入省财政厅 2018 年 PPP 项目储备清单、省重点项目。

2018 年，新校区建设项目经郑州航空港经济综合实验区（郑州新郑综合保税区）规划市政建设环保局审核，颁发了建设用地规划许可证，明确了新校区的用地位置、性质和面积，新校区坐落于规划工业二十一路以南、梅河路（梅河东路）以西，面积为 33.17 万平方米，划拨价 13072 万元。用地性质为高等院校用地。

2019 年 5 月 14 日，取得河南水利与环境职业学院航空港校区用地不动产证书。

2019 年 7 月 10 日，河南水利与环境职业学院新校区一期工程（第一批）开工建设。

2020 年 1 月 19 日，河南水利与环境职业学院新校区一期工程（第一批）主体结构封顶。

2020 年 7 月 23 日，省发展和改革委员会核准图书馆建设项目。

2020 年 8 月 29 日，新校区建设项目（一期工程）第二批施工项目开工。

2020 年 10 月 25 日，新校区一期工程第一批项目交付使用。

2020 年 12 月 5 日，新校区建设项目（一期工程）第二批施工项目主体结构封顶。

（三）新校区投入使用

2020 年是不平凡的一年，也是我校航空港校区的开学元年。在省水利厅的大力支持下，为了新校区建设和如期开学，学校领导班子在校区规划、资金筹措、施工建设、开学安排、协调运行、日常管理等多方面进行了广泛调研和充分酝酿，多次召开党委会和校长办公会，以及现场专题调研会和工作推进会，专题研究新校区建设和运行管理，协调解决新校区各项工作中遇到的难题，强力推进新校区各项工作，全校上下凝心聚力，攻坚克难。10 月 24 日，作为国家级航空港经济综合实验区的首所高校，我校航空港校区正式投入使用，水利工程系、土木工程系、经济管理系作为第一批入驻系部，迎来首批 2325 名新生。航空港校区如期投入使用，突破了学校发展的最大瓶颈，标志着学校办学进入了新阶段。在新校区建设、运行管理、教学开展、学生管理、服务保障等各个方面都做出了积极探索，广大教职工齐心协力，付出了辛勤努力，积累了丰厚经验，取得了巨大成就，平稳度过了第一个学期，为我校各项事业的改革发展奠定了坚实的基础。

在新校区建设中，一直面临时间紧、任务重的严峻形势，学校克服资金不足和疫情防控的不利因素，按期交付博学楼、博思楼、食堂、学生宿舍楼和运动场等基本教育教学场所，重点推进道路施工、管网疏通、空调运行、校园绿化等基本设施建设，积极协调港区政府部门开通市政道路、通水通电、接通雨污水管等配套服务。在建设过程中，建管部门攻坚克难，艰辛工作，争取一切可用资金，协调各方施工单位，统筹各个项目建设，数十次召开现场主体及配套项目中标单位工作推进协调会，找问题，强监管，督促推进，为新校区如期开学创造了良好的外部条件和基本的物质保障。截至年底，一期一批工程已顺利完工并交付使用，一期二批施工项目大部分工程完工并通过验收，处于收尾阶段。

在运行管理中，充分借鉴其他学校的有关经验，成立了航空港校区管委会，制定了《河南水利与环境职业学院航空港校区管委会议事会议制度》《航空港校区教职工住宿管理暂行办法》《航空港校区专项绩效发放暂行办法》等各项规章制度，为新校区开学后的正常运行提供了组织保障和制度保障。开学前后，学校各个部门坚持“统一领导、职能延伸，条块结合、以条为主”的工作思路，积极沟通配合，在新生开学报到、校车往来运行、设施设备调试、职工打卡考勤、职工住宿安排、校区安全保卫、各类活动开展等各个方面投入了巨大的人力、物力和精力，组织开展了校园秋冬季传染病防治工作、平安校园建设、“12·9”消防安全、大学生活和职业发展、国防安全教育、征兵入伍宣讲等多场主题报告，协调安排了130余名教职工的住宿，完成办事处、疾控中心、文教卫体局、宗教事务局和食药监督所、派出所等各类工作检查，并在建成区保养绿化、工作协调推进等方面探索形成了新经验、新方法，确保了新校区的正常运行和高效管理。

在教学管理中，学校各教学部门、入驻系积极配合，加强协调，在教学活动安排、日常教学管理、实验实训操作等各个教学环节进行了提前谋划和精心组织。制定了第一个学期3个系2300余人的教学计划、课程表、教学日历，完成了59个教学班的教材发放和书费结算，安装调试50余套教室智慧黑板，统一安排教学秩序检查30余次，协调解决各类教学问题几十次，搬迁建设各类实验实训室16个，新建常态化录播教室50间、公共教学机房4间、智慧教室2间，并做好教学秩序维护、教室和实训室管理、教学设备管理、教学技术服务等方面工作，确保了新校区教学秩序规范有序进行。

在学生教育管理中，各学生管理部门、入驻系在新生入学报到、思想教育引领、文体活动开展、教学活动协助、学生宿舍管理、学生评优评先、学生安全教育、突发事件处置等学习生活方面提供了细致的服务，引导教育学生健康成长。第一学期对2300多名新生进行了入学教育，完成了新生团学组织建设和学生干部选拔，开展了丰富多彩的校园文化活动，进行了困难学生帮扶和学生心理健康教育等各项工作。在工作中，广大学生管理人员与学生同吃同住，为他们提供了最安全、有效的管理服务。

在服务保障中,学校各保障部门在办公教学物资采购、水电暖气供应、校园物业服务、餐饮住宿管理、卫生防疫管理、图书借阅管理、信息技术服务和师生日常生活保障等各个方面付出了辛勤努力。建设完成全新一代全光网和5G网一期项目工程,实现了在办公区、教学区及学生生活区有线无线网络全覆盖,与中国银行达成近300万元的“一卡通”设备资助方案,实现了航空港校区无现金消费,提高了管理效率。

航空港校区的正式投入使用,标志着学校取得跨越式发展!

第六章 砥砺前行绘蓝图

——高职教育规模质量快速发展期

2021—2024 年学校以习近平新时代中国特色社会主义思想为指导，全面贯彻落实党的十九大、二十大精神，认真贯彻落实省委高校工委、省教育厅部署和要求，全面加强党对学校工作的领导，坚持立德树人根本任务，团结带领全校师生员工，突出“办强水利、办精环境”，不断推进职普融通、产教融合、科教融汇，优化职业教育类型定位，突出重点，加快发展，2021 年招生 7065 人，在校生人数达 17538 人。顺利通过全国水利优质校和优质专业验收、教育部现代学徒制试点学校项目验收，获得河南省职业教育品牌示范院校、全国现代学徒制试点院校、“1+X”证书制度试点院校、全省教育系统网络安全和信息化工作先进集体、全国水利文明单位、郑州市文明校园、河南省园林单位等多项荣誉。牵头成立了河南省水利环境职业教育集团，校企合作及对外合作办学成效显著，航空港校区建设取得新进展，已成为教学主校区，多校区协调发展局面已初步形成。2024 年在校生规模达 23906 人，学校各项事业进入提质增速的新阶段。

第一节 航空港校区建设

一、新校区建设

（一）2021 年建设情况

（1）完成新校区建设项目（一期工程）第二批供配电工程、中央空调系统工程、雨污水工程、弱电工程、节水型高校建设等配套项目招标工作及相关合同签订。

（2）完成新校区建设项目（一期工程）第二批施工项目主体工程、供配电工程、中央空调系统工程、雨污水工程、弱电工程、节水型高校建设等配套工程的建设管理工作，包括 C1 号宿舍楼、C2 号学生浴室、C3 号宿舍楼、C5 号学生活动中心、北大门，总建筑面积约 35460 平方米。完成水保科技示范园区 7.5 万平方米建设管理和审计工作。

（3）组织监理单位、施工单位对一期二批主体、配套工程进行验收，按程序推进一期二批主体、配套工程结算。

（4）办理完成图书馆项目建筑工程规划许可证、施工许可证、质量和安全备案等前期手续，完成图书馆项目全过程造价咨询、设计、监理施工招标及合同签订工作。图书馆项目于 2021 年 7 月 9 日正式开工建设。

(5)进行智能制造与环境工程实训中心建设项目(A10-A12)、C9号学生宿舍楼申报和评审工作。7月14日,省发展和改革委员会批复智能制造与环境工程实训中心建设项目可行性研究报告,进入项目实施前期招标和手续办理,推动项目进入建设准备阶段。

(6)完成区域质保维修,做好夏季、冬季校区空调运行调试,对校区消防工程开展第三方检测,监督施工单位对检测出的消防问题进行整改。

新校区一期工程二批主体及配套工程顺利完工,10月17日,新校区建设项目(一期工程)第二批施工项目交付使用,确保了2021级5500余名新生顺利入驻。

(7)12月29日,省发展和改革委员会核准C9号学生宿舍项目。

(二)2022年建设情况

(1)1月17日,图书馆项目主体结构封顶,后期陆续完成主体结构、二次结构、外墙保温、电梯钢结构、钢网架、给排水管道、消防水管道、防排烟、玻璃幕墙等工程。

(2)完成智能制造与环境工程实训中心项目全过程造价咨询招标工作,人防地下室设计方案审查、校区绿化设计方案审查、校区高压供电增容方案审查、初设及概算批复。

(三)2023年建设情况

(1)图书馆项目临近竣工,计划于2024年投入使用,校史馆和水利文化馆建设提上日程。

(2)3月30日,智能制造与环境工程实训中心建设项目开工;10月15日,智能制造与环境工程实训中心建设项目主体结构封顶;11月7日,C9号学生宿舍项目开工。

(3)航空港校区教师住宿宾馆化委托管理、中央空调运营、中水管理、电梯维护等项目招标。按期完成航空港校区医务室改造项目、航空港校区餐厅用电增容改造项目、航空港校区职工临时住房项目、航空港校区建设体育场地项目、航空港校区地面停车场项目。

(四)2024年建设情况

航空港校区建设有序推进,1月19日,C9号学生宿舍项目主体结构封顶;9月12日,C9号学生宿舍项目交付使用;10月7日,智能制造与环境工程实训中心建设项目交付使用;图书馆主体完工验收,室内吊顶项目完成,周边环境综合提升;航空港校区东广场启动建设,基础配套项目逐步完善。

二、多校区协调发展

航空港校区经过几年运行,在探索与提升中逐渐成熟,校区教学、学生管理、物业、安保、餐饮、卫生防疫等工作已正常开展,尤其是2021年5月26日,园博园公交专线8号、9号线的开通,为我校师生出行提供了交通便利,新校区的发展日益完善。2021年航空港校区在校学生达5500余人,已经成为学校主校区之一。

同时,信阳校区的教学、学生管理及日常工作也稳步推进。2021年,信阳校区五年制新生录取565人,超额完成招生计划。同时,完成了信阳校区首届建筑工程技术和水利水电工程两个国际班共77人的招生工作。信阳校区共有在校生1132人,在职教职工22人。

截至2024年底,花园路校区在校生人数共9327人,其中机电工程学院4853人,信息工程学院4474人;航空港校区在校生人数共14929人,其中水利工程学院2747人,交通工程学院3003人,土木工程学院4594人,经济管理学院2601人,环境与生态学院1984人。

第二节 教学教研工作

教学教研工作作为人才培养的核心引擎，学校始终紧扣“技能河南”建设需求，在专业群优化、课程体系重构、产教融合深化等方面持续突破，为水利行业和区域经济发展输送高素质技术技能人才。

一、教师队伍建设

学校高度重视师资队伍建设，2021 年学校有教师 780 人，教授、副教授等高级职称教师 147 人，具有硕士、博士学位教师 344 人，双师素质教师 157 人。省高层次人才认定 4 人，省职业教育教学专家 4 人，省学术技术带头人 2 人，省教育厅优秀教育管理人才 8 人、学术技术带头人 17 人、教学名师 6 人、青年骨干教师 9 人，全国水利职教名师 4 人，全国水利职教新星 4 人，全国水利系统首席技师 1 人。师资队伍结构较为合理，能够满足市场化办学和人才培养需要。

为加强教师队伍建设，制定了《人才队伍建设规划》《专业带头人选拔与管理办法》《教职工继续教育管理实施细则》《教师到企业实践锻炼办法》《“青蓝工程”活动实施办法》《加强基层教学组织建设实施办法》《高层次人才引进管理办法》《人事代理人员管理办法》《骨干教师选拔与培养办法》《教师攻读在职博士研究生管理办法》《“双师型”教师队伍建设与管理办法》《教学名师选拔与培养办法》等一系列师资培养培训制度，通过继续教育激励政策、“青蓝工程”导师带徒活动、骨干教师培训、企业实践等不断提升教师教学水平和实践能力，专业教学团队建设质量得到进一步提高，师资队伍建设质量全面提升，形成了有效的教师教育培训机制，确保了教师教育培训工作的有序开展。

2021 年分 4 个批次分别认定了 50 名新一轮专业带头人，完成了“青蓝工程”活动验收工作，认定了 13 名“双师型”教师，完成了 2021 年 51 名教师资格考试面试工作及 41 人高校教师资格认定工作。

2022 年招聘博士 1 人、专业技术带头人 2 人、硕士 59 人、特岗 7 人。获省级认定名师 8 人、骨干教师 21 人、省教育厅专业带头人 1 人、优秀教育管理人才 1 人；获水利领军人才 1 人、青年拔尖人才 1 人。

2023 年通过招聘等渠道引进博士 8 人，学校聘用博士人数从 2022 年的 5 人增至 13 人，增幅达 160%，实现历史突破，为申报本科专业提供人才支撑，助力学校高质量可持续发展。2023 年师资综合能力实现新提升，根据教育部新出台的“双师型”教师认定标准，认定“双师型”教师 234 人。对 2021—2022 年度“青蓝工程”活动验收，37 对师徒按期完成任务。同时开展了 2023 年“青蓝工程”活动，完成了 56 对师带徒协议签订。牵头申报的国家级职业教育教师创新团队成功入选立项建设单位，教育部新时代职业院校国家级名师培养对象 1 人，均实现国家级奖项零的突破。获省级模范教师和教育工作者各 1 人；河南省教育厅优秀教育管理人才和学术技术带头人各 1 人。芈书贞老师荣获2023年河南省“最美职教技术能手”。张凌杰教授入选首批教育部新时代职业学校名师(名匠)名校长培养计划。

2024年新入职博士7人、招聘硕士研究生51人。截至2024年,学校专兼职教师1100余人,其中专兼职教授、副教授等高级职称教师158人,具有博士、硕士学位教师557人,河南省高层次人才5人,教育部新世纪优秀人才、河南省中原“计划科技创新领军人才”各1人,河南省职业教育教学专家5人,河南省学术技术带头人3人,河南省教育厅优秀教育管理人才10人、学术技术带头人21人、教学名师5人、青年骨干教师13人,河南省职业院校省级名师9人,河南省职业院校省级骨干教师21人,全国水利职教名师5人,全国水利职教新星4人,全国水利系统首席技师1人。“双师型”素质教师比例为65%。

学校高度重视师德师风建设,2022年举办“当好引路人,一起向未来”师德主题教育征文和师德师风优秀案例评选活动,向省教育厅推选论文获评二等奖1篇;建立部门网站师德师风专栏,搭建师德师风举报平台;组织新入职的59名教师进行入职宣誓,全体教师签订《师德师风承诺书》。2023年师德师风建设相关活动荣获省教育厅一等奖1个、三等奖2个。

二、教学管理

为规范学校教学质量监控工作、提高教学质量、提升办学水平,学校构建了由教育教学信息反馈系统、督导系统、教学评价系统以及各项工作制度构成的教学质量监控体系,围绕学校教学质量管理目标、教学质量标准,开展教学质量信息的收集、处理、评估、诊断以及教学质量信息的反馈等教学质量保障活动。校督导组在全校范围内开展各项督导、检查、评估活动。通过深入教学一线对各教学环节进行巡视、监控、专项督导和评价性的听课,收集理论教学、实践教学过程和质量方面信息,进行研究、实时调控和具体评价,对教学事故进行调查并提出处理建议。系(部)督导组负责本系(部)教师教学过程的质量管理和监控,组织系(部)督导员听课评课、评学评教,协助教育质量监控办公室对系(部)日常教学过程、教学进度进行检查,并把教师备课、批改作业、课后辅导、课程考核、试卷分析等各教学环节纳入系(部)教学质量监控范围,对系(部)教学质量、教学效果和学风进行评价。学校通过巡课、开展优质课教学比赛、定期召开教学质量管理工作座谈会等方式对课堂教学、教师教学能力、师德师风、学风、校风建设、实践教学等关键点和主要环节实施监控,与深化教学改革、优质校建设以及内部质量保证体系诊断与改进工作相结合,切实加强内涵建设,不断提升人才培养质量。2024年教学质量监控体系架构逐步完善,修订《课堂教学质量管理办法》,综合运用教学督导、学生评教、专项评估等多种方式开展评估。

三、专业建设与教学改革

(一)专业建设

2021年学校面向区域经济结构,对接现代产业体系,对接河南发展战略,面向战略支柱产业和新兴产业,进一步优化整合专业群,将现有专业优化整合为8个专业群(见表6-1)。同时,以省级高水平专业群水利水电建筑工程专业群为引领,以环境工程技术专业群为特色,以道路与桥梁工程技术专业群、建筑工程技术专业群、测绘地理信息技术专业群、物联网应用技术专业群、机械制造及自动化专业群、现代物流管理专业群为支撑，形成“1+1+6”相互协同发展的专业群体系。

2022年为适应产业转型升级和产业链延伸发展，坚持“需求导向、整体优化、强化特色、动态调整”原则，制定了《专业年度审查及预警、淘汰实施方案》，升级改革传统专业，打造“互联网+”“绿色+”复合型专业，进一步优化了专业结构，突出专业特色。学校拥有53个专业，其中比上年新增了7个专业，分别是数控技术、大数据技术与应用、数字媒体应用技术、土木工程检测技术、城市轨道交通车辆技术、城市轨道交通运营管理、智慧水利。撤销水土保持专业。学校专业建设涉及水利、土木建筑、资源环境与安全、装备制造、电子信息、财经商贸、交通运输、能源动力与材料、文化艺术9个专业大类。学校重点专业特色见表6-2。

表6-1 专业群

序号	部门	专业群名称	专业群代码	专业数	专业群包含专业名称	备注
1	水利工程系	水利水电建筑工程专业群	450205	4	水利水电建筑工程、水利工程、水文与水资源工程、工程测量技术	高水平专业群
2		道路与桥梁工程技术专业群	500201	3	道路与桥梁工程技术、市政工程技术、城市轨道交通工程	
3	环境工程系	环境工程技术专业群	420802	5	环境工程技术、环境监测技术、生态环境修复技术、园林工程技术、环境艺术设计	特色专业群
4	经济管理系	现代物流管理专业群	530802	3	现代物流管理、市场营销、跨境电子商务	
5	土木工程系	建筑工程技术专业群	440301	3	建筑工程技术、建设工程管理、工程造价	
6		测绘地理信息技术专业群	420303	4	地籍测绘与土地管理、摄影测量与遥感技术、测绘地理信息技术、测绘工程技术	
7	信息工程系	物联网应用技术专业群	510102	3	物联网应用技术、移动互联应用技术、计算机应用技术	
8	机电工程系	机械制造及自动化专业群	460104	3	模具设计与制造、机械制造及自动化、数控技术	

表 6-2 学校重点专业特色

专业名称	河南省高水平专业	国家级骨干专业	教育部现代学徒制试点专业	创新发展行动计划省级骨干专业	河南省综合改革试点专业
水利水电建筑工程	☆	☆	☆		☆
建筑工程技术				☆	☆
计算机应用技术				☆	☆
工程测量技术	☆	☆	☆		
软件技术			☆		
现代物流管理			☆		
环境工程技术			☆	☆	
水利工程	☆				
水文与水资源工程	☆				

2023 年学校坚持以促就业为原则设置调整优化专业结构，紧密对接河南省产业布局、地方支柱产业及传统产业提质、未来产业发展等，发挥专业群集聚效应和服务功能，实现人才培养供给侧与产业需求侧结构要素的有机融合，设置 59 个高职专业，新增设专业 1 个，停招专业 8 个，优化调整水利水电建筑工程、环境工程技术、物联网应用技术、建筑工程技术、测绘地理信息技术、现代物流管理、机械制造及自动化、道路与桥梁工程技术、园林工程技术、电气自动化技术 10 个专业群（见表 6-3），制定了《专业群建设指导委员会章程》，成立了“专业群工作领导小组”、二级教学单位“专业群建设指导委员会”“专业教研室”三级管理架构。

表 6-3 “十四五”期间专业群建设规划

部门	专业群名称	专业群包含专业名称	等级
水利工程系	水利水电建筑工程专业群	水利水电建筑工程、水利工程、水文与水资源技术、智慧水利技术、土木工程检测技术	省级
	道路与桥梁工程技术专业群	道路与桥梁工程技术、城市轨道交通工程技术、市政工程技术、智能交通技术	校级
环境工程系	环境工程技术专业群	环境工程技术、环境检测技术、生态环境修复技术、智能环保装备技术	校级
	园林工程技术专业群	园林工程技术、风景园林设计、环境艺术设计	校级

续表 6-3

部门	专业群名称	专业群包含专业名称	等级
土木工程系	建筑工程技术专业群	建筑工程技术、智能建造技术、建设工程管理、工程造价、装配式建筑工程技术(拟2024年新增)	校级
	测绘地理信息技术专业群	测绘地理信息技术、工程测量技术、摄影测量与遥感技术、测绘工程技术(无人机测绘技术,拟2025年调整)	校级
信息工程系	物联网应用技术专业群	物联网应用技术、移动互联应用技术、计算机应用技术、大数据技术、人工智能技术应用	校级
机电工程系	机械制造及自动化专业群	机械制造及自动化、数控技术、模具设计与制造(调整为智能制造装备技术2024、数字化设计与制造技术2025)	校级
	电气自动化技术专业群	电气自动化技术、机电一体化技术、工业机器人技术、智能控制技术、工业互联网应用	校级
经济管理系	现代物流管理专业群	现代物流管理、市场营销、跨境电子商务、财税大数据应用、大数据与会计	校级

2024年为落实《河南省职业院校结构与产业结构匹配调整优化方案》和《关于深化河南省现代职业教育专业结构调整优化的实施意见》,为更好地指导人才需求分析和预测、专业设置必要性和可行性论证,跟踪调查行业、企业的发展状况和毕业生优化调整专业布局做好保障。学校落实《河南省专业设置预警和退出工作及教育部专业备案制度》,按照《河南省教育厅办公室关于做好全省职业教育专业设置预警和退出工作的通知》,开展了全校专业自查工作,优化调整了专业结构,2024年撤销了环境艺术设计等7个专业,新增智慧水利技术等4个专业,由原来的59个高职专业调整为56个专业。对接产业链,优化调整专业群建设,由原来的10个专业群优化调整为水利水电建筑工程专业群、环境工程技术专业群、建筑工程技术专业群、道路与桥梁工程技术专业群、现代物流管理专业群、物联网应用技术专业群、机械制造及自动化专业群、测绘地理信息技术专业群等"1+1+6"个专业群,专业结构进一步完善,专业群的集群效应进一步发挥,适应市场需求变化的能力进一步增强。

"1+1+6"专业群对应产业链

（二）教学改革

学校高度重视，不断推进教学改革取得新成果，2021年顺利通过教育部现代学徒制试点学校项目及全国水利优质校和优质专业验收，高水平高职学校和高水平专业建设方案通过省教育厅备案。获批省骨干教师培训基地1个、省职业院校"双师型"教师培养培训基地1个、省职业院校"双师型"名师工作室1个、省职业院校教师技艺技能传承创新平台1个。获批传感网应用开发、水环境监测与治理2个"1+X"证书制度试点省级师资培训基地。32名教师入选省教育厅课程思政教学名师。学校牵头成立了河南省水利环境职业教育集团。

2022年调整和完善了7个专业群人才培养方案，优化了65个高职专业（包括专业方向）的实施性教学计划。立项建设3门校级"思政课程"示范课程和26门"课程思政"示范课程；获省级"课程思政"示范课程4门。组织立项校级新形态教材建设15本，获批"十四五"首批职业教育河南省规划教材立项建设项目11门，全国水利"十四五"规划教材立项建设项目1门；获批省职业教育在线开放课程立项8门；智能建造技术专业教学资源库获批省级立项建设项目。推荐并获得全国水利优秀教学案例二等奖1项、三等奖1项，"水文化"育人优秀典型案例获得二等奖1项、三等奖1项；教育部能者为师典型案例1

个;获省教学信息化评选17件作品,其中一等奖3件,二等奖6件,三等奖8件。

2023年深化产教融合、校企合作,进一步推进"学徒制、订单式、企业冠名班"等多样化人才培养模式,2023年计划开展校企育人1125人,实际开展2977人。全面推进课堂教学模式改革,制订2023级实施性教学计划中体现项目化、模块化教学改革;在河南省第二十七届教育教学信息化交流活动中获一等奖2项、二等奖8项、三等奖6项,获全国水利优秀教学案例二等奖1项、三等奖1项,"水文化"育人优秀典型案例获得三等奖2项。

2024年全面推进课堂教学模式改革,在教学实施中推进项目化、模块化教学改革。2门课程入选国家在线精品课程,1个项目入选省教改项目重大项目,取得了重大突破。获省级专业教学资源库3个、省高等教育教学改革研究与实践立项项目5个、省高等教育教学成果奖5项、省职业教育教学改革项目4个、省哲学社会科学教育强省研究项目3个、省教育评价改革优秀案例二等奖1个、省工匠实验室1个。11部教材入选"十四五"首批职业教育河南省规划教材。在河南省第二十八届教育教学信息化交流活动中获一等奖1项、二等奖1项、三等奖9项,获全国水利类专业课程思政教学案例二等奖1项、三等奖2项,科教融汇典型案例获奖2项,"水文化"育人优秀推广案例1项。

四、重点项目建设

(一)省"双高工程"建设

全力做好省"双高工程"建设工作,2021年学校成立"河南省高水平高等职业学校和高水平专业群"项目建设领导小组,设立"双高工程"项目办公室,出台《"双高工程"实施管理办法》等制度文件,结合学校"十四五"规划,召开2021年度"双高工程"建设任务工作部署会,聚焦"一落实、四打造、五提升"十项建设任务,明确任务目标、规划建设进度、厘清年度建设思路。根据"双高工程"建设方案,分解细化建设任务,确定项目责任部门,明确分工、落实到人。"双高工程"建设方案共分为10项50个建设任务,确定了8个一级责任部门和22个二级责任部门。责任部门以任务目标为导向,主动对接"双高工程"建设任务分解方案,做好时间规划表,制定部门任务资料提交清单,积极推进各项工作任务落地实施。《"双高工程"实施管理办法》中包括"双高工程"实施项目建设例会制度、"双高工程"工作推进会、实施项目工作简报制度及月报信息发布制度。坚持将"双高工程"建设任务与日常工作相结合,紧密围绕"双高工程"建设项目开展各项工作,将任务分解和落实列入重要议事日程,列入部门工作计划,一并安排,一并推动。

学校稳步推进"双高工程"项目建设。2022年3月完成省"双高工程"中期验收工作,学校阶段性成果计划80项,完成72项,完成率90%;高水平专业群阶段性成果计划43项,完成41项,完成率95.3%。

2023年"双高工程"113项标志性成果完成84项,总进度为74%。获得52项、209个省部级以上成果。在2023年省教育厅开展的省级"双高工程"建设学校23项国家级标志性成果数据统计中完成了13项。

2024年4月,学校结合实际,科学谋划顶层设计,印发《2024年工作要点》,紧盯"双高工程"奋斗目标,加强党对人才工作的全面领导,为高效高质量推进"双高工程"建设提供坚强人才支撑,将"加强基层党组织建设""优化专业布局""深化产教融合、科教融汇""高质量完成'双高工程'建设任务”“为申报国家'双高计划'做好准备”等作为年度重点工作,为凝心聚力推进项目建设、高质量完成既定目标、提档晋级奠定制度保障。5月至6月,按照河南省教育厅《关于开展全省职业学校发展成果调研工作的通知》要求,统计上报2020年8月立项至2024年6月期间,学校在党建思政、人才培养、师资队伍、科研与科教融汇、产教融合和校企合作、社会服务、学校治理、信息化建设、国际交流、新闻媒体报道等10个方面获得57类254项省级以上成果,以及2020年、2021年、2022年、2023年度就业率(含升学率)、职业培训人次和财政投入情况数据。6月,按照河南省教育厅《关于开展河南省高水平高等职业学校建设单位调研和指导工作》等文件要求,学校领导参加了河南省“双高工程”调研指导工作会议,分阶段进行了汇报交流和现场考察,省内外“双高工程”专家组肯定了学校“双高工程”建设取得的成绩,并就水利行业特色凝练、高层次标志性成果、破解职业教育难题机制等方面提出了建设性建议。

2024年,学校领导主持召开“双高工程”工作推进会和项目建设专题会4次,按照建设方案和预期进度持续推进“双高工程”建设,组织各部门学习新一轮国家双高校遴选的相关资料,积极梳理观测指标,做好全国高等职业学校人才培养工作状态数据采集、专业群需求分析和可行性研究等前期准备工作。在完成预期建设任务的基础上,凸显特色、实现增量,展现出学校高质量的发展态势。

学校通过优势专业建设全面深化产教融合,精准对接国家战略和河南省“7+28+N”链群产业布局,围绕传统产业提质培优构建水利水电建筑工程高水平专业群、道路与桥梁工程技术专业群、建筑工程技术专业群,围绕生态环境治理和现代服务业构建环境工程技术特色专业群、测绘地理信息技术专业群、现代物流管理专业群,围绕新一代信息技术和高端装备产业构建物联网应用技术专业群、机械制造及自动化专业群,形成了富有水利行业特色、与区域产业链紧密对接的“1+1+6”专业群布局。以专业群建设为抓手,校企合作实施专业共建、教材共编、课程共担、师资共享、基地共建的产教融合“五共同”工程,建设国家骨干专业2个、省级示范与骨干专业5个,“十四五”国家级职业教育规划教材8部、省级职业教育优质教材6部、专业教学资源库4个、精品在线开放课程24门、职业教育一流核心课程(线下)4门、职业教育示范性虚拟仿真实训基地3个,建设校外实习实训基地、创新创业基地121个。

麦可思数据有限公司对学校“双高工程”服务对象满意度评价调研结果显示,在校生、毕业生、用人单位、学生家长、教职工满意度均在97%以上。光明日报、中国教育报、学习强国、人民日报客户端、河南日报客户端、河南省教育厅官网等10余家媒体报道学校“双高工程”建设成果、教育教学经验与人才培养特色,“双高工程”建设的示范引领作用凸显,学校社会影响力进一步扩大。

2024年,“双高工程”建设花繁果硕。累计获得国家级成果35项,较2023年增加11项。学校首次在全国大学生数学建模竞赛中获得二等奖,在首届全国大学生职业规划大赛中斩获银奖,“追寻历史足迹 增强文化自信”中华文化传承团首次入选全国重点社会实践团队。此外,2门课程被认定为2023年职业教育国家在线精品课程,填补了学校课程建设国家级成果的空白，至此，学校在专业、课程、教师、教材、基地的“五金”方面都有了国家级成果，为新一轮国家双高校申报遴选奠定基础。“双高工程”国家级成果名称统计见表6-4。

表6-4 “双高工程”国家级成果名称统计(2024年度)

序号	成果名称	数量	单位	颁发单位	获得时间
1	第七届全国高校大学生讲思政课公开课展示活动中荣获一等奖——《红旗渠就是纪念碑》	1	项	教育部高校思政课教学指导委员会	2024年2月
2	“我心中的思政课”第七届全国高校大学生微电影展示活动一等奖、三等奖	2	项	教育部高校思政课教学指导委员会	2024年3月
3	全国高校“礼敬中华优秀传统文化”宣传教育活动优秀作品——《红旗引领山河巨变》	1	项	教育部办公厅	2024年4月
4	首届全国大学生职业规划大赛银奖	1	项	教育部	2024年5月
5	教育部第三期供需对接就业育人项目	10	项	教育部学生司	2024年6月
6	第七届全国大学生网络文化节和全国高校网络教育优秀作品推选展示活动入选:《马克思主义为什么行?》	1	项	教育部思想政治工作司、中央网信办网络社会工作局	2024年9月
7	社会实践团队入选全国重点团队	1	个	共青团中央	2024年11月
8	2023年职业教育国家在线精品课程	2	门	教育部	2024年10月
9	2024年世界职业院校技能大赛银奖(水利工程BIM建模与应用、电子商务赛项)	2	项	教育部	2024年10月
10	2024年世界职业院校技能大赛铜奖(地理空间信息采集与处理、环境检测与监测)	2	项	教育部	2024年10月
11	全国大学生数学建模竞赛二等奖	1	项	教育部	2024年11月
12	“一带一路”暨金砖国家技能发展与技术创新大赛获奖	11	项	教育部中外人文交流中心	2024年10月
	合计	35	项		

（二）“1+X”证书

全面贯彻党的教育方针，落实立德树人根本任务，完善职业教育和培训体系，深化产教融合、校企合作，进一步发挥好学历证书作用，夯实学生可持续发展基础，鼓励学生在获得学历证书的同时，积极取得多类职业技能等级证书，增强毕业生职业活动和个人职业生涯发展所需要的综合能力，拓展就业创业本领，缓解结构性就业矛盾。学校将“1+X”证书制度试点与专业建设、课程建设、教师队伍建设等紧密结合，加快学历证书与职业技能等级证书的互通衔接，提升职业教育质量和学生就业能力。

学校积极响应并贯彻教育部《关于在院校实施“学历证书+若干职业技能等级证书”制度试点方案》，经管系积极进行试点工作，先后举办了“智能财税职业技能等级证书（初级）”“财务数字化应用职业技能等级证书（初、中级）”“物流管理职业技能等级证书（中级）”“金税财务应用职业技能等级证书（初级）”等证书的培训、考证工作，共培训学生525人次，考证平均通过率达到78.86%，其中“财务数字化应用职业技能等级证书（中级）”通过率达到100%。环境工程系根据系部实际工作情况，积极组织申报河南省“水环境监测与治理”“1+X”证书师资培训，2021年6月，河南省教育厅下文正式确定我校为河南省职业院校“1+X”证书制度试点省级师资培训承办单位，由环境工程系承担“水环境监测与治理”项目技能等级证书的师资培训任务，2021年7月29日至8月3日，环境工程系通过线上线下结合的方式成功完成师资培训。

学校不断推进“1+X”证书试点建设，积极推进人人持证工作要求。截至2023年，学校有建筑信息模型、智能财税、传感网应用开发、物流管理、财务数字化、工业机器人、污水处理等31类“1+X”证书试点。完成培训及取得证书人数3342人。教师参加“1+X”证书相关培训150余人，具备证书培训、考核评价等资格80余人。此外，学校承办省教育厅“1+X测绘地理信息数据获取与处理”“1+X无人机摄影测量”“1+X产品创意设计”3个省级师资培训，累计200人。

2024年学校完成培训及取得证书人数1579人，教师参加“1+X”证书相关培训120余人，具备证书培训、考核评价等资格。

（三）教育部试点院校

学校于2022年4月积极参与教育部智慧校园试点院校调研工作，编制、上报教育部智慧校园试点院校评审材料，并于6月被认定为教育部智慧校园试点院校建设单位。

（四）河南省信息化标杆校建设

2024年学校参照《职业院校数字基座高职数据标准及接口规范3.0》，结合实际优化学校数字基座建设，实现了统一数据标准、统一数据归集、统一数据交换、统一数据接口，为消除“信息孤岛”和各业务系统集成提供了保障。

完成学校教务系统、宿舍管理系统的升级与部署，解决辅导员可以查看宿舍、查看成绩等关键问题，极大提升了学校教务管理与宿舍管理的效率。上线“校长信箱”，搭建师生与学校的沟通桥梁。实现全校手机短信消息推送功能，上线“机动车备案申请”“校内工程施工审批”“政府采购审批”“科研经费使用申请”“退电费申请”等表单及流程，制作完成“学生线上请销假”流程。构建AI督导巡课平台，有效解决学校在智能巡课方面跨校区、跨平台的线上巡课障碍，将航空港校区不同录播平台进行融合，实现统一管理；在新建常态化录播教室中,探索实践 AI 赋能课堂教学质量监测与提升新模式。完成学校的 IOP 物联网智慧教学融合平台升级部署,新平台实现更多的辅助管理功能,完成课表对接,实现自动管控,通过与学校统一身份认证的对接,实现教师扫码开启设备等功能,更好地提升教学质量,优化教学资源分配,实现更加智能化、个性化的教学管理。部署电子班牌发布系统。对学校航空港校区以及花园路校区所有班牌进行统一管控与个性化内容的统一发布,不仅可以实现教室状态的集中展示(上课、空闲等),更能优化教室的巡课、信息预览等功能模块,促进学校教学智慧化管理水平,丰富宣传媒介。为教师录课、学校竞赛、项目评审提供技术支持,为校内竞赛提供转播、设备使用的技术保障,校外竞赛派专人跟随进行全程运维支持;为学校 2024 年河南省教育教学成果奖申报搭建网站提供技术辅助。

五、专业技能竞赛

学校坚持以教促训、以赛促教的原则,鼓励和支持学生参加各种技能竞赛。通过技能大赛的开展,有效地推动了学生学习专业知识的积极性和学校对专业教学的改革。

2021 年学校在各类比赛中获得佳绩。在省教师团队教学能力大赛中获得一等奖 1 个、二等奖 2 个、三等奖 3 个。在省青年教师创新大赛中获得一等奖 4 个。在学生技能大赛中获国家级二等奖 2 个,省级特等奖 1 个、一等奖 6 个、二等奖 9 个、三等奖 12 个。在省大学生“华光”体育活动第二十一届田径运动会上,获得男子团体总分第五名、团体总分第十名的历史最佳成绩。在省大学生第三届“五人制”足球比赛中获得女子组第三名、男子组第六名的历史最佳成绩。在省大学生“华光”体育活动第十六届乒乓球锦标赛中获得女子单打第四名的好成绩。

2022 年师生技能大赛屡获佳绩。教师获省级教学能力大赛一等奖 2 个、二等奖 1 个、三等奖 2 个。学生技能大赛获国家一等奖 1 项,省级特等奖 2 项、一等奖 3 项、二等奖 3 项。在河南省“互联网+”大学生创新创业大赛中获省级二等奖 1 个。

在土木工程系各专业教学过程中,立足专业实际,将专业技能竞赛融入课程体系中,且在日常课程教学过程中加设专业竞赛知识和技能培训内容,由此形成具有较强竞争力的课程体系,在学生学习过程中根据竞赛内容及标准来评定学习成果,以此实现“以赛促学”“以赛促教”“以赛促训”的目的,取得显著成效,学生技能水平提升明显,在 2022 年全国职业院校技能大赛工程测量赛项中荣获第一的好成绩。

2023 年学生大赛实现新辉煌:学生技能大赛获国家一等奖 2 项、三等奖 2 项,省级一等奖 13 项、二等奖 26 项、三等奖 11 项。在国赛和全国水利职业院校技能大赛中均取得了历史性突破,其中在 2023 年全国职业院校技能大赛高职组地理空间信息采集与处理赛项中斩获团体一等奖,在 2023 年全国职业院校技能大赛(高职组)水利工程 BIM 建模与应用赛项中,获得团体一等奖。在 2023 年“挑战杯”竞赛中荣获一等奖 1 项、二等奖 2 项、三等奖 7 项的好成绩,创历史新高。

在 2024 年世界职业院校技能大赛高职组比赛水利工程 BIM 建模与应用、电子商务、地理空间信息采集与处理、环境检测与监测 4 个赛项中,取得 2 银 2 铜的历史最佳成绩。在首届全国大学生职业规划大赛中获银奖 1 项,在全国大学生数学建模竞赛中获二等奖，取得历史性突破。在其他各类竞赛中获国家级奖项36个、省级奖项109个，在体育赛事中获省级奖项19个。

从大赛中涌现出的优秀选手，凭借专业技能成为企业的技术能手。坚持把技能大赛作为检验教育教学质量的“试金石”和提升学生技能水平、培养工匠精神的重要途径。这也是学校人才培养质量、高水平专业群建设、“岗课赛证”融通、综合育人成效的充分体现。通过创新体制机制、深化产教融合，提高学校在职业教育中的核心竞争力，为国家和地方培养更多高素质技术技能人才。

六、科研成果

为健全科研管理制度体系，学校及时修订了《横向科研项目管理办法》《教科研工作奖励办法》《教科研配套经费与资助办法》，优化了科研激励机制，提高了广大教职工参与教科研的积极性。一是为教师发展搭建校级科研平台，鼓励教师参与校内外各级各类科研项目，就相关专业的教科研问题展开研究，积极促进科研成果转化，在努力提升教师教育教学质量和科研能力的同时，推进学校教科研工作的高质量发展。二是加强对科研管理人员的培训，强化服务学校教科研各项工作的意识，积极主动营造良好的科研氛围，以优质的服务促进学校教科研建设。

2021年学校一批市厅级以上科研项目和科研平台获得立项：河南省科技厅“河南省水生态智能装备工程技术研究中心”立项1项；河南省社会科学界联合会调研课题立项4项；河南省教育厅人文社科项目立项3项；河南省教育厅职业教育教学改革研究项目立项2项；河南省教育科学“十四五”规划2021年一般课题立项1项；河南省教育厅青年骨干教师项目立项4项；河南省水利厅科技攻关项目立项1项；河南省科技厅2021年河南省重点研发与推广专项（科技攻关）项目获批4项，其中：由校长郑志宏教授主持的“基于DNRA的硝酸盐废水资源化技术研究”项目获河南省科技厅10万元经费支持。课题结项方面：河南省社会科学界联合会调研课题结项3项；河南省教育厅职业教育教学改革研究与实践项目结项6项；河南省教育厅高等学校重点科研项目结项2项；郑州市社会科学重点调研课题结项1项；“河南省南水北调中线一期工程受水区地下水压采年度绩效评估”横向技术服务合同结项1项。成果获奖方面：河南省社会科学界联合会部门项目一等奖2项；河南省教育科学研究优秀成果奖二等奖2项；在河南省教育厅举办的第六届大学生艺术展演活动中，获得一等奖1项、二等奖1项、三等奖5项；两门教材被列入教育部国家“十三五”规划教材。其他成果方面：公开发表各类论文325篇，其中中文核心期刊论文39篇、SCI论文3篇；主编、参编各类教材、论著42部；授权各类专利185项。

2022年学校自筹260余万元支持各类教科研项目的开展，提高了广大教职工参与教科研的积极性。在河南省科技厅下达的《河南省2022年科技发展计划》中，学校共有8个河南省重点研发与推广专项项目获批立项支持，科技攻关项目6个，软科学项目2个，获批项目数量较上年实现翻倍增长。其中，邢培振老师主持的“基于5G的高校后勤服务智能化风险预测与处置关键技术研究与应用”项目，获河南省科技厅10万元经费支持。在河南省教育厅《关于公布2021年度河南省高等教育教学改革研究与实践立项项目的通知》中，学校主持和参与申报的10个项目获批立项。本科教育类项目参与2项,均为重点项目;高职教育类项目主持4项、参与3项,其中重点项目4项、一般项目3项;高校思政课类项目主持1项。发表论文90篇,其中中文核心论文11篇、SCI论文5篇;授权各类专利11项,其中发明专利1项。主编、参编各类教材和著作15部。获省教学成果一等奖1个、二等奖1个,省职业教学优秀教学成果二等奖2个,省社科联优秀调研成果一等奖1个、二等奖1个,省教育信息化优秀成果一等奖1个、二等奖1个。

2023年获批省级立项建设专业资源库1个;获批省级课程思政教学研究中心1个、课程思政示范项目5个;8门省级精品在线开放课程获得验收通过,4门一流核心课程(线下)获省级认定,新增立项建设6门;获批省级示范性虚拟仿真实训基地1个;获批国家职业教育"十四五"规划教材7部,省级优质教材6部;现代职业教育建设改革11项重点任务中7项通过平台推送至教育部。发表论文106篇,其中中文核心论文13篇、SCI论文10篇,授权各类专利15项,其中发明专利1项。主编、参编各类教材和著作7部。获得省教育科学研究优秀成果二等奖2个、省大中专院校就业创业课题三等奖、省教育信息化优秀成果二等奖4个、省人力资源和社会保障优秀成果三等奖1个。

2024年科研水平稳步提高。完成12个校企研发中心的入库备案,其中1个获批为河南省校企研发中心。2024年度校外纵向项目立项45个,其中省科技发展计划项目12个(科技攻关10个、软科学2个),6个项目获得资助。全年各类纵横向项目到账总金额约1269万元,超额完成预期目标,其中横向项目实际到账金额约1087万元。学校教师发表论文187篇,其中中文核心论文7篇、SCI论文8篇、SSCI论文1篇、EI论文5篇;授权各类专利13项,其中发明专利6项;主编、参编各类教材和著作17部,11部教材入选"十四五"首批职业教育河南省规划教材书目;获省教育科学研究优秀成果二等奖1个,荣获河南省高等教育教学成果奖7项。

七、实验实训基地及图书馆建设

(一)实验实训基地建设

(1)校内实训基地建设。实践技能的培养是职业教育的核心环节。学校全面落实立德树人根本任务,聚焦产业发展,强化学生实践动手能力培养,致力于打造产业链、教育链、人才链、创新链一体产学研生态圈,对推动教育教学改革、赋能"产业、专业、就业"融合发展发挥了重要作用。

学校已建成一批集实践教学、现代学徒培养、师资培训、技能鉴定、社会服务等多功能于一体的综合性职业技能实训中心。截至2024年底,已建成各类实验教学中心(室)和科研基地平台48个,其中国家级工程中心2个、省级实训基地12个,总面积达到19277.43平方米,设备总值约1.16亿元;校企共建共享实训场所3个。这些设施能够充分满足全院各专业实训教学、科研、"1+X"证书认证和社会服务的需求。

(2)校外实训基地建设。学校在加强校内实验实训基础设施建设的同时,也非常重视校外实训基地建设。根据学生职业能力培养的要求,依托行业和社会资源,先后选择了一批生产规模适度、技术装备先进、管理科学规范、人员素质较高的企业单位,建立了40多个稳定的校外实训实习基地,覆盖了我校所有专业,为学生提供了真实的生产工作环境,能够根据教学计划合理安排专业实习、毕业实训、顶岗实习等实习实训项目。在实训过程中,部分学生与实习企业达成了就业意向。部分校外实训基地情况见表6-5。

表6-5 部分校外实训基地情况

序号	实训基地名称	面向专业	实习项目
1	河南省水利勘测有限公司	水工、水建、道桥、造价-水利	顶岗实习、认识实习
2	河南省前坪水库大坝标项目部	水工、水建、给排水	认识实习、顶岗实习
3	河南水利投资集团有限公司	监理-水利、道桥、水建	认识实习、顶岗实习
4	河南省出山店水库建设管理局	水电	认识实习
5	济源市水土保持科学研究所	造价-水利、水工、水建	顶岗实习
6	鲁山县水土保持试验站	水文、水政、给排水	认识实习
7	许昌水利建筑工程有限公司	城轨、水建、水工	顶岗实习
8	河南省水利第二工程局公司	水工、水建、水电	顶岗实习、认识实习
9	河南易标软件科技有限公司	道桥、市政	顶岗实习
10	洛阳白马寺水文勘测站	水文、水政、水建	认识实习、竞赛实训
11	中国水电集团	建工、监理	认知实习、施工实习
12	中铁上海设计院	建工、造价、建信	认知实习、造价实习
13	河南省第一建筑工程集团有限公司	建工、地隧、造价、监理、建信	专业实习、顶岗实习、施工实习
14	河南五建建设集团有限公司	建工、地隧、造价、监理、建信	专业实习、顶岗实习、施工实习
15	广联达科技股份有限公司	建工、地隧、造价、监理、建信	认知实习、顶岗实习
16	杭州品茗安控信息技术有限公司	建工、地隧、造价、监理、建信	认知实习、顶岗实习
17	河南精工工程管理咨询有限公司	建工、地隧、造价、监理、建信	认知实习、专业实习、顶岗实习、施工实习
18	浙江华东测绘地理信息有限公司	测量、测工、测信、地测	认知实习、专业实习、顶岗实习、测量实习
19	武汉航天远景科技股份有限公司	测量、测工、测信、摄测、地测	认知实习、专业实习、顶岗实习、测量实习
20	北京航天宏图信息技术股份有限公司	测量、测工、测信、摄测、地测	认知实习、专业实习、顶岗实习、测量实习
21	江苏恒科新材料有限公司	机电、电气、供用电	顶岗实习

续表 6-5

序号	实训基地名称	面向专业	实习项目
22	芜湖万里扬变速器有限公司	机械、模具、数控	顶岗实习
23	河南得云文化传播有限公司	计算机应用技术	多媒体制作、广告设计、平面艺术设计等
24	河南汉威电子股份有限公司	电气自动化技术、物联网应用技术、计算机应用技术	物联网、传感器、嵌入式开发等
25	河南省汇通企业咨询服务有限公司	计算机应用技术	计算机网络、多媒体、软件开发、计算机组装维护等
26	河南厚溥教育科技有限公司	物联网应用技术、计算机应用技术、电子商务技术	软件开发、企业信息化管理、网络推广等
27	河南八六三软件股份有限公司	物联网应用技术、计算机应用技术	软件开发
28	河南易贝电子商务有限公司	电子商务技术	认识实习、顶岗实习
29	郑州安装建筑企业管理咨询有限公司	物流管理、市场营销	顶岗实习
30	河南恒企会计师事务所(普通合伙)	会计、财务管理	认识实习、毕业实训
31	河南德鑫房地产评估有限公司	房地产经营与管理、市场营销	认识实习、毕业实训、顶岗实习
32	河南易居房地产顾问咨询有限公司	房地产经营与管理、市场营销	认识实习、顶岗实习
33	河南新百福国际物流有限公司	物流管理、会计、市场营销	顶岗实习
34	河南易通跨境供应链有限公司	会计、物流	认识实习、顶岗实习
35	郑州风神物流有限公司	物流	认识实习、顶岗实习
36	郑州宇通客车股份有限公司	物流	顶岗实习
37	郑州澳鲜物流有限公司	物流	顶岗实习

续表 6-5

序号	实训基地名称	面向专业	实习项目
38	河南联想财务管理有限公司	会计、财务管理	认识实习、顶岗实习
39	河南西联速递有限公司	物流管理	认识实习
40	河南捷龙报关服务有限公司	物流管理	认识实习

(二)图书馆建设

学校图书馆本着一切为读者服务的宗旨,围绕优化服务,拓展图书馆教育和信息的功能,从读者服务、业务管理、读书活动、提高人员素质入手,开展了一系列的工作,不断为本校教学、科研和知识创新提供文献信息服务。

2021 年新增纸质图书 19042 册。另新增电子资源:①万方数据知识平台:学位论文 5 万篇和期刊论文及期刊 230 万篇;②中国知网:期刊 5428 种、博士论文 21678 篇、硕士论文 280534 篇、会议论文 35.9 万篇、报纸 120 万篇。开通掌阅精选新书精选书数据库、"可知"电子书平台、设计师之家资源库、中国经典水利史料数据库、CIDP 建筑业数字资源平台、新东方多媒体学习库等平台供师生试用。

2022 年新增纸质图书 12308 册,新增百度文库高校版数据平台,目前共开通数据平台 22 个。信阳校区和航空港校区购置安装了电子借阅机,补足纸质图书不足的短板;花园路校区引进电子书阅读器,提升读者进馆体验;航空港校区增设朗读亭,为朗读爱好者提供了专业设备。

2023 年新增纸质图书 10.13 万册,数字资源折合图书 346 万册。移动图书馆年访问量 152 万次,流通总量 1.02 万次,阅读时长 5722 小时;电子书下载量 8.8 万册,电子资源访问量 17.3 万次,下载量 12.2 万次。我校图书馆荣获 2023 年度河南省"全民阅读先进单位"荣誉称号。

2024 年新增纸质图书 15.14 万册,累计馆藏纸质图书 83.8 万册。截至 2024 年,电子资源中学位论文 315.4 万篇;电子期刊 20.1 万册;音视频 1300 小时;电子图书 41.6 万册。移动图书馆的访问量 68 万余次;总阅读时长 23 万小时;电子书的下载量 273036 次,非书的其他电子资源访问量 211414 次,下载量 67592 次。开通 25 个数据平台,CNKI 中国知网学术资源数据库、维普中文期刊服务平台、百度文库高校版、万方论文选题辅助平台、设计师之家资源库、中国经典水利史料库等平台供师生试用。

2021—2024 年图书馆三大品牌活动——"新生的入馆教育""读书月系列活动""信息素养大赛"贯穿全年,"数据库讲座""主题观影""专题书展""特色配音"等活动穿插进行。如"万方杯"2021 年全国高职院校信息素养大赛,共吸引我校 2636 名学生通过竞赛系统报名参赛,入围国赛学生 2 名,并荣获省赛学生组三等奖 1 名,学校图书馆荣获由省高校图工委颁发的最佳组织奖。2022 年举办第十三个读书月活动,8131 人参与,362 人获奖。在第三届河南省高校大学生"踔厉奋发正青

春 笃行不怠向未来”主题诵读大赛中,获最佳组织奖,个人一、二、三等奖各1个及优秀奖3个。在“中文在线杯”2022年全国高职院校信息素养大赛中,5名学生参加省赛,2名进入国赛,获省赛教师组全省二等奖1名、三等奖1名;学生组二等奖1名、三等奖3名;教师组先进工作者1名;国赛二等奖1名;图书馆获最佳组织奖。2024年为全面提高大学生的素质,丰富学生活动,使阅读推广活动常态化,图书馆共组织61次活动。通过活动的开展,进一步营造了良好的校园文化氛围,增强了“全民阅读”活动的吸引力和师生参与度。

第三节　学生管理与招生就业

一、学生管理

(一)构建“大思政”育人格局

2024年学校制定《全面推进“大思政课”建设工作方案》《“时代新人铸魂工程”实施方案》,成立了马克思主义学院,与华北水利水电大学签署马克思主义学院结对共建工作协议,挖掘课程、实践、文化、网络、心理等育人功能,推进“大思政课”建设工程等落地见效,学校获厅级以上思政类项目品牌奖项38项。学校是全国高校“礼敬中华优秀传统文化”宣传教育活动全省唯一入围单位,第七届全国高校网络教育优秀作品全省唯一入选高职院校,在第七届全国高校大学生讲思政公开课、微电影展示活动中获得一等奖2项、三等奖1项,获全国水利类专业课程思政教学案例二等奖1项、三等奖2项。

(二)加强团组织建设

2021年,健全校系两级“青马工程”培养体系,扎实开展“青马工程”,校级“青马工程”共培养学员75名,六个系的团总支共培养学员85名。

坚持召开“双代会”(团员代表大会和学生代表大会)。2021年11月2日、2022年6月20日、2023年12月12日、2024年4月23日分别召开了第五次、第六次、第七次、第八次“双代会”。通过“双代会”的召开,收集并反映学生在学习、生活、权益保障等方面的诉求,选举产生团委委员、学生会等学生组织的领导机构,确保学生组织代表学生意愿、服务学生群体,有效凝聚了团员和青年学生的力量。

二、校园文化建设及实践育人活动

(一)丰富校园文化生活,打造精品社团

1.机械创新社

我校机械创新社自2021年9月成立以来,以“匠心设计,机创精品;锐意进取,智创未来”为宗旨,旨在为我校广大机械创新爱好者提供一个机械设计制造、数控编程、多轴加工技术、科技创新与技术

交流的平台，是一个集学术性、科技性、实验性、竞技性于一体的学生社团。

2022 年 6 月合影

每周以技术部为核心进行学科软件授课辅导，以 AUTOCAD、UG 软件为主的大班教学，以 SOLIDWORKS、CATIA、MASTERCAM 软件为主的小班教学，既保证了社团周周有内容，也提高了社团成员学习的积极性和软件水平。

2023 年赛前学习

机械创新社积极申报每年的大学生创新创业计划项目，积极参与“全国大学生机械创新设计大赛”“中国大学生工程实践与创新能力大赛”“全国三维数字化创新设计大赛”“挑战杯”“机械创新设计大赛”“互联网+”等竞赛。2023 年荣获第八届河南省大学生机器人竞赛机器人创新赛一等奖、二等奖，第十六届河南省“挑战杯”大学生课外学术科技作品竞赛一等奖；2024 年荣获第七届中国高校智能机器人创意大赛二等奖，第七届中国高校智能机器人创意大赛河南省赛区一等奖，2024 年“挑战杯”大学生创意计划竞赛校内竞赛一等奖，第十一届全国大学生机械创新设计大赛河南赛区一等奖、二等奖。

2.思维矩阵社

我校思维矩阵社于 2024 年成立，属于学术类社团，旨在引导学生深入学习先进成图技术，主要包括 CAD 和 BIM 软件的基本操作和在专业领域的具体应用，并组织学生参加相关技能竞赛，提高学生的专业素养和综合素质。鼓励学生交流协作，协同创新，共同探索先进成图技术与工程信息化建模的前沿领域。

社团在水利工程设计实训中心开展晚间训练和短期集训，配备了专业的教师团队进行现场教学，由经验丰富的学长进行实时指导，逐步引导学生深入掌握成图技术与工程信息化建模的理论知识，稳步提升 CAD 和 BIM 软件的操作技能。社团定期举办沙龙交流活动，围绕特定主题展开讨论，分享各自的经验和见解，充分发挥集体的智慧，激发创新思维，拓宽知识视野。

社团精心策划并成功举办了河南水环学院第一届“水梦相连，未来可期”主题成图技能大赛，吸引了近百名同学的积极参与。在河南省第十六届“高教杯”大学生先进成图技术与产品信息建模创新大赛中，荣获水利类团体一等奖；在第十七届“高教杯”全国大学生先进成图技术与产品信息建模创新大赛中，荣获水利类团体一等奖。

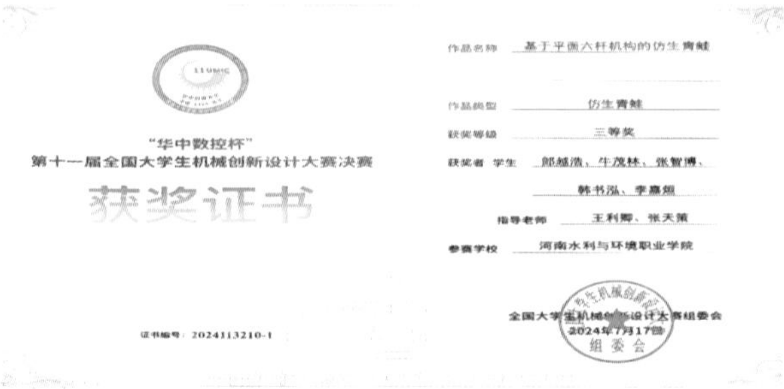

参加2022年第七届中国高校智能机器人创意大赛

参加2024年河南省绿色制造应用技术职业技能大赛

社团获得的奖杯和证书

(二)营造校园文化氛围,打造品牌活动

1.以团课为抓手,开展丰富的主题团日活动

校团委以团课为纽带,创新打造立体化主题团日教育体系,在思想引领与实践育人方面取得显著成效。通过“理论+实践”“课堂+基地”的融合模式,将政治理论学习与沉浸式体验相结合,使团员青年在情景体验中筑牢信仰根基。2020年12月

8日，为回溯历史、缅怀先烈，引领同学们进一步了解“一二·九”运动的深刻含义及重要意义，开展纪念“一二·九”运动85周年活动主题团日，集中回顾了这段历史，并展开讨论，旨在引领同学们牢记历史，明确使命，不忘责任担当。12月20日，组织花园路校区部分团学干部“赴豫西抗日根据地学习”主题团日活动。12月13日，校团委组织我校100名学生干部前往开封兰考县进行“焦裕禄精神学习实践”主题团日活动。2021年清明节组织青年学生前往郑州市烈士陵园进行团日活动。4月，我校团委青年发展部组织青年学生赴二七纪念塔进行以“弘扬五四精神，牢记青年使命”为主题的五四青年节团日活动。11月，举行“学习贯彻党的十九届六中全会精神和省第十一次党代会精神”主题团日活动。

主题团日的成功举办既强化了团员意识教育，又提升了组织凝聚力，真正使团组织成为引领青年成长的思想灯塔。

2.以社团为载体，开展形式多样的校园文化活动

2020年，以“六好”为标准，以“两创两争”为载体，广泛开展文明校园创建活动，积极组织广大师生开展“学雷锋，树新风”、疫情防控、世界环境日、爱国卫生运动、爱心公益、慈善捐款、文明结对志愿服务等活动。利用重大节日和纪念日，深入推进各类校园主题教育活动。大力弘扬优秀文化，坚持把中华优秀传统文化、革命文化、社会主义先进文化教育贯穿人才培养的全过程。加强网络文化建设，组织开展“世界水日、中国水周”网络宣传、国家网络安全宣传、大学生网络安全知识竞赛、校园网络优秀作品征集展示等活动。深入开展最美水院人、文明单位和个人等典型选树活动。

2021年周密部署暑期“三下乡”社会实践活动，组建了“重走红色足迹 传承红色记忆”党史学习教育实践团、水环党史实践团、水环国情考察队、沿黄社会实践团、“寻红色足迹”党史教育实践队、信息爱心助老队、心系环保志愿团7个社会实践团队，共120余名师生开展社会实践。12月举办以“百年奋斗 强国有我——党的十九届六中全会精神学习成果展示”为主题的演讲比赛。

2024年6月，为深入学习贯彻习近平新时代中国特色社会主义思想和党的二十大精神，校团委组织98名青马班学员和团学干部赴洛阳开展“青春为中国式现代化挺膺担当”主题教育实践活动。为加强对青年学生的思想政治引领，成功举办“青春心向党 筑梦向未来”微团课大赛，全校500余名师生共同观摩。持续打造“榜样水院”“水文化艺术节”等精品文化品牌。《与水同行 涵育五心 打造校园文明创建新样板》《炎黄之后以水润心，黄河之滨以文化人——河南水利与环境职业学院水文化“六维”育人体系实施途径》，分别荣获第三届全国水利职业院校文明校园建设典型案例三等奖、“水文化”育人典型案例三等奖。大力开展各类艺术实践活动，成效显著。在河南省第七届大学生艺术展演活动中，学校斩获二等奖4项、三等奖2项。入选第四届水利职业院校“水文化”育人社会实践优秀典型案例，获评2023年度河南省“全民阅读先进单位”。在河南省高校第四届“智信杯”信息素养挑战赛中获二等奖2个、三等奖3个，学校获“优秀组织奖”。水文化馆、校史馆初步建成。

（三）实践育人成果

2020年组织学生参加河南省“互联网+”大学生创新创业大赛职教赛道比赛暨第六届中国国际“互联网+”大学生创新创业大赛职教赛道河南赛区选拔赛，学校有3支团队入围省级决赛，并获一等奖1个、三等奖2个。举办学校2020年职业生涯规划大赛，推荐3名学生参加河南省2020年职业生涯规划大赛，均获优秀奖。学校被水利部文明委确认继续保留“全国水利文明单位”荣誉称号，被中共郑州市委、郑州市人民政府命名为“郑州市文明校园”，被省水利厅表彰为2019年度精神文明建设先进单位、志愿服务工作先进集体。

2021年做好思想政治理论课实践教学基地建设工作。与省内十几个红色景点、博物馆、名人故居等单位联系沟通，突破各种客观障碍，签约了多个实践教学基地，特别是黄河花园口实践教学基地的建立，使得学校成为第一个在此挂牌思政课实践教学基地的学校，不仅有助于提升人才培养质量，也提高了学校的知名度和影响力。同时，将党建工作和课堂教学有效结合。在中国共产党成立100周年、全党开展党史学习教育之际，结合党建工作，依据教学工作实际，用活红色资源，推动党史学习教育进课程内容、进教学过程，组织党的创新理论宣讲50场、思政课教师巡讲12场，开展了“讲好革命故事 传承红色基因”课堂革命等多项活动，部分活动被河南省水利厅官网、河南高教微信公众号、河南省教育厅官网等多家媒体报道。继续推进领导干部上讲台讲思政课常态化。10位校领导紧扣时代主题和学生关注的热点话题，结合自身多年的经验，将理论与实践相结合，通过大量翔实的案例，教育引导学生自觉肩负起时代发展大任，坚定理想信念、发扬斗争精神、培养爱国主义情怀，在学习中增长知识、锤炼品格，做新时代中国特色社会主义事业的合格接班人和可靠建设者。把握教育契机，从党史学习教育、汛情疫情、习近平总书记“七一”重要讲话等多方面选取育人素材，以育人元素为主线，领导干部、广大教职员工积极开展“思政第一课”，加强了对学生的思想政治教育和价值观引领。2021年学校青年志愿者协会被省卫健委、省教育厅、省红十字会授予“2020年度河南省大中专院校无偿献血工作优秀团队奖”。

2022年“学习强国”发布我校实践育人专题内容。学校通过搭建实践育人平台、组建实践育人团队、确立实践育人项目和开展实践育人活动，积极推动思政教育从课堂对话转向实践行动、变理论教育为社会体验，取得了良好成效。

建平台，搭建实践育人载体。广泛与企业、博物馆、水利景区、水情教育基地等开展合作，建立思想政治理论教育实践基地、社会实践教育基地、文化教育基地等，搭建思政教育实践育人平台，为学生提供实践体验的场所、平台。比如，与黄河博物馆、郑州花园口水利风景区、郑州黄河河务局惠金黄河河务局等多家机构建立合作关系，成立了10个思想政治理论教育实践基地，弥补课堂思政教学的局限，使广大学生在实践体验中感受马克思主义中国化的真理伟力；与陆浑水库、白沙水库、河南源清水利技术有限公司等河南省内水管单位合作，成立学生专业实习和社会实践基地，通过专业实习把专业知识与具体工作实际相结合，提升学生职业岗位体验，培养职业精神；与郑州市河道管理处共建水文化教育实践基地，开展水情教育，弘扬新时代水利精神、传承优秀水文化；与郑州树木园、河南日盛综合检测有限公司等多家机构建立了生态文明教育和企业文化教育实践基地，学习企业的优秀文化，使校园文化与企业文化相互对接，弘扬践行工匠精神，为学生向社会角色转换提供有利环境；与郑州市动物园、北林路街道办事处、金水区凤凰台党群服务中心等社区公益机构合作，搭建社区志愿服务平台，让学生在参与社会服务中学会承担社会责任；建设学校新时代文明实践中心，带领学生到地方、基层对口帮扶开展文明创建活动。

组团队，聚合实践育人力量。秉承“奉献、友爱、互助、进步”的志愿精神，河南水利与环境职业学院充分发挥教师志愿服务大队和学生志愿服务大队在参与社会服务、开展公益行动方面的作用，组建学校“社会实践重点团队”，依托校团委组建了绿色守望团队和爱心小天使团队，依托环境工程系组建了黄河生态情况调研队和心系环保志愿服务队等。各团队根据自身定位，制订详细计划，充分发挥学生所学专业知识，由老师带头开展社会实践服务活动。如，环境工程系的心系“大美环工”文化系列活动，不仅通过开展校园环保技能竞赛、互联网+创业大赛、“爱护树木、美化校园”青年志愿者活动、校园花草树木悬挂植物标牌活动等，营造了浓厚的“大美环工”绿色生态校园氛围；而且主动走入环保公司、处污企业、河道沟渠和公园，进行生态保护、垃圾分类等知识宣传和志愿服务活动，带领学生积极参与社会公益服务活动，增强了学生的社会责任意识。

立项目，凸显实践育人主题。结合专业教育，学校遴选确定了“河小文”黄河流域非物质文化遗产青少年研学交流项目、“河小识”助力黄河流域中心城市垃圾分类、“做黄河卫士，习大河文化”、电子商务运作实训、“爱心粥屋献爱心，志愿服务暖人心”、“科学理财，理性消费”等社会实践重点项目。各项目依托专业特色，以指导老师牵头、系部学生广泛参与的形式，做到了有规划、有组织、有活动，在理想信念教育、社会主义核心价值观、文明创建、文明风尚行动等方面开展了一系列实践活动，取得了良好的社会效应和思政育人效果。如，在“河小文”黄河流域非物质文化遗产青少年研学交流和“河小识”助力黄河流域中心城市垃圾分类两个项目活动中，每年利用寒暑假时间，组织家在郑州、开封、三门峡等地的水利工程类专业学生，分别前往郑州市黄河博物馆、开封市毛主席视察黄河处、三门峡市黄河公园等黄河文化遗址，进行黄河流域非物质文化遗产学习、交流，协助当地管理部门进行黄河文化宣传、环境保护等，促使青年学生积极参与黄河文化的学习、弘扬和践行中，以实际行动参与到黄河流域生态保护和经济社会高质量发展国家战略中。

抓活动，开展实践育人行动。突出志愿服务特色，师生齐心协力参与，开展了形式多样、内容丰富的实践育人活动。一是助力疫情防控，把常态化校园疫情防控与常态化志愿服务活动结合起来，组织师生志愿者参与疫情防控最前线工作，让志愿者讲述自身故事，身体力行，感染师生。

二是助力环境保护，充分发挥在水利与环境方面的专业优势，突出开展关爱山川河流志愿服务行动。如，在“世界环境日”当天，学校新时代文明实践中心组织环境类专业学生到结对服务单位驻马店平舆县，与县文明办、河南水投舆源水生态有限公司联合开展“人与自然和谐共生”主题志愿服务活动，通过宣传展板、讲解环保知识、发放宣传资料、拉设宣传横幅等多种形式，既向群众讲解展示了“人与自然和谐共生”的主题内涵，也在潜移默化中增强了学生环境保护的意识。三是倡导爱水节水，突出抓好“世界水日、中国水周”主题活动，通过节水爱水倡议签名、主题班会、专家专题讲座、到社区发放《水文化手册》、摆放宣传展板、参观节水展馆、承办参与水利科技周等实践活动，使学生参与爱水节水宣传教育、养成良好节约用水习惯。四是助力社区服务，组织开展慈善捐款、便民服务、助老敬老等多种形式的志愿服务，使学生走进社区，了解基层百姓生活，共建美好家园。五是助力城市文明，通过开展城市文明、文化公益、网络文明传播等志愿服务活动，把道德讲堂由学校、教室转到社会、社区，变成道德实践，倡导文明行为，养成文明习惯，引导青年学生把正确的道德认知、自觉的道德养成和积极的道德实践紧密结合起来。

2023 年 9 月，学校参加河南省第一届大学生职业规划大赛。王春阳获得省级银奖荣誉，并晋级国赛。2024 年 5 月 12 日，首届全国大学生职业规划大赛中，王春阳再一次荣获首届全国大学生职业规划大赛银奖，同时获得企业心选团的 3 个实习 offer。2024 年，我校经济管理系 2023 级现代物流管理专业学生苗依涵、刘梦豪在 2024 年度河南共青团大学生“向基层报到”项目活动中荣获团省委颁发的“优秀参与学生”称号。心理情景剧作品《内心的世界》在“2024 年全省高校心理情景剧作品征集展演活动”中荣获特色作品奖，实现学校在该领域零的突破。健康教育协会在校医务室指导下，积极投身学生健康教育宣传工作，凭借扎实成效，获得河南省高校艾滋病防治基金项目资助资金 10000 元，为学校健康教育事业注入新活力。在“挑战杯”河南省大学生创业计划竞赛中，共 18 件作品斩获佳绩，其中金奖 1 项、银奖 2 项、铜奖 15 项，获奖数量一举刷新历史纪录。学校持续加大对学生课余体育训练和竞赛的指导与支持力度，在第十九届武术比赛中，荣获二等奖 2 个、三等奖 1 个；在 2024 年中国大学生武术套路锦标赛拳术项目与器械项目中，荣获一等奖 2 个、三等奖 4 个。

常态化开展志愿服务，以“学雷锋志愿服务”为点，以“关爱山川河流志愿服务行动”为线，以“服务社会与社区共建活动”为面，广泛发动组织师生参与志愿服务活动。持续推进新时代文明实践中心工作，发挥学校专业优势，积极组织青年学生开展社会实践活动，成立青年大学生“沿黄治理团”“沿黄社会实践团”“水环党史实践团”等社会实践团体，实地走访调查黄河沿岸生态环境现状，开展暑期“三下乡”社会实践活动。着力打造第二课堂，遴选产生社会实践重点团队和志愿服务项目开展活动，为区域经济和社会发展贡献青年力量。“沿黄生态保护和高质量发展实践育人”社会实践品牌项目荣获 2023 年全省大中专学生志愿者暑期“三下乡”社会实践活动优秀特色品牌项目。心灵家园俱乐部在校心理咨询室的指导下，入选团中央权益部直接联系培养的100所全国高校心理健康类社团，获批2000元资助资金；健康教育协会在校医务室的指导下，积极关注并参与青年学生健康教育及宣传工作，获2023年河南省高校艾滋病防治基金项目8000元资助资金。志愿服务活动开展情况见表6-6。

表6-6 志愿服务活动开展情况

团总支	活动内容
环境工程系团总支	“和我一起净滩护水”环保志愿服务活动
	“弘扬雷锋精神”系列志愿服务活动
	“守护疣鼻天鹅 呵护生态环境”生态保护志愿服务活动
	赴郑州市图书馆开展志愿服务活动
	“爱心之行，走进敬老院”志愿服务活动
水利工程系团总支	“我为群众做件事”社会志愿服务活动
土木工程系团总支	“关爱留守儿童，撒播爱心阳光”志愿服务活动
	“环保之行，有你有我”社会实践活动
机电工程系团总支	“全民反诈，你我同行”反诈宣传社会志愿服务活动
	“居安思危，莫忘交规”交通安全宣传社会志愿服务活动
	“‘青’暖夕阳，孝老敬亲”金晖助老志愿服务活动
	“爱心粥屋献爱心，志愿服务暖人心”实践活动
信息工程系团总支	“迎三月 沐春风”学雷锋志愿服务活动
	“传承雷锋精神 弘扬敬老美德”志愿服务活动
	“秋风送温暖，关爱传真情”志愿服务活动
经济管理系团总支	“爱在重阳节，情暖敬老院”志愿服务活动
	“书香浸润心灵”社会实践活动

2024年10月25—27日,2024年世界职业院校技能大赛争夺赛高职组财经商贸赛道“电子商务”赛项在广东科学技术职业学院举行,学校经济管理学院教师方艺璇、信息工程学院教师沙昉奕指导的经济管理学院学生宋乃道、陈庆琪、李高飞、耿宇航组成的竞赛团队,凭借出色的综合职业素养和过硬的专业操作技能斩获大赛银奖。这是学校首次在国赛财经商贸赛道中获得奖项,首赛即获银奖,取得了重要突破。

入选团中央全国重点团队和省级重点团队1个、省级重点团队1个,实现历史性突破。学生社团思维矩阵社、机械创新社在河南省第十六届、十七届“高教杯”大学生先进成图技术与产品信息建模创新大赛,2024年第七届中国高校智能机器人创意大赛,第十一届全国大学生机械创新设计大赛中获一等奖3项,二、三等奖各1项;心灵家园俱乐部受邀参加共青团中央维护青少年权益部在南京审计大学(浦口校区)举办的“12355爱‘心’百校行”首站活动,并再获团中央资助资金。4名学生在2024年度河南共青团大学生“向基层报到”项目活动中获团省委颁发的“优秀参与学生”称号。

三、招生就业

2021年以来,职业教育在国家政策强力推动下,依托“职教20条”的持续深化,《关于推动现代职业教育高质量发展的意见》(2021年)、《中华人民共和国职业教育法》修订实施(2022年5月)等重磅政策出台,明确职业教育是与普通教育具有同等重要地位的类型教育,为学校发展提供了根本遵循和强大动力。

我校也从强化内涵建设、提升吸引力入手,聚焦产业需求设置专业:动态调整专业结构,大力发展先进制造、新能源、大数据、新材料等专业,采用线上线下结合的形式进行招生宣传,近年来规模逐步扩大,生源质量也得到提升。

在国家“稳就业”政策支持下,学校多措并举,强化校企合作,坚持访企拓岗常态化,使总体就业率(含升学)持续保持在90%以上。

(一)招生工作

学校的招生就业工作由招生就业处具体负责,各部门配合,每年依规进行单独招生简章和单独招生章程、普通高招简章和普通高招章程的发布,成立招生工作领导小组,印发《高职单独考试招生工作实施方案》《招生工作管理规定》《单独招生考试安全类突发事件应急处置预案》等制度,对考试期间的疫情防控工作、紧急处置措施、考试组织实施、面试测试环节、考卷批阅及廉洁招考等进行详细部署,做到廉洁招考,保证考试公平公正、平稳有序。

(二)就业工作

学校坚持就业“一把手工程”,校党委书记、校长共同担任学校就业工作领导小组组长,各院系实施就业工作党政负责人“双带头”制,以《毕业生就业质量提升行动计划(2021—2023)》为统领,将就业工作纳入人才培养规划和目标责任考核,定期召开调研会、协调会、推进会,夯实工作责任,强化责任担当。确立“三调查、三落实”工作原则。“三调查”即在入学教育期、专业学习初、顶岗实习前三个“入口端”,全面调查落实学生职业意愿;“三落实”即在上岗就业前“出口端”,全面调查落实已明确就业意向、尚未明确就业意向、无就业意愿三类毕业生的就业状态底数。坚持“一本台账记到底”，在摸清“两端口”底数的基础上，建立学生就业大数据台账，全程跟踪学生就业状态信息，立足数据分析，实施精准指导服务。通过顶层设计和制度建设，为毕业生更充分更高质量就业保驾护航。

为强化分类指导，提升毕业生就业“靶向服务”的精准度，学校构建了“3221”工作机制。

“组建3支队伍”：以系部为依托组建了稳定在每个系10~20人的“创业创新导师”团队，以专业群为依托各专业群都聘请建立了“企业专家导师”团队，以专业班级为依托建立起了200人左右的校内“职业导师”团队，形成了“院系—专业群—专业—班级”线性纵深服务就业指导新格局。

“实施2个跟踪”：一是全程跟踪有专升本意向群体，设置“升本加油站”、开展“升本分享会”，为学生提供考试咨询、公益课辅导、专题讲座、学习场所配备等贴心服务，提高专升本通过率。二是全程跟踪参军入伍意向群体，打造军事理论“金课”，强化国旗护卫队、学生教官等社团常态化训练，开展“军人校友进班级”“入伍政策宣讲周”活动，并制定了学校《鼓励大学生应征入伍实施办法》，2021年毕业生参军入伍学生达159人，占毕业生总数的4.47%，学校连续三年被郑州市表彰为“高校征兵工作先进单位”。

“开展2个帮扶”：一是“一人一策”帮扶困难群体，针对家庭经济困难、残疾、学业困难和离校未就业等就业困难群体，结合职业需求、就业意愿，量身定制求职计划，开展精准推介、重点推荐和个性化指导，兜底服务保就业。二是重视帮扶慢就业、不就业群体，实施以成才观、择业观教育为主题的“萌芽计划”，通过专题讲座、主题班会、一对一辅导等措施，消除部分学生好高骛远、就业恐慌和消极颓废心理，引导其合理调整就业期望，找准职业定位，以正确积极心态对待就业。

“推进1个联动”：即校企联动促进就业，实施1个专业群与M家知名企业开展专业共建，与N家企业开展实习就业基地建设，搭建“1+M+N”就业模式，大力推广校企订单班、现代学徒制班、企业冠名班等校企合作模式，实现“招生即招工，毕业即就业”。

2021年以来，通过开展毕业生就业工作推进会暨就业促进月、线下双选会活动，做好毕业生就业数据统计和就业市场调研，邀请来自全国的用人单位到校园选拔人才，为顶岗实习学生提供高质量的就业机会，2021年双选会采用了全新的o2o模式，“线下+线上”双渠道进行。同时积极开拓国际劳务市场，引导毕业生海外高薪就业，拓宽毕业生就业渠道。

开展校领导带队进行的“访企拓岗”活动，分期分批走访企事业单位，为精准了解就业市场、促进就业数量搭建桥梁。

2023年7月，我校水利工程系毕业生赵俊伟荣获“河南省高校毕业生基层就业卓越奖”。

（三）数据统计

2021年三年制高职招生总计划6500人，面向河南、河北、安徽等7个省招生，实际满额招生6500人，招生规模较2020年增加1500人。实际报到6297人，报到率达96.88%，其中单招报考3799人，创历史新高。统招录取分数持续提升,普招、对口共录取超本科线考生 42 人。五年制大专共招收新生 565 人,分数也有大幅度提高。信阳校区五年制新生录取 565 人,超额完成招生计划。信阳校区首届建筑工程技术和水利水电工程两个国际班共招生 77 人。2021 年学校共招生 7065 人,在校生人数达 17538 人。

2021 年高职毕业生 3555 人,升学 579 人,应征入伍 160 人。

2022 年三年制高职招生总计划 7100 人,比 2021 年增加了 600 人,报到 6961 人,报到率 98%,均创历史新高。中外合作办学 200 人、外省计划 100 人、对口类计划 752 人均满额投档,统招、对口录取超本科线考生 53 人,整体生源质量有大幅度提高。录取五年制新生 376 人,接收"3+2"中职生源学校转段 341 人。在校生规模达 21117 人。

2022 届毕业生 3878 人,升学 706 人,应征入伍 184 人。

2023 年三年制高职招生总计划 7000 人,面向 5 省招生,计划完成率为 100%,录取比 1∶2.25,生源质量有坚实保障。中外合作办学 200 人、外省计划 100 人、对口类计划 717 人均满额投档,统招、对口录取超本科线考生 115 人,在招生规模增加的情况下,整体生源质量有大幅度提高。2023 年,接收"3+2"中职生源学校转段 1025 人。在校生规模达 23262 人。

2023 届毕业生 5273 人,升学 1136 人,应征入伍 293 人。

2024 年面向安徽、四川、辽宁等 6 省满额招生 7000 人。经调整招生结构,单招计划较 2023 年减少 50%,生源质量明显提高,2024 年在校生达 24256 人。

2024 年,学校认真落实党中央、国务院"稳就业""保就业"决策部署和省教育厅工作要求,坚持把毕业生就业作为学校工作的重中之重,摆在更加突出的位置。面对毕业生个性差异化、需求多元化现状和严峻复杂的就业形势,学校坚持"立德树人、以生为本,用心用情、服务育人"工作理念,对标社会发展需求,健全"招生—培养—就业"联动机制,打造"高度重视、齐抓共管,分类指导、精准服务"就业工作新格局,完善毕业生就业服务体系,有力促进了毕业生更充分更高质量就业,学校 2024 届毕业生共 7014 人。

四、学生资助工作

2020 年完善奖、贷、助、补、减等资助体系,做好"校、系、班"三级资助工作资讯网络体系建设。全年组织发放高职学生奖学金 274.34 万元(其中国家奖学金 12 人,发放 9.6 万元,国家励志奖学金 350 人,发放 175 万元,校内奖学金 1330 人,发放 89.74 万元);国家助学金 2275 人,发放 750.75 万元(其中建档立卡 478 人,发放 205.54 万元)。对 37 名家庭经济困难学生减免学费 15.244 万元,对 9 名特殊困难学生补助 3.18 万元。为 874 名中职学生发放助学金 87.4 万元。国家减免学费 2233 人次,共计 212.135 万元。开辟绿色通道,为河南省生源地信用助学贷款 884 人,发放 590.59 万元(其中,非河南籍 10 人,6.11 万元)。校内设置勤工助学岗 48 人,发放 6.8 万元。2021 年做好奖学金、助学金的评比及发放工作。全年发放各种资助共计 2515.9 万元。精准帮扶了航空港校区贫困学生,购买了价值 5000 元的物资。2022 年发放各种资助共计 2515.9

万元。精准帮扶贫困学生，做到了资助与育人的有机结合。

第四节 产教融合、对外交流与成人教育

学校坚持校企合作、双元育人，遵循“共谋、共建、共享、共管、共赢”原则，充分发挥校企双方优势，打造校企合作共赢平台。进一步理顺专业实训和顶岗实习“双导师制”，形成校企命运共同体，促进人才链与产业链有机结合，实现工匠精神培育的校企无缝对接，推动产教融合纵深发展。在当今教育格局不断演变、知识边界持续拓展的时代，交流合作已成为教育机构发展的关键驱动力，对于高职院校而言，积极与国内外院校及学术团体携手共进，意义尤为深远。学校扎实开展学历继续教育和社会技能培训工作，助力“人人持证、技能河南”建设。

一、产教融合与校企合作

学校围绕产教融合、校企合作，结合高水平高等职业学校和高水平专业群建设工程，充分集聚政府、企业、高校资源，主动适应中部地区崛起、黄河流域生态保护和高质量发展、“中国制造 2025”、乡村振兴、中原经济区建设等国家和区域发展战略的需求，通过持续深化办学模式和教育教学改革，促进产业链、人才链与教育链、创新链融合，取得显著成效。

2021 年，环境工程系与河南正佳能源环保股份有限公司、郑州劳恩格润生物科技有限公司、武汉天源环保股份有限公司、河南伟达电子技术有限公司共 5 家企业签订校企合作协议。协议的签订，标志着校企双方的合作取得了新的进展，将对我校继续探索产教融合、创新人才培养模式、推进“双高工程”项目建设具有重要意义。

我校土木工程系工程测量技术专业与中铁上海设计院集团有限公司工程勘察设计院、浙江华东测绘地理信息有限公司、武汉航天远景科技股份有限公司组建“经纬学徒班”，成为全国职业院校现代学徒制试点，采用现代学徒制教学模式，实行校企双主体办学、双课堂育人，促进产教融合、工学结合、知行合一。

建立和完善具有我校工程测量技术专业特色的现代学徒制人才培养模式。构建起课程模块化、内容项目化、项目岗位化的“三化课程体系”，实施在校学习、轮岗实训、顶岗实习的“三段育人过程”，构建考试对接考核，学历证书对接职业资格证书的评价机制，实现学生→学徒→准员工→员工的“四种身份转换”。最终建立起具有我校工程测量技术专业特色的现代学徒制人才培养模式。构建由“专业课教师—实训指导教师—企业兼职教师”组成的校内学生学业评价体系，以检验学生的文化素养、专业知识、职业意识、企业文化及基本操作技能。构建由“实习指导教师—企业师傅”组成的双导师评价体系，以检验、评价学生的综合素养和职业核心技能。构建适合现代学徒制的

考核评价模式，指引学校教育教学的重点从传统的知识体系向能力本位转变，培养出更多适合企业生产的实用型技能人才，实现学校培养和企业需求零距离接轨。

机电工程系在机电一体化技术、数控技术、模具设计与制造、电气自动化技术、机械制造及其自动化等专业与江苏恒科新材料有限公司（恒力集团）、芜湖万里扬变速器有限公司开启了订单培养模式的探索。机电工程系教师实地调研近40家企业，最终选定与两家契合度最高的企业进行试点。订单班企业来校进行宣传，学生自由报名，签订订单培养协议。成班后企业安排工程师到校培训现场教学，或教师带领订单班学生到企业结合实际生产案例开展实训。学生在校期间，企业发放工作服、奖学金，举办技能竞赛激发学生学习动力。企业积极参与教学，紧跟产业发展，让学校教师及时了解新技术、新工艺、新规范，企业师傅参与教学，加入企业文化类课程及企业特色课程，实现高水平教学、高质量就业。通过订单培养模式，学校教师广泛调研、精选企业、校企合作、订单培养、双元育人，是沟通学生和企业的桥梁；学生入校即入企，毕业即就业，高质量对口就业，有利于学生持续成长，学生受益；企业相当于培养员工，校企无缝衔接，缩短培训周期，企业受益。学生高质量就业、企业定向培养员工、学校就业好促进生源好三方形成良性循环。

水利工程系与河南砥柱工程检测有限公司、河南省水利第一工程局、中国水电十一局有限公司中心试验室等公司签订校企合作协议、三方协议，制定2019级水利水电建筑工程现代学徒制人才培养方案，进行了综合训练和顶岗实习。企业、学生、家长反馈培养方式良好。

经济管理系紧紧围绕技术技能岗位人才的需求，在广泛的行业人才需求调研的基础上，在市场营销和房地产专业，与河南正弘物业管理有限公司、河南方正房地产资产评估咨询有限公司进行共建；在物流管理专业，与顺丰速运集团（上海）速运有限公司、东莞市佳睦包装材料有限公司进行共建，积极探索，争取通过混合所有制二级学院产业促进校企深度融合、专业共建，提高人才培养质量。

2022年校企合作不断深入，继续推进“现代学徒制”和“订单式”校企合作育人模式，本年度共开展校企育人1500余人，并获省级现代学徒制示范点建设项目1个。

2023年持续做好校企合作“购买服务”改革后的善后工作，确保校企合作稳步推进，并先后召开大族激光、汇川智能制造、生态水利产业学院理事会，完善理事会制度，完成产业学院领导班子和党支部组织构建及人员聘任。按照省教育厅要求，及时做好河南省职业院校校企合作备案平台项目申报，完成3所产业学院、4个校企购买服务项目的备案资料提交。完善校企合作相关制度，印发《产业学院建设与管理办法》，产教融合、校企合作相关制度不断完善。

2024年学校开展校企合作转型改革，先后成立大族激光、汇川智能、轩明机器人、数智技术、城轨交通、生态水利产业学院。召开了大族激光、汇川智能制造、生态水利产业学院理事会，制定了产业学院章程。产业学院建设平稳运行。学校先后印发《产业学院建设与管理办法》和《校企合作风险应对预案》等文件，规范产业学院建设。按照河南省职业学校校企合作备案平台的要求,结合学校校企工作实际,先后与武汉大华广通科技有限公司、河南标顶教育科技有限公司等解除合作关系,与河南轩明实业有限公司、武汉厚溥数字科技有限公司、宁波中车轨道交通装备有限公司等省内外知名企业确立合作关系,与大族激光科技产业集团股份有限公司、苏州汇川技术有限公司、河南水滴智能技术有限公司重新签署产业学院共建协议,规范双方权利与义务。根据学校《贯彻落实省委教育工委、省教育厅党组第二巡察组反馈意见整改方案》的要求,针对校企合作问题制定整改方案,明确整改时限。成立校企合作管理机构,在学校机构调整中设置产教融合、校企合作专门的管理机构,明确管理职责,落实上级有关产教融合政策、规范校企合作管理。

二、与国内院校、学术团体交流合作

与国内院校的交流合作,能够实现资源的优化配置与共享。不同院校在专业设置、教学模式、师资力量等方面各有所长,通过交流互鉴,高职院校可以汲取先进经验,弥补自身短板,丰富教学内容,创新人才培养模式,使学生能够接触到更前沿的知识与技能,为未来的职业发展打下坚实基础。

2021 年 10 月 10 日上午,副校长张凌杰带队参加在郑州国际会展中心举行的 2021 中原智慧与生态水利(节水)产业博览会,并受邀出席智慧与生态水利(节水)高层学术论坛。论坛以“坚持节水优先助力高质量发展”为主题,来自清华大学、武汉大学、郑州大学、黄河水利科学研究院的业内专家学者进行了学术汇报。11 月 3 日,副校长黄功学带领招生就业处负责人及合作企业代表到新乡测绘中等专业学校考察交流,双方围绕专业建设、招生计划、人才培养、学生管理等方面交换了意见,并就优质生源地建设、对口升学、中高职衔接和“3+2”联合办学进行了交流探讨。黄功学一行还实地参观了学生宿舍,考察了该校在军事化管理方面取得的成效。11 月 30 日,北京人人出彩教育科技有限公司一行 4 人到我校交流创新创业教育成果,副校长黄功学,信息工程系、机电工程系、土木工程系、环境工程系、创新创业学院有关负责人和创新创业项目组成员等参加会议。12 月 8 日上午,河南工业和信息化职业学院党委书记张树岭一行 3 人到我校考察国际交流与合作办学相关事宜,校党委书记王立正,副校长黄功学,科研外事处、土木工程系以及招生就业处负责人参加。12 月 9 日,黄河小浪底研究中心李新杰博士一行来我校参观交流,实验实训管理中心和水利工程系有关人员参加活动,双方就黄河科研、实践教学等方面进行了广泛探讨,并在科技交流、联合攻关、学生实习、仪器共享等方面达成了初步合作意向。

2022 年 7 月 21 日,副校长张凌杰带队赴云南交通职业技术学院调研交流。7 月 22 日,校党委书记王立正带队赴河南省白沙水库管理局开展“访企拓岗促就业”专项行动。7 月 28 日,以河南信息统计职业学院原党委书记王志电为组长、省“1+X”推进办副主任杨涛为业务专家、河南轻工职业学院计算机与艺术设计系副主任朱慧泉为财务专家的 2022 年河南省职业院校教师升级培训视导工作专家组第七小组,莅临我校对河南省职业院校骨干教师、“双师型”教师、“1+X”证书师资培训工作进行视导。

2023年2月22日,江西科骏实业有限公司(名匠实训学院)副院长黄萍一行5人来我校就装备制造类专业虚拟仿真实训项目及毕业生就业工作开展合作交流。4月13日,省教育厅专家组李向东一行3人莅临我校,对学校体育工作进行现场评价。5月11日,副校长张凌杰带队赴航天宏图信息技术股份有限公司河南分公司开展访企拓岗专项行动暨教育部供需对接就业育人项目合作研讨会。4月23—26日,副校长黄功学带队赴广东、深圳、苏州等地企业、高校开展产业学院建设专题调研。4月20日,河南省高校实验室工作研究会副秘书长、郑州大学实验室管理中心副主任王志武到我校考察指导实验室安全管理工作。10月25日,教育部职业教育发展中心教师发展处处长孙琳、副研究员房凤文到学校调研指导“双师型”教师队伍建设工作,召开“双师型”教师队伍建设座谈会。11月13日,河南质量工程职业学院党委书记邱红标一行到我校进行调研交流。12月17—19日,校党委书记李广慧、副校长张凌杰带队到辽宁工程技术大学调研交流。

2024年3月20日,河南质量工程职业学院校长鲁书喜一行到我校调研交流。3月26日,铜陵职业技术学院校长凌涛一行来校交流调研。5月28日,全省高校秋季学期思政课“大听课大调研”第十八调研组在组长华北水利水电大学马克思主义学院院长张梅教授的带领下,莅临我校听课调研。6月20日,校党委书记李广慧、校长李志萍带队到华北水利水电大学调研,签署了马克思主义学院结对共建工作协议。6月24日,我校第三批国家级职业教育教师创新团队一行前往河南职业技术学院、河南经贸职业学院开展业务交流,探讨和分享国家级职业教育教师创新团队建设经验和成果。9月10日,南阳科技职业学校副校长刘彦一行到我校机电工程系大族激光产业学院进行交流。9月19日,广西水利电力职业技术学院总会计师潘念萍一行到我校航空港校区就水利专业建设、宣传思想文化、水情教育基地建设等进行考察交流。11月25日,河南才港人力资源服务有限公司党总支书记、董事长张德周,公司招商负责人等一行到我校航空港校区调研交流。

三、国际交流与合作

学校结合自身办学特色,积极拓展国际性学术交流与合作,以能力需求为主线,培养适应社会主义现代化建设需要,熟悉国际惯例、掌握专业技能的国际实用技术技能人才。积极思考与探索创新工作方式方法,不断推进学校教育国际化,丰富合作方式,为学校外事工作打开新的局面。在中外合作办学、引进国外优质教育资源、毕业生就业国际化等方面取得了较大进步。

2021年2月,环境工程系组织科研团队成员与马来西亚世纪大学建筑环境学专业科研团队达成合作意向,开展有关“高校垃圾分类资源化处理”科研课题的合作。5月26日,我校与马来西亚玛莎大学水利水电建筑工程专业专科层次合作办学项目获河南省教育厅批准备案,年招生规模100人。同时,为构建我校与国外高校升学的立交桥,满足学生升学需求,又与英国奥斯特大学签订了《“3+1+1”专本硕连读合作协议》,实施资源共享、学分互认。6月24日,我校举行“俄语培训与文化交流中心”揭牌仪式。揭牌仪式的成功举办意味着我校俄语培训与文化交流中心正式成立,助力学校国际交流与合作高水平发展,提升学校品牌及国际影响力。

2022年马来西亚世纪大学合作办学项目获得顺利延期,该项目已有一届毕业生共30人,在校生150人,全部注册中方和外方学籍。该项目共开设课程42门,其中,中方课程28门,外方课程14门;核心课程6门,其中引进核心课程3门;团队教师35人,其中外方教师9人。引进的外方课程门数占中外合作办学专业全部课程门数的33.3%,引进的外方课程学时1080个,占项目全部课程总学时2992个学时的36.1%,引进的专业核心课程门数和学时均占中外合作办学专业核心课程门数和学时的50%,外方教师担任的专业核心课程门数和教学时数均占全部专业核心课程的50%。此外,项目设有专职管理团队,全面负责日常管理工作。已毕业的30名学生中,国内升学11人、国外升学6人、就业13人,目标培养及毕业达成度为100%。与马来西亚玛莎大学合作开展的水利水电建筑工程专业专科层次教育中外合作办学项目获得批复,并顺利招生。

通过两个中外合作办学项目的实施,对学校产生了明显的内部效益:一是依托项目培养了3支队伍:熟悉外事流程的管理队伍、具有国际视野和相应能力的教师队伍、熟悉中外合作办学项目学生特点的辅导员队伍。二是依托该项目,学校4名教师去马来西亚世纪大学攻读博士学位。三是该项目的实施对学校的教育教学改革、专业建设、科技创新、教师能力建设产生了积极的促进推动作用。

同时,通过这两个合作办学项目的实施,学校取得了可喜的外部效益:一是推动学校大开放、大交流、大融合,加快了学校国际交流与合作工作步伐。二是对其他专业产生辐射作用,带动了其他国际合作项目的开展,信息类、机械类的中外合作办学项目正在积极推进中。三是拓宽了学校国际合作的思路,学校先后与英国奥斯特大学、泰国曼谷吞武里大学、白俄罗斯国立信息与无线电大学签订了专本连读合作协议,实施了学分互认合作。四是促进了学校与“走出去”的中资企业合作,学校组织建立了6个海外学生实习就业基地,推荐了70余名优秀毕业生到柬埔寨等国家中资企业就业。

学校定期举办国内外学术交流。2022年3月18日,邀请语言教育专家SumoMike来学校进行学术交流。与白俄罗斯国立信息与无线电大学合作建立俄语培训中心,俄语培训中心年培训50人次以上。进行国际问题智库建设,为开展国际合作提供咨询,建立“一带一路”经济文化研究中心,针对“一带一路”共建国家进行研究,为开展国际合作提供咨询。

学校形成了一批有效支撑职业教育高质量发展的政策、制度、标准,并组织制定了《教职工出国(境)学习交流管理办法》《中外合作办学项目管理办法》《学生出国(境)交流管理办法》等3项外事工作管理制度。这些规划、方案和制度的制定为对外合作交流工作提供了依据。

2023年学校积极参与“一带一路”教育行动计划,更好满足国家职业教育课程改革和高质量教育需求,对外事工作进行重点部署，在引进国外优质教育资源、师资队伍建设国际化、中外合作办学等方面取得了新的突破。成立了“一带一路”经济文化研究中心，强化对“一带一路”国家经济文化的研究，为对外合作与交流提供咨询。为培养熟悉国际惯例、掌握专业技能、了解多国文化、具有较高英语水平专科层次复合型的国际化技术技能人才，学校与英国博尔顿大学的大数据技术专业中外合作高等专科教育项目成功获批。该项目纳入国家普通高等教育专科招生计划，学制3年，每年计划招生150人。这是继2019年、2021年获批与马来西亚世纪大学、马来西亚玛莎大学合作办学项目后，又一个被省教育厅批准的中外合作办学项目，对持续扩大提升学校中外合作办学的院校数量、专业规模和内容质量等有着重要意义。除合作办学项目外，学校还与泰国曼谷吞武里大学、白俄罗斯国立信息与无线电大学签订了《“2+2”专本连读合作协议》，与英国奥斯特大学签订了《“3+1+1”专本硕连读合作协议》，进一步加快学校国际交流与合作工作步伐，有力提升学校教育国际化水平。学校与海外中资企业建立了紧密的合作关系，成立了10余个海外学生实习就业基地，推荐数百名优秀毕业生到柬埔寨、菲律宾、文莱等国家的中资企业和日本、德国就业，为学生构建升学、就业的立交桥，充分满足了学生发展的需求。在合作内容上，通过与国外合作院校签署《学术合作协议》等方式，谋求在联合申报科研项目、进行前沿学术研究、强化师资互访交流等方面实现突破，使学校国际交流和合作的深度、广度得到了有效提升。

2024年学校紧扣党和国家对外重大决策部署，深入贯彻落实《关于做好新时期教育对外开放工作的若干意见》《关于推动现代职业教育高质量发展的意见》和《教育部等八部门关于加快和扩大新时代教育对外开放的意见》等文件精神，积极参与“一带一路”教育行动计划，对外事工作进行重点部署。在引进国外优质教育资源、师资队伍建设国际化、中外合作办学等方面取得了新的突破。学校积极推进外事工作顶层设计，逐步完善管理制度和保障机制，加强外事工作管理对接国际标准，强化科研一线管理人员的服务意识，保障和监管中外合作办学质量。一是学校与德国卡塞尔大学环境工程技术专业合作办学项目，已获得有条件通过批复，完成该项目补充材料后并提交省教育厅审核。二是完成英国博尔顿大学、马来西亚世纪大学和卡塞尔大学等来校访问的事项，为学校对外合作交流打下了坚实基础。三是与华北水利水电大学和黄河水利职业技术学院合作申报2024年西部地区人才培养特别项目、地方合作项目地方创新子项目。该项目以河南省排名第一提交到了教育部并通过批复。学校借助国家对外开放的政策机遇，积极参与“一带一路”教育行动，通过高水平“引进来”和高质量“走出去”，有效借鉴利用世界一流教育资源和创新要素，持续在中外合作办学、国外优质教育资源引进、具有国际视野和能力的教师及管理队伍培养、毕业生就业国际化和中外人文交流等方面发力，不断扩大国际“朋友圈”，画大“同心圆”，增强“吸引力”，推动学校国际化办学迈上新台阶。

四、成人继续教育

成人继续教育不仅是学历提升，更是

技能增强、职业转型的途径，连接学校与企业，更好地服务地方经济。

2021年，加强与校外合作单位的沟通交流，加大宣传招生力度。学校函授专科增至8个专业，建立校外函授站点12个，在校函授生357人。开展专业技术人员继续教育、水利施工企业安全生产培训、农村饮水工程运管培训和职业技能提升行动等4个培训项目，开展线上线下培训班近20个班次，培训校外人员10899人次，涉及水利、环境和建筑等行业200多个单位和公司，取得了良好的社会效益和经济效益。社会服务能力不断提升，做好河南省水利系统专业技术人员继续教育网络学习平台的管理运维服务工作，全年培训3531人次。为河南省水利施工企业安全生产培训1258人次。配合厅农水处培训3635人次。联合相关企业共培训300人次。

2022年，社会服务能力不断提高，学校专科学历继续教育增至10个专业，学生1036人。在非学历继续教育方面，建立培训体系，完成各类培训共38235人次，取得了良好的社会效益和经济效益。完成申报院校类职业技能等级认定机构备案，组织相关教学院系开展职业技能等级培训和认定工作，培训人员5140人次，完成3307名学生高级工认定工作。

2023年，学校积极巩固拓展脱贫攻坚成果暨农村饮水安全管理，先后在卫辉市水利局、安都乡政府进行卫辉市农村饮水安全管理员培训。在非学历继续教育方面，完成了“1+X”证书等培训工作。其中，“1+X”土木工程混凝土材料检测职业技能等级证书（中级）培训406人，建筑工程施工工艺实施与管理“1+X”证书（中级）培训134人。

2024年，扎实开展学历继续教育和社会技能培训工作，助力“人人持证、技能河南”建设。招收本科、专科学历继续教育新生1610名。完成5643名学校毕业生职业技能等级认定工作；建成水利系统安管人员培训平台并完成4391名学员的培训工作，通过学校专技网络学习平台培训水利系统专业技术人员4934人；完成哈密市水利系统赴河南的学习培训、郑州南水北调配套工程2024年运行管理业务培训、省水利厅科级干部专业化能力提升、2024年全省水利系统办公室主任培训4项线下培训，314人参加。承办省水利水电工程施工企业“安管人员”安全生产考试2次，6705人参加。

第五节 党建工作和精神文明建设

一、意识形态工作

学校全面落实意识形态工作机制，2021年根据学校人事聘用情况，调整了意识形态工作领导小组成员，进一步细化了《意识形态工作责任制实施细则》，把意识形态工作理论学习纳入党委中心组学习和党建工作责任制。学校每半年向省委高校工委、省水利厅党组上报一次意识形态工作报告。2022 年全面落实意识形态工作主体责任，学校主要领导多次到基层调研意识形态工作，推动落实意识形态工作决策部署。学校各基层党组织、部门认真执行《意识形态工作责任清单》。对各党总支进行了意识形态工作巡察，采取座谈、抽查方式巡察了基层党组织意识形态工作开展情况，确保全校上下始终保持高度政治警觉性和工作责任感。2023 年又把意识形态工作纳入考评范围，确保意识形态工作“两个清单”有效落实。

加强思想政治工作体系建设。建立健全学校思想政治工作考核评分细则，制定“三全育人”工作实施方案及指标体系、考核评价体系，统筹各类育人资源，突出顶层设计，积极构建系统完善的思想政治工作体系。加强意识形态风险隐患排查和网络舆情发现处置协调联动机制，引入新闻报道信息检校系统和舆情监控系统，确保学校政治安全和校园稳定。

开展思想政治教育活动。以党史学习教育和庆祝中国共产党成立 100 周年活动为主线，紧扣推进学习贯彻习近平新时代中国特色社会主义思想“往深里走、往实里走、往心里走”这一主题，注重舆论宣传，坚持弘扬主旋律，传播正能量，树立新风尚，开展了党史学习教育、庆祝中国共产党成立 100 周年系列活动、重要节假日纪念日系列活动等。

强化意识形态阵地管理。加强对各类报告会、研讨会、讲座、论坛等活动的管理。坚持不懈做好网络和新媒体管控，认真做好重大事件及新闻采访报道工作。指导课堂教学、期刊杂志、合作办学等工作的意识形态管理，对课程开设、教材内容、外聘教师使用、图书采购、杂志发行、合作办学内容进行严格把关。2023 年又进一步加强了对校内新闻宣传阵地、网络传播阵地、课堂教学阵地等各类意识形态工作阵地的严格管理。

融入教育教学环节。对课程开设、教材内容进行严格审核和选用；完善教师工作部工作体制机制，外聘教师实行聘用试讲制度，实施师德师风建设工程，开展“最美水院人”评选表彰宣传工作；对师生申请的项目、成果、论文、著作等实行“三级审定制度”。

压实基层意识形态工作。对基层党组织意识形态工作进行巡查，实行定期意识形态工作提醒制度，开展校园“双防”工作排查；加大网络监控力度，实行半小时读网制度，落实重要节点 7×24 小时值班并记录，提升校内网络舆情的发现力、研判力、处置力。

2024 年，学校党委先后 4 次研究部署意识形态工作，2 次研究网络安全工作。制定落实意识形态工作责任制重点任务清单，定期排查意识形态安全风险，强化教学、科研、网络传播、合作办学等意识形态阵地管理，组织开展了专项督办检查，进一步压实主体责任，全面构建了意识形态工作安全体系。

二、领导班子和干部队伍建设

（一）党委理论学习中心组学习

2021 年，校党委中心组集中学习 12 次，主要学习传达党的十九届中央纪委五次全会精神、习近平总书记在中共中央政治局第二十七次集体学习时的讲话精神、中国共产党河南省第十届委员会第十二次全体会议暨省委经济工作会议精神，学习贯彻全国全省水利工作会议精神,组织开展了党委理论学习中心组(扩大)党史学习教育专题读书班,邀请知名专家学者来校作习近平总书记"七一"重要讲话专题辅导报告,组织收看了党史学习教育、党的十九届六中全会精神在线视频报告。

2022年,建立完善校党委"第一议题"、理论学习中心组学习制度,制定下发学校《2022年度党委理论学习中心组学习计划》,明确年度学习重点,提出学习要求。一年来,校党委中心组集中学习8次,党委会"第一议题"学习9次。中心组学习始终坚持主题发言制度,重在理论学习研讨和结合实际工作,强化了领导干部的政治判断力、政治领悟力、政治执行力,增进了领导干部引领发展和干事创业的能力,提高了学习效果。

进一步落实领导干部上讲台、校领导带头讲思政课制度,扎实开展春季、秋季"开学思政第一课"工作,先后制定下发了春季、秋季开学思政第一课工作方案,围绕百年奋斗史、冬奥精神、党的二十大精神等主题内容,精心编制开学思政第一课讲义和课件,以各系(校区)为单位,组织推动校领导、党务干部、思政课教师、辅导员班主任等人员开展了多场专题讲座,做到了全覆盖,取得良好效果。

2023年,制定《党委理论学习中心组学习计划》,明确年度学习重点。认真组织校党委理论学习中心组活动,安排好学习资料印发、会场组织、学习研讨和新闻宣传等工作,对重要的学习内容,还通过中心组(扩大)会议的形式,吸收学校中层干部、思政课教师等人员参加,拓展放大学习成效。中心组学习始终坚持主题发言制度,重在学习内容研讨和实际工作结合,强化了领导干部的政治判断力、政治领悟力、政治执行力,增强了领导干部引领发展和干事创业的能力,提高了学习效果。

2024年,组织开展中心组集体学习习近平总书记关于全面加强党的纪律建设专题研讨1次。

(二)学习宣传贯彻党的创新理论

2021年,重点围绕习近平总书记"七一"重要讲话精神及党的十九届五中、六中全会精神和省第十一次党代会精神,做好学习宣传贯彻工作,坚定自觉地用习近平新时代中国特色社会主义思想统一全校广大党员干部和师生员工的思想和行动,党的创新理论宣讲超过百场。

2022年,重点围绕习近平新时代中国特色社会主义思想、党的十九届六中全会精神和党的二十大精神等进行宣讲。起草了学校《2022年党的创新理论宣讲工作方案》等文件,推进各主题理论宣讲工作有效开展。组织广大师生收听收看了党的二十大开幕会等多场重要典礼活动、直播。组织学校领导、思政课教师和党员干部通过线上线下方式开展党的创新理论宣讲,并通过校党委会、党委理论学习中心组学习、中层干部会议、支部学习、专题培训和学生班会、团课等不同学习形式,确保应学尽学、学用结合。党的创新理论宣讲超过百场。通过河南干部网络学院、中国教育干部网络学院等平台,组织线上培训近600人次;6月10日,我校思想政治理论教学部青年教师宋静、邵琳在省水利厅"我学我讲创新理论宣讲"比赛中分别获得一等奖、二等奖。

2023年,制定《2023年党的创新理论宣讲工作方案》,从宣讲主题、宣讲方案、工作要求三个方面对学校年度工作做了整体安排。抓学习，组织广大师生收听收看了“学习宣传贯彻党的二十大精神主题思政公开课”“2023 年国家网络安全宣传周河南省校园日活动”启动仪式、“因为有爱”师德师风主题思政课暨感动中原年度教育人物和辅导员年度人物颁奖典礼、“向总书记报告——牢记嘱托践使命 行走中原看巨变”2023 年河南省秋季开学思政第一课、首届河南省教书育人楷模发布仪式等。重宣讲，组织学校领导、思政课教师和党员干部通过线上线下方式开展党的创新理论宣讲，并通过校党委会、党委理论学习中心组学习、中层干部会议、支部学习、专题培训和学生班会、团课等不同学习形式，确保应学尽学、学用结合。党的创新理论宣讲超过百场。

2024 年，组织全体党员深入学习贯彻习近平新时代中国特色社会主义思想、党的二十大和二十届三中全会精神以及习近平总书记在全国教育大会上的重要讲话精神，通过集中学习、个人自学、专题研讨、专家讲座等形式，引导基层党组织和广大党员干部深刻领悟“两个确立”的决定性意义，增强“四个意识”、坚定“四个自信”、做到“两个维护”。全年党委会“第一议题”学习 29 次，校党委理论学习中心组开展集中学习 18 次，举办专题读书班 2 期。通过领导干部上讲台、讲党课，思政课教师大宣讲等形式，面向基层、面向师生开展党的二十届三中全会精神专题宣讲近 70 场。

(三)主题教育学习宣传活动

2023 年 4 月 19 日，我校学习贯彻习近平新时代中国特色社会主义思想主题教育拉开序幕，在全党深入开展学习贯彻习近平新时代中国特色社会主义思想主题教育，是党中央为全面贯彻党的二十大精神、动员全党同志为完成党的中心任务而团结奋斗所作的重大部署，是深入推进新时代党的建设新的伟大工程的重大部署。全校各级党组织和广大党员、干部要深入学习贯彻习近平总书记重要讲话精神，从坚定捍卫“两个确立”、坚决做到“两个维护”的高度深刻把握主题教育的重大政治意义、理论意义、实践意义，不折不扣抓好贯彻落实。一是提高政治站位，落实政治责任，深刻认识开展主题教育的重大意义。开展主题教育是加强政治建设、增强斗争精神的必然要求，是坚持思想建党、建设学习型政党的迫切需要，是加强作风建设、增强服务发展能力的根本保证，是深化自我革新、推动事业发展的根本要求。全校党员、干部要迅速把思想和行动统一到中央、省委决策部署和省委教育工委工作安排上来，坚持不懈用习近平新时代中国特色社会主义思想凝心铸魂，始终保持共产党人的政治本色，坚持在知行合一中主动担当作为，提升能力本领建功新时代。二是把准目标要求，聚焦根本任务，认真落实主题教育各项工作任务。全校各级党员、干部在开展主题教育中要做到“四个自觉”，把握“五个具体目标”，落实“五大重点措施”。要牢牢把握开展这次主题教育的总体要求，在理论学习上“下苦功”，在调查研究上“扑下身”，在推动发展上“见实效”，在检视整改上“动真格”，汇聚调研合力、责任合力、整改合力、发展合力。三是严格工作标准，精心组织实施，切实保障主题教育取得扎实成效。要注重在“实”字上下功夫，把“理论学习、调查研究、推动发展、检视整改、建章立制”等贯通起来，联系学校实际制定举措,确保主题教育有力有序有效推进、各项任务和要求落地生根。要压实工作责任,注重统筹融合,坚持求真务实,建立完善巩固深化主题教育的长效机制。学院作为委管高校,参加第一批学习贯彻习近平新时代中国特色社会主义思想主题教育,将以最坚决的态度、最有力的措施、最严实的作风贯彻落实主题教育部署安排,不断把学习贯彻习近平新时代中国特色社会主义思想引向深入,把主题教育焕发出的热情和干劲持续转化为“强校兴校治校”的思想共识、“乘势而上、勇毅前行”的强大动力,团结带领全校师生员工,坚持立德树人根本任务,聚焦双高建设深化改革,立足内涵发展提质培优,进一步完善治理体系,提升治理能力,以实干实绩开创学校事业发展新局面,努力为现代化河南建设凝心聚力、增势赋能。学校党委先后5次召开专题会议,认真学习习近平总书记在主题教育工作会议上的重要讲话精神。第一时间成立学校主题教育工作领导小组,明确15项重点任务。校领导班子成员结合学习和工作实际带头为师生讲专题党课。邀请5位专家作专题辅导报告,召开专题研讨交流会5次。举办2次调研成果交流会。召开主题教育检视整改评议会,来自全校各单位代表及工作对象、服务对象对学校主题教育检视整改工作进行评价。

同时,持续做好贯彻党的二十大精神的学习宣传,将学习宣传贯彻党的二十大精神作为首要政治任务,通过各级理论学习中心组学习、教职工理论学习、主题党日活动、领导干部宣讲等方式,把思想和行动进一步统一到党的二十大精神上来,力促党的二十大精神进校园、进课堂、进头脑。全年开展党的创新理论宣讲50场、思政巡讲10场,学校领导讲思政课18次,前往驻马店平舆县新时代文明实践中心开展宣讲1场。

(四)党史学习教育

2021年,中国共产党迎来百年华诞,在建党百年的荣光中,学校坚持以习近平新时代中国特色社会主义思想为指导,以党的政治建设为统领,深入学习贯彻习近平总书记“七一”重要讲话精神和党的十九届六中全会精神,扎实推进党史学习教育,全面加强党对学校工作的领导,坚持立德树人根本任务,突出重点,加快发展,学校各项事业呈现出蓬勃发展的良好局面。2021年成立学校党史学习教育领导小组,制定党史学习教育实施方案,召开党史学习教育动员会和推进会,加强党史知识学习,广泛开展各类活动,聚焦“我为群众办实事”,促使党员干部和广大师生学史明理、学史增信、学史崇德、学史力行,努力做到学党史、悟思想、办实事、开新局。通过开展支部党史学习教育、建党100周年主题系列活动、选树先进典型系列活动,促使党史学习教育走深走实。通过“我为群众办实事”活动,促使党史学习教育落细落实,见行见效。共组织开展、编辑形成党史学习教育简报186期,先后3次迎接上级部门对党史学习教育的督导检查。

(五)领导干部考察、培训与调整

在认真做好学校领导班子和领导干部年度考核工作的基础上,2021年完成厅级干部选调考察,按照省委组织部工作安排,协助中组部、外交部完成高级外交官遴选考察工作,郑志宏顺利通过组织考察,履新外交部工作。

做好各级干部培训轮训调训工作。组织1名副厅级干部参加省委组织部举办的党性教育党史专题培训班学习；组织48名处级干部参加省水利厅举办的处级干部“党的十九届五中全会精神和党史集中学习教育培训班”学习，并顺利通过考核，取得培训合格证书。组织98名中层以上干部参加河南干部网络学院年度网上学习，完成学习任务，取得合格证书。

2023年调整任免中层干部11人、副科级干部2人，完成3名中层副职干部选拔任用工作；协助省委组织部、省委教育工委推荐选拔任用省管副厅级干部高职院校正职1人。

2024年新增副校级领导干部3名，干事创业力量得到有效补充。对学校内设机构、岗位设置进行优化调整，启动中层领导班子换届和干部调整工作。

先后举办深入学习贯彻党的二十届三中全会精神和学习贯彻习近平总书记重要讲话及全国教育大会精神专题网络培训，培训干部276人次，在金华举办中层干部能力提升专题研修班，培训干部76人次。抓好干部监督与管理，对78名中层干部个人事项报告进行核查，对181名干部档案进行专项审核，对党员干部出国(境)进行了严格审查和管理。

三、教职工理论学习

2021年制定下发《教职工政治理论学习计划》，开展督促检查，确保学习效果。学校各基层党组织也建立中心组和教职工学习制度，通过党日活动、集体学习、专题班会、团课等形式，帮助广大党员干部和师生员工不断深化认识，全面领会习近平总书记系列重要讲话精神的党的创新理论主张。

2022年坚持每月月初制定下发《教职工政治理论学习安排》，组织广大教职工进行了党史学习教育、全国两会精神、习近平总书记在党的二十届一中全会上的重要讲话，以及视察陕西延安和河南安阳的重要讲话精神等内容，深入贯彻落实习近平总书记“3·14”重要讲话精神等专题学习研讨，组织开展了全民国家安全教育日等学习活动，党的二十大精神、师德教育、廉政文化、共建法治社会等专题学习教育。

大力推动党的二十大精神落地生根。在党的二十大召开之前，通过在“两微一端”开辟“喜迎二十大”专题宣传栏、举办师生喜迎党的二十大活动等形式，营造了浓厚氛围。党的二十大召开后，下发了《关于深入学习宣传贯彻党的二十大精神的通知》，对全校上下认真学习贯彻党的二十大精神进行了总体部署。学习中突出主题和导向，组织全校师生党员和干部职工通过各级理论学习中心组学习、主题党日活动、领导干部宣讲等方式，开展了丰富多彩、形式多样的党的二十大精神学习活动，确保党的二十大精神进校园、进课堂、进头脑，做到全覆盖、无死角。

2023年重点组织广大教职工进行了党的二十大精神、党史学习教育、习近平总书记关于教育的重要论述、习近平总书记关于防灾减灾救灾的重要论述、师德教育、廉政文化等专题学习活动，帮助广大党员干部和师生员工加强学习、提高站位、振奋精神，争做“四有好老师”，当好“四个引路人”，做到“四个相统一”。

四、基层党组织建设

学校长期重视基层党组织建设，发挥战斗堡垒作用，2021年按照学校内设机构设置，调整了学校二级党组织和所属党支部设置，设立二级党组织（党总支、直属党支部）15个、基层党支部37个，实现基层党组织全覆盖，组织完成了11个党总支、35个党支部换届选举工作，配足备强了党总支书记、教师党支部书记，实现“双带头”全覆盖。

强化党务干部培训调训。依托国家教育行政学院的中国教育干部网络学院平台举办党务干部学习贯彻《中国共产党普通高等学校基层组织工作条例》专题网络培训班，培训党务干部73人。组织二级党总支书记14人和学生党支部书记7人参加教育部思想政治工作司举办的全国高校基层党总支书记党史学习教育专题网络培训学习。组织参加省委高校工委“双带头”党支部书记调训1人次。组织参加省委省直工委新任党支部书记轮训2期，共8人。

发挥临时党支部和党员突击队作用。为做好疫情防控工作，守护师生生命财产安全，先后成立花园路校区家属区疫情防控临时党支部1个、疫情防控志愿者服务队3个，让党旗在疫情防控第一线高高飘扬，受到金水区北林路办事处表彰，在郑州“7·20”抗洪抢险期间，学校成立6个抗洪抢险党员干部志愿者突击队，在校区和家属区抢抓时间、排涝救灾，尽最大努力减少财产损失。

围绕“学党史、悟思想、办实事、开新局”主题，组织全校36个党支部召开党史学习教育专题组织生活会，引导广大党员增强“四个意识”、坚定“四个自信”、做到“两个维护”。组织开展“标杆院系”“样板支部”培育创建工作，首批认定校级“样板支部”6个。根据《教育部办公厅关于开展第三批新时代高校党建示范创建和质量创优工作的通知》要求，报送国家级“样板支部”2个。根据《中共河南省委高校工委关于开展全省高校第二批省级样板党支部评定工作的通知》要求，报送省级“样板支部”1个。

组织开展“主题党日”和“三会一课”活动。集中组织安排不同主题“主题党日”活动10次。“七一”期间，组织领导干部，各党总支、党支部书记围绕庆祝中国共产党成立100周年，到所在支部或联系支部讲“四史”学习教育专题党课共计36人次。

2022年按照《全面推行党支部主题党日活动的意见》要求，严格“支部主题党日”程序，严明活动纪律，抓实“规定动作”，做好“自选动作”，用心“创新动作”。先后组织开展了学习全国两会和习近平总书记关于“五个必由之路”重要讲话精神、“4·15”全民国家安全教育日宣传教育学习、学习疫情防控重要讲话精神、学习习近平总书记给中国冰雪健儿的重要回信精神和在北京冬奥会、冬残奥会总结表彰大会上的讲话、开展师德师风专题教育等主题党日活动。新增党总支1个，下设党支部2个。

开展强基引领“三级联创”系列活动。评选上报标杆院系1个、样板党支部2个、“双带头人”教师党支部书记工作室1个、院（系）党组织抓党建创新典型案例2个，确定校级“双带头人”教师党支部书记工作室2个。召开庆祝中国共产党成立

101周年暨“七一”表彰大会。表彰2021年度优秀共产党员60名、优秀党务工作者10名和先进基层党组织10个，2022年疫情防控工作优秀共产党员120名、先进基层党组织14个、先进个人52名、先进集体7个。

高质量完成党员发展工作。先后举办入党积极分子培训班2期，培训大学生入党积极分子535名；先后举办党员发展对象培训班3期，培训大学生党员发展对象270名、教职工党员发展对象8名、水利系统职工发展对象118名；发展预备党员190名、办理预备党员转正108名；转入党员20名、转出党员24名。

2023年在城轨交通学院、汇川智能制造产业学院设立党总支，派驻党组织书记，成立师生党支部，全面加强二级学院的党建工作；督促指导5个基层党组织完成委员增补和选举工作。严肃党内政治生活，督导落实“三会一课”、主题党日、谈心谈话、民主评议党员、党组织书记述职评议考核、党建考核等工作，安排部署主题党日活动10次、党组织书记讲专题党课57人次。组织开展2022年度组织生活会和民主评议党员1次、主题教育专题组织生活会1次、党组织书记讲主题教育专题党课1次，15个二级党组织书记向学校党委述职，36个党支部向党总支述职，组织开展二级党组织党建工作年度考核和党组织书记述职评议考核工作。高质量完成党员发展工作。通过国家教育行政学院大学生网络党校，先后举办入党积极分子培训班3期，党员发展对象培训班3期，新党员培训班1期，培训入党积极分子308名、党员发展对象231名、新党员144名。发展预备党员180名、办理预备党员转正163名，转出组织关系239人、转入47人，圆满完成年度发展计划。利用“互联网+党建”强化党员教育。

2024年1月12日，中国共产党河南水利与环境职业学院第二次代表大会在学校大礼堂胜利召开。这次大会是在全面贯彻党的二十大精神、实施“十四五”规划承前启后的关键之年，奋力推进中国式现代化建设水环实践的关键之年召开的一次十分重要的大会。大会的主题是：高举中国特色社会主义伟大旗帜，以习近平新时代中国特色社会主义思想为指导，全面学习把握落实党的二十大精神，坚守立德树人初心，牢记为党育人、为国育才使命，立足新发展阶段，聚焦高质量发展，解放思想，凝心聚力，开拓创新，真抓实干，为建设国内一流高水平高职院校而努力奋斗。省委教育工委组织干部处一级调研员李永海出席会议。校党委书记李广慧代表中共河南水利与环境职业学院第一届委员会向大会作报告。校长李志萍致开幕词。党委委员、副校长蒋彦成主持会议。大会正式代表、特邀人员和列席人员参加会议。李广慧作题为《凝心聚力促发展 提质增效建新功 为建设国内一流高水平高职院校而努力奋斗》的工作报告。报告实事求是地总结了学校第一次党代会以来的工作，明确了下一步发展的指导思想、发展目标，对重点工作作出了部署，为学校开启新征程、实现新崛起，把各项事业推向新的更高境界描绘了新路径。

报告认为，学校第一次党代会以来，全面贯彻党的教育方针，团结带领全校师生员工，把立德树人作为根本任务，把加强党的建设作为坚强保障，把深化改革作为强大动力,把新校区建设作为发展根基,较好地完成了第一次党代会确定的主要任务,各项工作迈上新台阶:一是党建工作全面加强;二是办学条件大幅改善;三是育人质量稳步提高;四是师资队伍建设卓有成效;五是招生就业形势喜人;六是科研水平逐年增强;七是国际合作纵深拓展。

报告指出,要清醒地认识到在新起点上学校发展面临的形势任务,把“五个显著提升”发展目标放在突出位置抓实抓牢,强化“标杆”“旗帜”意识,努力开拓学校高质量发展新局面,坚定迈向国内一流高水平高职院校前列。一是党建工作质量显著提升;二是人才培养质量显著提升;三是教师队伍素质显著提升;四是服务社会能力显著提升;五是社会影响力显著提升。

报告强调,今后五年,学校要着力做好五个方面的重点工作:一要高势能发挥党建引领作用,开创党建工作新局面;二要高成效建设两个“高地”,彰显新时代高校担当;三要高质量提升办学水平,打造核心竞争优势;四要高标准改善办学条件,夯实学校发展基础;五要高质效推进治理现代化,深化改革激发新活力。

会议期间,与会代表认真听取、审议了学校党委工作报告、纪委工作报告,审议了党费收缴、使用、管理情况报告,选举产生了中国共产党河南水利与环境职业学院第二届委员会和中国共产党河南水利与环境职业学院第二届纪律检查委员会,党委委员8人和纪律委员7人,增补党委委员3人。大会表决通过了《中共河南水利与环境职业学院第二次代表大会关于党委工作报告的决议》和《中共河南水利与环境职业学院第二次代表大会关于纪律检查委员会工作报告的决议》,明确了“努力开拓学校高质量发展新局面,坚定迈向国内一流的高水平高职院校前列”的发展目标。

五、全面从严治党

(一)党建工作机制

学院党委长期以来致力于完善党建工作机制,保障党务工作规范化运转。

2021年组织召开党的建设暨全面从严治党工作会议,传达上级有关工作会议精神,安排部署学校党的建设暨全面从严治党工作,签订党建工作责任目标任务书,层层压实基层党建工作责任;组织召开庆祝中国共产党成立100周年暨创先争优表彰大会,表彰“两优一先”先进集体和优秀个人。省水利厅党组表彰学校党委为先进基层党委,表彰优秀共产党员2名、优秀党务工作者1名、先进基层党组织2个、五星级先进党支部5个;组织参加省水利厅“省直机关党建创新引领业务创优”案例展评活动,荣获优秀奖。

引进智慧党建平台,实现党建工作的在线化和数据化,规范党组织和党员的管理服务,切实增强基层党组织的政治引领功能和凝聚力、战斗力、影响力。

强化政治监督,落实全面从严治党主体责任。

2021年监督推动学校党政职能部门按照党中央和省委部署,扎实组织开展党史学习教育,开展春、秋季“开学思政第一课”。对各党总支党史学习教育开展督导,保障党史学习教育扎实开展。确保学校不发生疫情防控险情,线上教学按要求开展,返校复学如期实现。加强对学校单独招生及专升本考试、采购项目、教师招聘、教师职称评审等工作的监督，落实全面从严治党主体责任。

2022年8月，省纪委监委驻省教育厅纪检监察组副组长魏艳萍一行到校督导检查2022年上半年落实全面从严治党主体责任工作情况。王立正书记代表学校党委从全面从严治党主体责任落实情况、落实“第一议题”制度、“能力作风建设年”活动推进情况、郑州“7·20”特大暴雨灾害追责问责以案促改工作开展及灾后重建工作推进情况、事业单位重塑性改革完成情况、校纪委履行监督责任情况等7个方面做专题汇报。督察组在查阅资料、实地察看、谈话实访后，对学校党委履行全面从严治党主体责任，以党建引领事业发展所取得的成效给予了充分肯定。

2024年全面贯彻落实《党委（党组）落实全面从严治党主体责任规定》要求，建立完善党委书记履行“第一责任人”职责，领导班子其他成员认真落实“一岗双责”的责任体系，制定责任清单，定期研究全面从严治党工作。全校各级党组织认真履行全面从严治党政治责任，层层传导责任压力，确保全面从严治党主体责任落实到位。学校纪委认真履行监督专责，保持正风肃纪反腐定力，印发了《中共河南水利与环境职业学院纪律检查委员会关于强化政治监督的实施办法（试行）》《河南水利与环境职业学院党委与纪委会商通报工作机制实施办法》《河南水利与环境职业学院党风廉政建设责任制实施办法》《河南水利与环境职业学院纪检干部听课制度》等4项制度，加强对全面从严治党的监督检查，做实做细日常监督，推动纪检监督更加具体化、精准化、常态化。10月18日，河南省教育厅办公室公布了2024年全省高校“双带头人”教师党支部书记“强国行”专项行动团队名单，我校水利工程系教师第二党支部成功入选。全省高校“双带头人”教师党支部书记“强国行”专项行动是河南省教育厅为创新落实立德树人根本任务，深入推进高校“双带头人”教师党支部书记培育工程开展的专项行动，旨在充分发挥高校“双带头人”的示范和引领作用，激励广大师生积极参与到中国式现代化的进程中，为全面推进强国建设和民族复兴的伟大事业贡献力量，展现新时代高校师生的新担当和新作为。此次入选是学校党委高度重视“双带头人”教师党支部书记培育工程的重要成果，学校将继续为“双带头人”及其团队提供包括平台构建、机制创新、经费保障等全方位的支持与保障，着力形成品牌效应，不断提升党建育人成效。

2024年召开党委（扩大）会议，部署党纪学习教育工作。以专家辅导、个人自学、集中学习和研讨交流的方式，举行党纪学习教育读书班。党纪学习教育期间，党委中心组学习研讨4次、党支部集中学习交流148次、基层党组织书记讲纪律党课56次、党员领导干部到联系点党支部参加学习交流18人次；党支部集体学习交流74次、通过河南干部网络学院和中国干部网络学院对县处级以上党员干部开展专题讲座培训2次、通过“河南党员教育‘云课堂’”对党员干部进行专题讲座培训389人次；赴河南省平原监狱开展警示教育活动，召开警示教育大会，观看专题警示教育片，组织开展廉政党课、在线旁听庭审、党纪学习教育知识竞赛等。及时召开党纪学习教育总结会议，安排部署了党纪学习教育常态化、长效化工作。

（二）党风廉政建设

扎实开展以案促改，一体推进不敢腐、不能腐、不想腐。通过多形式开展以案促改警示教育，引导党员干部深刻汲取教训，知敬畏、存戒惧、守底线，强化了警示教育效果。2021年印发了《河南水利与环境职业学院廉洁风险点汇编》，开展廉洁风险自我防控、廉洁事项相互监督，进一步完善廉洁风险防控体系。明确学校全面从严治党暨党风廉政建设工作总要求：第一，把政治建设放在首位；第二，把思想建设贯穿始终；第三，把组织建设作为重中之重；第四，把党风廉政建设落到实处。他强调，学校领导班子及全体党员干部要深入学习贯彻习近平新时代中国特色社会主义思想，强化政治意识、坚定政治方向、严守政治纪律，切实落实“一岗双责”，促使党建工作与业务工作相融合，保证学校各项重点工作任务的推进落实。

认真落实中央八项规定精神，持续深化作风建设。在清明节、劳动节、端午节、国庆节等重要时间节点，印发关于纠“四风”树新风、廉洁过节的通知，及时传达驻厅纪检监察组通知，要求校级领导干部，各党总支、支部、各处室主要负责人等要全面履行党风廉政建设“一岗双责”职责。

建立健全廉政风险防控机制，加强对权力运行全过程的监督。印发《重点领域关键环节监督检查办法》，把“三公”经费支出、招生考试录取、工程招投标、学生奖助学金评定、节日腐败现象等作为专项监督重点，不定期地开展监督检查，设置监督信箱、监督电话，公开收集侵害师生利益行为的线索。

2022年全面贯彻落实党风廉政建设“两个责任”。召开党的工作暨党风廉政建设专题工作会议，各党总支书记向学校党委签订《2022年党建目标责任书》，各部门负责人向校党委签订《2022年党风廉政建设责任书》；明确落实党风廉政建设总支（支部）书记第一责任人、领导班子成员“一岗双责”主要责任，确保全面从严治党主体责任明晰具体。

切实筑牢落实中央八项规定精神堤坝。紧盯重要节点，狠抓廉洁过节宣传教育督导。在重要节日前，通过学校官网、校内微信群等平台，及时传达驻厅纪检监察组、厅机关纪委的廉洁过节通知，下发《关于做好2022年元旦春节期间正风肃纪工作的通知》等文件，通报违反中央八项规定精神的典型案例，公布纪检监察监督电话、邮箱，向职能部门负责人提醒公车管理、职工福利办理的纪律规矩，层层传导廉洁过节压力。督导相关部门强化对“三公”经费支出的监管。经常性与财务部门研究学校“三公”经费管理状况，警钟长鸣，学校公务接待、公务用车运行维护、培训费均控制在较低水平，无违反相关规定问题发生。继续加强制度建设。先后出台4项制度，建立了师德师风、工作作风建设监督约束机制，进一步强化了对重大事项的监督措施，为加强和规范新时代学校纪律检查工作、提高议事质量和决策水平提供了纪律保证。

2023年组织党总支书记签订《年度党建目标责任书》、部门负责人签订《年度党风廉政建设责任书》，加强对关键岗位、重点环节的监督。出台《领导干部插手干预重大事项记录报告制度》《重点领域关键环节监督检查办法》,对招生、招标、招聘等重点工作开展全过程全方面监督。全程开展监督。紧盯重要节点,及时传达上级廉洁过节通知精神,下发关于廉洁过节要求,通报典型案例,公布监督渠道,抓好廉洁过节宣传教育督导。做好专项督查,制定《房屋租赁及校园营业场所专项整治实施方案》,通过多种形式开展专项督查,提出整改建议。

2024年坚持把清廉学校建设作为推进全面从严治党向纵深发展的有力抓手,不断探索和创新建设内容、载体和形式,持续打造清廉高地。深入贯彻落实中央八项规定及其实施细则精神,持续整治形式主义、官僚主义、享乐主义和奢靡之风,坚决杜绝"四风"问题反弹回潮。签订《年度党风廉政建设责任书》,明确各级领导干部的党风廉政建设责任。准确运用监督执纪"四种形态"处理问题线索,问题线索办结率100%。强化重点领域关键环节监督,对单独招生、专升本考试、对口招生考试等进行全程参与、督导。强化学校招标工作、教师招聘、教师职称任职资格评审推荐、职工岗位聘任等监督。加强对干部职工的教育管理,引导干部职工树立正确的政绩观和价值观,切实改进工作作风。下发节日廉洁提醒6次,通过网站、微信等途径推送纪检方面文章60条,开展廉政警示教育827人,开展纪律作风检查4次,不断增强党员干部的廉洁自律意识。

(三)"能力作风建设年"活动

为深入学习贯彻党的十九届六中全会精神,落实省委决策部署和学校"能力作风建设年"动员大会精神,2022年2月,我校召开党委理论学习中心组(扩大)学习会议,学习习近平总书记关于狠抓落实重要论述和重要文章《努力成为可堪大用能担重任的栋梁之才》《中国共产党纪律检查委员会工作条例》、楼阳生同志在全省开展"能力作风建设年"活动动员部署会议上的讲话精神、全省职业教育大会精神,安排部署贯彻落实工作。要求认真学习贯彻习近平总书记关于狠抓落实重要论述,充分认识抓落实在党的领导工作中的重要意义,牢固树立党的宗旨意识和正确政绩观,发扬求真务实优良作风,持续增强党员干部深入一线的思想自觉和行动自觉。年轻干部要坚定理想信念,对党忠诚,不断加强理论学习,提高党性修养,砥砺政治品格,锤炼过硬本领;要注重实际、实事求是,主动担当、积极作为,敢挑重担子、敢啃硬骨头,努力成为可堪大用、能担重任的栋梁之才。要深入开展"能力作风建设年"活动,对标对表,提升能力,转变作风,抓好落实,促使全校党员干部以过硬能力、优良作风更好担负起学校教育教学高质量发展的重任。

《中国共产党纪律检查委员会工作条例》是党的历史上首部全面规范纪律检查委员会工作的条例,系统总结了党的十八大以来全面从严治党、推进党风廉政建设和反腐败斗争、深化纪检监察体制改革的理论成果、实践成果、制度成果,对党的纪律检查委员会工作作出全面规范。全校党员要充分认识《中国共产党纪律检查委员会工作条例》发布的重大意义,准确把握主旨要义,自觉加强思想淬炼,严守政治纪律和政治规矩,持续营造风清气正的校园环境。

为切实落实省、厅和学校"能力作风建设年"活动部署要求,凝聚支部党员干事创业的精气神，提升干事创业能力，更好服务于学校事业发展，各支部开展“聚焦能力作风建设 担当实干创先争优”主题党日活动。支部党员围绕党史学习教育专题组织生活会有关要求和“能力作风建设年”的目标任务、全省职业教育大会精神、典型案例等，结合工作实际，开展研讨交流，进行深刻的自我剖析，进一步查摆问题，明确改进措施。

3月2日，厅党组成员、副厅长、机关党委书记、一级巡视员武建新一行到校，调研了“能力作风建设年”活动开展情况。

为贯彻落实中共中央《关于推动党史学习教育常态化长效化的意见》和楼阳生书记关于在“能力作风建设年”活动中开展“大学习大培训大练兵大提升”工作要求，传承红色基因和优秀革命传统，推动“能力作风建设年”活动深入开展，不断提高中层干部的理论素养和专业水平，在新的起点上推动学校事业高质量发展，6月22—26日和7月4—8日，我校在信阳市罗山县何家冲学院举办了河南水利与环境职业学院第一期、第二期领导干部能力作风建设专题培训班，深刻学习长征精神、大别山精神，牢记历史，坚定信念，勇于担当，提升能力，改进作风，为学校各项事业发展积蓄智慧和力量，以优异的成绩迎接党的二十大胜利召开。

（四）巡察整改工作

按照省委教育工委、省教育厅党组2024年度巡察工作统一部署，2024年上半年，学校首次接受了省委教育工委、省教育厅党组的政治巡察。此次巡察旨在进一步深入学习贯彻习近平新时代中国特色社会主义思想和党的二十大精神，深入学习领会习近平总书记关于巡视巡察工作的重要论述，认真贯彻落实二十届中央纪委三次全会，省委十一届五次、六次全会，十一届省纪委四次全会和省委教育工委、省教育厅党组2024年度第二轮巡察工作动员部署会精神。根据工作安排，省委教育工委、省教育厅党组第二巡察组在学院的工作时间为2024年5月19日至7月3日，受理信访截止时间为6月28日。巡察期间，主要受理学校领导班子及成员，以及下一级部门、单位领导班子主要负责人和重要领导岗位领导干部问题的举报和反映，重点是违反党的政治纪律、组织纪律、廉洁纪律、群众纪律、工作纪律和生活纪律等问题。对不属于巡察受理范围的信访问题，将按规定转有关部门处理。巡察反馈突出问题清单四大类77条。针对问题学校成立整改工作领导小组，制定整改工作方案和整改台账，制定整改措施233条，完成整改228条。

六、宣传工作

牢牢抓住舆论引导的主动权，坚持把握正确的舆论导向，积极构建大宣传格局，2021年出台了构建校园新媒体矩阵的实施方案，形成了由校园网、公众号、微博、抖音、宣传栏、电子屏等媒体资源构成的线上线下立体宣传网络。在校园网、公众号同步发布新闻945条，微博推送信息1523条，抖音发布视频101条。在省水利厅网站主页上发布新闻50条，被省教育厅采用信息20条，驻郑省管高校党史学习教育领导小组简报有4期报道了学校，各类媒体平台宣传报道学校新闻累计214次。

2023年开辟“党的二十大精神”“访企拓岗”“主题教育”“结对帮扶”“明方向、立规矩、正风气、强免疫”等专栏，及时报道学校事业发展和工作开展情况，大力宣传师生先进事迹。积极拓展信息传播途径，在人民日报等网站媒体发布报道443篇，学校获“2022年度全省教育信息工作考核先进单位”“河南高校2022—2023年度宣传先进单位卓越奖”，2人获“2022年度全省教育信息工作先进个人”、1人获“河南高校2022—2023年度优秀通讯员”，2篇稿件获“河南高校2022—2023年度优秀新闻作品”。

在一系列制度举措的保障促进下，2024年办学声誉和社会影响力得到显著提升。在此基础上着力优化对外宣传工作路径，聚合宣传资源，注重挖掘凝练办学过程中的新做法、好经验，以优质宣传内聚人心、外展形象。2024年，省教育厅采用我校信息21条，其中高校动态专篇对《以“1+2+3”模式推动创新创业教育改革发展》《构建“三维育人”体系夯实立德树人工作实效》等6篇进行了报道，光明日报、河南日报等主流媒体及社会媒体报道我校新闻累计2300多篇。

七、民主管理及精神文明建设

（一）民主管理

1.工会与离退休工作

1）加强工会干部队伍建设

学校十分重视工会干部队伍建设，一是加强工会干部学习培训。重点组织学习习近平新时代中国特色社会主义思想和党的二十大精神、学习宪法、学习宣传习近平法治思想，以及工会工作的基础知识，通过培训、研读政策、提高素质、增强工会工作能力。二是强化工会干部的沟通交流，在日常工作中，注重利用工会干部微信群、学校OA办公系统、校园网等现代信息工具，加强工会干部的工作交流和信息沟通，动员工会干部深入开展调查研究，听取广大教职工对工会工作的意见和建议，充分发挥好党联系群众的桥梁和纽带作用。

截至2024年，学校共有工会小组32个，会员652人。

2）强化学院民主管理

（1）在教代会闭会期间，组织召开教代会执委会会议、工会委员会委员会议，讨论、制定《河南水利与环境职业学院教职校内申诉办法》，保证教职工申诉权，维护自身的权益。

（2）2021年召开了学校二届三次教职工暨工会会员代表大会，2022年组织召开了学校二届四次教职工暨工会会员代表大会，对学校二届三次教职工暨工会会员代表大会一年来的学校、工会等工作进行了总结，各代表团分组审议了校长工作报告、工会工作报告。在肯定成绩的前提下，提出了合理化建议，表决通过了“两个工作报告”。并及时对大会上提出的合理化建议及教代会提案进行汇总梳理、分类并安排落实。

（3）召开二届五次教职工暨工会会员代表大会，认真审议学校发展事项。

2023年10月28日，河南水利与环境职业学院二届五次教职工暨工会会员代表大会召开，大会审议并通过了校长李志萍所作的《积极进取 开拓创新 奋力谱写高水平高职院校建设新篇章》的报告。

大会审议通过了《河南水利与环境职业学院岗位聘任与绩效工资分配制度改革方案》和《河南水利与环境职业学院事业编制外用工管理办法》。

3）围绕教育教学中心任务积极开展工会各项工作

（1）开展了丰富多彩的校园文化活动，如庆“三八节”女职工各项活动、百位教职工到航空港校区参加绿化校园活动、庆“六一”教职工子女“六一”线上作品展活动等。

（2）积极开展劳动竞赛活动。2023 年选拔推荐 1 名教职工参加省直工会“中国梦·劳动美——喜迎二十大 建功新时代”演讲比赛；选派 2 名教师参加河南省教育厅、河南省总工会联合举办的教学技能大赛，分获一等奖、二等奖。

4）关心职工生活，积极为职工办实事

工会长期坚持认真落实送温暖制度，对职工父母病故、职工住院、结婚、生育等，及时组织慰问、看望和祝贺，据统计，2022 年共慰问、看望和祝贺职工达 31 人次；教师节前夕，到学校驻村帮扶工作点——卫辉市看望慰问工作队成员；到工作在一线的航空港校区建管局和信阳校区进行慰问。按照省总工会、省水利厅、省教育厅等上级单位的要求，2022 年以来，坚持采购扶贫地区和帮扶工作点的农副产品，累计消费 37.7 万元，办好职工福利，助推帮扶工作。

5）离退休工作

（1）组织机构

学校十分重视老干部工作，为进一步加强我校老干部工作，根据机构设置、人员变动情况及工作需要，2021 年 5 月，经校党委研究，对我校老干部工作委员会成员进行了调整。

2024 年，根据学校机构调整方案，成立离退休科，具体负责离退休老同志的日常工作。

（2）管理与服务

①根据党和国家以及上级主管部门关于老干部工作的各项方针政策和规定，结合学校的实际情况，落实老干部政治待遇和生活待遇。

②督促、检查学校老干部工作的执行情况，广泛听取、征询老干部意见建议，并逐步改进工作。

③发挥老干部在精神文明建设等方面的重要作用，积极组织好有时代特征的纪念活动，教育广大干部群众和青年学生倡导尊老、爱老、敬老的社会风尚。

④针对新形势下老干部工作的特殊性，加强与相关部门的沟通协调，并组织各方面力量，解决老干部工作中遇到的特殊问题，切实为老干部办实事、办好事。

⑤老干部工作委员会每年召开一至两次会议，讨论研究学校老干部工作情况及工作中的重要问题。

⑥定期召开离退休职工学习交流活动，为学校事业高质量发展积极建言献策。开展各种有益于老同志身心健康的活动，如“重阳节”活动、趣味运动会、“七一”走访慰问学校 25 名“光荣在党 50 年”老党员、外出参观学习等活动，用心用情为离退休老同志做好服务管理工作。

2.统战工作

统一战线工作是中国共产党凝聚人心、汇聚力量的政治优势和战略方针，是党的事业取得胜利的重要法宝。在高等职业教育领域，我校的统战工作是党建工作的重要组成部分，对于促进学校改革发展、服务地方经济社会建设、维护校园和谐稳定具有不可替代的作用。近年来，在统战工作中，学校按照“长期共存、互相监督、肝胆相照、荣辱与共”的方针，积极支持民主党派自身建设,关心并发挥民主党派和无党派人士的作用,团结、调动一切力量和积极因素,学校的统战工作得到了发展和提升,2024年更着力完善大统战工作格局,严格落实统一战线工作责任制,有形有效铸牢中华民族共同体意识。

1)工作机制与保障

统战工作由学校党委统一领导并负主体责任,党委书记是第一责任人。

2021年,设立统战科,归属党政办公室管理,负责日常工作的组织、协调、落实,制定了相应的岗位职责和工作纪律,形成了统战科具体抓、各部门配合的工作体制。

2)工作目标

(1)凝聚共识,巩固共同思想政治基础。

(2)汇聚智慧力量,服务学校中心工作。

(3)促进校园和谐稳定。

(4)服务区域经济社会发展。

(5)依托学校专业特色和人才优势,引导统战成员积极参与地方经济建设、科技创新、乡村振兴、社区服务等活动,提升学校服务地方的能力和影响力。

3)参政议政与民主监督

学校坚持定期召开统战工作座谈会,听取校内民主党派人士、党外知识分子、留学归国人员意见建议,为学校发展集思广益。尤其鼓励党外人士对学校重大决策、党风廉政建设等提出意见建议,并鼓励党外教师参与教学改革、技术研发、技能培训、社会咨询等活动,引导党外人士在产教融合、校企合作中发挥桥梁纽带作用。

4)民族与宗教工作

学校通过各种形式宣传落实党的民族政策,铸牢中华民族共同体意识。依法管理校园宗教事务,防范和抵制宗教向校园渗透,引导师生树立科学世界观。

宗教双防工作一直是统战工作中的重中之重,学校贯彻落实教育与宗教相分离原则,2022年制定并印发了《贯彻中央民族工作会议精神检查暨宗教工作督查反馈意见整改工作方案》《关于进一步加强党对学校"双防"宗教工作领导的方案》《宗教工作责任制实施办法》《宗教工作信息员队伍建设实施方案》。针对学校师生宗教信仰情况进行分析,及时了解所联系信教师生的思想状况,并积极予以沟通及帮助。及时掌握学生宗教信仰转化的数据动态的统计及修改。

2022年"双防"工作取得较大进展。经过两年的工作积累,"双防"工作一直稳中有进,信教师生人数一直控制在较低的比例,每年1次的民族宗教摸底排查工作开展顺利,基层"双防"工作人员的业务水平和理论水平稳步提升,师生在宗教方面的思想一直处于较稳定状态。

结合形势开展了铸牢中华民族共同体意识暨民族宗教政策法规宣传月活动,组织了关于纪念中共中央发布"五一口号"75周年相关活动及民主党派、统战团体负责人及骨干成员和统战干部等30余人的参观活动。

(二)精神文明建设

2021年是"两个一百年"奋斗目标的历史交汇之年,是实现"十四五"规划和2035年远景目标的开局之年。学校精神文明建设工作的总体要求是:以习近平新时代中国特色社会主义思想为指导,紧紧围绕立德树人根本任务,围绕庆祝中国共产党成立100周年,围绕奋进"十四五"、建功新时代，着力唱响爱党爱国爱社会主义的时代主旋律，着力培育和践行社会主义核心价值观，深化群众性精神文明创建活动，为推动学校改革发展新跨越提供坚强思想保证、强大精神动力和丰润道德滋养、良好文化条件。

在完成创建工作目标的基础上，2021年，学校被继续确认为“全国水利文明单位”，2月，河南省省直文明委办公室发布《关于省直2020年河南省文明单位（标兵）、河南省文明校园（标兵）和市级文明单位（校园）复查情况的通报》，我校顺利通过了2020年度市级文明校园复查验收，11月，顺利通过市级文明校园年度复查验收。

组织教师开展多次志愿服务项目，学校被省水利厅表彰为志愿服务工作先进集体。15名优秀教师和优秀教育工作者、1名文明职工和4个文明家庭受到省水利厅表彰。学校青年志愿者协会被省卫健委、省教育厅、省红十字会授予“河南省大中专院校无偿献血工作优秀团队奖”。

2023年学校实施师德师风建设工程，开展“最美水院人”评选表彰，编制《2023年文明校园创建工作方案》，学校被授予“河南省文明校园”称号。

（三）结对帮扶工作

2022年学校成立校地结对帮扶工作领导小组，印发《河南水利与环境职业学院结对帮扶工作方案》，派出帮扶工作队，召开帮扶工作动员会、推进会，紧紧围绕智力、科技、人才、产业、消费、教育等六大领域24项帮扶任务全面开展帮扶工作，先后走访调研乡村振兴局、水利局、农业农村局、住建局、教育局、商务局等单位，听取了有关情况介绍，了解了相关需求，先后开展了农产品消费帮扶、卫辉市水利职工培训、护城河清淤项目初步设计方案科学论证、“聚焦党建引领，助力乡村振兴”专题培训班、东风农场小学图书捐赠、示范村三维地形图制作及建设指导、人才振兴学历提升、休闲旅游引导、农村安全饮水自查自评、滞销蔬菜采购等工作，取得了一定的帮扶成效。2022年，助推帮扶工作累计消费42万余元，动员教职工购买卫辉市菜农的滞销蔬菜1.5万元。

2023年先后开展了图书捐赠、金秋助学、“庆丰收，迎双节”金秋欢乐购促消费、“和美乡村、多彩生活”秋季村晚展演、走访慰问贫困家庭、少年宫支教志愿服务队等活动，捐赠学习生活用品、体育用品、助学金7.87万元，分3批次采购卫辉市农副产品41.5万余元，通过832平台采购助农产品62.42万余元；为新乡共裕食品加工有限责任公司量身定制企业特色产品推广方案，取得较好的帮扶成效，在2023年卫辉市巩固脱贫成果省挂牌督办帮扶工作中荣记集体三等功，校地结对帮扶工作队成员霍国义、赵涛、寇自洋荣立个人三等功。

第六节　行政管理

学校以习近平新时代中国特色社会主义思想为指导，全面贯彻落实党的十九大，十九届五中、六中全会精神，习近平总书记“七一”重要讲话精神和省第十一次党代会精神，认真贯彻落实省委高校工委、省教育厅、省水利厅部署和要求，全面加强党对学校工作的领导，坚持立德树人根本任务，突出重点，加快发展。2021年，顺利通过全国水利优质校和优质专业验收、教育部现代学徒制试点学校项目验收，牵头成立了河南省水利环境职业教育集团，获批全省教育系统网络安全和信息化工作先进集体、河南省园林单位。

一、管理体制机制建设

学校围绕凝聚高质量发展的磅礴合力，建立健全党委统一领导、党政分工合作、协调运行的工作机制，健全以《章程》为核心的制度体系。建立完善党委书记履行第一责任人职责，领导班子其他成员认真落实“一岗双责”的责任体系。进一步完善“党委领导、校长负责、教授治学、民主管理”的内部治理结构，深化校院两级管理体制改革，健全完善党政班子议事决策制度，充分发挥学校党委在办学治校、发展改革中的政治核心作用。始终坚持“围绕中心抓党建，抓好党建促发展”，不断增强学校班子整体功能，推动各基层党组织聚焦高质量发展观大势、谋大局、抓大事、挑大梁，不折不扣落实好学校党委高质量发展各项举措部署。

依据国家相关法律法规，学校2023年4月制定《校名、校徽管理办法》，进一步规范校名、校徽使用，维护学校名誉及无形资产合法权益，强化学校品牌形象塑造。

（一）《章程》《制度》及“十四五”发展规划建设

（1）2021年4月，根据《河南省教育厅关于做好高等学校章程修改及核准工作的通知》《河南省教育厅办公室关于进一步做好高校章程核准工作的通知》精神，学校启动《章程》修改工作，力求《章程》结构更加严谨，语言表述更加科学规范，更好地保障和促进学校事业的发展。

（2）成立了“十四五”发展规划编制组织机构，完成了总体规划和10个专项规划初稿编制。按照省教育厅《关于编制高等学校设置“十四五”规划有关工作的通知》要求，积极开展本科层次职业学校申报工作，并将申报工作纳入“十四五”发展规划。2023年结合国家、河南省“国民经济和社会发展第十四个五年规划和2035年远景目标纲要”，《河南省教育现代化2035》《河南省“十四五”教育事业发展规划》，以及《党建与思想政治工作建设规划》《人才培养与专业建设规划》《师资队伍建设规划》《产教融合建设规划》《数字校园建设规划》《科研与社会服务发展规划》等10个专项规划年度目标任务进行分解，持续推进我校“十四五”发展规划建设。

（3）学校坚持以章程为依据，对学校教育教学和各项管理制度进行全面梳理，不断完善学校的制度体系，进一步依法治校、深化改革，坚持制度引领，以制度管人、以流程管事，常态化开展制度“废改立释”工作，内部治理体系日益完善。

2022年，出台制度30项，涉及人事、行政、教育、教学、安全、财务等多方面；2023年共出台制度51项，涵盖领导决策、教学管理、财务资产管理、综合行政管理、人事管理、学生管理等多个方面；2024年出台、更新制度73项，梳理编印学校《制度汇编》，不断巩固优化制度管理，坚持依法治教、依法办学、依法治校共同推进。

（二）调整机构设置

2021年，在省水利厅党组的大力支持下，《河南水利与南水北调》杂志社并入我校管理，获批增设教学科研机构1个，增加中层干部正职职数1个、副职职数1个。2021年1月在内设机构中设置副科级机构，实施三级管理，体制机制进一步理顺。

2024年深化人事制度改革，充分激发办学活力，启动教师发展中心建设工作。进一步健全学校内部管理体制和运行机制，经上级批复，调整设置内设机构38个，其中党政管理机构13个，群团组织机构2个，教学单位13个，教辅单位10个，并完成123名中层领导干部配置及任命。

（三）调整归属关系

根据《河南省省直事业单位重塑性改革总体意见》（豫办〔2021〕34号）和《省直部门所属30所学校管理体制调整实施方案》工作安排，省直部门所属30所学校已调整为省教育厅管理，河南省教育厅于2022年6月8日下发的《关于做好省直部门30所划转学校管理工作的通知》中明确，6月1日起，包括河南水利与环境职业学院在内的省直部门所属30所学校（高职17所，中职13所）按照新的管理体制，纳入省教育厅直属单位管理。

（四）撤销中专建制

2024年5月10日，河南省教育厅根据《河南省水利厅关于呈报厅属中等职业学校教育资源整合方案的请示》（豫水教〔2017〕12号）和《河南省人民政府关于省水利厅厅属中等职业学校教育资源整合方案的批复》（豫政文〔2017〕131号）文件中明确的"撤销郑州水校建制"内容，下发《关于撤销河南省郑州水利学校的批复》（教发规〔2024〕140号）文件，中专建制正式撤销，人员和资产（含债务）划转到河南水利与环境职业学院。

8月30日，河南省财政厅印发的《关于明确河南水利与环境职业学院国有资产权属的通知》（豫财资〔2024〕205号）中明确：原河南省郑州水利学校占有使用的土地、房屋、车辆等国有资产无偿划转至河南水利与环境职业学院。登记在河南省郑州水利学校名下的土地证、房产证、车辆登记证等权属证明变更至河南水利与环境职业学院名下。

二、人事管理

（一）人事分配制度改革

2023年学校全面推进二级管理，深化人事分配制度改革。出台《辅导员工作考核办法（试行）》《学院岗位聘任与绩效工资分配制度改革方案（试行）》等制度，完善了辅导员工作考核制度，充分调动了全体教职工工作的积极性、主动性和创造性。

6月，制定《新入职人员专业技术资格确认办法（修订）》；制定了《高层次人才引进与管理办法（修订）》，进一步全面落实"人才强校"战略，优化师资队伍结构，加强高层次教学科研人才队伍建设，吸引更多高层次人才来学校工作，形成具有竞争力的人才制度优势，提高学校办学水平；制定《教职工继续教育管理办法（试行）》，进一步加强教职工队伍建设，适应学校教育事业发展需要，进一步规范教职工继续教育工作，提高继续教育效果，强化继续教育在推动学校人才队伍建设中的作用，全面提高学校人才队伍的整体水平。

树立“人岗相适”的用人导向，根据不同类型、不同职级人员的岗位职责和工作特点，突出岗位职责导向，明确“质”与“量”的差异化，反对“一刀切”做法。出台了《中、高级专业技术职务任职资格申报、推荐（评审）办法》等一系列文件，不断健全教学为主型、教学科研型教师，思政教师、实验人员、辅导员、图书资料、卫生、会计、经济、工程等技术系列，以及管理、工勤等职务系列分类评价办法。

（二）校领导任免

2022年4月15日，李广慧任河南水利与环境职业学院院长（豫干文〔2022〕74号），免去郑志宏的河南水利与环境职业学院院长职务。

2022年10月11日，李广慧任河南水利与环境职业学院党委副书记（豫教工委〔2022〕127号）。

2023年9月8日，李广慧任河南水利与环境职业学院党委书记（豫干文〔2023〕498号）。

2023年9月8日，李志萍（女）任河南水利与环境职业学院院长；免去李广慧的河南水利与环境职业学院院长职务（豫干文〔2023〕499号）。

2024年6月17日，张竟超、包永刚、王玉振任河南水利与环境职业学院副院长（豫教工委〔2024〕188号）。

三、财务管理

多年来，学校持续做好财务管理工作，精准测算学校各项收入，合理安排资金预算，用足用好有限的资金，充分发挥资金使用效益。在做好每年的财务预算决算和政府财务报告、内部控制报告的编报基础上，科学编制学校中长期财政规划，为学校事业发展提供资金保障。2021年完成财政高职教育项目库项目补报入库，2022年新入库项目24个，建立起《预算执行定期通报制度》，定期通报部门预算执行情况，预算执行率达75%左右。5月，制定《预算管理办法（修订）》，进一步建立健全规范、公开透明的预算管理机制，规范学校收支行为，强化预算约束，优化资源配置，提高资金使用效益，保障和促进学校各项事业健康可持续发展。

2023年财政批复学校预算资金4.38亿元（含上年结转），其中安排基本运转预算1.23亿元，事业发展专项1.88亿元，基本建设专项1.27亿元，总体预算执行率达80%左右，保证了关系学校发展的各项财务工作及时有序规范进行。

2022年度学校统筹财政拨款及事业收入，经费投入总额30396万元，比上一年度增长41%，其中人员及基本运转投入11287万元，专项经费投入19109万元。专项经费投入中，学校事业发展重点保障专项投入12853万元，占专项经费投入总额的67%，其中人才培养投入92万元，教育教学改革及科研投入1025万元，社会服务投入129万元，国际合作投入223万元，师资队伍建设投入226万元，实训基地建设投入2359万元，办学能力及办学条件改善投入8799万元。

2023年度学校统筹财政拨款及事业收入，经费投入总额36362.9万元，比上年度增长19.63%，其中人员及基本运转投入14826.6万元，专项经费投入21536.3万元。专项经费投入中，学校事业发展重点保障专项投入14735.28万元，占专项经费投入总额的 68.4%，其中人才培养投入 3030 万元，教育教学改革及科研投入 1183.58 万元，社会服务投入 296.9 万元，国际合作投入 288 万元，师资队伍建设投入 542.8 万元，实训基地建设投入 1844 万元，办学能力及办学条件改善投入 7550 万元。

同时，注重加强国资管理，优化资源配置，不断深化财务信息化建设，2021 年统一整合了后勤食堂、编辑部、租赁部等业务的会计核算，优化了账务处理流程，完善了会计核算系统，组织实施政府采购及工程招标项目 77 项；2024 年建立网上财务审批平台，设置财务报销资料投递柜，优化财务审批流程，极大提升了财务报销效率。组织开展年度预算绩效自评和项目支出部门绩效评价工作，全面改进内部治理效能，提高财政资源配置效率和资金使用效益。

四、信息化建设

学校以河南省“双高”校建设为契机，不断提升信息化基础设施建设层次，加大数字资源建设力度，优化信息化管理服务，进一步完善信息化支撑体系。充分发挥信息化建设基础优势，推进信息技术与教育教学深度融合，提高师生信息素养，为建设河南省职业教育信息化标杆学校奠定坚实基础。

（一）信息化基础设施建设

1.网络支撑环境建设

2021 年 9 月，以招商引资形式引入社会资金 259 万元，对花园路校区办公区、学生宿舍区及校园公共区域无线网络进行升级改造，实现了 Wi-Fi 6 覆盖。2022 年，完成了航空港校区新建楼宇（C1、C2、C3）有线、无线网络建设，同时完成新建楼宇一卡通专网（门禁系统、电控系统、水控系统、淋浴系统）建设，以及 B3 餐厅二楼、三楼餐饮消费系统建设。完成了新建楼宇智慧安防系统及中心监控室建设，新增监控点 150 个。航空港校区数据中心服务能力持续提升，服务器资源、交换设备、网络安全设备等不断完善。航空港校区采用全光网建设，实现了光纤入室，花园路校区实现了主干全光，校园线网络达到了“万兆核心、千兆桌面”，两校区网络通过专线互联实现一张网，网络数据交换能力显著增强。

2.信息化教学环境建设

2021 年 9 月，完成了航空港校区 6 间公共教学机房、40 间基础型智慧教室建设，信息化教学条件大幅提升。2022 年 8 月，完成了花园路校区南教学楼 4 间公共教学机房、北教学楼 42 间传统多媒体教室的升级改造，以及航空港校区德礼讲堂三楼多功能厅建设，信息化教学基础设施大幅改善。2023 年推进信息化建设，满足师生需求。完成了学校一体化校友平台建设，搭建了校友与母校互动的纽带与桥梁。构建学校 SPOC 在线教学平台，并实现教务系统的换代升级。2024 年深入实践数字化赋能教学管理与质量提升，构建 AI 巡课督导录播系统，有效解决智能巡课方面跨校区、跨平台的线上巡课障碍，构造智能化、个性化、高效化教学空间。

（二）信息化管理服务提升

2021 年 12 月，建设了智慧党建系统，实现了党组织管理、党员管理、组织生活展示的数字化；建设了大学生综合素质提升系统，实现了学生综合素质的智能评价。2021 年 11 月至 2022 年 5 月，开展一站式服务平台建设，以“用户”为中心，整合学校各业务系统中的数据，突破业务部门的边界。完成了学校对中国教育科研和计算机网络的接入，成功启用edu域名，将学校官方网站域名注册为www.hwec.edu.cn，并完成了对全校所有站点的edu域名更换；完成了花园路校区主干网络的升级改造。学校获批全省教育系统网络安全和信息化工作先进集体。

2022年首次启用了数字化迎新平台，将新生报到的各项工作都迁移到数字化迎新平台线上办理。

2024年花园路校区启用宿舍门禁系统。设计并部署上线学校业务数据大屏和效能分析大屏，全面、实时地展示学校的各项业务数据。

（三）师生信息素养提升

2021年9月，为进一步提升学生信息素养，学校举办了“万方杯”2021年河南省高职院校信息素养大赛。2021年11月，面向全校学生举办实验室安全微视频和海报设计大赛活动。2022年5月，组织参加河南省第二十六届教育教学信息化交流活动，鼓励教师以课件、微课、信息化教学课程案例等形式报送参赛作品。2022年6月至7月，全校开展2022年师生数字素养与技能提升活动月“数字教育大讲堂”活动。2021年9月至2022年8月，学校各院系自主开展线上教学技能培训、课程思政建设培训等十余次，覆盖全校80%专业课教师。

（四）网络安全建设

2021年11月，实施学校信息安全等级保护测评服务项目，对全校包含OA办公系统、资产管理系统、财务管理系统等在内的9大业务系统进行安全检测及漏洞整改。2022年5月，完成学校门户网站IPv6改造及SSL证书的采购、部署，实现网站HTTPS加密访问。部署网络出口防火墙、上网行为管理、入侵防御、WEB安全网关、安全网闸、堡垒机、日志审计、数据库审计、漏洞扫描等网络安全设备，以及气体消防、烟雾报警、制冷等配套系统设备。智慧安防覆盖全校所有公共区域，设有监控点位1000余个。校园有线、无线网络实行统一实名认证接入。校园网安全管控能力显著提升，为学校信息化应用提供了良好的支撑环境。

（五）制度体系建设

2021年12月，在现有规章制度基础上，制定了《信息系统安全管理办法》《备份与恢复管理制度》《计算机机房安全管理办法》等十余项制度，进一步修订、完善了学校信息化管理制度体系。2022年3月，印发了《河南水利与环境职业学院“十四五”数字校园建设规划》，推动学校信息化工作高质量发展。

五、后勤服务与固定资产

（一）后勤保障与维修改造

高校后勤服务是保障教学科研和师生生活的支撑体系，涵盖食、宿、水、电、保洁、绿化、维修及商业配套等，致力于提供安全、高效、便捷的保障，是维护校园平稳运行的重要基础。

2021年以来，全面改造信阳校区、花园路校区学生餐厅和教工餐厅，打造1个智慧餐厅，建设航空港校区餐饮质量安全示范餐厅，满足学生就餐需求，提升就餐品质。成立大学生伙食委员会，定期开展服务满意率问卷调查，让学生参与伙食管理服务与监督。开展精准帮扶资助，为特困学生提供就餐充值服务。投入资金10多万元改造食堂设施、稳定饭菜价格，标准化食堂达标率100%。开展食品安全领域师生身边不正之风和腐败问题集中整治，规范食堂管理，保障食品安全。2021年3月，花园路校区南苑餐厅、北苑餐厅及航空港校区港区餐厅被省教育厅评定为河南省高等学校标准化示范学生食堂。

积极完善校园疾病预防控制体系，提高应对公共卫生事件的能力。开展学校卫生防疫、艾滋病宣传等活动。2023年，校医务室与校团委健康教育社团合作，成功申请河南省防艾基金项目并开展系列活动，受到上级卫生主管单位好评。2024年4月，郑州市疾控中心举办2023年度郑州市艾滋病、性病、丙肝、麻风病防治工作先进集体及先进个人表彰大会。我校荣获先进集体，是郑州市唯一获此奖励的高校。

学校日常维护保障工作落实到位，花园路校区教学楼、宿舍楼改造高标准完成。水电暖运行平稳，注重对全校的空调、用电线路、供电供水设施等进行全面系统的排查检修，加强食堂物资储备，做好低温雨雪冰冻灾害防范工作，组织防汛演练和灾害风险排查，贮备防汛物资，确保学校安全度汛，保障学校教育教学秩序的稳定运行。

（二）固定资产

2021年固定资产总数12558.26万元，其中土地、房屋及构筑物3788.62万元，占固定资产的30.17%（其中，房屋3648.67万元，占固定资产的29.05%）；通用设备3725.02万元，占29.66%［其中，车辆31.68万元，占0.25%，单价50万元（含）以上（不含车辆）设备328.54万元，占2.62%］；专用设备1811.07万元，占14.42%［单价100万元（含）以上设备222.87万元，占1.77%］；图书档案935.49万元，占7.45%；家具、用具、装具及动植物2298.06万元，占18.30%。

2022年固定资产总数13360.72万元，其中土地、房屋及构筑物3582.73万元，占固定资产的26.71%（其中，房屋3473.25万元，占固定资产的25.89%）；设备6212.08万元，占46.31%［其中，车辆27.33万元，占0.20%，单价100万元（含）以上（不含车辆）设备184.33万元，占1.37%］；图书档案999.02万元，占7.45%；家具、用具2620.89万元，占19.54%。

2023年固定资产总数12865.68万元，其中房屋和构筑物3389.30万元，占固定资产的26.34%（其中，房屋3294.35万元，占固定资产的25.61%）；设备5814.40万元，占45.19%［其中，车辆57.88万元，占0.45%，单价100万元（含）以上（不含车辆）设备376.86万元，占2.93%］；图书和档案1179.45万元，占9.17%；家具和用具2482.53万元，占19.30%。

2024年固定资产总数54164.87万元，其中房屋和构筑物41616.53万元，占固定资产的76.83%（其中，房屋39245.72万元，占固定资产的72.46%）；设备8131.77万元，占15.01%［其中，车辆49.06万元，占0.09%，单价100万元（含）以上（不含车辆）设备2417.33万元，占4.46%］；图书和档案1203.88万元，占2.22%；家具和用具3212.69万元，占5.93%。

六、平安校园建设

平安校园建设是维护师生安全、保

障教育事业发展的基础工程。其核心在于构建集人防、物防、技防于一体的综合防控体系,通过完善安全管理制度、强化安防基础设施、常态化开展安全教育与应急演练,全面提升校园安全风险防控能力。同时严格规范食堂管理,保障食品安全,营造稳定、和谐、有序的育人环境,为落实立德树人根本任务提供坚实保障。

(一)校园安全建设

学校长期把校园安全建设放在重中之重的位置,除日常安全保卫工作外,定期召开安全生产工作会议,充分利用各种活动日、纪念日、宣传日开展学习普及相关法律知识,尤其是以《中华人民共和国国家安全法》、反邪教、反电信诈骗、拒绝校园贷为主题的宣传活动,提高师生防灾、防骗、防事故的意识和防范能力。

(二)消防安全建设

坚持开展“119”消防宣传月活动,利用展板、手机微信、横幅标语、消防知识讲座以及消防演练等形式进行大力宣传教育,定期组织联合安全大检查,对安全隐患及时整改。重点做好监控设施安装、实验室部分特殊部位消防器材的配置、三个校区消防设备的更新维护,提升消防设施,改造弱电线路,提升全校消防安全保障,消除潜在火灾隐患。2024年建设完成智慧消防综合管理平台,推动“安消和联动”机制,提高了应急反应的效率和协同性。

(三)实验室安全建设

加强实验室安全管理,进一步规范了危化品储存和使用,并坚持日常检查和整改工作;注重实验室管理人员的定期培训,多次开展实验室安全宣传活动,2022年荣获河南省第三届高校实验室安全文化宣传月优秀组织单位。

七、征兵与军训工作

近年来,我校高度重视大学生征兵工作,由武装部具体负责,制定了《学校鼓励大学生应征入伍实施办法》,每年初进行征兵工作动员暨业务培训,开展国防知识专家讲座、征兵答疑、国防大团课和红色教育片展播等丰富多彩的征兵宣传活动,动员鼓励青年学生积极参与国防建设,扛起保家卫国责任,营造了浓厚参军氛围,在广大学生中产生了广泛影响。2021—2022年,向部队输送优秀青年大学生526人。

在做好征兵工作的同时,学校深入探索军训自训方式,2021年从退役复学的学生和在校大学生中选拔军训教官预备队员近260人,按照条件和标准,80人经考核合格担任军训教官,圆满完成2021级新生军训任务;2022年开展军事理论课教学,坚持军训自训,组织大学生教官队训练,预选2023级新生教官近200人。

八、综合荣誉

2021年:

河南省骨干教师培训基地

河南省职业院校“双师型”教师培养培训基地

河南省职业院校“双师型”名师工作室

河南省职业院校教师技艺技能传承创新平台

2021年度全省教育信息工作考核先进单位

2021年度全省教育系统网络安全和信息化工作先进集体

河南省职业教育教师教学创新团队立项建设单位

河南省职业院校“1+X”证书制度试点省级师资培训承办单位

2022年：

河南省现代学徒制示范点立项建设单位

河南省水利智能感知与控制工程技术研究中心

河南省职业教育专业教学资源库立项建设单位

2023年：

第三批国家级职业教育教师创新团队立项建设单位

第二批水利职业教育教师教学创新团队立项建设单位

2023年度全省高校思想政治工作优秀品牌

河南省文明校园

2024年：

河南省职业教育示范性虚拟仿真实训基地建设单位

2024年度河南省校企研发中心

河南省第二批示范性产教融合型职业院校培育单位

大事记

1955 年

9 月,河南省水利厅党分组根据本省旱涝灾害频繁和水利建设急需技术人才的情况,提出了建立省水利学校的报告,省委农村工作部 9 月 26 日以农干 2007 号文批复:经省委研究口头同意建一所水利学校,限 1955 年 10 月 5 日前报建校方案。

10 月 5 日,省水利厅党分组上报了关于建立省水利学校的建校方案,10 月 12 日,省委农村工作部以农干 2008 号文批复,同意省水利厅党分组建校方案,并要求提出 1957 年前的干部培训计划。从此我校开始了筹备工作。

11 月,建校筹备工作正式展开,省水利厅派姚步霄为建校筹备组组长,因先借洛阳荣军学校校舍办学,校名为河南省白马寺水利学校,同时在郑州市陇海西路筹建校舍。

12 月,学校在郑州、新乡、安阳招生,设农田水利、工程建筑 2 个专业,中专一届招生 255 人,初中毕业生入校,学制二年半。

1956 年

1 月开始上课,不放寒假。学校设办公室、教务科、总务科 3 个行政机构,以及 1 个普通课、2 个专业课学科委员会等 3 个教学组织,并以师范院校毕业的教师为骨干,积极组织了教育理论学习。

4 月,省水利厅任命吕武杨为第一副校长兼党支部书记,姚步霄为第二副校长。

9 月,招收二届中专(后改为三届)学生 343 人入学,学制四年(原定三年),在校学生近 600 人(14 个教学班),教职工 64 人,其中教师 37 人。

10 月,学校团支部改建为团总支,11 月建立了工会。

1957 年

2 月,郑州市陇海西路校址的部分校舍建成,学校由洛阳白马寺迁郑。校名为河南省水利学校。校园占地 200 多亩。

3 月,河南省水利干部学校的农田水利班学员 299 人转入水校继续学习,编为二届中专,原二届改成三届,当年没有招生,学生达 860 余人。

4 月,吕武杨调走,王松到校任校长兼党支部书记,姚步霄任副校长,王清献任副书记。

5月,开始整风学习,9—11月开展反右派斗争。

11月,全校师生900余人分赴全省8个地区42个县(市)支援水利化建设。

1958年

7月,支援水利化建设的师生先后返校,据粗略统计,共参加了3300余座中小型水库及2500条渠道的勘测、设计与施工,完成了近5200个中小型水工建筑物,为县、乡培训2600余名初级技术员。

8月,河南省水利厅以党分组(1958)50号文报省人委党组及省委文教部批准,学校改名为郑州水利专科学校。学校党支部改建为党总支,王松任党总支书记兼副校长,代星、姚步霄任副校长,王荣任党总支副书记,同时增设人保科与生产科。

9月,一届专科水利工程建筑专业学生165人,四届中专农田水利和水电站专业学生266人入学,同时三届水工建筑专业也改为水电站专业。在校学生达1256人,教职工135人,其中教师64人,职员35人,工人(含炊事员)36人。

1959年

1月,开封的河南省水利干部学校(含原治淮干校)全部并入水校,增设了干训科。张连三到校任副校长。

2—8月,郑州水利专科学校改名为河南省水利学院,但未正式任命院系领导,又恢复了原来的名称。

3月,一届中专232人毕业走上了工作岗位。五年制预科班(后编为五届中专)154人入学,7月,二届中专268人毕业。9月,二届专科农田水利工程专业130人、六届中专196人入学,在校学生达到1221人,教职工185人,其中教师79人。

1960年

2月,王松、张连三调走。

4月1日,郑州市委文化教育部批准学校党支部总支改建成立党委会,增设党委办公室。随后徐风庭到校任副校长。

5月19日,郑州市委文化教育部批准徐风庭任党委书记,代星、王荣身任副书记。

7月3—5日,学校召开了党代会,选举徐风庭等7人组成党委会。

9月,代星、王荣身调走;11月,冯贯一到校任党委副书记;12月,省水利厅党分组任命省水利厅副厅长宋显民兼任郑州水利专科学校校长,姚步霄任副校长。

图书馆列为科级建制。

1960年是学校大发展的一年,三届中专学生320人毕业,专科水工建筑、农田水利专业学生143人,七届中专农田水利、水电站及复招的水工建筑与新设的施工机械4个专业学生400人入学,在校生增至1364人,先后举办了行政干部、技术干部、物理勘探等短训班多期，轮训干部近500人，全校教职工增至209人，其中教师（含教辅人员）116人。

1959—1960年，为适应学校发展，学校党委先后共派出23名青年教师到中国人民大学、清华大学、华东水利学院等进修提高业务水平。

1961年

7月，一届专科水工建筑专业154人毕业，中专学生73名应征入伍。根据国家经济困难情况，四届专科招生80人，八届中专招生80人，暑假后奉命延期2~6个月开学，后改为放长假2年。新生保留入学资格，教职工部分调出，下放或调厅支援工作，部分留校护校并参加劳动。

1962年

2月，我校与郑州大学水利系、机械系及郑州电校等合并成河南工学院，并附设水利、电力两个中专部，徐风庭调院部任总务长，冯贯一任水利中专部党支部书记，吴茂丰任副书记，姚步霄任水利中专部主任，周鑑清任副主任，设有办公室、教务科、行政科等，教职工102人，其中教师56人。

6月，省委通知撤销河南工学院，水利中专部改为郑州水利学校，专科停办，原二、三届专科班的郑、汴、洛等14市学生53人复课（后改由郑州大学水利系毕业），四届专科转入百泉农专，其余的均属支农不再复学。

1963年

2月，省教育厅根据中央教育部（63）教调周字109号文批复，同意保留郑州水利学校，不再并入郑州大学。

9月，郑州水利学校复课，八届中专学生报到35人，原在校生报到859人。随之调整了专业设置，将水电站、施工机械分别并入农田水利与水工建筑专业。

1964年

4月，王松来校任党委书记兼校长。

7月，四届中专学生206人毕业，12月，五届中专学生120人毕业，当年九届中专学生126人入学，在校生有所减少，但由于加强了实践教学和恢复机构，教职工增至121人。

1965年

7月，六届中专学生181人毕业，十届中专学生166人入学。秋季开学后，为适应当时水利建设对物资、财会人才的急需，从七届中专农田水利、水工建筑专业抽出部分学生，组成物资班与财会班，增学有关专业课程与物资、财会管理业务知识。

1966年

6月，“文化大革命”开始。当年在校学生632人，教职工128人，其中教师62人。

1967 年

5 月以后，学校领导根据上级指示，对七届中专农田水利、水工建筑专业（含物资班、财会班及 1963 年复校后编入八届二班的学生）328 人进行了毕业分配，在校生减至 305 人。

1968 年

1 月，学校成立了革命委员会，刘坤庭任主任，刘向东（学生）任副主任，下设政工组、教改组、后勤组等。

8 月，八届中专水工建筑专业学生 47 人毕业，在校生仅余 257 人。

9 月，工宣队进校。

12 月，根据学生的要求，九、十届中专学生 257 人，全部按工人进行分配。至此，学校仅余教职工 128 人。

1969 年

1 月，进一步动员“清理阶级队伍”。

4 月，部分教师参加了郑州市尖岗水库枢纽规划、设计。11 月，由王松带队又组织部分教职工参加了水库施工，其余完成了分配给学校的挖砌防空洞任务。部分工人先后调离，在校教职工 116 人。

1970 年

2 月，市革委派田爱芝来校主持召开会议，宣布了以张保瑜为组长的领导小组负责学校工作。

10 月，部分教师参加了郑州市邙山提灌站施工。

12 月，学校奉命停办，普通课教师和行政人员被分配到郑州部、厅属 3 个工厂，专业教师被分配到南阳、开封等地市水利系统。校舍被占用，全部物资被瓜分，仅余教职工 12 人，退居学校一隅。

1971—1972 年

学校银行账户注销，余下 12 人的工资关系转回省水利厅。

1973 年

6 月，省水利厅领导小组决定以留校教职工为基础筹备复学。8—12 月，先后调回教职工 5 人。

1974 年

6 月，豫革计综字（1974）274 号、豫革教字（1974）86 号文下达郑州水利学校 1974 年招生指标120人。8月，教职工增至30多人，分设教务组与行政组，积极筹备招生事宜。因房屋原因致使当年的复学招生计划未能实现。

1975—1977年

在长达2年的时间内，复学问题始终无法解决。随着政治形势变化，1976年12月决定停止复学，1977年1月以后，13名教职工又一次被迫离校。

1978年

1月24日，省革委豫革文(1978)13号文通知郑州水利学校在原校址复学，省水利厅决定冯贯一任学校党支部书记，负责复学的准备工作。

8月，克服校舍不足等困难举办了物探班，80名学员在校学习4个月。

10月，赵得秀任副校长。

12月，1978级招生250人，分设水利工程建筑、农田水利工程两个专业6个班，高中毕业生入学，学制二年。

1979年

5月，党支部改为党委会，赵得秀、冯贯一任副书记。学校设党办、校办、教务科、行政科、人保科、图书馆、团委、工会等科级机构。教职工112人，其中教师51人。14人晋升为工程师，招生250人，在校生12个班499人。

10月，赵得秀任校长，张宝瑜、刘庆元任副校长。

1980年

1月，省政府办公厅豫政办(1980)3号文批转省农委《关于解决郑州水利学校校舍问题的意见》，确定水校另选新校址重建。

5月，根据《关于恢复河南省水利干校编制的批复》[省豫编字(80)第112号]，批复编制25人。由省水利厅责成学校筹备，从而形成了水校与干校两位一体的办学模式。

9月，党委改选，赵得秀任党委书记，张宝瑜任副书记。

10月，省编委与省计委同意水校规模：中专1500人，干训班300人，学校事业编制240人。

9月，1980级学生250人入校；12月，1978级水工、农水专业249人毕业。下半年由于1978级学生未离校，在校生达746人，年底教职工人数增加到135人，其中教师65人。

1981年

5月，陈希儒到校任副校长。

9月，经学校研究报主管部门批准，学制由二年改为三年。

9月，学校设立了武汉水电学院函授辅导站。

1981 年，由于学制的改变，1981 级共招收 160 人，1979 级学生 246 人毕业，在校学生 411 人，教职工 157 人，其中教师 76 人。

1982 年

2 月，王树田到校任党委副书记。

3 月，经教师职称评定，全校讲师 9 人，讲师、工程师双职称 28 人，工程师 28 人，高级工程师 1 人。

经省水利厅党组 3 月 13 日批准，增设了学生科、伙食科、干部培训科、保卫科。

9 月，招收淡水养殖专业 30 人，高中生入学。学制二年，暂送天津水产学校代培。1982 级水工、农水专业 170 人入学，1980 级学生 248 人毕业，在校生 361 人，教职工 161 人，其中教师 69 人。

1983 年

因从 1981 级开始改变学制，本年无毕业生，受校舍限制，1983 级学生仅招 110 人（其中 20 人送天津代培），在校生 468 人。

10 月，郑州市郑花路新校址的征地及基建有关手续基本办结，由副校长刘庆元率基建组进驻工地，组织全面施工。

1984 年

1 月，省水利厅派整党联络组到校，调查研究，开始整党工作。

6 月 22 日，省水利厅党组任命宋绍泰为河南省郑州水利学校校长，蒋行健、邢宝太为副校长。

7 月 7 日，省水利厅厅长齐新到校宣布了校长和副校长的任命，并宣布宋绍泰任水校党委副书记，蒋行健、王树田任党委委员。同时宣布赵得秀、张宝瑜由厅另行安排工作。

8 月 21 日，经校党委研究并报厅党组批准，学校设立党办、校办、教务科、行政科、人事科、保卫科、学生科、团委、伙食科、干训科、工会、图书馆等 12 个科室。

当年，新校舍已建成职工住宅楼 2 幢，学生宿舍 1 幢，变电房、学生食堂、职工食堂等 11667 平方米，占总建筑面积的 28%，在建项目 18465 平方米，总计占批准总面积的 72%，完成投资 365 万元。

1985 年

1 月，李日旭到校任党委书记。

1 月 9 日，召开了工会会员大会，民主选举产生了由王树田等 7 人组成的工会委员会。

1 月 22 日，校党委任命王树田为纪检委书记，杨岳清、李清治为纪委委员。

6 月，我校首次在毕业生中实行了毕业答辩制度，对于提高学生综合技能、提高教学质量有很大的促进作用。

9月,学校增设了水利工程建筑专业三年制职工中专班,招生74人,水工、农水、水产专业招生258人,1982级水工、农水及1983级水产专业毕业90人,在校生545人。

10月21日,学校由陇海西路迁入郑花路新校址。

1985年底,我校新校舍完成建筑面积3.02万平方米,占批准建筑面积4.2万平方米的72%。

1986年

2月,李日旭调省水利厅任副厅长,仍兼任我校党委书记。

省教育厅同意我校招高中毕业生,学制二年,因1984级已在校学习一年半,改为二年半学制。

5月7日,省水利厅副厅长李日旭到学校宣布,任命杜平原为中共河南省郑州水利学校委员会副书记;任命余延敏为河南省郑州水利学校副校长。

5月28日,省教委以豫教职字〔1986〕59号文批准我校增设淡水养殖和水土保持两个专业,招收初中毕业生,学制四年。

6月11日,水电部教育司中专处处长邹持家来校参观指导工作。

9月25日,省计经委《关于郑州水利学校调整概算的批复》(豫计经设字〔1986〕1472号文),批准我校校舍基建概算从770万元调整为1050万元。

10月20—28日,中南地区水利水电学校第七届协作年会在我校召开。

11月10日,我校召开了首届教职工代表大会。

12月26—27日,我校召开了第三届党员大会。

1986年,包括职工中专共招生359人,1983级水工、农水及1984级水产专业毕业112人,年终在校职工226人,其中教师100人,在校生617人,全年干部培训135人,在校函授生277人。

1987年

1月,省水利厅党组以豫水党字〔1987〕007号文批复了我校关于党委、纪委的分工意见,同意宋绍泰任党委书记,杜平原任副书记,王树田任纪委书记,马绍钦任副书记。

4月9—16日,水电部水电类专业教研会水工、农水专业教研组第二次会议在我校召开。

根据省水利厅1987年重点科技项目计划安排,我校承担了“水库灌区灰色系统优化调度”及“珠算、心算、笔算互促教学法研究”两个课题,分别由邓珂和张枕善任组长。

1984级、1985级水工、农水及1985级水产专业共毕业344人,水利工程专业招生170人,水保、水产专业各招生80人,新设了水利工程管理专业,为省水利厅工管处代培具有初中文化程度的在职职工,学制两年,其他代培生55人,在校生达825人,在校教职工236人。

1988 年

4 月，省教委以教职字〔1988〕134 号文批准同意我校增设水利财会专业，招收初中毕业生，学制暂定三年，当年招生 43 名，另有代培生 5 名。

6 月 21 日下午，我校召开了全体工会会员大会，选举产生了新的工会委员会，杜平原兼任工会主席，曹景仑为副主席。

6 月 28 日，我校召开了首届教代会二次会议。

1988 年共评审批准了高级讲师 32 名，高级工程师 4 人，副主任医师 1 名，讲师 35 人，工程师 6 人，主治医师 4 人，会计师 2 人，经济师 1 人，各类初级任职资格 50 人，其中助讲 28 人。

1988 年普通中专共招生 371 人，1988 级工管班学员 48 人。毕业 176 人，在校生达 1097 人（含代培生），教职工年底在校 251 人，其中教师 127 人。

1989 年

2 月 21 日，省水利厅党组以豫水组字〔1989〕04 号文任命蒋行健为党委书记，常合生为纪委书记，免去宋绍泰党委书记，免去王树田纪委书记职务。

2 月 21 日，省水利厅以豫水劳人字〔1989〕010 号文任命蒋行健为郑州水利学校校长，杜平原、韩钦信、侯廷信为郑州水利学校副校长，余延敏任工会主席，免去宋绍泰校长职务，免去邢宝太副校长职务。

2 月，新的领导班子调整后，根据学校情况，调整充实了学校职能机构与教学组织，增设了综合经营办公室，成立了水利水保、基础课与马列主义三个教研室。

3 月 3 日，省水利厅以豫水劳字〔1989〕21 号文免去余延敏郑州水利学校副校长职务。

3 月 13 日，水利部教育司副司长武韶英到校指导工作。

4 月 16 日，水利部副部长刘向三到校指导工作。

8 月 24 日，水利部以水科教〔1989〕28 号文表彰我校陈松为水利职工教育优秀教师，王成章为水利职业技术教育优秀教师。

1986 级职工中专毕业 87 人，1988 级工管班结业 48 人，招收水利、水保、财会专业新生共 302 人，包括各专业代培生在内，学校在校生共 1277 人，教职工 230 人，其中教师 110 人，青年教师占专任教师的 73%，高级讲师 12 人，讲师 31 人。

1990 年

2 月 28 日，金水区文明单位建设指导委员会命名我校为区级文明单位。

2 月 13 日，省教委以教职字〔1990〕34 号文批准我校增设土木工程建筑专业，招收初中毕业生，学制四年。

3 月 7 日，我校成立行政监察室，由纪委书记常合生兼任监察室主任，并经省水利厅同意,任命马绍钦为监察室副主任(兼职)。

8月18—23日,我校学生会副主席关俊华同学,作为我省中专学校的唯一代表,出席了全国学联第二十一次代表大会,我校学生会被选举为全国155个团体委员单位之一。

9月28日,我校迁建工程通过验收。

1986级水保、水产专业毕业159人,招收水工、财会、土木工程专业383人。在校生1482人(含代培生97人),教职工234人。

1991年

3月,省水利厅以豫水劳人字〔1991〕021号文批复同意我校设置老干部科。年底,学校离退休人员已达56人。

5月6—8日,我校学生代表朱培轩出席了省学联第六次代表大会,同时我校学生会被选为45名团体委员单位之一。

6月17—19日,省教委工业类中专复评组共11人,到我校进行了办学条件复评,全面参观了学校各项教学设施,抽听了部分教师的讲课,审查了有关材料和数据,分项检查了分值,复评总分为83.91分,综合定级为较佳级。

10月18—19日,我校召开第二届教职工代表大会。

水工、水保、水产、财会等4个专业357人毕业,招收水工、水保、水产、财会4个专业学生399人,在校生普通中专生1425人,代培生86人,总计1511人,教职工244人,其中教师122人。

1992年

5月26日,郑州市政府郑文〔1992〕63号文命名我校为"市级文明单位"。

7月3日,省水利厅副厅长李日旭到校宣布了省水利厅豫水劳人字〔1992〕045号文:唐望任河南省郑州水利学校校长,兼河南省水利干部学校校长,免去蒋行健所担任的河南省郑州水利学校校长职务,同时宣布了省水利厅党组豫水组字〔1992〕25号文,任命唐望为中共河南省郑州水利学校委员会副书记。

11月30日,成立"综合开发公司"。

12月21—23日,省教委中专办学水平复评组对我校办学水平进行了复评,经复评组研究审定:"河南省郑州水利学校坚持社会主义办学方向,不断优化育人环境,提高教学质量,社会效益和经济效益显著,办学水平高"。为我校晋升重点中专打下了良好的基础。

1992年,水工、水保、水产、财会4个专业369人毕业,招收水工专业高中生90人,财会、水工、土木专业初中生260人,年底在校生1473人,教职工252人。

1993年

7月16日,河南省副省长张世英在省水利厅厅长马德全、副厅长李日旭陪同下到我校视察并指导工作。

8月13日,中共河南省水利厅党组以豫水组字〔1993〕019号文任命杜平原任中共河南省郑州水利学校委员会书记。

8月20日,省水利厅以豫水劳人字〔1993〕061号文聘任唐望为河南省郑州水利学校校长,聘期4年。

8月27日,省水利厅党组成员、副厅长李日旭到校宣布了省水利厅《关于郑州水校试行校长负责制的通知》(豫水劳人字〔1993〕054号文),从此,学校开始实行校长负责制。

8月31日,省水利厅以豫水劳人字〔1993〕062号文聘任张道武、王志凯、赵高潮3人为郑州水校副校长,聘期4年。

8月31日,中共河南省水利厅党组以豫水组字〔1993〕024号文任命韩钦信任河南省郑州水利学校工会主席,余延敏不再担任河南省郑州水利学校工会主席职务。

8月31日,省水利厅以豫水劳人字〔1993〕060号文任命史维任河南省水利干部学校副校长(副处级)。

9月12日,水利部科教司司长沈国衣到我校参观指导工作。

10月6日,我校成立了校务委员会。

1994年

1月7—8日,我校召开了第四次党员大会,分别选举产生了由王志凯、史维、杜平原、张道武、赵高潮、唐望、常合生组成的新一届党委会,由李连水、李清治、张裕齐、张嘉俊、常合生5人组成的纪律检查委员会。省水利厅以豫水党字〔1994〕003号文批复同意杜平原为党委书记,唐望为党委副书记、常合生为纪委书记,李连水为纪委副书记。

1月10—13日,我校召开了教职工代表大会暨工会换届大会,选举韩钦信为工会主席,曹景仓为副主席。

2月25日,省教委以豫教职字〔1994〕21号文《关于公布国家级重点普通中专学校名单的通知》,共批准国家级重点普通中专学校249所。其中,我省荣获国家级重点中专的学校共9所,我校是其中之一。

10月31日,水利部科教司副司长高而坤到我校参观指导工作。

1994年,经省水利厅及有关部门批准,普通中专增设建筑装饰专业,职工中专增设水利工程管理和建筑施工概预算专业。并根据国家教委颁发的《普通中等专业学校专业目录》的要求,将我校原水利财会专业改为财务与会计专业,原土木工程改为工业与民用建筑专业,并相应调整了教学计划。

1994年,我校招收各专业新生527人(其中高中毕业132人)。毕业生448人,代培生20人,年底在校中专生1441人,另有代培生30人和干校生360人,教职工239人。

1995年

1月11日,水利部部长钮茂生在河南考察工作期间,在省水利厅副厅长李日旭陪同下，在中州宾馆听取了我校校长唐望、党委书记杜平原关于我校办学情况的汇报，并对我校的工作作了重要指示。

5月16日，我校被确定为“市级文明单位标兵”。

5月31日，民盟郑州水利学校支部正式成立，共有民盟成员11人。

8月，开始增设给水与排水专业，招收初中毕业生，学制四年。

1995年，我校有476人毕业，电大班毕业37人，招收普通中专学生560人，职工中专及电大班约180人。

1995年，我校基本完成了《微机试题库管理系统的研究》，已将水力学、理论力学、材料力学、结构力学重点学科试题编写结果输入计算机，为今后实行教考分开提供了基础。

1996年

3月，为加强教学管理、提高教学质量，将原来的3个教研室和1个教研组（干训）调整为9个教研室，分别为基础教研室、马列主义教研室、水工教研室、水保教研室、土建教研室、电算财会教研室、水产教研室、体育教研室、干训教研室，另外恢复教育研究室，成立电教组，直属教务科，实验室定为副科级机构。

8月27日，省水利厅任命李学友为学校副校长，10月、11月，副校长史维、张道武退休。

9月4日，河南省郑州水利学校被表彰为普通教育先进单位，河南省水利干部学校被表彰为职工教育先进单位。

12月，省水利厅以豫人劳字〔1996〕139号文批复了学校的机构编制方案，确定机构规格相当于处级，同时挂河南省水利干部学校牌子。处级领导职数6名（含纪委书记1名），科级领导职数28名（含监察员1名），其中正科级不超过13名。1996年，事业编制280名（含河南省水利干部学校19名）。内设机构15个，其中办公室、人事科、保卫科、财务科、教务科、成人教育部、总务科、学生科（挂团委牌子）、党委办公室、老干部科、工会等机构规格相当于科级，图书馆、实验室、教育研究室机构规格相当于副科级，据此学校对科以下干部及教职工进行了重新聘任。

1996年，普通中专毕业生360人，成人中专毕业生71人，电大专科毕业生91人，完成短期培训及工人等级考核培训1290人次，招收普通中专各专业新生700人，年底在校普通中专生1848人，成人及电大学员323人，总计2171人。

1997年

1月13日，我校召开了三届三次教代会。

3月27日，学校被河南省委、省人民政府批准为省级文明单位。

8月26日，河南省水利厅豫水人劳字〔1997〕108号文件任命杜平原为河南省郑州水利学校校长，原校长唐望、纪检书记常合生分别于9月、3月到退休年龄。学校现职处级领导为校长、党委书记杜平原，副校长王志凯、赵高潮、李学友，工会主席韩钦信。

9 月 8 日,省水利厅组织郑州水校等厅属 7 个专业学校的负责人及教师代表欢聚一堂,畅谈"河南省水利教育改革与发展",共庆第 13 个教师节,省水利厅常务副厅长李日旭及厅各处室领导参加了座谈会。

11 月 28 日,水利部人教司学校处副处长李肇桀来校考察。

12 月,学校被省水利厅命名为全省水利系统文明单位。

1997 年底,在校普通中专生 2210 人(含代培生 6 人,委培生 167 人),成人中专及电大学员约 340 人(含校外成人中专 39 人,自考 83 人),总计 2550 人。1997 年,普通中专毕业生 361 人,成人中专毕业生 116 人,电大毕业生 48 人。

1998 年

3 月 14 日,省水利厅厅长韩天经上任伊始,首次来校考察工作。

5 月 6 日,省水利厅副厅长王璋来校考察工作。

学校新增设教育研究督导室、招生就业指导办公室、后勤服务中心。

9 月 3 日,中共河南省水利厅党组豫水组字〔1998〕037 号文件任命赵高潮为中共河南省郑州水利学校委员会副书记;李连水为河南省郑州水利学校纪律检查委员会书记。同日,河南省水利厅豫水人劳字〔1998〕065 号文件任命侯廷信为河南省郑州水利学校助理调研员;免去赵高潮担任的河南省郑州水利学校副校长职务。

1998 年,招收普通中专生 842 人,成人中专生 131 人,电大生 76 人,截至年底,在校普通中专生 2500 人,成人中专及电大学员 490 人,各类在校生人数达到 2990 人,基本实现了国家级重点中专所要求的 3000 人的办学规模,1998 年毕业普通中专生 556 人,成人中专毕业生 99 人,电大专科毕业生 49 人,完成省水利厅技术工人培训 500 多人次。1998 年底,学校在职教职工 230 人,离退休人数达到 91 人。

1999 年

1 月,学校召开了第四届教代会。

3 月,副处级调研员黄庭宪到学校工作,任后勤服务中心主任。

3 月,根据国家教育部关于发展高职教育"三改一补"的文件精神,结合学校几十年办学取得的成果及办学实力,在上级主管部门省水利厅的大力支持下,积极论证成立"河南省水利职业技术学院",并于 3 月 21 日将申办报告及论证材料上报河南省政府、省教委。

5 月,省教委办学规模组到学校进行办学规模核定,并批准了学校 3000 人的办学规模。11 月,省教委中专办学水平评估组到学校进行复评,确认学校办学水平达到 A 级。

6 月,围绕专业建设和办学能力的提高,学校召开了第一次"学校专业建设指导委员会评议会",省水利厅副厅长王璋及各处室领导到会,对学校专业建设进行评议。经过认真论证、研究,学校 1999 年增设了农田水利工程、水利工程运行与维护、水资源规划与利用专业,并于 1999 年秋季招生。

8月,首期投资400多万元的校园网建成并投入使用,学校管理现代化迈上新台阶。

1999年学校获奖情况:1月被省高校工委命名为“省级文明学校”,5月被河南省委宣传部、省总工会、省贸易委员会命名为“河南省职业道德建设先进单位”,6月被全国绿化工作委员会命名为“全国绿化四百佳单位”。

1999年毕业普通中专生670人,成人中专毕业生99人,电大专科毕业生45人,完成省水利厅技术工人培训630多人次,举办了两期节水灌溉培训班。招收普通中专生973人,成人中专及电大生289人。截至年底在校学生3223人,保证了国家级重点中专3000人的办学规模。年底在职教职工230人。

2000年

4月13日,“河南省广播电视大学直属分校”在我校挂牌,这标志着我校联合办学、拓宽办学层次和形式的又一新进展。

6月,省教育厅《转发教育部关于公布首批国家级重点中等职业学校名单的通知》(教职成〔2000〕398号文),确定河南省郑州水利学校继1994年8月之后,再次被国家教育部评定为国家级重点中专,并在河南省25所国家级重点中专中名列第三,这既是对我校45年来办学成绩的肯定,同时也标志着我校在全省中专建设中名列前茅。

6月27—29日,学校召开了四届二次教代会。

10月28日,4000余名新老校友欢聚一堂,共庆建校45周年。水利部领导陈自强,省水利厅厅长韩天经,副厅长王璋、王铁牛及厅各处室负责人,省教育厅有关领导及兄弟院校出席了庆祝大会。

11月21—24日,全国水利职教学会德育研究会成立暨2000德育年会在我校召开,来自全国各地20所学校的38位代表出席了本次会议。本次会议是全国水利职教学会德育研究会换届后的第一次会议。

为适应学校办学规模的扩大及改善办学条件,新增教学楼建筑面积538.6平方米,投资44.2万元改造水工棚,2000年基建投资共129.2万元。

围绕学校教育教学现状,经过认真研讨,2000级普通中专生入校时分大类大班上课,在下一年进入二年级之后分班分专业上课。这是学校教学改革、拓宽学生基础知识的新实践。

结合学生就业形势,学校在毕业生就业推荐方面大胆探索,先后和广东沿海发达城市的人才中介机构及企业取得联系进行应届毕业生就业推荐,当年推荐近300名学生就业。

2000年,我校普通中专毕业生820人,成人中专毕业生84人,电大毕业生60人。普通中专招生873人,省直电大分校招生430人。截至2000年底,实际在校生人数:普通中专2690人,成人教育部780人,共计3470人。截至2000年底,在职教职工232人。

2001年

4月,学校与黄河水利职业学院协商签订了联合举办“3+2”分段制高职教育协议,

2001年实际招生233人。

年初,学校积极论证成立华北水利水电学院河南水利职业技术学院。6月,省水利厅与华北水利水电学院以豫水教〔2001〕号文向省人民政府提出了合作举办河南水利职业学院的请示。

7月,为改善教职工住房条件,学校积极筹建7号家属楼,并进行了新一轮住房调整,广大教职工的住房条件得到了改善。

7月,省水利厅豫水人劳〔2001〕7号文任命黄庭宪、惠大众2人为学校副校长。

7月,根据办学需要,学校重新对原有的专业进行了规范。之后,普通中专共有17个专业,"3+2"分段制高职3个专业,高职3个专业。

12月6日,省教育厅以教职成〔2001〕576号文认定我校为河南省十所中等职业示范学校之一。

2001年,学校新建教工活动中心一座,年度增加基建面积3900平方米,基建投资459万元。2001年,在校园网络建设和计算机设备方面共投资220万元,截至2001年底学校拥有计算机622台。

2001年毕业生情况:普通中专毕业生762人,成人中专毕业生29人,电大专科毕业生111人。录取新生情况:普通中专及"3+2"共计575人;华北水院高职班220人。截至年底,在校普通中专生2455人。2001年实现电大招生460人,截至年底,电大、成人中专在校生共计810人。

2002年

1月,动工兴建7号家属楼。

2002年初完成了新一轮的全员聘任制,在人事分配制度上进行了改革,调动了广大教职工干事创业的积极性。

7月,中国电教学会农林水职业技术教育分会成立,并在我校成功举办了分会成立大会,来自全国二十多所学校的领导、教师参加了会议,进行了课件交流、论文评选。我校的参会课件获得一等奖。

7月,河南省教育厅批准学校和华北水利水电学院合作办学,成立华北水利水电学院水利职业学院,并于9月18日在我校举行了水利职业学院成立大会及挂牌仪式。省水利厅厅长韩天经,华北水利水电学院党委书记朱清孟、院长严大考、党委副书记高武胜、副院长刘汉东等领导,以及省教育厅、省各地市水利局、兄弟学校到会表示祝贺。学院的成立标志着学校办学层次的重大突破。

2002年增设新专业工程测量、水产,并于9月实现招生。至此,学校共有4大类15个专业。

12月,经水校联合选区金水区第十届人民代表大会选举,我校校长、党委书记杜平原当选为金水区人大代表。

12月,国家级教育科学"十五"规划课题"信息化进程中的教育技术发展研究"的子课题“信息技术环境下《水力学》课程教学设计创新的研究”在我校正式开题。这是我校首次承担国家级的科研课题。

根据河南省人事厅《关于做好评聘分离和以聘代评改革试点工作的意见》,我校积极申报本年度“评聘分离”试点单位,这是我校首次实行职称改革。

2002 年毕业生 1495 人,其中普通中专毕业生 980 人,电大毕业生 470 人,成人中专 45 人。在“对口升学”工作中,我校有 28 人被高校录取,在电大“专升本”及成人中专“对口升学”工作中,共有 46 人被高校录取。2002 年学校实现各类招生共计 1400 余人,其中普通中专 358 人,“3+2”学生 360 人,电大新生 495 人。另有华北水利水电学院经管系转入学生 196 人,至年底学校共计在校生人数 3300 余人。截至年底,在职教职工人数 248 人。

2003 年

我校 2001 级财会 01061 班荣获由教育部、共青团中央联合颁发的“全国先进班集体”荣誉称号。

9 月,5 号学生公寓楼竣工并投入使用,投资 179.6 万元,建筑面积 2512 平方米,有学生宿舍 74 间,可容纳 394 名学生住宿。

11 月 5—10 日,全国农业职业教育研究会水产分会第一次全体会员会议在我校召开。

12 月,6 号学生公寓楼破土动工,总建筑面积 7040 平方米,预算投资 538.8 万元。南教学楼也于 1 月动工,预计投资 412.8 万元,建筑面积 4961 平方米,有各类教室 27 个。

2003 年高职招生 263 人,中专(含五年制)招生 986 人,电大招生 179 人,2003 年共招各类新生 1428 人。普通中专毕业生 730 人,电大毕业生 241 人。截至 12 月,学校在校生总人数为 3092 人。截至 12 月,学校教职员工总数为 250 人。

2004 年

2 月,学校再次荣获省级文明单位光荣称号。

3 月 15 日,教育部办公厅《关于公布新调整认定的首批国家级重点中等职业学校名单的通知》(教职成厅〔2004〕1 号)中公布了河南省郑州水利学校为首批国家级重点中等职业学校。

9 月,学校实行院系二级管理,由新成立的 4 个系及教务处管理教学,4 个系及校学生处、团委管理学生工作,并出台了新的学生及班主任管理教师管理办法。

9 月,南教学楼及学生 6 号公寓楼按期竣工并投入使用。南教学楼投资 412.8 万元,建筑面积 4961 平方米,有各类教室 27 个。6 号学生公寓楼投资 538.8 万元,建筑面积 7040 平方米,可容纳 1242 名学生住宿。

10 月,我校承担的国家子课题“信息技术环境下的《水力学》教学设计创新的研究”首批通过中期检查。这标志着我校在构建现代化信息环境下的教育技术理论框架和实践体系、促进教育现代化、推动教育跨越式发展等科研水平的研究和开发方面迈入了一个新的阶段。

根据工作需要，按照《河南省水利厅关于郑州水利学校调整内设机构请示的批复》，对学校内设机构进行调整：一、正科级机构：党委办公室、学校办公室、人事处、财务处、总务处、教务处、学生处、保卫处、成教处、招生就业指导办公室、后勤服务中心、工会、离退休工作处、水利工程系、土木工程系、信息工程系、基础科学系。二、副科级机构：图书馆、实验实训中心、教育研究督导室、现代教育技术中心。7月，进行了新一轮的全员聘任。

12月7日，学生公寓楼破土动工，总建筑面积11520平方米，预算投资860万元，预计2005年9月完工投入使用。

2004年高职招生903人，在校高职学生达1359人；五年制高职招生577人；三年制中专招生452人；电大招生437人，电大在校人数达766人。2004年共招各类新生2610人。普通中专毕业生738人，电大毕业生357人。截至12月，学校在校生总人数为4547人。截至12月，在校教职员工共计257人。

2004年基建投资951.6万元，增加建筑面积12001平方米。计算机及多媒体教学设备投资70万元，其中购置高档微机60台，投影仪11套，学校总计算机数量达648台。2004年实验实训设备投资53万元，截至年底实验实训设备总价值为333万元。2004年新购置图书10177册，图书总藏量215778册，购置费用21万元。

2005年

5月21日，我校承担的国家子课题“信息技术环境下的《水力学》教学设计创新的研究”通过结题鉴定。

6月30日，水利部人事劳动教育司陈自强副司长、水利部人才资源开发中心陈楚主任在华北水利水电学院党委书记朱清孟、院长严大考和副院长刘汉东的陪同下来我校检查指导工作。

9月，根据工作需要，对学校内设机构进行适当调整。经省水利厅批准成立水利二系，为正科级机构。依据干部竞聘上岗的有关文件，进行了干部聘任。

9月，学生7号公寓楼按期竣工并投入使用。学生大餐厅改造工程也于8月完工。

2005年招生情况：高职招生1313人，在校高职学生达2568人，五年制高职招生628人，三年制中专招生357人，电大招生525人，电大在校人数达1067人，2005年共招各类新生2823人。2005年毕业学生情况：普通中专718人，电大143人。截至2005年10月，学校在校生总人数为6400多人。

2005年计算机及多媒体教学设备投资70万元，其中购置高档微机105台。实验实训设备投资150万元。2005年新购置图书1.5万册，图书总藏量达23万册，购置费用35万元。

2006年

2月25日，学校召开了郑州水利学校四届五次教代会暨会员代表大会。

5月，由河南日报报业集团主办的“2006年河南省最具影响力的十佳职业院校”调查评选活动中，我校荣获“2006年河南省最具影响力的十佳职业院校”。这也是我校首获此项殊荣。

9月1日，河南省水利厅分管教育工作的副厅长谷来勋及厅科教处处长王正坤、副处长陈丽一行3人来校视察工作。

2006年招生1600人，在校生人数共6644人，其中三年制高职3071人，五年制高职1465人，一年制中职158人，三年制中专632人，“3+2”高职255人，五年一贯制313人，成教750人，2006年毕业生923人。

2007年

2月，在中国水利教育协会机构和人员调整中，我校校长、党委书记杜平原当选为中国水利教育协会副会长。经中国水利教育协会研究决定，杜平原担任职业教育技术分会中职教学研究会主任，不再担任德育研究会主任。

4月，中国职业教育协会在天津召开换届大会，我校校长杜平原担任中国职教协会德育工作委员会理事、农业职教研究会常务理事，进一步提高了学校在全国职业学校中的知名度。

7月，省水利厅以豫水人劳动〔2007〕39号文下达了《关于河南省郑州水利学校调整内设机构的批复》，批准我校设置党委办公室、办公室、人事处、财务处、总务处、教务处、学生处（挂团委牌子）、离退休工作处、保卫处、后勤服务中心、招生就业指导中心、成人教育处、教育质量监控办公室、教育教学研究处、基础部、中专部、水利工程系、信息工程系、土木工程系、财经系等20个正科级机构，图书馆、实验实训中心、现代教育技术中心等3个副科级机构。

8月，省水利厅以豫水人劳〔2007〕42号文下达了《关于黄功学、蒋彦成两名副校长的任职通知》，8月8日省水利厅人事劳动处副处长翟艳君、副调研员李秀华一行来校参加了中层以上干部会，宣布了学校两名副校长的任职通知。

学校在高职学生班级首次实行专职辅导员制度。

12月29日，召开共青团河南省水利学校第十四次代表大会、华北水利水电学院水利职业学院第二次代表大会，选举产生了新一届团委会。

2007年，招生1954人，在校生共6549人，毕业生共1896人，其中中专毕业生509人，高职毕业生867人，“3+2”毕业生255人。

2008年

7月29日，我校被水利部命名为全国水利文明单位。

11月15日、16日,在陕西杨凌举办的第二届全国水利高职院校"杨凌杯"技能大赛中,我校学生获得6个三等奖,两位老师获得辅导教师奖并获组织奖。

11月16—19日,我校接受高职高专院校人才培养工作水平评估。

12月6日,我校举办了2008届毕业生双向选择洽谈会。来自省内外的近150家用人单位和我校1600余名毕业生参加了此次双选会,提供就业岗位1900多个,初步意向570多个。

12月15日,第五届全国中等职业学校"文明风采"竞赛活动颁奖会在北京举行,我校贺天庆作为优秀指导教师应邀参加,并接受表彰。

12月18—19日,我校申报水利部水利职教示范学校并接受专家组评审。

2008年,实际录取三年制中专学生523人,一年制中专学生319人,五年制学生279人,合计1121人,特色本科学生录取980人。2008年各级各类在校生共7393人。2008年毕业生共2290人,其中中专毕业生442人,高职毕业生1394人,电大毕业生472人。

2009年

5月11日,河南省水利厅副厅长刘汉东、科教处副处长李发祥来校视察工作。

9月,我校完成了新一轮的机构设置调整、职能界定和职工全员聘任工作,提拔任用中层干部5人,轮岗10人。

10月29日,由省教育厅主办、我校协办的2009年河南省中等职业学校技能大赛在我校举办。

10月30日,河南省教育厅副厅长崔炳建、职成处处长杨德亮、职教教研室主任黄才华等一行3人到校视察指导工作。

11月20—22日,我校承办了第二届全国水利中职学校"中原杯"技能竞赛。中国水利教育协会会长周保志,副会长彭建明、刘宪亮,水利部人事司处长童志明,中国水利教育协会职教分会秘书长余爱民等到会表示祝贺。

11月28—30日,中国水利教育协会职教分会第四次会议会员代表大会在山西运城山西水利职业技术学院召开。我校党委书记、校长杜平原再次当选为职教分会副会长、中职教研会主任,党委副书记赵高潮当选为德育研究会副主任,教务处处长刘国发任中职教研会秘书。

2009年学校共计招生2230人,其中三年制专科生811人,一年制中专生185人,三年制中专生275人,五年制学生243人,"3+2"188人,特色本科生528人。在校生共计8566人。毕业生共1847人,其中专科生1529人,一年制中专生318人。

2010年

6月23—27日,在教育部等16部委举办的全国职业院校技能大赛中,我校信息工程系学生徐亚聪、孙斌、臧猛飞在中职计算机技能比赛网络综合布线技术项目中荣获一等奖,邢宝文在数字影视后期制作项目中荣获三等奖,实现了我校在全国职业院校技能大赛中的历史性突破。

学校获“河南省参加2010年全国职业院校技能大赛先进单位”称号。

6月30日,河南省水利厅豫水人劳〔2010〕40号文件任命赵高潮为河南省郑州水利学校校长;免去杜平原担任的河南省郑州水利学校校长职务。

11月7—9日,中国教育技术协会第五届会员代表大会在上海召开,换届选举新一届协会领导机构,我校党委书记杜平原作为中国教育技术协会职业教育专业委员会主任成功当选副会长。

11月15日,华北水利水电学院华水政〔2010〕182号文件任命赵高潮为华北水利水电学院水利职业学院院长。

12月5日,在广东水利电力职业技术学院举办的第四届全国水利高等职业学校“南粤杯”技能大赛中,我校水利工程CAD荣获2个一等奖、1个二等奖;施工图预算编制荣获1个二等奖、2个三等奖;三等水准高程测量荣获3个一等奖、1个二等奖;全站仪控制与放样测量荣获3个三等奖。另外,三等水准高程测量荣获单项团体总分第三名。

12月9日,河南省郑州水利学校、河南科源水利建设工程检测有限公司校企合作签约暨郑州工作站揭牌仪式在我校举行,标志着我校校企合作又创建了一种新的模式,为实现工学结合、顶岗实习的人才培养模式构建了新的平台。这也是推进我校教育教学改革的一种有效途径。

2010年,共招生3903人,其中三年制专科生636人,大中专生1015人,三年制中专生1013人,五年制学生296人,“3+2”202人,特色本科生741人,在校生共计9450人。毕业生共2777人,其中高职毕业生1725人,中职毕业生1052人。

2011年

3月,省教育厅重新核定学校办学规模,根据《河南省教育厅关于郑州水利学校办学规模的意见》(教发规〔2011〕221号),同意学校发展规模为13000人(普通高职生5000人,普通中专生8000人)。

9月21—22日,学校接受河南省教育厅中等职业学校评估。

11月3日,国家级重点中职学校检查评估专家莅临学校检查指导工作。国家级重点中等职业学校检查评估专家组组长、河南省商务中等职业学校校长张士平,专家组成员、河南省商务中等职业学校财务科科长李喜琴,专家组成员、河南省信息管理学校教务处主任王洪伟及学校领导班子成员出席了检查评估汇报会。随后专家组一行在学校领导陪同下实地查看了校园环境、实验实训场所。

12月17日,省水利厅科教处副调研员高进生一行到校对学校实训大楼进行竣工验收。该项目为2009年国家中等职业教育基础能力建设项目。该楼决算8070491.72元,其中697万元为财政拨款,其余为学校自筹。

2011年,共计招生2271人,其中,三年制专科生660人,一年制中专生305人,三年制中专生545人,五年制学生393人,“3+2”225人,特色本科生143人。2011年毕业生共计 2664 人,其中专科生 1564 人,三年制中专生 394 人,一年制中专生 271 人,成教二年制学生 435 人,在校生总数 7243 人。

2012 年

2 月,按照人大换届的有关程序和要求,金水区北林路街道水校联合选区选举我校校长赵高潮为金水区第十二届人民代表大会代表。

2 月 2 日,我校新校区建设项目被省发改委批准为 2012 年第一批省重点建设项目(豫发改建设〔2012〕92 号),10 月 30 日,新校区建设工程项目被省发改委立项(豫发改社会〔2012〕1674 号)。

5 月 23 日,河南省水利厅豫水组〔2012〕33 号文任命王春明为中共河南省郑州水利学校委员会书记、河南省郑州水利学校副校长。

6 月,撤销河南省水利干部学校、河南省水利职工培训学校并入河南省郑州水利学校。

7 月 17 日,我校举行申报设置河南水利与环境职业学院评审汇报会。省教育厅考察组长、河南大学原副校长王发曾教授,考察组成员宁金成教授、刘文锴教授、王左生教授、罗士喜教授、陈海民处长,省水利厅党组成员、副厅长王国栋,省水利厅科教处副处长李发祥,校领导及全体中层干部、教研组长、专业带头人 60 余人参加了会议。

9 月 13 日,省政府下发《河南省高等学校设置"十二五"规划》(豫政〔2012〕85 号),学校申报的河南水利与环境职业学院名列其中。

11 月 12 日,省农业职业教育工作督查组到我校检查工作。

11 月 25 日,中共河南省郑州水利学校第六次党员大会胜利召开。

11 月 27 日,中国水利职业教育集团理事会换届和第二届理事大会在广州从化召开。全国 40 余所水利职业院校和近 80 个水利企事业单位的 120 余名代表参会。我校校长赵高潮当选为集团常务理事、专业建设委员会副主任。

12 月 23 日,我校召开第五次教职工暨工会会员代表大会。

2012 年,共计招生 2607 人,其中,三年制专科生 959 人,大中专生 723 人,三年制中专生 380 人,五年制学生 364 人,"3+2" 181 人,在校生总人数 6576 人。毕业生共计 3156 人。

2013 年

2 月,学校被省水利厅表彰为 2012 年度信访维稳工作先进单位。

3 月 1 日,省人民政府正式批复同意设置河南水利与环境职业学院(豫政文〔2013〕83 号)。

3 月 13 日,省水利厅党组成员、巡视员庞汉英到学院调研。

3 月 22 日,省教育厅专家组对我院 2012 年申报新增的水政水资源管理、水环境监测与保护、环境监测与治理技术三个专业进行了评审考察。

4月,学校被省水利厅表彰为“河南省水利系统五一劳动奖状”,工会被省水利工会先后表彰为“2012年度全省水利系统工会工作目标考核先进单位”和全省水利系统“模范职工之家”,3月,被省直工会表彰为“省直机关2011—2012年度先进基层工会”。

5月,学院在河南日报报业集团举行的“2013河南高等教育质量社会满意院校”调查评选活动中,荣获“河南教育质量社会满意院校”。

5月15日,教育部下发《关于同意专科学历教育高等学校备案的函》(教发函〔2013〕97号),河南水利与环境职业学院在教育部获得备案。

5月31日,举行了揭牌仪式。

6月,校党委荣获“2011—2012年度省直机关五好基层党委”,校纪委荣获“2011—2012年度河南省水利厅五好基层纪委”。

8月7日,中国水利教育协会职业技术教育分会四届二次理事会扩大会议暨全国水利职业教育教学指导委员会工作会议在开封召开。我院院长赵高潮当选中国水利教育协会职业技术教育分会副会长;副院长黄功学当选中等职业教育教学研究会常务副主任,人事处处长刘国发当选秘书长;副院长惠大众当选德育教研会副主任。

10月10日,省水利厅党组成员、副厅长王继元到学院调研。

10月24—26日,参加第七届全国水利高职院校“齐鲁杯”技能大赛(省级),获二等奖3个、三等奖2个。

11月14—16日,参加第四届全国水利中等职业学校“赣杯”技能竞赛,获二等奖2个、三等奖8个。

12月12日,省委副书记邓凯到我院调研指导工作。

11月28日,河南省职业技术教育学会第三次会员代表大会在郑州召开。我院院长赵高潮当选为河南省职业技术教育学会第三届理事会常务理事。

12月2—4日,“2013中国水博览会”及“第八届中国(国际)水务高峰论坛”在北京国家会议中心举行。

12月17日,中国水利教育协会第四次会员代表大会暨中国水利教育集团理事长扩大会议在水利部召开。会议选举产生了第四届理事会理事、常务理事和领导成员,我院为常务理事单位,院长赵高潮当选常务理事。

2013年,各类招生共2357人,在校总数6736人,其中中专生3693人,大专生3043人。毕业生共计1918人。

2014年

3月22日,河南水利与环境职业学院首届一次、河南省郑州水利学校五届二次教职工暨工会会员代表大会召开。

5月14日,省教育厅副厅长尹洪斌一行到我院指导工作。

5月21日,女职工代表大会召开。

9月4日,学校承办河南省水利行业职业教育校企合作指导委员会成立大会,来自我省水利职业院校、水利行业企业及省水利厅有关处室的代表60余人参加会议。

9月9日，参加省水利厅推进水利职业教育改革发展座谈会。

9月12日，郑州水利学校获省教育厅河南省参加2014年全国职业院校技能大赛先进单位。

10月9日，由省高校纪工委正处级纪检检查员应文斌组长带队，省民主评议学校行风第三督导检查组一行5人莅临我院对我院行风建设工作进行了检查指导。

12月31日，省水利厅副厅长王继元率领厅科教处处长陈德新，副处长李发祥、陈丽，副调研员王彦哲等一行到我校进行工作调研。

12月12—14日，我校在中国水利教育协会主办的第八届全国水利高职院校"红水河杯"技能大赛中获得了"最佳组织奖"。

12月16日，我校"榜样水院——优秀学生专项表彰活动"被省委高校工委、省教育厅授予"2014年度河南省高等学校思想政治工作优秀品牌"荣誉称号。

2014年，共招收各类新生2286人，其中高职生1228人，中职生1058人，在校生总数6507年，其中高职生3572人，中职生2935人。毕业生共计2240人，其中高职生887人，中职生1353人。

2015年

3月29日，召开首届二次教职工暨工会会员代表大会。

4月14日，省水利厅厅长李柳身到我院调研。

6月，开始航空港校区建设工作。

10月26日，省教育厅"河南省文明学校"考察组一行6人莅临我院检查指导。

10月28日，学校举行建校60周年庆祝大会。

10月，得到了省发改委对新校区建设项目的立项批复。

11月9日，确定并公布校训、校风、教风、学风、学院精神内容。

12月7日，中共河南省委高校工委、河南省教育厅发布《关于表彰2015年度精神文明建设先进集体和先进个人的决定》(豫教思政〔2015〕177号)，我校被授予"河南省2014—2015年度文明学校"荣誉称号。

2015年共计招收各专科生2060人。在校生人数6519人，其中高职生4314人，中职生2205人。毕业生共计2172人，其中高职毕业生1208人，中职毕业生964人。

2016年

2月，张凌杰任河南省郑州水利学校副校长。

3月16日，省水利厅副厅长戴艳萍带领科教处、人事处、财务处有关负责人到我院调研。

3月31日，根据省水利厅党组文件(豫水组〔2016〕40号)，王立正任中共河南省郑州水利学校委员会书记。

6月15日,我院举行了省水利职工培训学校"全国职工教育培训示范点"揭牌仪式。

7月4日,我院与北京智启蓝墨信息技术有限公司成立"河南省移动云教学大数据研究中心",并举行"河南省移动云教学大数据研究中心"签约仪式。

7月17日,学校召开首届五次教职工暨工会会员代表大会。专题审议并一致通过了《河南水利与环境职业学院新校区建设初步方案》。

9月19—20日,中国水利职业教育集团理事会会议暨2016年水利职业教育与产业对话活动举行,我院再次当选中国水利职业教育集团理事会常务理事单位,院长赵高潮再次当选中国水利职业教育集团理事会常务理事。

9月19—20日,进行了新校区选址放线、定界。

2016年共计招收各类新生2224人。在校生人数共6897人,其中高职生5225人,中职生1672人。毕业生共计1774人,其中高职生1220人,中职生554人。

2017年

3月,原河南省郑州水利学校校长、党委副书记赵高潮退休,河南省水利厅党组任命河南水利与环境职业学院领导班子成员:党委书记,王立正;院长、党委副书记,郑志宏;纪委书记,李连水;副院长,惠大众、黄功学、蒋彦成、张凌杰。

3月2日,长江工程职业技术学院党委书记黄少臣一行到我院进行考察交流。

4月21日,省教育厅艺术评估组对我院公共艺术教育工作机构建设、课程设置、教研科研、师资配备、课外活动开展、场馆设施建设等方面进行了实地考察与评估。

5月2日,河南水利与环境职业学院首届六次、河南省郑州水利学校五届七次教职工暨工会会员代表大会召开。

6月8日,省教育厅实验室安全检查组专家莅临我院检查指导工作。

6月30日,中国共产党河南水利与环境职业学院第一次党员代表大会召开,大会选举产生了第一届中共河南水利与环境职业学院委员会和中共河南水利与环境职业学院纪律检查委员会。

8月24日,省水利厅副厅长武建新到我院调研督导全面从严治党主体责任落实情况。

8月31日,由院长郑志宏牵头,环境工程系、机电与信息工程系、水利工程系等老师参与申报的湖库水生态环境保护与修复河南省工程实验室,获得河南省发展和改革委员会(豫发改高技〔2017〕911号)正式批复。

9月6日,省水利厅厅长李柳身在教师节前夕莅临我院慰问教师并座谈。

9月12日,省水利厅财务处到我院调研指导财务管理工作。

9月26日,省水利厅党组成员、副厅长刘玉柏到我院调研督导安全稳定工作。

11月9日,举行"湖库水生态环境保护与修复河南省工程实验室"揭牌仪式。

11月10日、13日,省水利厅第三督查组到我院督查全面从严治党"两个责任"落实情况。

12月14日，郑州大学马克思主义学院副书记郑发展教授受邀到我院讲学。

12月15日，省水利厅党组书记刘正才、副厅长孙运锋一行到我院调研

12月18日，我院反邪教协会成立。大会选举副院长蒋彦成为我院反邪教协会第一届理事会理事长。

12月27日，河南省科学院化学研究所研究员赵亮一行12人到我院考察并就科研合作工作进行座谈交流。

2017年，计划招生2600人，覆盖5省，实际录取2467人。2017届毕业生共1047人，就业992人。

2018年

1月23日，我校与武汉航天远景科技股份有限公司就校企合作达成战略协议。

4月26日下午，我校与郑州宇通客车股份有限公司举行了物流管理专业工学交替实习基地签约仪式。

5月28日，由我校承办的2017年度河南省中等职业学校中高职衔接专业教师协同研修国家级培训班顺利开班。

10月10日，教育部现代学徒制工程测量技术专业试点项目(经纬班)签约仪式在我校举行。

10月27日，由省教育厅主办、河南省职业技术教育教学研究室承办的2018年河南省中等职业教育技能大赛信息技术类专业技能竞赛在我校举行。

11月26日，我校分别与3家企业签订了《现代学徒制培养模式改革与实践校企合作协议书》《现代学徒制试点项目招生招工协议书》《现代学徒制三方协议书》。

12月6日，举行了环境工程技术专业“现代学徒制”签约仪式。

12月7日，举行了水利水电建筑工程专业现代学徒制试点项目签约仪式。

12月19日，郑州市电子信息工程学校校长李京辉、副校长李滢、校企合作办主任李向伟、教务主任席明闰、招生就业办主任刘伟一行5人来我院交流访问，洽谈两校“3+2”合作办学事宜。

2018年实际招生3362人，毕业生1851人，就业1688人，当年在校生近9000人。

2019年

2月25日，韩国岭南理工大学国际交流学院部长高康镐教授、玄哲浩教授等一行来访我校。双方签署了《河南水利与环境职业学院 岭南理工大学合作框架协议》。

3月11—15日，院长郑志宏教授一行3人应邀赴马来西亚世纪大学(SEGi University)考察国际合作办学事宜，最终达成合作办学共识并签订合作协议。

3月23日，第二次教职工暨工会会员代表大会召开。

4月23日，学校与杭州品茗安控信息技术股份有限公司就校企合作达成战略协议，并举行校企共建BIM产学研教育实践实训基地揭牌仪式。

5 月 9 日，泰国曼谷吞武里大学校长助理 Dr. Sutatip Tuachob 一行来访我校。双方签署了《泰国曼谷吞武里大学和河南水利与环境职业学院教育合作合同书》。

5 月，河南省教育厅印发《关于新乡职业技术学院等 10 所院校举办中外合作办学高等专科教育项目的批复》（教外〔2019〕306 号），我院与马来西亚世纪大学合作举办的建筑工程技术专业高等专科教育项目获批。

6 月 5 日上午，白俄罗斯国立信息工程大学第一副校长吉克·谢尔盖教授一行到我校进行交流访问。

7 月 10 日，河南水利与环境职业学院新校区一期工程（第一批）开工建设。

9 月 18 日，水利部水土保持履职督查组蔡建勤、王向东、殷丽强、赵学明一行 4 人，在省水利厅水土保持处石海波、李鹏云、张景云陪同下对我院新校区建设项目一期工程水土保持进行了现场调查。

10 月 19 日，由省教育厅举办、河南省职业技术教育教学研究室承办的 2019 年河南省中等职业教育技能大赛信息技术类专业技能竞赛在我院举行。

10 月 21 日，马来西亚世纪大学副校长周思均一行 4 人到我院访问交流。

11 月 18 日，与河南广电计量检测有限公司校企合作实习基地揭牌。

12 月 2—6 日，校党委书记王立正一行 3 人，应邀赴白俄罗斯国立大学考察交流国际合作办学事宜。

2019 年新生报到 3853 人，2019 届毕业生共计 2129 人。

2020 年

3 月 19 日，新校区一期工程（第一批）主体结构通过验收。

4 月，我校与华教教育科技（江西）有限公司联合组建混合所有制二级学院——河南水利与环境职业学院城轨交通学院。

4 月 18 日，我校二届二次教职工暨工会会员代表大会召开。

4 月 21 日，城轨交通学院成立暨揭牌仪式举行。

4 月 30 日，我校与中国联通郑州市分公司举行“智慧校园”战略合作签约仪式。

5 月 8 日，我校与新道科技股份有限公司共建新道数字经济产业学院战略合作框架协议签约暨揭牌仪式举行。

8 月 29 日，新校区建设项目（一期工程）第二批施工项目开工奠基仪式在航空港校区举行。

12 月 5 日下午，省财政厅农业农村二处处长史素枝到我校航空港校区考察节水型高校项目建设情况。

11 月 25 日，我校分别与江苏恒科股份有限公司、浙江万里扬股份有限公司举行“恒科”“万里扬”订单班签约暨开班仪式。

2020 年，三年制高职共报到新生 4835 人，毕业生 2526 人。

2021 年

3 月 19 日，华北水利水电大学国际交流与合作处处长韩福乐、郑州轻工业大学国际交流与合作处处长马强和应邀到我校进行论证指导。

3 月 27 日，我校二届三次教职工暨工会会员代表大会开幕。

5 月 14 日，我校与河南正佳能源环保股份有限公司签订校企深入合作框架协议。

5 月 15 日，我校与河南尊绅光电技术有限公司签订校企合作协议，并举行了我校实践教学基地和社会实践教育基地挂牌仪式。

5 月 17 日，我校与北京新大陆时代教育科技有限公司举行校企合作交流会。

5 月 23 日上午，由河南省水利厅主办，我校承办的河南省 2021 年水利科技活动周在我校花园路校区举行。河南省水利厅总工程师李斌成出席开幕式并宣布开幕。

5 月 26 日，我校与马来西亚玛莎大学水利水电建筑工程专业专科层次合作办学项目获河南省教育厅批准。与英国奥斯特大学签订了《“3+1+1”专本硕连读合作协议》。

5 月 26 日，我校举行“新时代文明实践中心”揭牌成立仪式。

5 月 26 日，河南省教育厅《关于河南工程学院等 4 所院校举办中外合作办学高等专科教育项目的批复》(教外〔2021〕190 号)文件公布了 2021 年上半年批准举办的专科层次中外合作办学项目名单。其中，我校与马来西亚玛莎大学的水利水电建设工程专业专科层次教育中外合作办学项目成功获批。

5 月 27 日，江西水利职业学院校长刘孟桦到我校航空港校区调研新校区建设工作。

5 月 27 日，学校与郑州黄河河务局惠金黄河河务局签订思想政治理论课实践教学基地共建协议。

5 月 31 日，学校与上海浦公检测技术股份有限公司签订校企战略合作协议。

6 月 1 日，我校与河南精工工程管理咨询有限公司签订校企合作订单式人才培养协议。

6 月 24 日，学校“俄语培训与文化交流中心”揭牌。

7 月 16 日，我校在河南省人民胜利渠管理局举行水利水电建筑工程专业实习基地揭牌仪式。

10 月 17 日，新校区建设项目(一期工程)第二批施工项目交付使用。

12 月 8 日上午，我校思想政治理论课实践教学基地在新乡黄河河务局封丘黄河河务局曹岗黄河文化苑揭牌。

12 月 15 日，我校思想政治理论课实践教学基地在河南省石漫滩水库管理局石漫滩国家水利风景区揭牌。

12 月 21 日上午，我校思想政治理论课实践教学基地在豫西抗日先遣支队司令部旧址揭牌。

12 月 21 日下午，我校思想政治理论课实践教学基地在巩义市豫西抗日根据地纪念馆揭牌。

2021 年，实际报到 6297 人，在校生人数达 17538 人。

2022 年

3 月 22 日，我校水文化教育实践基地在郑州市贾鲁河水情教育基地揭牌。

3 月 25 日，我校与郑州市林业产业发展中心共同举行生态文明教育实践基地和创新创业实践教育基地揭牌仪式，签署合作协议。

3 月 25 日，我校与浙江舜宇光学有限公司在花园路校区学术报告厅举行订单培养“舜宇班”线上开班仪式。

3 月 29 日，我校二届四次教职工暨工会会员代表大会召开。

4 月，李广慧任河南水利与环境职业学院院长（豫干文〔2022〕74 号），免去郑志宏的河南水利与环境职业学院院长职务。

4 月 12 日，我校大学生企业文化教育实践基地、校外实习实训基地在河南日盛综合检测有限公司挂牌成立。

4 月，我校与马来西亚世纪大学建筑工程技术专业专科教育项目延长招生申请顺利获批，招生年份延期至 2024 年。

6 月 28 日，河南省直机关工会联合会第七协作组“中国梦·劳动美——喜迎二十大建功新时代”省直工会第七协作组演讲选拔比赛在我校举行。我校思想政治理论教学部教师邵琳荣获优秀奖。

7 月 4 日，由我校承办的河南省职业院校骨干教师省级培训计算机平面设计专业班顺利开班。

7 月 7 日，我校与信阳市罗山县何家冲学院共同举行学院思想政治理论课实践教学基地揭牌仪式。

8 月 23—25 日，由河南省水利厅、河南省农业交通建设工会委员会共同主办，河南省水土保持学会承办，河南水利与环境职业学院协办的“河南省水利行业职工水土保持职业技能竞赛”在我校航空港校区成功举办。

9 月 20 日，我校思想政治理论课实践教学基地在桐柏革命纪念馆揭牌。

9 月 21 日，我校与南阳地区第一党小组展馆共建思想政治理论课实践教学基地揭牌。

9 月 21 日，我校与淮河源文化陈列馆共建思想政治理论课实践教学基地揭牌。

9 月 22 日，我校与红二十五军转战南阳展览馆共建思想政治理论课实践教学基地揭牌。

10 月 11 日，李广慧任河南水利与环境职业学院党委副书记（豫教工委〔2022〕127 号）。

2022 年，三年制高职招生报到 6961 人，五年制招生 376 人，接收“3+2”中职生源学校转段 341 人，在校生达 21117 人。

2023 年

2 月 22 日上午，江西科骏实业有限公司(名匠实训学院)副院长黄萍、运行总监刘智等一行 5 人来我校就装备制造类专业虚拟仿真实训项目及毕业生就业工作开展合作交流。

3 月 18—19 日，由河南省教育厅主办、河南省教育科学规划与评估院承办的 2022 年河南省中等职业教育竞赛活动技能大赛数字影音后期制作技术赛项在我校花园路校区举办。

4 月 12 日，我校分别与河南省诚朗工程咨询有限公司、河南省规划建设投资集团有限公司、河南慧算账企业管理咨询有限公司、河南昇阳跨境电商产业园有限公司举行创新创业实践基地挂牌仪式。

4 月 19 日，郑州航空港经济综合实验区管委会副主任王春山带领港区教文卫体局、重点项目办公室、建设局等单位负责人到我校航空港校区调研新校区工程建设。

4 月 26—27 日，文琳等一行 5 人赴马来西亚访问了玛莎大学和世纪大学，就深化国际合作办学、共建科研创新平台、塑造国际师资团队、提高人才培养质量等进行国际合作办学交流。

5 月 23 日，由河南省水利厅主办、河南水利学会和我校协办的河南省水利科普巡讲活动在我校航空港校区举行。

5 月 28—29 日，由河南省教育厅主办的 2023 年全国职业院校技能大赛高职组河南省选拔赛“水利工程 BIM 建模及应用”赛项在我校成功举办。

6 月 6 日，马来西亚世纪大学工程学院院长 Tan Yong Chai 一行 6 人应邀来我校访问交流。

7 月 23 日，由我校承办的河南省“1+X”无人机摄影测量省级师资培训班顺利开班。

7 月 30 日，由我校承办的河南省“1+X”测绘地理信息数据获取与处理省级师资培训班顺利开班。

9 月 8 日，李广慧任河南水利与环境职业学院党委书记(豫干文〔2023〕498 号)；李志萍(女)任河南水利与环境职业学院院长；免去李广慧的河南水利与环境职业学院院长职务(豫干文〔2023〕499 号)。

9 月 8—9 日，2023 年金砖国家职业技能大赛物联网赛项豫皖赣区域选拔赛在我校成功举办。

10 月 25 日，我校与郑州科慧科技股份有限公司举行校企合作签约仪式。

10 月 25 日，教育部职业教育发展中心教师发展处处长孙琳、副研究员房风文到学校调研指导“双师型”教师队伍建设工作，召开“双师型”教师队伍建设座谈会。

10 月 28 日，学院二届五次教职工暨工会会员代表大会在花园路校区学术报告厅举行。

11 月 1 日，省政府办公厅副主任张发成、省政府督查室干部任晓蕾和郑州航空港经济综合实验区教文卫体局有关负责人到我校航空港区调研指导工作。中共河南省委教育工作委员会专职委员何秀敏、省教育厅组干处(统战处)三级调研员高峰一行到我校航空港校区调研指导工作。

11 月 8—12 日,校党委书记李广慧带队赴英国博尔顿大学进行访问交流,在前期已签订合作举办大数据技术专业的基础上,又补充签署了《学术合作协议》。

11 月 25 日,2023 年河南省行业职业技能竞赛计算机行业智能硬件装调员赛项在我校花园路校区成功举办。

11 月 24 日,我校思想政治教育基地在惠金黄河记忆展览馆揭牌。

12 月 1—3 日,我校航空港校区成功举办 2023 年河南省高等职业教育技能大赛"南方测绘杯"地理空间信息采集与处理赛项。

12 月 19 日,河南省教育厅印发《关于河南工业职业技术学院等 6 所院校举办中外合作高等专科教育项目的批复》(教外〔2023〕418 号),我校与英国博尔顿大学的大数据技术专业中外合作高等专科教育项目成功获批。

2023 年,招生 7000 人,毕业生 5273 人,在校生达 23262 人。

2024 年

1 月 10 日,我校与新乡市长垣市河务局共建的创新创业实践基地挂牌仪式在新乡市防汛抢险实训基地顺利举行。

1 月 19 日,航空港校区 C9#学生宿舍项目主体结构封顶。

1 月 12 日,中国共产党河南水利与环境职业学院第二次代表大会胜利召开。

2 月,河南省教育厅公布《河南省教育厅办公室关于公布 2023 年河南省职业教育示范性虚拟仿真实训基地建设名单的通知》(教办职成〔2024〕32 号),我校申报的"生态环境工程虚拟仿真实训基地"项目成功入选。

3 月 6 日,英国博尔顿大学执行总监保罗·理查德·利-斯塔基(Paul Richard Lea-Starkey)、国际部副处长艾伦·托马斯·麦克尼利(Alan Thomas McNeilly)一行应邀到我校进行访问。

3 月 19 日下午,我校思想政治教育基地在穿黄工程博物馆揭牌。

4 月 11 日,河南省教育厅下发《关于公布河南省首批职业教育(高等职业学校类)高水平专业化产教融合实训基地立项建设单位名单的公示》,我校依托"水利水电建筑工程专业群"申报的河南省职业教育高水平专业化产教融合实训基地成功入选。

4 月 24 日,马来西亚玛莎大学首席运营官阿拉教授(Assoc. Prof. Ts. Dr. Alla Kesava Rao)来我校进行访问交流。

5 月 10 日,中专建制正式撤销,人员和资产(含债务)划转到河南水利与环境职业学院。

5 月 13 日,马克思主义学院正式揭牌。

6 月 17 日,张竞超、包永刚、王玉振任河南水利与环境职业学院副院长(豫教工委

〔2024〕188号)。

6月20日上午,校党委书记李广慧、校长李志萍带队到华北水利水电大学调研,签署了马克思主义学院结对共建工作协议。

6月24—28日,我校顺利承办郑州南水北调配套工程2024年运行管理业务培训班。

8月27日,我校与郑州市第八人民医院、郑州市第九人民医院医校共建战略协议签约暨揭牌仪式成功举行。

9月10日,南阳科技职业学校副校长刘彦一行到我校机电工程系大族激光产业学院进行交流。

9月11日,澳大利亚高登职业技术学院国际业务发展部主管章勤良到校考察交流。

9月12日,航空港校区C9#学生宿舍项目交付使用。

9月19日,广西水利电力职业技术学院总会计师潘念萍一行到我校航空港校区考察交流。

9月19—20日,河南水利与环境职业学院承办的第四届全国水利职业院校教师教学能力大赛成功举办。

10月7日,航空港校区智能制造与环境工程实训中心建设项目交付使用,图书馆主体完工验收,东广场启动建设。

11月6日,我校与南方测绘集团举行共建"元宇宙智能测绘实训中心"签约及揭牌仪式。

11月14日,湖北水利水电职业技术学院校长姚祖军一行到我校考察交流。

11月16—17日,郑州市第十届职业技能竞赛装备制造行业工业机器人系统运维员竞赛在我校圆满结束。

12月16日,我校与河南才港人力资源服务有限公司战略合作协议签署仪式在航空港校区举行。

11月25日,河南才港人力资源服务有限公司党总支书记、董事长张德周,公司招商负责人等一行到我校航空港校区调研交流。

12月6日,校史馆、水文化馆通过验收,正式投入使用。

12月,校长李志萍带队赴英国博尔顿大学访问交流。

12月,国家留学基金委公布2024年地方合作项目地方创新子项目获资助项目名单,我校与华北水利水电大学、黄河水利职业学院联合申报的2024年度西部地区人才培养特别项目、地方合作项目地方创新子项目"河南省新时代治水国际化创新人才培养项目"成功获批。

2024年面向安徽、四川、辽宁等6省满额招生7000人,生源质量明显提升,在校生人数达23906人。

附　表

附表 1　河南水利与环境职业学院历任主要领导一览表

校名	时间（年・月）	党委书记	校长（院长）	副校长（副院长）	党委副书记	纪委书记	工会主席
河南省白马寺水利学校	1955.9—1957.2	吕武杨（党支部书记）		姚步霄、吕武扬			
河南省水利学校	1957.2—1958.8	吕武杨、王　松（党支部书记）	王　松	吕武扬、姚步霄	王清献（党支部副书记）		
郑州水利专科学校	1958.8—1962.2	王　松（党支部书记）、徐风庭	张天一、宋显民	王　松、代　星、张连三、冯贯一、姚步霄	王荣身、冯贯一		
河南工学院水利中专部	1962.2—1962.6	冯贯一（党总支部书记）	姚步霄（主任）	周鉴清（副主任）	吴茂丰（党总支副书记）		
郑州水利学校	1962.6—1970.12	王　松	王　松、刘坤庭（革委会主任）	姚步霄	冯贯一		
郑州水利学校 河南省水利干部学校	1978.1—1984.7	赵得秀	赵得秀	张宝瑜、刘庆元、陈希儒	冯贯一、张宝瑜、王树田	王树田	余延敏
河南省郑州水利学校 河南省水利干部学校	1984.7—1989.2	李日旭、宋绍泰	宋绍泰	蒋行健、邢宝太、余延敏	杜平原	常合生	韩钦信
	1989.2—1992.6	蒋行健	蒋行健	杜平原、侯廷信、韩钦信	杜平原 唐　望		
	1992.6—1993.8						

续附表 1

校名	时间（年·月）	党委书记	校长（院长）	副校长（副院长）	党委副书记	纪委书记	工会主席
河南省郑州水利学校 河南省水利干部学校	1993.8—1997.8	杜平原	唐　望	张道武、王志凯、赵高潮、史　维、李学友	唐　望	常合生	韩钦信 李连水
	1997.8—2001.3	杜平原	杜平原	王志凯、李学友	赵高潮	李连水	
河南省郑州水利学校 河南省水利干部学校 华北水利水电学院水利职业学院	2001.3—2001.8			王志凯			李连水
	2001.8—2002.7			王志凯、黄庭宪、惠大众			
	2002.7—2006.7						
	2006.7—2007.8			黄庭宪、惠大众			
	2007.8—2010.6			黄庭宪、惠大众、黄功学、蒋彦成			
	2010.6—2012.1		赵高潮				
河南省郑州水利学校 河南省水利职工培训学校（2012 年） 华北水利水电学院水利职业学院	2012.1—2012.5						
	2012.5—2013.9	王春明		王春明、黄庭宪、惠大众、黄功学、蒋彦成			
河南水利与环境职业学院（2013 年） 河南省郑州水利学校 河南省水利职工培训学校	2013.9—2015.2			王春明、惠大众、黄功学、蒋彦成			
	2015.2—2016.2			惠大众、黄功学、蒋彦成			
	2016.2—2016.3			惠大众、黄功学、蒋彦成、张凌杰			
	2016.3—2017.3	王立正					
	2017.3—2020.4		郑志宏				

续附表 1

<table>
<tr><th>校名</th><th>时间
（年·月）</th><th>党委书记</th><th>校长（院长）</th><th>副校长（副院长）</th><th>党委副书记</th><th>纪委书记</th><th>工会主席</th></tr>
<tr><td rowspan="8">河南水利与环境职业学院（2013 年）
河南省郑州水利学校
河南省水利职工培训学校</td><td>2020.4—2020.7</td><td rowspan="4">王立正</td><td rowspan="2">郑志宏</td><td>惠大众、黄功学、蒋彦成、张凌杰、张志淮（副校级干部）、赵广杰（副校级干部）</td><td rowspan="2">郑志宏
李连水</td><td></td><td rowspan="11">魏义军</td></tr>
<tr><td>2020.7—2022.4</td><td>惠大众、黄功学、蒋彦成、张凌杰、赵广杰（副校级干部）</td><td rowspan="9">张志淮</td></tr>
<tr><td>2022.4—2022.10</td><td rowspan="4">李广慧</td><td rowspan="3">惠大众、黄功学、蒋彦成、张凌杰、赵广杰（副校级干部）</td><td>李连水</td></tr>
<tr><td>2022.10—2023.1</td><td rowspan="3">李广慧</td></tr>
<tr><td>2023.1—2023.5</td><td rowspan="7">李广慧</td></tr>
<tr><td>2023.5—2023.9</td><td>惠大众、蒋彦成、张凌杰、赵广杰（副校级干部）</td></tr>
<tr><td>2023.9—2023.10</td><td rowspan="5">李志萍</td><td>惠大众、蒋彦成、张凌杰、赵广杰（副校级干部）</td><td rowspan="2"></td></tr>
<tr><td>2023.10—2024.1</td><td>蒋彦成、张凌杰、赵广杰（副校级干部）</td></tr>
<tr><td rowspan="3">河南水利与环境职业学院
河南省水利职工培训学校</td><td>2024.1—2024.6</td><td>蒋彦成、赵广杰（副校级干部）</td><td rowspan="3">李志萍、蒋彦成、魏义军</td></tr>
<tr><td>2024.6—2025.4</td><td rowspan="2">蒋彦成、张竞超、包永刚、王玉振、赵广杰（副校级干部）</td></tr>
<tr><td>2025.4—至今</td><td></td></tr>
</table>

附表 2　省级以上专业建设成果

序号	名称	专业名称	批准单位	获批时间
1	高等职业教育创新发展行动计划国家级骨干专业	水利水电建筑工程	教育部	2019 年 7 月
2		工程测量技术专业		
3	第三批现代学徒制试点单位	河南水利与环境职业学院	教育部	2018 年 8 月
4	国家教学成果奖	测量学课程教学改革的研究	教育部	2014 年 4 月
5	第二批省级示范性产教融合型职业院校培育建设单位	河南水利与环境职业学院	河南省教育厅	2024 年 5 月
6	第二批河南省现代学徒制示范点建设	水利水电建筑工程	河南省教育厅	2024 年 8 月
7	河南省职业教育示范性传统专业点	机电一体化技术	河南省教育厅	2024 年 8 月
8	河南省职业教育示范性骨干专业	工程测量技术	河南省教育厅	2024 年 8 月
9		水利水电建筑工程	河南省教育厅	2023 年 4 月
10	河南省职业教育示范性新兴专业	物联网应用技术	河南省教育厅	2023 年 4 月
11	高等职业院校创新发展行动计划国家级骨干专业	环境工程技术	河南省教育厅	2021 年 6 月
12		建筑工程技术	河南省教育厅	2021 年 6 月
13		计算机应用技术	河南省教育厅	2021 年 6 月
14	省级职业教育专业教学资源库	智慧水利技术专业教学资源库	河南省教育厅	2024 年 1 月
15		环境工程技术专业教学资源库	河南省教育厅	2023 年 3 月
16		智能建造技术专业教学资源库	河南省教育厅	2021 年 12 月
17		物联网应用技术专业教学资源库	河南省教育厅	2021 年 5 月

附表 3　省级以上课程建设成果

序号	名称	课程名称	负责人	批准单位	获评时间
1	2023 年职业教育国家在线精品课程	道路建筑材料	芈书贞	教育部	2024 年 12 月
2		水利工程测量	王玉振		
3	河南省职业教育一流核心课程(线下)	仓储与配送管理	张宝华	河南省教育厅	2023 年 11 月
4		工程材料与检测	芈书贞		
5		建筑工程计量与计价	包永刚		
6		水污染控制工程	张　剑		
7	河南省职业教育和继续教育精品在线开放课程	道路建筑材料	芈书贞	河南省教育厅	2022 年 1 月
8		工程地质与土力学	邢　芳		
9		混凝土结构施工	包永刚		
10		计算机网络技术	张军锋		
11		建筑 BIM 建模	卢德友		
12		水污染控制	张　剑		
13		物联网应用程序设计	王文凡		
14		水利工程测量	王玉振		
15		BIM 建筑装饰工程计量计价	蔡小超		
16		CNC 项目化编程仿真与加工技术	王利卿		
17		任务驱动式 Java 程序设计	王文凡		
18		无线组网技术	时生乐		
19		园林景观设计	邢伟明		
20		装配式建筑混凝土预制构件生产	张东岭		
21		自动在线监测	隋聚艳		
22		水利水电工程施工	芈书贞		
23		MySQL 数据库应用	张凌杰		
24		机械设计基础	郑武强		
25		水环境监测	刘修英		
26		水利水电工程建筑物	孟秀英		
27		新媒体营销	肖文珍		
28		自动识别技术	魏素盼		
29		建筑材料与检测	武桂芝		2018 年 5 月
30		HTML5 网页设计	张凌杰		2018 年 5 月

附表 4　省级以上教材建设成果

<table>
<tr><th>序号</th><th>名称</th><th colspan="2">教材名称</th><th>主编</th><th>批准单位</th><th>获评时间</th></tr>
<tr><td>1</td><td rowspan="4">首批“十四五”职业教育国家规划教材</td><td colspan="2">分销渠道管理(第 5 版)</td><td>肖文珍</td><td rowspan="7">教育部</td><td rowspan="4">2023 年 6 月</td></tr>
<tr><td>2</td><td colspan="2">网络设备安装与调试(第 2 版)</td><td>张凌杰</td></tr>
<tr><td>3</td><td colspan="2">水工钢筋混凝土结构(第 2 版)</td><td>黄功学</td></tr>
<tr><td>4</td><td colspan="2">水环境监测与评价</td><td>隋聚艳</td></tr>
<tr><td>5</td><td rowspan="3">“十三五”职业教育国家规划教材</td><td colspan="2">水利水电工程招标与投标(第 2 版)</td><td>王海周</td><td rowspan="3">2020 年 12 月</td></tr>
<tr><td>6</td><td colspan="2">计算机网络技术(第 3 版)</td><td>张凌杰</td></tr>
<tr><td>7</td><td colspan="2">网络操作系统(WindowsServer 2008)</td><td>张凌杰</td></tr>
<tr><td>8</td><td rowspan="3">河南省教材建设奖</td><td rowspan="2">二等奖</td><td>分销渠道管理(第 5 版)</td><td>肖文珍</td><td rowspan="3">河南省教育厅</td><td rowspan="2">2025 年 8 月</td></tr>
<tr><td>9</td><td>水环境监测与评价</td><td>隋聚艳</td></tr>
<tr><td>10</td><td>一等奖</td><td>网络设备安装与调试(第 2 版)</td><td>张凌杰</td><td>2021 年 7 月</td></tr>
<tr><td>11</td><td rowspan="3">第二批“十四五”职业教育河南省规划教材</td><td colspan="2">工程地质与土力学</td><td>邢　芳</td><td rowspan="3">河南省教育厅</td><td rowspan="3">2025 年 4 月</td></tr>
<tr><td>12</td><td colspan="2">水利工程 BIM 建模与应用(基于 AutodeskRevit 2022)</td><td>卢德友</td></tr>
<tr><td>13</td><td colspan="2">建筑装饰工程计量与计价</td><td>包永刚</td></tr>
<tr><td>14</td><td rowspan="6">2023 年职业教育优质教材</td><td colspan="2">网络设备安装与调试(第 2 版)</td><td>张凌杰</td><td rowspan="6">河南省教育厅</td><td rowspan="6">2023 年 11 月</td></tr>
<tr><td>15</td><td colspan="2">计算机网络技术(第 3 版)</td><td>张凌杰</td></tr>
<tr><td>16</td><td colspan="2">水工钢筋混凝土结构(第 2 版)</td><td>黄功学</td></tr>
<tr><td>17</td><td colspan="2">水环境监测与评价</td><td>隋聚艳</td></tr>
<tr><td>18</td><td colspan="2">水利水电工程招标与投标</td><td>王海周</td></tr>
<tr><td>19</td><td colspan="2">分销渠道管理(第 5 版)</td><td>肖文珍</td></tr>
<tr><td>20</td><td rowspan="11">“十四五”首批职业教育河南省规划教材</td><td colspan="2">建筑建模基础与应用(基于 BIM 技术-Revit 2018)</td><td>卢德友</td><td rowspan="11">河南省教育厅</td><td rowspan="11">2022 年 1 月</td></tr>
<tr><td>21</td><td colspan="2">水工钢筋混凝土结构</td><td>黄功学</td></tr>
<tr><td>22</td><td colspan="2">水工建筑物</td><td>张竟超</td></tr>
<tr><td>23</td><td colspan="2">建筑材料与检测</td><td>武桂芝</td></tr>
<tr><td>24</td><td colspan="2">土力学与地基基础</td><td>李宝玉</td></tr>
<tr><td>25</td><td colspan="2">水利工程施工组织与管理</td><td>芈书贞</td></tr>
<tr><td>26</td><td colspan="2">水电站</td><td>王利卿</td></tr>
<tr><td>27</td><td colspan="2">数字电子技术仿真实训教程</td><td>程　勇</td></tr>
<tr><td>28</td><td colspan="2">仓储与配送管理实务</td><td>肖文珍</td></tr>
<tr><td>29</td><td colspan="2">分销渠道管理(第 5 版)</td><td>肖文珍</td></tr>
<tr><td>30</td><td colspan="2">网络设备安装与调试(第 2 版)</td><td>张凌杰</td></tr>
</table>

附表 5　省级以上教学成果

序号	项目名称	获奖等级	负责人	批准单位	获批时间
1	以生为本 数字赋能 突出特色：高职《建筑材料与检测》课程改革创新与实践	一等奖	芈书贞	河南省教育厅	2024 年 12 月
2	基于“三链协同两侧对接”的现代物流管理专业群建设研究与实践	二等奖	肖文珍	河南省教育厅	2024 年 12 月
3	“一结合两融入三对接”高职院校模拟仿真实训基地建设研究与实践	二等奖	赵　辰	河南省教育厅	2024 年 12 月
4	职业教育专业教学资源库共建共享的研究与实践——以物联网应用技术专业为例	二等奖	包永刚	河南省教育厅	2024 年 12 月
5	产教融合视域下高技能测绘人才培养研究与实践	二等奖	王玉振	河南省教育厅	2024 年 12 月
6	“三主线两平台五阶段”大学生创新创业教育模式与实践体系的研究与实践	一等奖	张竟超	河南省教育厅	2022 年 4 月
7	“项目引领、双师执教、学训结合”的现代学徒制人才培养模式探究与实践	二等奖	芈书贞	河南省教育厅	2022 年 4 月
8	基于现代学徒制的“一传四段三岗位”高职测绘类专业实践教学体系的创建与实施	二等奖	王玉振	河南省教育厅	2022 年 5 月
9	智慧水利技术专业教学资源库		赵　辰	河南省教育厅	2024 年 1 月
10	环境工程技术专业教学资源库		刘修英	河南省教育厅	2023 年 3 月
11	智能建造技术专业教学资源库		包永刚	河南省教育厅	2021 年 12 月
12	物联网应用技术专业教学资源库		张凌杰	河南省教育厅	2021 年 5 月

附表 6　省级以上科研平台

序号	名称	批准(授予)单位	获批时间
1	河南省水电装备与智慧系统工程技术研究中心	河南省科学技术厅	2023 年 2 月
2	河南省水利智能感知与控制工程技术研究中心	河南省科学技术厅	2022 年 1 月
3	河南省水库大坝安全信息化管理工程研究中心	河南省发展和改革委员会	2021 年 12 月
4	河南省水生态智能装备工程技术研究中心	河南省科学技术厅	2020 年 12 月
5	河南省生态水利技术工程研究中心	河南省发展和改革委员会	2020 年 1 月
6	河南省环境保护与修复技术工程研究中心	河南省发展和改革委员会	2017 年 8 月

附表7　省级以上科研项目及获奖

序号	项目名称	负责人	类型	批准单位	立项时间
1	基于多模态耦合的河流水资源大数据监管应用示范研究	李志萍	科技攻关	河南省科学技术厅	2025年3月
2	基于沼液改性小球藻强化修复Cd污染土壤关键技术研究	郭雪白	科技攻关	河南省科学技术厅	2025年3月
3	物理信息双驱动的混凝土坝性态转异光测多模态融合诊断预警技术及应用研究	欧阳一博	科技攻关	河南省科学技术厅	2025年3月
4	交通荷载作用下城市道路脱空钢质承压管道力学响应及其高聚物注浆修复技术研究	邢　芳	科技攻关	河南省科学技术厅	2025年3月
5	考虑时空效应的地铁车站长大深基坑施工安全关键技术研究	刘莹莹	科技攻关	河南省科学技术厅	2025年3月
6	数字孪生赋能车联网多维超融合资源智能按需调度关键技术研究	王文凡	科技攻关	河南省科学技术厅	2025年3月
7	基于小标注样本的鼻咽癌图像病灶识别关键技术研究	张小妮	科技攻关	河南省科学技术厅	2025年3月
8	基于机器视觉及改进YOLOv8算法的农业采摘机器人开发与应用	陈　素	科技攻关	河南省科学技术厅	2025年3月
9	基于多尺度注意力网络的水工混凝土结构在线智能安全监控应用研究	张艳萍	科技攻关	河南省科学技术厅	2025年3月
10	改性煤气化渣基碳-硅复合材料(SA-HCGS)的制备及选择性去除Pb(Ⅱ)的关键技术研究	张　袆	科技攻关	河南省科学技术厅	2025年3月
11	双碳目标导向下南水北调中线水源区碳汇能力提升与生态补偿研究	付晓双	科技攻关	河南省科学技术厅	2025年3月
12	负载LDHs再生骨料对混凝土耐久性提升关键技术研究	蒋婷婷	科技攻关	河南省科学技术厅	2025年3月
13	基于卫星影像的无人飞行器自主绝对定位关键技术研究	王玉振	科技攻关	河南省科学技术厅	2025年3月
14	多模态医学图像融合算法关键技术研究	王　磊	科技攻关	河南省科学技术厅	2025年3月

续附表 7

序号	项目名称	负责人	类型	批准单位	立项时间
15	以 MXene 和 N,P-C/MXene 为双阴极的无铁电芬顿技术同步去除有机污染物和 Cr(Ⅵ)的研究	谢倩倩	科技攻关	河南省科学技术厅	2025 年 3 月
16	新型 COF 荧光材料的制备及应用于水体汞离子检测和去除研究	苗保喜	科技攻关	河南省科学技术厅	2025 年 3 月
17	大科普理念下行业特色高职院校服务河南科普能力建设研究	寇自洋	软科学研究	河南省科学技术厅	2025 年 3 月
18	基于数字孪生技术的在役大体积水工混凝土结构健康检测关键技术及其应用研究	李　慧	科技攻关	河南省科学技术厅	2024 年 3 月
19	光学遥感自适应抗雾霾成像关键技术研究	张军锋	科技攻关	河南省科学技术厅	2024 年 3 月
20	套筒灌浆连接预制钢渣细骨料混凝土柱抗震性能关键技术研究	张东岭	科技攻关	河南省科学技术厅	2024 年 3 月
21	新型高韧性全张式变预应力度改性混凝土 PRC 管桩关键技术研究	范建伟	科技攻关	河南省科学技术厅	2024 年 3 月
22	基于本体的智慧时空建设中地面数据观测关键技术研究	邢培振	科技攻关	河南省科学技术厅	2024 年 3 月
23	堤坝白蚁监测装备及系统关键技术研究与开发	王海周	科技攻关	河南省科学技术厅	2024 年 3 月
24	超硬磨料磨粒族有序化排布砂轮数字化设计及磨削关键技术研究	马　飞	科技攻关	河南省科学技术厅	2024 年 3 月
25	基于防水层约束条件的输水隧洞二衬混凝土裂缝防治关键技术研究	王学究	科技攻关	河南省科学技术厅	2024 年 3 月
26	基于 AnMBR-SPNDA 工艺的肉类加工废水深度脱氮关键技术研究	郭雪白	科技攻关	河南省科学技术厅	2024 年 3 月
27	漆酶-磁性生物质炭的制备及其降解水环境中壬基酚性能研究	刘修英	科技攻关	河南省科学技术厅	2024 年 3 月
28	建设农业强省背景下农产品电商与冷链物流协同发展策略研究	尉凯婉	软科学研究	河南省科学技术厅	2024 年 3 月
29	“体育河南”战略下体育产业与健康养老产业融合发展机制研究	郑风景	软科学研究	河南省科学技术厅	2024 年 3 月

续附表 7

序号	项目名称	负责人	类型	批准单位	立项时间
30	面向车联网多维异构资源超融合的智能计算调度技术研究	王文凡	科技攻关	河南省科学技术厅	2023 年 2 月
31	基于云平台的大体积混凝土时空多维智慧温控系统研究及实现	王　凯	科技攻关	河南省科学技术厅	2023 年 2 月
32	面向长寿命路面的耐久性面层研发及应用	李广慧	科技攻关	河南省科学技术厅	2023 年 2 月
33	基于北斗高精度技术的城市危险源安全预警系统研制关键技术	王玉振	科技攻关	河南省科学技术厅	2023 年 2 月
34	高压富水软-硬互层状岩体中输水隧洞开挖渗流分析	侯广贤	科技攻关	河南省科学技术厅	2023 年 2 月
35	分散型乡村污水高效资源化处理技术与智慧化运营研究	王　东	科技攻关	河南省科学技术厅	2023 年 2 月
36	畜禽养殖场沼液藻菌协同资源化利用技术研究	郭雪白	科技攻关	河南省科学技术厅	2023 年 2 月
37	基于深度学习的鸟类图像识别优化算法研究	李　阁	科技攻关	河南省科学技术厅	2023 年 2 月
38	基于远程集控平台的区域小水电智能运行关键技术研究与应用	王　磊	科技攻关	河南省科学技术厅	2023 年 2 月
39	硅烷偶联剂-PVA 协同作用下的 EPS 混凝土增强作用机理及其工程应用研究	赵　辰	科技攻关	河南省科学技术厅	2023 年 2 月
40	后疫情时代河南冷链物流绩效提升创新机制研究	张宝华	软科学研究	河南省科学技术厅	2023 年 2 月
41	大思政课助力黄河文化传承策略研究	郝思惠	软科学研究	河南省科学技术厅	2023 年 2 月
42	基于 5G 的高校后勤服务智能化风险预测与处置关键技术研究与应用	邢培振	科技攻关	河南省科学技术厅	2022 年 1 月
43	面向移动边缘计算与区块链集成的多维资源联合智能优化策略研究	张凌杰	科技攻关	河南省科学技术厅	2022 年 1 月
44	具有复杂非线性回滞特性的人工肌肉(IPMC)驱动器鲁棒控制技术	王利卿	科技攻关	河南省科学技术厅	2022 年 1 月

续附表 7

序号	项目名称	负责人	类型	批准单位	立项时间
45	氧化石墨烯改性碳纤维增强形状记忆复合材料制备及性能强化机理研究	郑武强	科技攻关	河南省科学技术厅	2022 年 1 月
46	基于改良 A^2/O 生物膜法-林地慢速渗滤耦合工艺的分散式农村生活污水生态化处理技术改进研究	李丹丹	科技攻关	河南省科学技术厅	2022 年 1 月
47	富水地层输水隧洞软岩大变形失稳行为的预测与控制方法研究	王学究	科技攻关	河南省科学技术厅	2022 年 1 月
48	基于投入产出法的河南省碳达峰碳中和路径研究	张军锋	软科学研究	河南省科学技术厅	2022 年 1 月
49	基于文化传承的黄河流域传统建筑营建模式研究——以豫北段为例	席丹杰	软科学研究	河南省科学技术厅	2022 年 1 月
50	曲线梁桥结构灾变防控与服役效能提升技术及应用	李广慧	河南省科学技术进步奖二等奖	河南省人民政府	2021 年 2 月
51	基于移动分析的车载计算卸载和服务部署的联合优化研究	王文凡	科技攻关	河南省科学技术厅	2021 年 1 月
52	基于 DNRA 的硝酸盐废水资源化技术研究	郭雪白	科技攻关	河南省科学技术厅	2021 年 1 月
53	基于光反馈干涉信号的轧辊磨损在线监测技术研究	陈 素	科技攻关	河南省科学技术厅	2021 年 1 月
54	创新驱动背景下河南智慧水利建设研究	吴 霞	科技攻关	河南省科学技术厅	2021 年 1 月
55	小流域山洪灾害预警与风险评估关键技术与应用	张凌杰	科技成果奖一等奖	河南省教育厅	2020 年 5 月
56	基于 RS 和 GIS 的大型灌区土壤墒情监测关键技术及应用	张凌杰	河南省科学技术进步奖二等奖	河南省人民政府	2019 年 1 月

附表 8　省级以上教师教学团队建设

序号	名称	负责人	批准单位	获批时间
1	第三批国家职业教育教师创新团队	张凌杰	中华人民共和国教育部	2023
2	第二批水利职业教育教师教学创新团队(水利水电建筑工程)	李广慧	中国水利教育协会	2023
3	第二批水利职业教育教师教学创新团队(水利工程)	赵　辰	中国水利教育协会	2023
4	首批河南省高等职业学校教师教学创新团队(水利水电建筑工程)	赵　辰	河南省教育厅	2021
5	河南省职业教育教师教学创新团队(物联网应用技术)	张凌杰	河南省教育厅	2021
6	河南省村镇生活污水处理技术与管理模式研究创新型技术团队	郑志宏	河南省创新型科技人才队伍建材工程领导小组	2017
7	河南省职业院校物联网应用技术专业张军锋教师技艺技能传承创新平台	张军锋	河南省教育厅	2023
8	河南省职业院校智能建造技术专业包永刚“双师型”名师工作室	包永刚	河南省教育厅	2023
9	河南省职业院校水利水电建筑工程专业张竞超“双师型”名师工作室	张竞超	河南省教育厅	2022
10	河南省职业院校工程测量技术专业王玉振教师技艺技能传承创新平台	王玉振	河南省教育厅	2022
11	河南省职业院校水利水电建筑工程专业王立正教师技艺技能传承创新平台	王立正	河南省教育厅 河南省财政厅	2021
12	河南省职业院校计算机应用技术专业张凌杰“双师型”名师工作室	张凌杰	河南省教育厅 河南省财政厅	2021
13	河南水利与环境职业学院张凌杰工业互联网省级技能大师工作室	张凌杰	河南省全民技能振兴工程领导小组	2022
14	河南水利与环境职业学院王立正创新工作室	王立正	河南省总工会	2019

附表 9　省级以上教师教学能力比赛获奖

序号	名称	获奖等次	获奖教师	组织单位	获奖时间
1	三维激光数字测图	一等奖	王雪平、杜梦豪、陈盼盼、贾秋阳	河南省教育厅	2025 年 7 月
2	桥梁工程数智检测	二等奖	蒋婷婷、董战霞、郭　瑾、张　杰		
3	新一代信息技术赋能智慧种植	二等奖	耿爽爽、耿小利、赵金蒂、张小妮		
4	智慧农业园区生产监测系统设备安装与调试	二等奖	李　阁、杨　乐、王嘉浩、刘敬坡		
5	新能源汽车电池生产线装调与测试	三等奖	杨欲晓、杜艺璠、任平英、李昱亮		
6	无人机数字地形图测绘	一等奖	邱　琳、王雪平、杨齐明、高　尚	河南省教育厅	2024 年 9 月
7	智慧工业园区环保监测系统传感器的装调与应用	一等奖	刘敬坡、麻　悦、王嘉浩、杨　乐		
8	地质灾害的数字量测	二等奖	邢　芳、范巧娟、薛　捷、徐一鸣		
9	AI 背景下演示文稿设计与制作	二等奖	张慧娟、苏利萍、苗盼盼、刘亚茹		
10	配电柜数据采集系统设计与实现	三等奖	李昱亮、陈　素、刘　迷、杨欲晓		
11	适老住宅室内设计	二等奖	席丹杰、刘全升、刘莹莹、娄文倩	河南省教育厅	2023 年 8 月
12	智慧节水灌溉技术	二等奖	王　东、李树慧、徐华冰、温雪营		
13	智慧农业园区生产监测系统设计与实现	三等奖	刘敬坡、邢培振、王嘉浩、杨　乐		
14	竖向构件 匠心智造	三等奖	王小倩、李永定、范建伟、马丽丽		
15	水闸工程 BIM 建模	三等奖	冀健红、姜　璇、燕永芳、李璞媛		
16	演示文稿设计与制作	三等奖	苗盼盼、吴　霞、张慧娟、刘亚茹		

续附表 9

序号	名称	获奖等次	获奖教师	组织单位	获奖时间
17	工业园区智慧环保监测系统	一等奖	张军锋、周颖琦、魏素盼、时生乐	河南省教育厅	2022 年 7 月
18	生活污水处理工艺调试与控制	一等奖	李丹丹、刘雅婷、宋　薇、李菲菲		
19	康养公寓多层装配	二等奖	范建伟、刘全升、刘莹莹、李宁宁		
20	智慧粮储电气控制系统设计、安装与调试	三等奖	王利卿、郑向歌、王　凯、任平英		
21	弘扬中国精神培育时代新人	三等奖	郝思惠、王素斐、王燕霞、张春艳		
22	匠心制造,“码”上筑梦-数控编程技承天工	一等奖	郑武强、马　飞、刘　艳、谢梦敏	河南省教育厅	2021 年 7 月
23	城镇房产测绘	二等奖	杨　丽、邱　琳、杨齐明、黄良平		
24	小天地大视角,风景这边“读”好——图书角景观方案设计	二等奖	邢伟明、邹　泉、王雪晗、孟　银		
25	探秘结构命运共同体——柱、梁、板的平法识读与钢筋计算	二等奖	蔡小超、陈瑞瑞、范建伟、杨延艳		
26	“营”在创新,“销”往四海	二等奖	陈　文、贺蓓蓓、殷晓夏、吴晓培		
27	创智慧环境,助强国之梦——奥体中心智能化控制	三等奖	吴　霞、魏素盼、时生乐		
28	淡妆浓抹总相宜——装饰工程计量与计价	一等奖	蔡小超、武锡颖、徐　峰、陈瑞瑞	河南省教育厅	2020 年 9 月
29	保“家”护航——家居安防系统设计与实施	一等奖	吴　霞、魏素盼、时生乐		

续附表 9

序号	名称	获奖等次	获奖教师	组织单位	获奖时间
30	青春飞扬——排舞动作学习与作品创编	二等奖	王少娟、王　蕊、宋　瑾、张祁帆	河南省教育厅	2020 年 9 月
31	工程之基——混凝土设计与检测	三等奖	王　超、芈书贞、范巧娟、方　飞		
32	美食摄影	三等奖	陶　薇、李　戈、程鹏飞		
33	基础为本，智学会计	三等奖	陈礼忠、赵　彤、吴晓培、鲁　平		
34	心理健康教育	三等奖	贾文静	河南省教育厅	2025 年 2 月
35	单片机与接口技术	三等奖	刘　迷		
36	工程地质与土力学	二等奖	刘永达		
37	信息技术基础	三等奖	耿小利		
38	智能财税	三等奖	马媛媛	河南省教育厅	2023 年 12 月
39	现代灌溉排水工程技术	三等奖	付晓双		
40	电力传感器技术	三等奖	杨欲晓		
41	排球课程	三等奖	刘小楠		
42	信息技术	三等奖	苏利萍		
43	水工建筑物	一等奖	李树慧、张银华、张玉明	河南省教育厅	2021 年 1 月
44	国际贸易实务	一等奖	李佳颖		
45	随压而控——恒压供水电气控制系统安装与调试	一等奖	郑向歌		
46	精准测绘尽职责，真情服务惠民生——房屋面积精准测算	一等奖	邱　琳		
47	斜坡地质灾害量测与防治	一等奖	邢　芳、范巧娟、薛　捷、徐一鸣	中国水利教育协会	2024 年 9 月
48	跨水系提计项目——水泥混凝土试验与检测	三等奖	蒋婷婷、郭　瑾、董战霞、蒋星月		
49	智能微灌工程技术	二等奖	王　东、李树慧、徐华冰、温雪营	中国水利教育协会	2023 年 11 月
50	水闸工程 BIM 建模	三等奖	冀健红、姜　璇、燕永芳、李璞媛		

附表 10　国家级技能大赛获奖

序号	赛事名称	赛项名称	获奖时间	获奖学生	指导老师	获奖等级
1	全国职业院校技能大赛	工业产品设计（CAD）	2011 年	姜陆煜	周颖琦	三等奖
2	全国中职建筑类技能大赛	建筑 CAD	2012 年	张亚蒙	孟庆伟	二等奖
3	全国中职建筑类技能大赛	建筑 CAD	2012 年	祝士闯	陈红中	三等奖
4	全国中职建筑类技能大赛	工程测量	2012 年	刘方方、秦志豪、孙世坤、张凯鹏	王玉振、王郑睿、黎瑾慧	二等奖
5	全国职业院校技能大赛	二等水准测量	2016 年	李春锋、王硕明、郭勇祥、李振奎	尹冬丽、王玉振	一等奖
6	全国职业院校技能大赛	1：500 数字测图	2016 年	李春锋、王硕明、郭勇祥、李振奎	尹冬丽、王玉振	二等奖
7	全国职业院校技能大赛	一级导线测量	2016 年	李春锋、王硕明、郭勇祥、李振奎	尹冬丽、王玉振	二等奖
8	全国职业院校技能大赛	测绘	2017 年	史录旭、曹登宣、王梦浩、张振华	王玉振、尹冬丽	一等奖
9	全国职业院校技能大赛	工程测量	2018 年	韩　意、李文昭、崔利楠、马明洋	王玉振、李春锋	三等奖
10	全国职业院校技能大赛	移动互联网应用软件开发	2018 年	朱晨康、胡坤鹏、吴帅杰	武凤翔、张军锋	三等奖

续附表 10

序号	赛事名称	赛项名称	获奖时间	获奖学生	指导老师	获奖等级
11	全国职业院校技能大赛	物联网技术应用	2018 年	吴 松、李金鑫、尹汉东	魏素盼、李 戈	三等奖
12	全国职业院校技能大赛	物联网技术应用	2019 年	尹汉东、景 遨、刘奕铄	魏素盼、时生乐	三等奖
13	全国职业院校技能大赛	工程测量	2022 年	布子帆、朱家博、王志超、李晨阳	尹冬丽、黎瑾慧	一等奖
14	全国职业院校技能大赛	地理空间信息采集与处理组	2023 年	樊云祥、孟幸运、邢志衡、刘 洋	黎瑾慧、李春锋	一等奖
15	全国职业院校技能大赛	建设工程数字化计量与计价	2023 年	付亚光、田万里、黄梦威	陈瑞瑞、蔡小超	三等奖
16	全国职业院校技能大赛	水利工程 BIM 建模与应用	2023 年	李家伦、苏 豪、祁琳凯	卢德友、冀健红	一等奖
17	全国职业院校技能大赛	建筑工程识图	2023 年	沈驰博、李帅杰	杨延艳、娄文倩	三等奖
18	世界职业院校技能大赛总决赛争夺赛	地理空间信息采集与处理组	2024 年	王 斌、张振涵、刘子扬、杜盼飞	王玉振、布子帆	铜奖
19	世界职业院校技能大赛总决赛争夺赛	环境检测与监测组	2024 年	贾文正、胡 柯、刘 星、刘理新	刘修英、薛 涛	铜奖
20	世界职业院校技能大赛总决赛争夺赛	水利工程 BIM 建模与应用组	2024 年	李二江、胡泽昊、焦毅涛、张浩毅	冀健红、苏 豪	银奖

续附表 10

序号	赛事名称	赛项名称	获奖时间	获奖学生	指导老师	获奖等级
21	世界职业院校技能大赛总决赛争夺赛	电子商务组	2024 年	宋乃道、陈庆琪、李高飞、耿宇航	方艺璇、沙昉奕	银奖
22	全国大学生职业规划大赛	首届	2024 年	王春阳	何　欢、王　宏、于珍珠	银奖
23	全国大学生职业规划大赛	第二届	2025 年	李二江	王　丹、张　翼、傅　珩	银奖
24	全国大学生职业规划大赛	第二届	2025 年	冯姊杰	王　宏、于珍珠、李春锋	铜奖
25	全国大学生数学建模竞赛	全国大学生数学建模竞赛高职高专组	2024 年	张傲松、胡奥飞、张峰豪	周常婷	二等奖

附表 11　全国水利高职院校技能大赛获奖

序号	赛事名称	赛项名称	获奖时间	获奖学生	指导老师	获奖等级
1	第一届全国水利高职院校“黄河杯”技能大赛	CAD 项目	2007 年	张培才	卢德友、陈红中	一等奖
2	第四届全国水利高职院校“南粤杯”技能竞赛	水利工程 CAD	2010 年	刘百川、童　珂	陈红中、孟庆伟	一等奖
3	第四届全国水利高职院校“南粤杯”技能竞赛	三等水准测量	2010 年	卢高辉、刘　戈、罗森林	张新盈、王郑睿	一等奖
4	第五届全国水利高职院校“钱江杯”技能竞赛	水工建筑测量工	2011 年	贾鹏飞	王玉振、杨　丽	一等奖
5	第五届全国水利高职院校“钱江杯”技能竞赛	施工图预算编制	2011 年	郭卫飞、邱金金	包永刚、蔡小超	一等奖
6	第六届全国水利高职院校“江淮杯”技能大赛	水工建筑测量工	2012 年	秦开俊	尹冬丽、黎瑾慧	特等奖
7	第六届全国水利高职院校“江淮杯”技能大赛	水利施工图预算编制	2012 年	杜园园、贾　飞	高琴月、王海周	特等奖
8	第八届全国水利高职院校“红水河杯”技能大赛	工程测量工	2014 年	杭炯炯、李春锋	尹冬丽、郭腾龙	一等奖
9	第八届全国水利高职院校“红水河杯”技能大赛	水利工程造价	2014 年	杨鹏飞	高琴月、王海周、高利琴	一等奖
10	第十届全国水利高等职业院校“浙江围海杯”技能大赛	水利工程造价	2016 年	张　阳	高琴月、王海周、高利琴	一等奖
11	第十届全国水利高等职业院校“浙江围海杯”技能大赛	工程测量工	2016 年	史录旭、王梦浩、张振华	李春锋、邱　琳、王玉振	一等奖
12	第十一届全国水利优质校职业院校“蜀水杯”技能大赛	工程测量工	2017 年	李文昭、崔利楠、韩　意	邱　琳、李春锋、王雪平	一等奖
13	第十一届全国水利优质校职业院校“蜀水杯”技能大赛	坝工土料试验工	2017 年	韩佳旗	李宝玉、邢　芳、张银华	一等奖
14	第十一届全国水利优质校职业院校“蜀水杯”技能大赛	水利工程造价	2017 年	范蒙艳	高利琴、高琴月、王海周	特等奖

续附表 11

序号	赛事名称	赛项名称	获奖时间	获奖学生	指导老师	获奖等级
15	第十一届全国水利优质校职业院校“蜀水杯”技能大赛	水利工程造价	2017 年	胡啸峰	高利琴、高琴月、王海周	一等奖
16	第十二届全国水利职业院校“鲁水杯”技能大赛	工程测量	2018 年	吴鹏辉、闫浩森、徐　威、宋濠杰	郭腾龙、尹冬丽、李春锋	一等奖
17	第十三届全国水利职业院校“巴渝杯”技能大赛	水文勘测技术	2019 年	张家伟	荆燕燕、寇自洋、范巧娟	一等奖
18	第十三届全国水利职业院校“巴渝杯”技能大赛	工程测量	2019 年	韩富广、倪世博、杨晓齐、张明鑫	邱　琳、李春锋、黎瑾慧	一等奖
19	第十四届全国水利职业院校“长江杯”技能大赛	节水灌溉技术	2020 年	赵金泉	武桂芝、王　超、吕　飞	一等奖
20	第十四届全国水利职业院校“长江杯”技能大赛	工程测量	2020 年	范亚强、田泽强、王书礼、杨　垣	李春锋、邱　琳、李孟迪	一等奖
21	第十五届全国水利职业院校“黄河杯”技能大赛	节水技术	2023 年	王圣智	武桂芝、周　琼、刘元元	一等奖
22	第十五届全国水利职业院校“黄河杯”技能大赛	水利工程成图技术	2023 年	祁琳凯	崔永华、燕永芳、李璞媛	一等奖
23	第十五届全国水利职业院校“黄河杯”技能大赛	工程测量	2023 年	满守舵、孟幸运、邢志衡、刘　洋	李孟迪、杨齐明、王玉振	一等奖
24	第十六届全国水利职业院校“潇湘杯”技能大赛	水利工程 BIM 建模及应用	2024 年	李二江	姜　璇、冀健红、何洪名	一等奖

附表 12　教师个人荣誉

序号	姓名	荣誉称号
1	白立红	河南省教育厅青年骨干教师
2	包永刚	河南省职业教育教学专家、全国水利职教名师、河南省职业院校省级名师、河南省文明教师、河南省教育厅优秀教育管理人才、河南省教育厅学术技术带头人
3	丁小霞	河南省教育厅学术技术带头人
4	郝思慧	全国水利职教明星、河南省教育厅青年骨干教师
5	侯广贤	全国水利职教名师
6	黄功学	河南省高层次 C 类人才、河南省职业教育教学专家、河南省教育厅优秀教育管理人才
7	姬　昂	河南省教育厅学术技术带头人
8	李登斌	全国水利系统首席技师
9	李广慧	教育部新世纪优秀人才、河南省"中原千人"计划科技创新领军人才、河南省高层次 B 类人才、河南省学术技术带头人、河南省教育厅学术技术带头人
10	李贤君	河南省高层次 C 类人才
11	李志萍	河南省教学名师、河南省文明教师、河南省教育厅优秀教育管理人才
12	刘晓丽	河南省教育厅学术技术带头人
13	刘修英	河南省教育厅学术技术带头人
14	孟秀英	全国水利职教名师、河南省职业院校省级名师
15	芈书贞	河南省优秀教师、河南省职业院校省级名师、全国水利职教明星、河南省水利青年拔尖人才、2023 年河南省最美职教技术能手、河南省教育厅学术技术带头人
16	秦克丽	河南省教育厅学术技术带头人
17	宋金晓	河南省教育厅优秀教育管理人才
18	宋　静	河南省优秀教师
19	佟　新	河南省教育厅青年骨干教师
20	王海周	河南省教育厅学术技术带头人、河南省教育厅青年骨干教师
21	王洁林	河南省教育厅青年骨干教师
22	王利卿	全国水利职教明星、河南省职业院校省级名师
23	王文凡	中原英才(育才系列)中原教育教学领军人才、河南省职业院校省级名师、河南省教育厅学术技术带头人、河南省教育厅青年骨干教师

续附表 12

序号	姓名	荣誉称号
24	王玉振	河南省优秀教师、河南省职业院校省级名师、河南省教育厅优秀教育管理人才、河南省教育厅学术技术带头人、河南省教育厅青年骨干教师、河南省水利青年拔尖人才
25	王郑睿	河南省教育厅学术技术带头人
26	吴　霞	河南省职业院校省级名师
27	武凤翔	河南省教育厅优秀教育管理人才、河南省教育厅学术技术带头人
28	武桂芝	全国水利职教名师、河南省职业院校省级名师
29	肖文珍	河南省职业院校省级名师、河南省教育厅优秀教育管理人才、河南省水利系统教学名师、河南省教育厅青年骨干教师
30	邢　芳	全国水利职教明星
31	邢培振	河南省模范教师、河南省教育厅学术技术带头人
32	雍友玉	河南省教育厅学术技术带头人
33	张宝华	河南省教育厅学术技术带头人
34	张德喜	河南省职业院校省级名师、河南省教育厅学术技术带头人
35	张东岭	河南省教育厅青年骨干教师
36	张　剑	河南省职业院校省级名师、河南省教育厅学术技术带头人、河南省教育厅青年骨干教师
37	张竟超	河南省高层次 C 类人才、河南省职业教育教学专家、全国水利职教名师、河南省职业院校省级名师、河南省教育厅优秀教育管理人才、河南省教育厅学术技术带头人
38	张军锋	河南省教育厅学术技术带头人、河南省教育厅青年骨干教师
39	张凌杰	新时代职业学校名师(名匠)培养对象、河南省高层次 C 类人才、河南省职业教育教学专家、河南省学术技术带头人、河南省职业院校省级名师、河南省教育厅优秀教育管理人才、河南省水利领军人才、河南省优秀教育工作者、河南省教育厅学术技术带头人、河南省教育厅青年骨干教师
40	赵辰	河南省教育厅优秀教育管理人才、河南省教育厅学术技术带头人、河南省教育厅青年骨干教师
41	赵高潮	河南省教育厅优秀教育管理人才
42	郑志宏	河南省高层次 C 类人才、河南省职业教育教学专家、河南省学术技术带头人、河南省教育厅优秀教育管理人才、河南省优秀教育工作者
43	周颖琦	河南省优秀教师